박문각 공인중개사

박문각은 1972년부터의 노하우와 교육에 대한 끊임없는 열정으로 공인중개사 합격의 기준을 제시하며
경매 및 중개실무 연계교육과 합격자 네트워크를 통해 공인중개사 합격자들의 성공을 보장합니다.

공인중개사의 시작 박문각

공인중개사 시험이 도입된 제1회부터
제35회 시험까지 수험생들의 합격을
이끌어 온 대한민국 유일의 교육기업입니다.

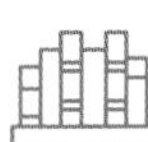

오랜시간 축적된 데이터

1회부터 지금까지 축적된 방대한 데이터로
박문각 공인중개사는 빠른 합격 & 최다
합격률을 자랑합니다.

업계 최고&최다 교수진 보유

공인중개사 업계 최다 교수진이
최고의 강의로 수험생 여러분의
합격을 위해 끊임없이 연구하고 있습니다.

전국 학원 수 규모 1위

전국 20여 개 학원을 보유하고 있는
박문각 공인중개사는 업계 최대 규모로서
전국 학원 수 규모 1위 입니다.

박문각 공인중개사

2025 합격 로드맵

합격을 향한 가장 확실한 선택

박문각 공인중개사 수험서 시리즈는 공인중개사 합격을 위한 가장 확실한 선택입니다.

01 기초입문

합격을 향해
기초부터 차근차근!

–
기초입문서 총 2권

합격 자신감 UP! **합격지원 플러스 교재**

합격설명서 | 민법판례 | 핵심용어집 | 기출문제해설

02 기본이론

기본 개념을
체계적으로 탄탄하게!

–
기본서 총 6권

03 필수이론

합격을 향해
저자직강 필수 이론 과정!

–
저자필수서

04 기출문제풀이

기출문제 풀이로
출제경향 체크!

–

핵심기출문제 총 2권
회차별 기출문제집 총 2권
저자기출문제

| 핵심기출문제 |

| 회차별 기출문제집 |

| 저자기출문제 |

05 예상문제풀이

시험에 나오는
모든 문제유형 체크!

–

합격예상문제 총 6권

06 핵심마무리

단기간 합격을 위한
핵심만을 정리!

–

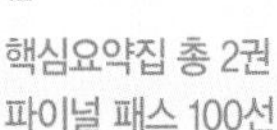

핵심요약집 총 2권
파이널 패스 100선

| 핵심요약집 |

| 파이널 패스 100선 |

07 실전모의고사

합격을 위한
마지막 실전 완벽 대비!

–

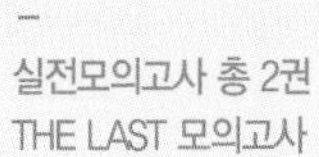

실전모의고사 총 2권
THE LAST 모의고사

| 실전모의고사 |

| THE LAST 모의고사 |

Since 1972

1위 박문각

박문각의 유일한 목표는 여러분의 합격입니다.
1위 기업으로서의 자부심과 노력으로 수험생 여러분의 합격을 이끌어 가겠습니다.

2024
고객선호브랜드지수 1위
교육서비스 부문

2023
고객선호브랜드지수 1위
교육서비스 부문

2022
한국 브랜드 만족지수 1위
교육(교육서비스)부문 1위

2021
조선일보 국가브랜드 대상
에듀테크 부문 수상

2021
대한민국 소비자 선호도 1위
교육부문 1위

2020
한국 산업의 1등
브랜드 대상 수상

2019
한국 우수브랜드
평가대상 수상

2018
대한민국 교육산업 대상
교육서비스 부문 수상

2017
대한민국 고객만족
브랜드 대상 수상

랭키닷컴 부동산/주택
교육부문 1위 선정

브랜드스탁 BSTI
브랜드 가치평가 1위

전면개정판 제36회 공인중개사 시험대비

방송대학TV 무료강의 | 첫방송 2025.1.13(월) 오전 7시

박문각 공인중개사

기본서 2차

부동산세법

정석진 외 박문각 부동산교육연구소 편

브랜드만족 1위 박문각

근거자료 후면표기

2025

동영상강의 www.pmg.co.kr

합격까지 박문각

세대교체 혁신 기본서!

PREFACE

이 책의 머리말

부동산세법의 체계를 잡은 명품기본서

공인중개사 시험에서 부동산세법은 쉽게 출제되어 합격의 1등 공신이었던 과거에 비하여 최근에는 합격의 걸림돌이 될 만큼 어렵게 출제되고 있습니다.

한정된 범위 안에서 여러 차례의 시험이 시행되다보니 핵심 내용을 묻기 보다는 지엽적인 부분을 묻고 있으며, 전체적인 이해를 통해 풀어내는 문제와 더불어 세세한 지식을 알고 있어야만 풀어낼 수 있는 문제를 출제하고 있는 추세입니다. 이러한 추세는 시험을 준비하는 수험생 입장에서 당혹스러울 수밖에 없습니다.

이를 대비하기 위하여 본 교재는 다음과 같은 점을 염두에 두고 발간하였습니다.

01 개정 세법의 반영 및 완벽 정리

매년 세법이 개정됨에 따라, 중요 신설 및 개정사항은 문제 출제로 이어지고 있습니다. 따라서 개정 법률을 습득하는 것은 매우 중요하므로 법률과 시행령 및 관련법들을 모두 반영하였습니다.

02 핵심다지기와 넓혀보기 수록

본문 중간 중간에 중요 사항을 다시 한 번 점검할 수 있도록 핵심다지기를 수록하였고, 조금 더 깊이 있는 학습을 위하여 넓혀보기를 수록하였습니다.

03 법조문 수록 및 법령집

본문 내용에서 설명한 법조문을 바로 확인할 수 있도록 각 내용의 아래 부분에 법조문을 붙여두었습니다. 더불어 지방세법과 소득세법을 수록한 법령집을 박문각출판 홈페이지에 게시하여 학습의 편의를 도모하였습니다.

04 예제문제를 통한 점검

최신 개정 법령을 반영하여 기출문제를 변형한 예제를 수록하였습니다. 이를 통해 학습한 이론을 어떻게 문제풀이에 적용해야 하는지 알 수 있고 틀린 문제는 해설을 통하여 바로잡을 수 있도록 하였습니다. 또한 본문 내용의 학습이 잘 이루어졌는지 확인할 수 있게 하였습니다.

수험생은 늘 시간이 부족하고 마음이 초조합니다.
본서는 시험과 관련된 기본 개념을 확실하게 구성하여 최소의 시간을 투자하여 최대의 효과가 나오도록 집필하였습니다.

이러한 집필 의도가 수험생에게 부담을 줄여 합격의 길로 인도하기를 진심으로 기원합니다.
본서가 출간되기까지 많은 격려와 도움을 주신 도서출판 박문각 박용 회장님과 편집과정에서 함께 고생해 준 출판사 임직원 여러분께 감사드립니다. 또한 힘들고 지칠 때 함께해 준 가족에게도 특별한 고마움을 전합니다.

본서를 사랑해 주시는 모든 분들께 이 책을 바칩니다.

편저자 일동

제35회 공인중개사 시험총평

2024년 제35회 공인중개사 시험
"전년도에 비해 난이도가 상승하였다."

제35회 공인중개사 시험에서 1차 과목인 부동산학개론은 지엽적이고 어려운 문제가 앞부분에 집중 배치되었고 계산문제와 2차 과목의 문제도 다수 출제되어 전년도에 비해 어려웠고, 민법은 예년보다 다소 쉽게 출제되었지만, 최근 판례들을 응용한 문제들이 출제되어 체감 난이도는 전년도와 비슷하였다.
2차 과목은 전반적으로 어려웠으나 부동산세법은 기본개념, 논점 위주로 출제되어 기본서를 바탕으로 꾸준히 학습을 했다면 충분히 합격할 수 있을 난이도였다. 반면 공인중개사법·중개실무, 부동산공법, 부동산공시법령은 고난도 문제와 생소한 유형의 문제가 대거 출제되어 수험생들의 체감 난이도는 예년에 비해 훨씬 높아졌다고 할 수 있다.

제35회 시험의 과목별 출제 경향은 다음과 같다.

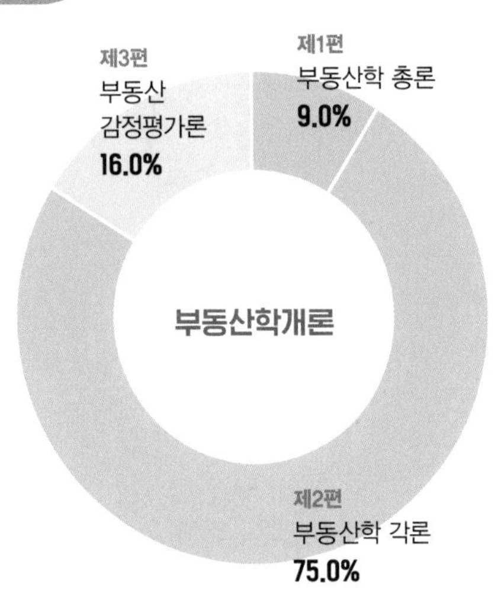

부동산학개론은 계산문제, 2차 과목 문제 등 지엽적이고 어려운 문제가 다수 출제되어 작년보다 어려운 시험이었다.

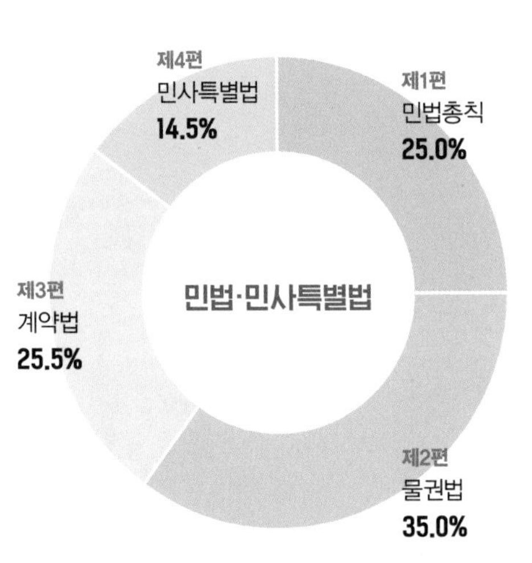

민법·민사특별법은 최근 판례들을 응용한 문제들이 다수 출제되어 체감 난이도가 다소 높았던 시험이었다.

2차

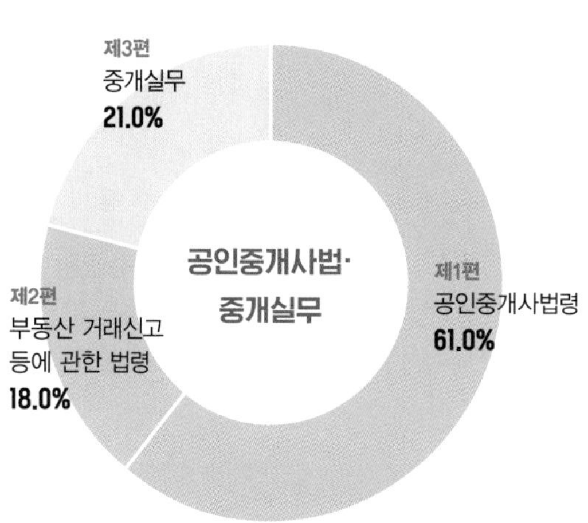

공인중개사법·중개실무는 전반적으로 전년도와 비슷한 난이도로 출제되었으나, 시험범위를 벗어난 문제가 다소 출제되어 체감 난이도가 높아졌다.

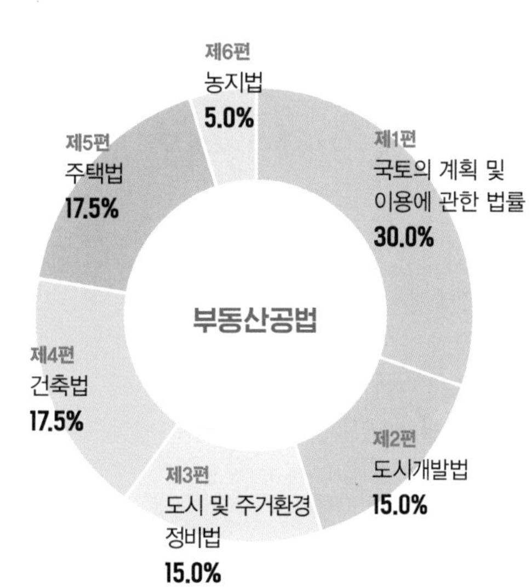

부동산공법은 일부 법률에서 최근 출제된 적 없는 계산문제와 매우 지엽적인 문제가 출제되어 전체적인 난이도가 많이 상승했다.

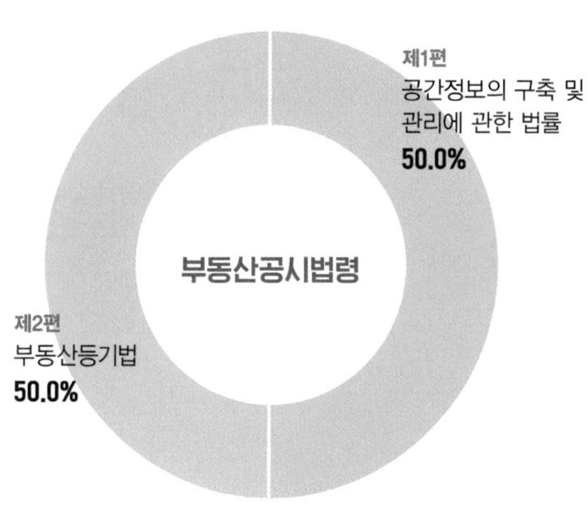

'공간정보관리법'은 몇 문제 외에는 비교적 평이한 난이도를 유지했고, '부동산등기법'은 지금까지 출제된 적 없던 유형의 문제들이 절반 가까이 출제되어 어려웠다.

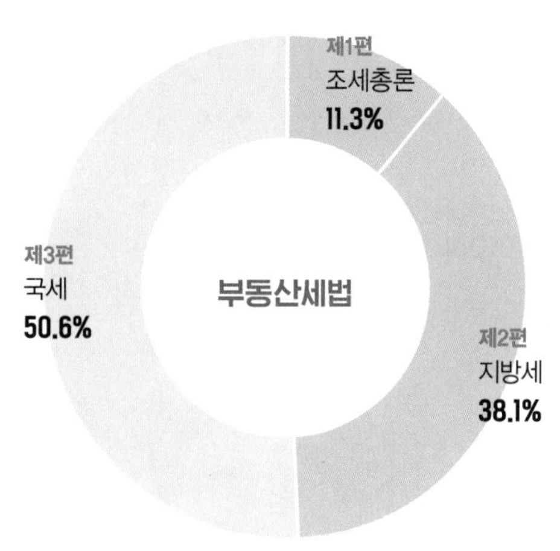

부동산세법은 기본개념을 이해하였는지를 중점적으로 물어보았고 단순 법조문을 묻는 문제, 사례형 문제, 계산문제를 혼합하여 출제하였다.

공인중개사 개요 및 전망

"자격증만 따면 소자본만으로 개업할 수 있고
'나'의 사업을 능력껏 추진할 수 있다."

공인중개사는 자격증만 따면 개업하고, 적당히 돌아다니기만 해도 적지 않은 수입을 올릴 수 있는 자유직업. 이는 뜬구름 잡듯 공인중개사가 되려는 사람들의 생각인데 천만의 말씀이다. 예전에도 그랬고 지금은 더하지만 공인중개사는 '부동산 전문중개인다워야' 제대로 사업을 유지할 수 있고 괜찮은 소득도 올릴 수 있는 최고의 자유직업이 될 수 있다.

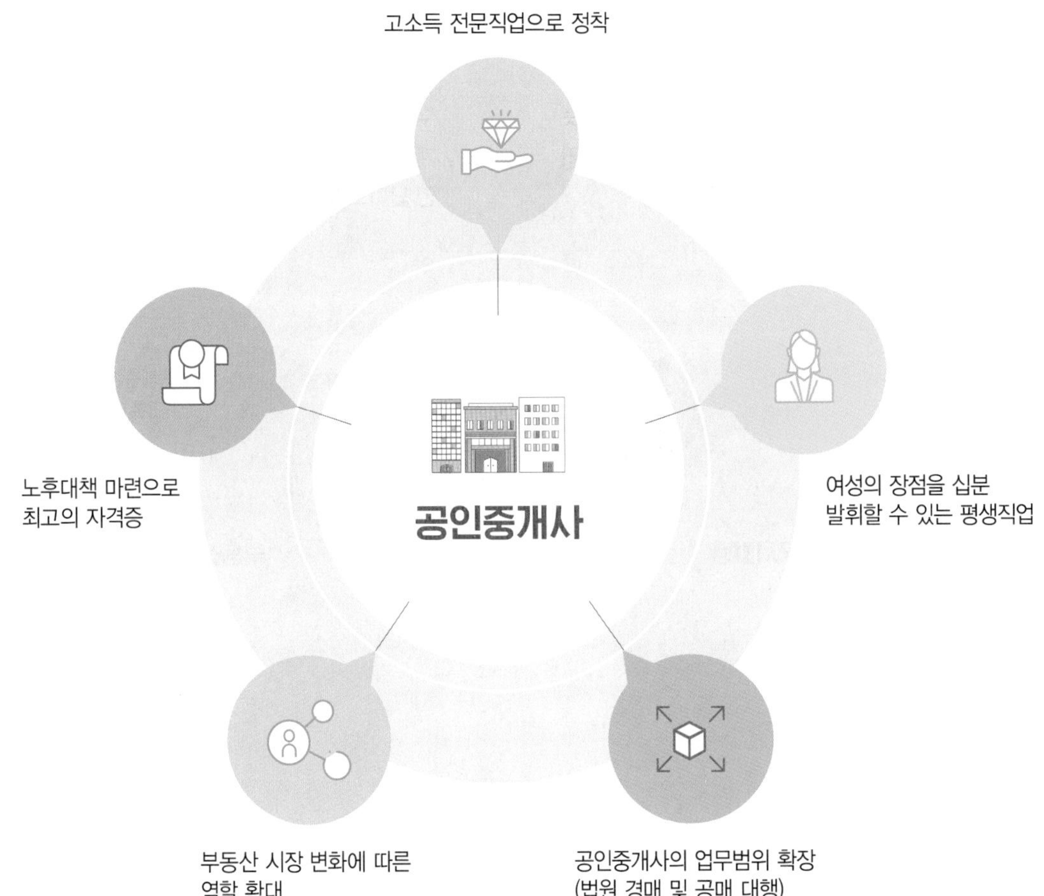

"자격증 취득하면 무슨 일 할까?"

공인중개사 자격증에 대해 사람들이 가장 많이 궁금해하는 점이 바로 '취득 후 무슨 일을 하나'이다. 하지만 공인중개사 자격증 취득 후 선택할 수 있는 직업군은 생각보다 다양하다.

개업공인중개사로서의 공인중개사 업무는 알선·중개 외에도 중개부동산의 이용이나 개발에 관한 지도 및 상담(부동산컨설팅)업무도 포함된다. 부동산중개 체인점, 주택 및 상가의 분양대행, 부동산의 관리대행, 경매 및 공매대상 부동산 취득의 알선 등 부동산의 전문적 컨설턴트로서 부동산의 구입에서 이용, 개발, 관리까지 폭넓은 업무를 다룰 수 있다.

공인중개사 시험정보

시험일정 및 시험시간

1. 시험일정 및 장소

구 분	인터넷 / 모바일(App) 원서 접수기간	시험시행일	합격자발표
일 정	매년 8월 2번째 월요일부터 금요일까지(2025. 8. 4 ~8. 8 예정)	매년 10월 마지막 주 토요일 시행(2025. 10. 25 예정)	11월 중
장 소	원서 접수시 수험자가 시험지역 및 시험장소를 직접 선택		

TIP 1. 제1·2차 시험이 동시접수·시행됩니다.
2. 정기 원서접수 기간(5일간) 종료 후 환불자 범위 내에서만 선착순으로 추가 원서접수 실시(2일간)하므로, 조기마감될 수 있습니다.

2. 시험시간

구 분	교 시	시험과목 (과목당 40문제)	시험시간	
			입실시간	시험시간
제1차 시험	1교시	2과목	09:00까지	09:30 ~ 11:10(100분)
제2차 시험	1교시	2과목	12:30까지	13:00 ~ 14:40(100분)
	2교시	1과목	15:10까지	15:30 ~ 16:20(50분)

* 수험자는 반드시 입실시간까지 입실하여야 함(시험 시작 이후 입실 불가)
* 개인별 좌석배치도는 입실시간 20분 전에 해당 교실 칠판에 별도 부착함
* 위 시험시간은 일반응시자 기준이며, 장애인 등 장애유형에 따라 편의제공 및 시험시간 연장가능(장애 유형별 편의제공 및 시험시간 연장 등 세부내용은 큐넷 공인중개사 홈페이지 공지사항 참조)
* 2차만 응시하는 시간연장 수험자는 1·2차 동시응시 시간연장자의 2차 시작시간과 동일 시작

TIP 시험일시, 시험장소, 시험방법, 합격자 결정방법 및 응시수수료의 환불에 관한 사항 등은 '제36회 공인중개사 자격시험 시행공고'시 고지

응시자격 및 합격자 결정방법

1. 응시자격: 제한 없음

다만, 다음의 각 호에 해당하는 경우에는 공인중개사 시험에 응시할 수 없음

① 공인중개사시험 부정행위자로 처분 받은 날로부터 시험시행일 전일까지 5년이 지나지 않은 자(공인중개사법 제4조의3)

② 공인중개사 자격이 취소된 후 시험시행일 전일까지 3년이 지나지 않은 자(공인중개사법 제6조)

③ 이미 공인중개사 자격을 취득한 자

2. 합격자 결정방법

제1·2차 시험 공통. 매 과목 100점 만점으로 하여 매 과목 40점 이상, 전 과목 평균 60점 이상 득점한 자

TIP 제1·2차 시험 응시자 중 제1차 시험에 불합격한 자의 제2차 시험에 대하여는 「공인중개사법 시행령」 제5조 제3항에 따라 이를 무효로 합니다.

* **제1차 시험 면제대상자:** 2024년 제35회 제1차 시험에 합격한 자

시험과목 및 출제비율

<table>
<tr><th>구 분</th><th>시험과목</th><th>시험범위</th><th>출제비율</th></tr>
<tr><td rowspan="4">제1차
시험
(2과목)</td><td rowspan="2">부동산학개론
(부동산 감정평가론 포함)</td><td>부동산학개론
• 부동산학 총론[부동산의 개념과 분류, 부동산의 특성(속성)]
• 부동산학 각론(부동산 경제론, 부동산 시장론, 부동산 정책론, 부동산 투자론, 부동산 금융론, 부동산 개발 및 관리론)</td><td>85% 내외</td></tr>
<tr><td>부동산 감정평가론(감정평가의 기초이론, 감정평가방식, 부동산가격공시제도)</td><td>15% 내외</td></tr>
<tr><td rowspan="2">민법 및 민사특별법 중 부동산중개에 관련되는 규정</td><td>민 법
• 총칙 중 법률행위
• 질권을 제외한 물권법
• 계약법 중 총칙·매매·교환·임대차</td><td>85% 내외</td></tr>
<tr><td>민사특별법
• 주택임대차보호법
• 집합건물의 소유 및 관리에 관한 법률
• 가등기담보 등에 관한 법률
• 부동산 실권리자명의 등기에 관한 법률
• 상가건물 임대차보호법</td><td>15% 내외</td></tr>
<tr><td rowspan="9">제2차
시험
1교시
(2과목)</td><td rowspan="3">공인중개사의 업무 및 부동산 거래신고 등에 관한 법령 및 중개실무</td><td>공인중개사법</td><td rowspan="2">70% 내외</td></tr>
<tr><td>부동산 거래신고 등에 관한 법률</td></tr>
<tr><td>중개실무</td><td>30% 내외</td></tr>
<tr><td rowspan="6">부동산공법 중 부동산중개에 관련되는 규정</td><td>국토의 계획 및 이용에 관한 법률</td><td>30% 내외</td></tr>
<tr><td>도시개발법</td><td rowspan="2">30% 내외</td></tr>
<tr><td>도시 및 주거환경정비법</td></tr>
<tr><td>주택법</td><td rowspan="3">40% 내외</td></tr>
<tr><td>건축법</td></tr>
<tr><td>농지법</td></tr>
<tr><td rowspan="3">제2차
시험
2교시
(1과목)</td><td rowspan="3">부동산공시에 관한 법령 및 부동산 관련 세법</td><td>부동산등기법</td><td>30% 내외</td></tr>
<tr><td>공간정보의 구축 및 관리 등에 관한 법률 제2장 제4절 및 제3장</td><td>30% 내외</td></tr>
<tr><td>부동산 관련 세법(상속세, 증여세, 법인세, 부가가치세 제외)</td><td>40% 내외</td></tr>
</table>

TIP 답안은 시험시행일에 시행되고 있는 법령을 기준으로 작성

출제경향 분석 및 수험대책

어떻게 출제되었나?

▶ 출제경향 분석

구 분		제31회	제32회	제33회	제34회	제35회	총 계	비율(%)
조세총론		1	2	2	2	2	9	11.25
지방세	취득세	1.5	2	2	2	3	10.5	13.125
	등록면허세	2.5	1	1	2	0	6.5	8.125
	재산세	3	2.5	2	2	3	12.5	15.625
	지방소득세	0	0	0	0	0	0	0.0
	지역자원시설세	1	0	0	0	0	1	1.25
국 세	종합부동산세	1	2.5	2	2	2	9.5	11.875
	양도소득세	5	6	5	5	5	26	32.5
	종합소득세	1	0	2	1	1	5	6.25
총 계		16	16	16	16	16	80	100.0

제35회 공인중개사 시험에서 부동산세법은 난이도를 극상급 3문제, 상급 2문제, 중급 7문제, 하급 4문제로 구분하여 출제하였다. 난이도 극상급 문제는 시험장에서 풀기 어려운 문제였으며 기본개념을 정확하게 이해한 수험생에게 합격 점수가 안정적으로 나올 수 있는 문제를 중급과 하급으로 출제하였다. 실제 시험장에서 난이도 극상급과 상급 문제를 통과한 후 난이도 중급과 하급에 해당하는 문제를 푸는 능력이 필요한 시험이었다.

세목별 출제 문항은 조세총론 2문제, 취득세 3문제, 재산세 3문제, 종합부동산세 2문제, 양도소득세 5문제, 종합소득세 1문제로 총 16문제를 출제하였다.
문제 유형은 틀린 것을 찾는 문제(4문제), 옳은 것을 찾는 문제(7문제), 박스형 문제(4문제), 계산 문제(1문제)로 다양하게 출제하였다. 그리고 세목별 구체적인 문제(14문제), 종합 문제(2문제)로 출제하였다.

단순 법조문을 묻는 문제, 사례형 문제, 계산문제를 혼합하여 출제하였다. 최근의 출제경향은 세법에 대한 기본적인 내용을 정확하게 이해하고 있는 지를 확인하는 쪽으로 바뀌고 있다. 물론 문제 지문을 구성할 때 구색을 맞추기 위해 지엽적인 내용을 출제하는 경우도 있지만 세법의 기본 개념을 정확히 이해하였다면 합격 점수를 확보하는 것에는 별 어려움이 없도록 출제하고 있다.
앞으로의 수험전략은 정확한 이해를 바탕으로 주어진 시간 내에 다양한 문제를 풀어 가는 능력을 키우는 것이다. 만점보다는 합격점수를 확보하는 전략이 절대적으로 필요하다.

이렇게 준비하자!

▶ 조세총론

조세총론은 국세와 지방세를 총괄하는 것으로 매년 2문제 정도 출제되고 있다. 조세에 관한 기본적이고 공통적인 내용으로 최근 시험에서는 이의신청·심판청구, 서류의 송달, 납세의무 성립·확정·소멸, 조세와 다른 채권의 관계, 거래단계별 조세, 연대납세의무 등의 전반적인 내용을 골고루 출제하고 있다. 이 부분을 정확하게 이해하고 정리하기 위해서는 개별적인 세목을 먼저 공부한 후 연결하여 학습하는 것이 좋다.

▶ 취득세

취득세는 기초 개념을 확실하게 파악해야 상호 연결이 쉽게 이루어진다. 자주 출제되는 부분은 납세의무자, 과세표준, 세율 신고·납부부분으로서 전체적인 흐름 파악을 종합적으로 묻고 있다. 추가로 과점주주, 토지의 지목변경 등 취득의제 부분을 기본적으로 파악해 두어야 한다.

▶ 등록면허세

등록면허세는 등록에 대한 등록면허세와 면허에 대한 등록면허세로 구분한다. 공인중개사 시험에서는 등록에 대한 등록면허세가 출제되고 있다. 종합문제 형태로 출제되고 있으므로 세부적인 사항을 깊게 공부하는 것보다 전체적인 흐름을 파악하는 것이 바람직하다.

▶ 재산세

재산세는 부동산 보유단계에서 과세하는 지방세로, 매년 2~3문제 정도 출제되고 있다. 자주 출제되는 부분은 토지의 과세대상 구분, 과세표준, 세율, 납세의무자, 부과·징수이므로 이 부분을 중점적으로 학습하는 것이 좋다. 재산세를 철저하게 공부해야만 종합부동산세도 자연스럽게 정리할 수 있다.

▶ 종합부동산세

종합부동산세를 이해하기 위해서는 재산세 학습이 밑받침되어야 한다. 특히 종합부동산세의 과세대상, 납세의무자, 신고·납부 등을 재산세와 연결하여 학습하는 것이 중요하다.

▶ 양도소득세

양도소득세는 매년 5~6문제가 출제되는 중요 부분이다. 양도소득세를 효율적으로 학습하려면 양도소득세의 전체 흐름을 바탕으로 세부적인 내용을 연결하여 학습해야 한다. 구체적으로 중요한 부분은 양도의 정의, 과세대상, 양도·취득시기, 양도소득세 계산구조, 신고·납부, 비과세이다. 최근에는 계산문제가 1문제씩 출제되고 있는데 실제 시험장에서 풀기에는 시간상 어려움이 있을 수 있다. 하지만 양도소득세 전체를 파악하기 위해서는 계산문제 푸는 연습을 꼭 해야 한다.

▶ 종합소득세

종합소득세에서는 부동산임대업의 사업소득을 주로 출제하고 있다. 부동산임대업의 범위와 비과세 및 총수입금액 계산을 중점적으로 출제하고 있다.

이 책의 구성 및 특징

핵심개념 학습

01

① 단원열기: 각 단원의 학습 방향을 제시하고, 중점 학습 내용을 강조하여 수험생들의 자율적 학습 강약 조절을 도움
② 본문: 출제가능성이 높은 핵심개념을 모아 이해하기 쉽도록 체계적으로 정리·구성하여 학습효율 UP!

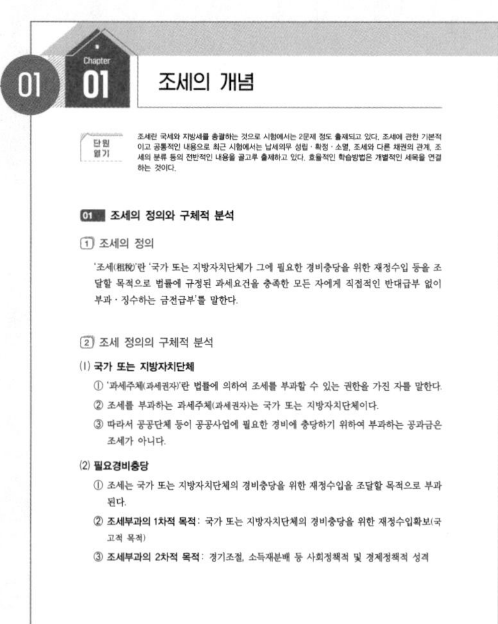

다양한 학습 tip

02

① 핵심다지기: 반드시 암기해야 하는 사항을 놓치지 않도록 체계적으로 정리
② 넓혀보기: 본문과 관련하여 더 알아두어야 할 내용들을 정리하여 제시함으로써 보다 폭넓은 학습 가능
③ 예제: 이론학습이 끝난 뒤에 문제풀이를 통해서 완벽 마스터
④ 일러스트: 이해하기 어려운 이론을 그림으로 알기 쉽고 재미있게 학습
⑤ 법조문: 이론과 관련된 조문을 수록하여 학습의 편의를 도모

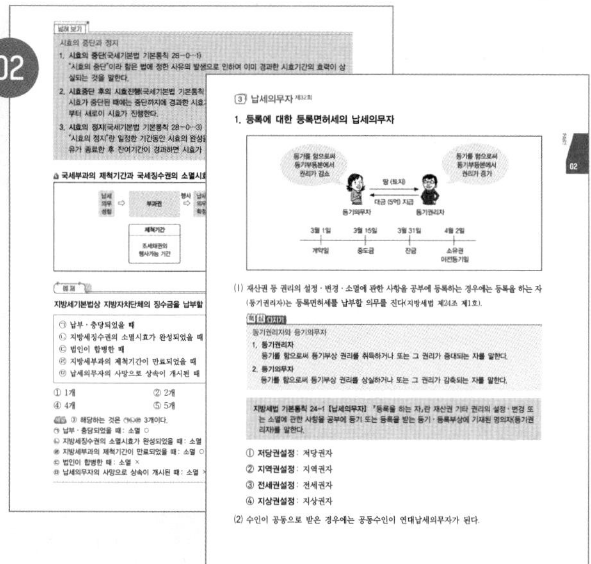

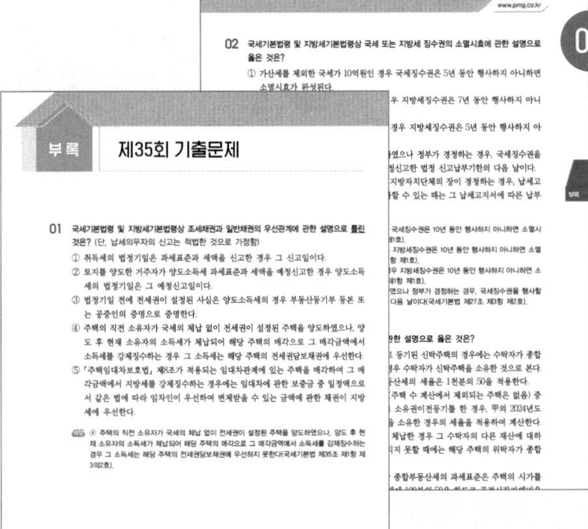

03

부록_기출문제

제35회 공인중개사 기출문제와 명쾌한 해설을 수록하여 기출 유형을 파악하고 실전에 대비할 수 있도록 하였다.

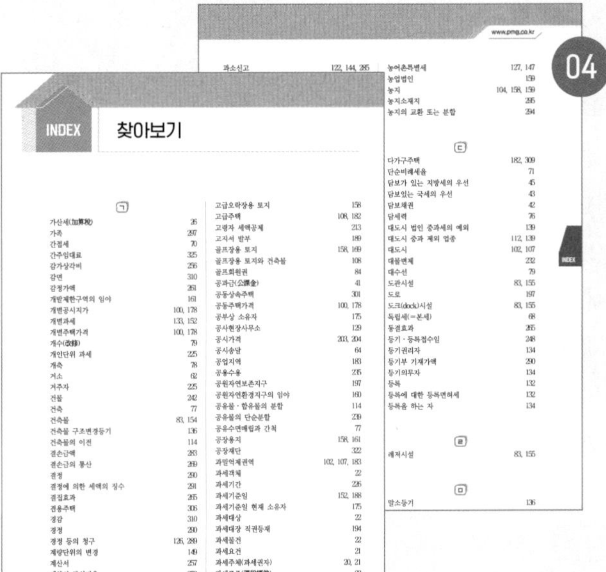

04

INDEX_찾아보기

찾아보기(색인)를 통해 공인중개사 시험을 공부하면서 접하는 생소한 용어들을 기본서 내에서 쉽고 빠르게 찾을 수 있다.

CONTENTS

이 책의 **차례**

PART 01

조세총론

지방세

제2장 등록면허세

제3장 재산세

CONTENTS

이 책의 **차례**

PART 03

국 세

부 록

박문각 공인중개사

조세총론

Chapter 01 조세의 개념

단원 열기

조세란 국세와 지방세를 총괄하는 것으로 시험에서는 2문제 정도 출제되고 있다. 조세에 관한 기본적이고 공통적인 내용으로 최근 시험에서는 납세의무 성립 · 확정 · 소멸, 조세와 다른 채권의 관계, 조세의 분류 등의 전반적인 내용을 골고루 출제하고 있다. 효율적인 학습방법은 개별적인 세목을 연결하는 것이다.

01 조세의 정의와 구체적 분석

1 조세의 정의

'조세(租稅)'란 '국가 또는 지방자치단체가 그에 필요한 경비충당을 위한 재정수입 등을 조달할 목적으로 법률에 규정된 과세요건을 충족한 모든 자에게 직접적인 반대급부 없이 부과 · 징수하는 금전급부'를 말한다.

2 조세 정의의 구체적 분석

(1) 국가 또는 지방자치단체

① '과세주체(과세권자)'란 법률에 의하여 조세를 부과할 수 있는 권한을 가진 자를 말한다.

② 조세를 부과하는 과세주체(과세권자)는 국가 또는 지방자치단체이다.

③ 따라서 공공단체 등이 공공사업에 필요한 경비에 충당하기 위하여 부과하는 공과금은 조세가 아니다.

(2) 필요경비충당

① 조세는 국가 또는 지방자치단체의 경비충당을 위한 재정수입을 조달할 목적으로 부과된다.

② **조세부과의 1차적 목적**: 국가 또는 지방자치단체의 경비충당을 위한 재정수입확보(국고적 목적)

③ **조세부과의 2차적 목적**: 경기조절, 소득재분배 등 사회정책적 및 경제정책적 성격

(3) 법률 규정

① '조세법률주의'란 과세요건이 충족되면 당사자의 의사에 관계없이 조세가 부과되는 것을 말한다. 즉, 법률의 근거 없이 국가 또는 지방자치단체는 조세를 부과·징수할 수 없고 국민은 조세의 납부를 요구받지 아니한다는 것이다.

> **헌법 제38조** 모든 국민은 법률이 정하는 바에 의하여 납세의 의무를 진다.
> **헌법 제59조** 조세의 종목과 세율은 법률로 정한다.

② '과세요건'이란 세금을 과세하기 위한 요건으로 납세의무자·과세대상·과세표준·세율로 구분한다.

③ 이러한 과세요건이 법률에 규정된 경우에만 조세를 부과할 수 있다.

(4) 조세는 직접적 반대급부(개별적 보상)는 아니다. 납세자가 납부한 금액에 비례하는 보상이 주어지지 않기 때문이다. 납세의무자는 국방·치안·행정 등의 혜택을 받지만, 납세의무자가 납부한 조세와 비례하지 않을 뿐만 아니라 조세를 납부하지 않은 자에게도 동일하게 제공된다.

(5) 금전급부

① 조세는 금전으로 일시 납부하는 것이 원칙이다.

② 조세의 실질성과 납세의 편의를 위해 법률이 정한 경우 물납 또는 분할납부(분납)를 인정하고 있다.

02 조세 관련 용어

1 국세·지방세

(1) 구분 기준

① '과세주체(과세권자)'란 법률에 의하여 조세를 부과할 수 있는 권한을 가진 자를 말한다.

② 조세를 부과하는 과세주체(과세권자)는 국가 또는 지방자치단체이다.

③ 과세주체가 국가인 것을 '국세'라 하며 과세주체가 지방자치단체인 것을 '지방세'라 한다.

(2) 구 분

① **국가**: 국세

② **지방자치단체**: 지방세

㉠ 특별시 · 광역시 · 도

㉡ 도 · 구

㉢ 시 · 군 · 구

㉣ 특별자치시 · 특별자치도

2 '무엇에 대해 과세하느냐'에 따른 구분(과세대상, 과세물건, 과세객체)

(1) 개 념

조세부과의 대상이 되는 소득 · 재산 · 행위 · 수익 등을 말하며, 과세물건 또는 과세객체라고도 한다.

(2) 분 류

① **행위**: 취득세(소유권 관련 취득 및 등기행위), 등록면허세(소유권 이외 권리와 재산의 등록 및 면허행위), 부가가치세(소비행위) 등

② **재산**: 재산세, 지역자원시설세, 종합부동산세, 상속세, 증여세 등

③ **소득**: 소득세, 법인세 등

3 '얼마에 대해 과세하느냐'에 따른 구분(과세표준)

(1) 개 념

① 국세에서 "과세표준(課稅標準)"이란 세법에 따라 직접적으로 세액산출의 기초가 되는 과세대상의 수량 또는 가액(價額)을 말한다(국세기본법 제2조 제14호).

② 지방세에서 "과세표준"이란 「지방세법」에 따라 직접적으로 세액산출의 기초가 되는 과세물건의 수량 · 면적 또는 가액(價額) 등을 말한다(지방세기본법 제2조 제1항 제5호).

(2) 구 분

① **종가세**: 과세물건의 가액이나 금액에 의하여 과세표준을 산출하는 조세

② **종량세**: 과세물건의 수량 · 면적에 의하여 과세표준을 산출하는 조세

과세표준	금액 · 가액	수량 · 면적 · 건수
구 분	종가세	종량세

4 세 율

(1) 개 념

세액을 산출하기 위하여 과세표준에 곱하여지는 비율(%) 또는 금액을 말한다.

(2) 적 용

과세표준이 가액이나 금액으로 표시되는 종가세는 비율(%)을 적용하며, 과세표준이 수량 · 면적 등으로 표시되는 종량세는 금액을 적용한다.

세 율	비율(%)	금 액
구 분	정률세	정액세

건수에 의한 과세표준은 등록면허세에서 말소등기, 지목변경등기 등의 경우 매 등기 1건에 대하여 과세된다.

5 세액의 계산방법

과세표준 × 세율 = 산출세액
산출세액 − 감면세액 − 세액공제 = 결정세액
결정세액 + 가산세 − 기납부세액 = 납부할 세액

과세표준	금액 · 가액(종가세)	수량 · 면적 · 건수(종량세)
× 세율	비율(%)(정률세)	금액(정액세)
산출세액	금액	금액

6 징수방법(국세기본법 제2조, 지방세기본법 제2조 제1항) 제31회

'세금계산을 원칙적으로 누가 하느냐'에 따라 다음과 같이 구분한다.

징수방법: 누가 세금계산을 하는 것일까?

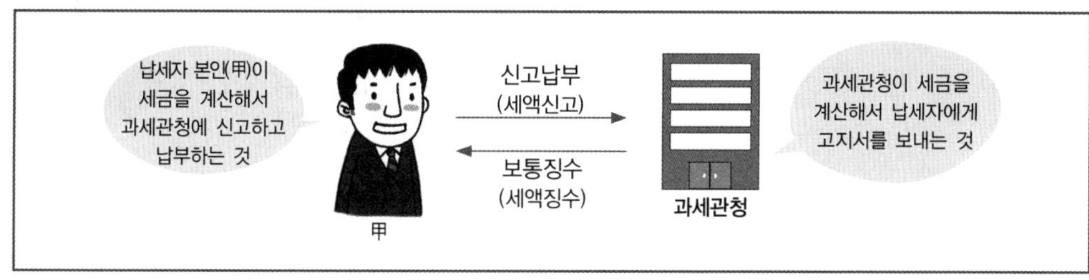

(1) **신고납세제도**(지방세 : 신고납부)

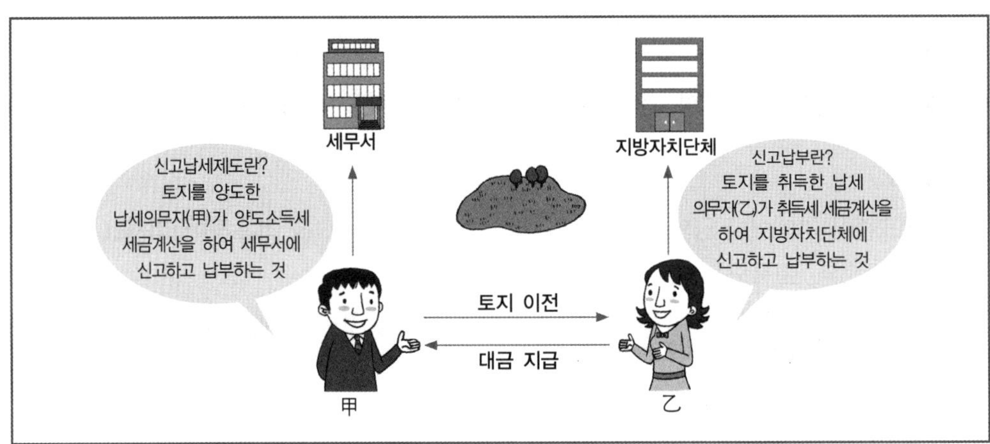

① "납세의무자"가 그 납부할 조세의 과세표준과 세액을 신고하고 그 신고한 세금을 납부하는 것을 말한다.

② "신고납부"란 납세의무자가 그 납부할 지방세의 과세표준과 세액을 신고하고, 신고한 세금을 납부하는 것을 말한다(지방세기본법 제2조 제1항 제16호).

③ 기한 내 신고납부를 이행하지 않은 경우에는 가산세를 부과한다.

④ **적용세목** : 취득세, 등록면허세, 양도소득세, 종합부동산세(예외) 등

(2) **정부부과제도**(지방세 : 보통징수)

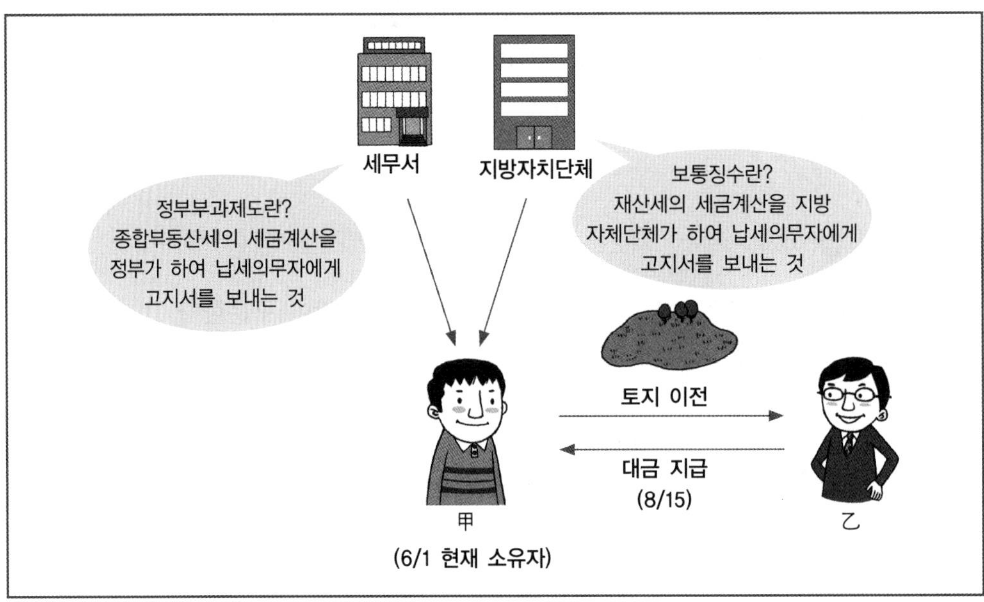

① "과세권자"가 세액을 산출하여 납세고지서를 납세의무자에게 교부하여 징수하는 방법을 말한다.

② "보통징수"란 세무공무원이 납세고지서를 납세자에게 발급하여 지방세를 징수하는 것을 말한다(지방세기본법 제2조 제1항 제19호).

③ **적용세목**: 종합부동산세(원칙), 상속세, 증여세, 재산세 등

> **지방세기본법 제2조 【정 의】** ① 이 법에서 사용하는 용어의 뜻은 다음과 같다.
> 17. "부과"란 지방자치단체의 장이 「지방세기본법」 또는 지방세관계법에 따라 납세의무자에게 지방세를 부담하게 하는 것을 말한다.
> 18. "징수"란 지방자치단체의 장이 「지방세기본법」 또는 지방세관계법에 따라 납세자로부터 지방자치단체의 징수금을 거두어들이는 것을 말한다.

(3) **원천징수**(지방세: 특별징수)

① "원천징수(源泉徵收)"란 세법에 따라 원천징수의무자가 국세(이와 관계되는 가산세는 제외한다)를 징수하는 것을 말한다(국세기본법 제2조 제3호).

② "특별징수"란 지방세를 징수할 때 편의상 징수할 여건이 좋은 자로 하여금 징수하게 하고 그 징수한 세금을 납부하게 하는 것을 말한다(지방세기본법 제2조 제1항 제20호).

③ **적용세목**: 근로소득세, 지방소득세 등

예 제

원칙적으로 과세관청의 결정에 의하여 납세의무가 확정되는 지방세를 모두 고른 것은? 제24회

㉠ 취득세	㉡ 종합부동산세
㉢ 재산세	㉣ 양도소득세

① ㉠　② ㉡　③ ㉢
④ ㉡, ㉢　⑤ ㉢, ㉣

해설 ㉢ 재산세: 보통징수, 지방세
㉠ 취득세: 신고납부, 지방세
㉡ 종합부동산세: 정부부과제도(원칙), 국세
㉣ 양도소득세: 신고납세제도, 국세

정답 ③

7 가산세

(1) 가산세

① 국세기본법

㉠ "가산세(加算稅)"란 「국세기본법」 및 세법에서 규정하는 의무의 성실한 이행을 확보하기 위하여 세법에 따라 산출한 세액에 가산하여 징수하는 금액을 말한다(국세기본법 제2조 제4호).

㉡ 정부는 세법에서 규정한 의무를 위반한 자에게 「국세기본법」 또는 세법에서 정하는 바에 따라 가산세를 부과할 수 있다(국세기본법 제47조 제1항).

㉢ 가산세는 해당 의무가 규정된 세법의 해당 국세의 세목(稅目)으로 한다. 다만, 해당 국세를 감면하는 경우에는 가산세는 그 감면대상에 포함시키지 아니하는 것으로 한다(국세기본법 제47조 제2항).

㉣ 가산세는 납부할 세액에 가산하거나 환급받을 세액에서 공제한다(국세기본법 제47조 제3항).

② 지방세기본법

㉠ "가산세"란 「지방세기본법」 또는 지방세관계법에서 규정하는 의무를 성실하게 이행하도록 하기 위하여 의무를 이행하지 아니할 경우에 「지방세기본법」 또는 지방세관계법에 따라 산출한 세액에 가산하여 징수하는 금액을 말한다(지방세기본법 제2조 제1항 제23호).

㉡ 지방자치단체의 장은 「지방세기본법」 또는 지방세관계법에 따른 의무를 위반한 자에게 「지방세기본법」 또는 지방세관계법에서 정하는 바에 따라 가산세를 부과할 수 있다(지방세기본법 제52조 제1항).

㉢ 가산세는 해당 의무가 규정된 지방세관계법의 해당 지방세의 세목으로 한다(지방세기본법 제52조 제2항).

㉣ ㉢에도 불구하고 지방세를 감면하는 경우에 가산세는 감면대상에 포함시키지 아니한다(지방세기본법 제52조 제3항).

(2) 가산금

① **국세기본법**: 삭제(2020. 01. 01 이후)

② **지방세**: 삭제(2024. 01. 01 이후)

8 용어의 정의

(1) 국세기본법

① "원천징수(源泉徵收)"란 세법에 따라 원천징수의무자가 국세(이와 관계되는 가산세는 제외한다)를 징수하는 것을 말한다(국세기본법 제2조 제3호).

② "강제징수비(强制徵收費)"란 「국세징수법」 중 강제징수에 관한 규정에 따른 재산의 압류, 보관, 운반과 매각에 든 비용(매각을 대행시키는 경우 그 수수료를 포함한다)을 말한다(국세기본법 제2조 제6호).

③ "납세의무자"란 세법에 따라 국세를 납부할 의무(국세를 징수하여 납부할 의무는 제외한다)가 있는 자를 말한다(국세기본법 제2조 제9호).

④ "납세자"란 납세의무자(연대납세의무자와 납세자를 갈음하여 납부할 의무가 생긴 경우의 제2차 납세의무자 및 보증인을 포함한다)와 세법에 따라 국세를 징수하여 납부할 의무를 지는 자를 말한다(국세기본법 제2조 제10호).

⑤ "세무공무원"이란 다음 각 목의 사람을 말한다(국세기본법 제2조 제17호).
  ㉠ 국세청장, 지방국세청장, 세무서장 또는 그 소속 공무원
  ㉡ 세법에 따라 국세에 관한 사무를 세관장(稅關長)이 관장하는 경우의 그 세관장 또는 그 소속 공무원

(2) 지방세기본법

① "세무공무원"이란 지방자치단체의 장 또는 지방세의 부과·징수 등에 관한 사무를 위임받은 공무원을 말한다(지방세기본법 제2조 제1항 제10호).

② "납세의무자"란 「지방세법」에 따라 지방세를 납부할 의무(지방세를 특별징수하여 납부할 의무는 제외한다)가 있는 자를 말한다(지방세기본법 제2조 제1항 제11호).

③ "납세자"란 납세의무자(연대납세의무자와 제2차 납세의무자 및 보증인을 포함한다)와 특별징수의무자를 말한다(지방세기본법 제2조 제1항 제12호).

④ "신고납부"란 납세의무자가 그 납부할 지방세의 과세표준과 세액을 신고하고, 신고한 세금을 납부하는 것을 말한다(지방세기본법 제2조 제1항 제16호).

⑤ "보통징수"란 세무공무원이 납세고지서를 납세자에게 발급하여 지방세를 징수하는 것을 말한다(지방세기본법 제2조 제1항 제19호).

⑥ "특별징수"란 지방세를 징수할 때 편의상 징수할 여건이 좋은 자로 하여금 징수하게 하고 그 징수한 세금을 납부하게 하는 것을 말한다(지방세기본법 제2조 제1항 제20호).

⑦ "지방자치단체의 징수금"이란 지방세 및 체납처분비를 말한다(지방세기본법 제2조 제1항 제22호).

⑧ "체납처분비"란 「지방세징수법」 제3장의 체납처분에 관한 규정에 따른 재산의 압류·보관·운반과 매각에 드는 비용(매각을 대행시키는 경우 그 수수료를 포함한다)을 말한다(지방세기본법 제2조 제1항 제25호).

⑨ "체납자"란 지방세를 납부기한까지 납부하지 아니한 납세자를 말한다(지방세기본법 제2조 제1항 제32호).

⑩ "체납액"이란 체납된 지방세와 체납처분비를 말한다(지방세기본법 제2조 제1항 제33호).

예제

지방세기본법 및 지방세법상 용어의 정의에 관한 설명으로 틀린 것은? 제31회

① "보통징수"란 지방세를 징수할 때 편의상 징수할 여건이 좋은 자로 하여금 징수하게 하고 그 징수한 세금을 납부하게 하는 것을 말한다.
② 취득세에서 사용하는 용어 중 "부동산"이란 토지 및 건축물을 말한다.
③ "세무공무원"이란 지방자치단체의 장 또는 지방세의 부과·징수 등에 관한 사무를 위임받은 공무원을 말한다.
④ "납세자"란 납세의무자(연대납세의무자와 제2차 납세의무자 및 보증인 포함)와 특별징수의무자를 말한다.
⑤ "지방자치단체의 징수금"이란 지방세와 체납처분비를 말한다.

해설 ① "특별징수"란 지방세를 징수할 때 편의상 징수할 여건이 좋은 자로 하여금 징수하게 하고 그 징수한 세금을 납부하게 하는 것을 말한다(지방세기본법 제2조 제1항 제20호).
"보통징수"란 세무공무원이 납세고지서를 납세자에게 발급하여 지방세를 징수하는 것을 말한다(지방세기본법 제2조 제1항 제19호).

정답 ①

03 납세의무의 성립 · 확정 · 소멸

1 납세의무의 성립시기

납세의무는 각 세법이 정하는 과세요건의 충족, 즉 특정의 시기에 특정사실 또는 상태가 존재함으로써 과세대상(물건 또는 행위)이 납세의무자에게 귀속됨으로써 세법이 정하는 바에 따라 과세표준의 산정 및 세율의 적용이 가능하게 되는 때에 성립하며, 그 구체적인 성립시기는 다음과 같다(국세기본법 기본통칙 21－0…1).

(1) 국세의 납세의무 성립시기(국세기본법 제21조)

1) 원 칙

① **소득세 · 법인세**: 과세기간이 끝나는 때. 다만, 청산소득에 대한 법인세는 그 법인이 해산을 하는 때를 말한다.

② **상속세**: 상속이 개시되는 때

③ **증여세**: 증여에 의하여 재산을 취득하는 때

④ **부가가치세**: 과세기간이 끝나는 때. 다만, 수입재화의 경우에는 세관장에게 수입신고를 하는 때를 말한다.

⑤ **개별소비세 · 주세 및 교통 · 에너지 · 환경세**: 과세물품을 제조장으로부터 반출하거나 판매장에서 판매하는 때, 과세장소에 입장하거나 과세유흥장소에서 유흥음식행위를 하는 때 또는 과세영업장소에서 영업행위를 하는 때. 다만, 수입물품의 경우에는 세관장에게 수입신고를 하는 때를 말한다.

⑥ **인지세**: 과세문서를 작성한 때

⑦ **증권거래세**: 해당 매매거래가 확정되는 때

⑧ **교육세**: 다음 각 목의 구분에 따른 시기

㉠ 국세에 부과되는 교육세: 해당 국세의 납세의무가 성립하는 때

㉡ 금융 · 보험업자의 수익금액에 부과되는 교육세: 과세기간이 끝나는 때

⑨ **농어촌특별세**: 「농어촌특별세법」 제2조 제2항에 따른 본세의 납세의무가 성립하는 때

⑩ **종합부동산세**: 과세기준일

⑪ **가산세**: 다음의 구분에 따른 시기. 다만, ㉡과 ㉢의 경우 제39조를 적용할 때에는 이 법 및 세법에 따른 납부기한("법정납부기한"이라 한다)이 경과하는 때로 한다.

㉠ 제47조의2에 따른 무신고가산세 및 제47조의3에 따른 과소신고 · 초과환급신고가산세: 법정신고기한이 경과하는 때

㉡ 제47조의4 제1항 제1호 · 제2호에 따른 납부지연가산세 및 제47조의5 제1항 제2호에 따른 원천징수 등 납부지연가산세: 법정납부기한 경과 후 1일마다 그 날이 경과하는 때

㉢ 제47조의4 제1항 제3호에 따른 납부지연가산세: 납부고지서에 따른 납부기한이 경과하는 때

㉣ 제47조의5 제1항 제1호에 따른 원천징수 등 납부지연가산세: 법정납부기한이 경과하는 때

㉤ 그 밖의 가산세: 가산할 국세의 납세의무가 성립하는 때

2) 예 외

① **원천징수하는 소득세 · 법인세**: 소득금액 또는 수입금액을 지급하는 때

② **납세조합이 징수하는 소득세 또는 예정신고납부하는 소득세**: 과세표준이 되는 금액이 발생한 달의 말일

③ **중간예납하는 소득세 · 법인세 또는 예정신고기간 · 예정부과기간에 대한 부가가치세**: 중간예납기간 또는 예정신고기간 · 예정부과기간이 끝나는 때

④ **수시부과(隨時賦課)하여 징수하는 국세**: 수시부과할 사유가 발생한 때

(2) **지방세의 납세의무 성립시기**(지방세기본법 제34조)

① **취득세**: 과세물건을 취득하는 때

② **등록면허세**

㉠ 등록에 대한 등록면허세: 재산권과 그 밖의 권리를 등기하거나 등록하는 때

㉡ 면허에 대한 등록면허세: 각종의 면허를 받는 때와 납기가 있는 달의 1일

③ **재산세**: 과세기준일(매년 6월 1일)

④ **지방교육세**: 과세표준이 되는 세목의 납세의무가 성립하는 때

⑤ **지방소득세**: 과세표준이 되는 소득에 대하여 소득세 · 법인세의 납세의무가 성립하는 때

⑥ **주민세**

㉠ 개인분 및 사업소분: 과세기준일(개인분은 매년 7월 1일, 사업소분은 매년 7월 1일)

㉡ 종업원분: 종업원에게 급여를 지급하는 때

⑦ **지방소비세**: 「국세기본법」에 따른 부가가치세의 납세의무가 성립하는 때

⑧ **자동차세**

㉠ 자동차 소유에 대한 자동차세: 납기가 있는 달의 1일

㉡ 자동차 주행에 대한 자동차세: 과세표준이 되는 교통 · 에너지 · 환경세의 납세의무가 성립하는 때

⑨ **가산세**: 다음의 구분에 따른 시기. 다만, ㉡부터 ㉤까지의 규정에 따른 경우 제46조를 적용할 때에는 이 법 및 지방세관계법에 따른 납부기한이 경과하는 때로 한다.

㉠ 제53조에 따른 무신고가산세 및 제54조에 따른 과소신고·초과환급신고가산세: 법정신고기한이 경과하는 때

㉡ 제55조 제1항 제1호에 따른 납부지연가산세 및 제56조 제1항 제2호에 따른 특별징수 납부지연가산세: 법정납부기한 경과 후 1일마다 그 날이 경과하는 때

㉢ 제55조 제1항 제2호에 따른 납부지연가산세: 환급받은 날 경과 후 1일마다 그 날이 경과하는 때

㉣ 제55조 제1항 제3호에 따른 납부지연가산세: 납세고지서에 따른 납부기한이 경과하는 때

㉤ 제55조 제1항 제4호에 따른 납부지연가산세 및 제56조 제1항 제3호에 따른 특별징수 납부지연가산세: 납세고지서에 따른 납부기한 경과 후 1개월마다 그 날이 경과하는 때

㉥ 제56조 제1항 제1호에 따른 특별징수 납부지연가산세: 법정납부기한이 경과하는 때

㉦ 그 밖의 가산세: 가산세를 가산할 사유가 발생하는 때. 다만, 가산세를 가산할 사유가 발생하는 때를 특정할 수 없거나 가산할 지방세의 납세의무가 성립하기 전에 가산세를 가산할 사유가 발생하는 경우에는 가산할 지방세의 납세의무가 성립하는 때로 한다.

⑩ **수시로 부과하여 징수하는 지방세**: 수시부과할 사유가 발생하는 때

예제

국세 및 지방세의 납세의무 성립시기에 관한 내용으로 옳은 것은? (단, 특별징수 및 수시부과와 무관함) 제29회

① 개인분 주민세: 매년 7월 1일
② 거주자의 양도소득에 대한 지방소득세: 매년 3월 31일
③ 재산세에 부가되는 지방교육세: 매년 8월 1일
④ 중간예납하는 소득세: 매년 12월 31일
⑤ 자동차 소유에 대한 자동차세: 납기가 있는 달의 10일

해설 ① 개인분 주민세: 과세기준일(매년 7월 1일)(지방세기본법 제34조 제1항 제6호 가목)
② 거주자의 양도소득에 대한 지방소득세: 과세표준이 되는 소득에 대하여 소득세의 납세의무가 성립하는 때(매년 12월 31일)(지방세기본법 제34조 제1항 제7호)
③ 재산세에 부가되는 지방교육세: 과세표준이 되는 세목의 납세의무가 성립하는 때(재산세의 성립시기 = 매년 6월 1일)(지방세기본법 제34조 제1항 제11호)
④ 중간예납하는 소득세: 중간예납기간(1월 1일부터 6월 30일까지)이 끝나는 때(매년 6월 30일)(국세기본법 제21조 제3항 제3호)
⑤ 자동차 소유에 대한 자동차세: 납기가 있는 달의 1일(매년 6월 1일, 매년 12월 1일)(지방세기본법 제34조 제1항 제9호 가목)

◆ 정답 ①

2 납세의무의 확정 제32회

(1) 국세의 납세의무의 확정이라 함은 조세의 납부 또는 징수를 위하여 세법이 정하는 바에 따라 납부할 세액을 납세의무자 또는 세무관청의 일정한 행위나 절차를 거쳐서 구체적으로 확정하는 것을 말하며, 납세의무의 성립과 동시에 법률상 당연히 확정되는 것(예 인지세), 납세의무 성립 후 특별한 절차가 요구되는 것으로서 납세자의 신고에 의하여 확정되는 것(예 소득세 · 부가가치세 · 법인세), 정부의 결정에 의하여 확정되는 것(예 상속세 · 증여세)이 있다(국세기본법 기본통칙 22-0…1).

(2) 지방세의 납세의무의 확정이라 함은 지방세의 납부 또는 징수를 위하여 법이 정하는 바에 따라 납부할 지방세액을 납세의무자 또는 지방자치단체의 일정한 행위나 절차를 거쳐서 구체적으로 확정하는 것을 말하며, 납세의무의 성립과 동시에 법률상 당연히 확정되는 것(예 특별징수하는 지방소득세)과 납세의무 성립 후 특별한 절차가 요구되는 것으로서 납세자의 신고에 의하여 확정되는 것(예 취득세 등) 및 지방자치단체의 결정에 의하여 확정되는 것(예 자동차세 등)이 있다[(구)지방세기본법 기본통칙 35-1].

(3) **국세 납세의무의 확정**(국세기본법 제22조)

① **소득세, 법인세, 부가가치세, 개별소비세, 주세, 증권거래세, 교육세, 교통 · 에너지 · 환경세, 종합부동산세**(납세의무자가 「종합부동산세법」 제16조 제3항에 따라 과세표준과 세액을 정부에 신고하는 경우에 한정한다): 납세의무자가 과세표준과 세액을 정부에 신고했을 때에 확정된다. 다만, 납세의무자가 과세표준과 세액의 신고를 하지 아니하거나 신고한 과세표준과 세액이 세법에서 정하는 바와 맞지 아니한 경우에는 정부가 과세표준과 세액을 결정하거나 경정하는 때에 그 결정 또는 경정에 따라 확정된다(국세기본법 제22조 제2항).

② ① 외의 국세는 해당 국세의 과세표준과 세액을 정부가 결정하는 때에 확정된다(국세기본법 제22조 제3항).

(4) **지방세의 납세의무 확정**(지방세기본법 제35조)

지방세는 다음의 구분에 따른 시기에 세액이 확정된다.

① **납세의무자가 과세표준과 세액을 지방자치단체에 신고납부하는 지방세**: 신고하는 때. 다만, 납세의무자가 과세표준과 세액의 신고를 하지 아니하거나 신고한 과세표준과 세액이 지방세관계법에 어긋나는 경우에는 지방자치단체가 과세표준과 세액을 결정하거나 경정하는 때로 한다.

② ① **외의 지방세**: 해당 지방세의 과세표준과 세액을 해당 지방자치단체가 결정하는 때

3 납부의무의 소멸

납부의무의 소멸이란 과세요건이 충족되어 성립·확정된 조세채무가 없어지는 것을 말한다. 구체적인 소멸사유는 다음과 같다.

(1) 납 부

① 국세의 "납부"라 함은 당해 납세의무자는 물론 연대납세의무자, 제2차 납세의무자, 납세보증인, 물적납세의무자 및 기타 이해관계가 있는 제3자 등에 의한 납부를 말한다(국세기본법 기본통칙 26-0…1).

② 「지방세기본법」에서 "납부"라 함은 당해 지방세의 납세자는 물론 납세보증인 및 기타 이해관계가 있는 제3자 등에 의한 납부를 모두 포함한다[(구)지방세기본법 기본통칙 37-1].

(2) 충 당

① 국세의 "충당"이라 함은 국세환급금을 당해 납세의무자가 납부할 국세 및 체납처분비 상당액과 상계시키는 것을 말한다(국세기본법 기본통칙 26- 0…2).

② 지방세의 "충당"이라 함은 납세의무자에게 환급할 지방세환급금과 당해 납세의무자가 납부할 지방세·가산금 및 체납처분비 상당액을 서로 상계시켜 지방세 세입으로 하는 것을 말한다[(구)지방세기본법 기본통칙 37-2].

(3) 부과의 취소

과세관청이 부당하게 부과한 조세를 취소함으로써 확정된 조세채무가 없어지는 것을 말한다. 이 경우 처음부터 부과처분이 없었던 것으로 한다.

(4) 제척기간의 만료 제34회

① 제척기간이란 권리를 행사할 수 있는 기간을 말한다.

② 조세채권을 부과할 수 있는 기간에 해당 조세가 부과되지 아니하고 그 기간이 끝난 때에는 납세의무가 소멸한다.

③ 제척기간은 법률관계를 조속히 종결짓는 데 그 의의가 있으며 제척기간의 진행 중에 정지나 중단이 적용되지 않는다.

④ **국세를 부과할 수 있는 기간**(부과제척기간)

구 분		제척기간
일반적인 세목	1. 역외거래에서 발생한 부정행위로 국세를 포탈하거나 환급·공제받은 경우	15년
	2. 납세자가 사기나 그 밖의 부정한 행위(부정행위)로 국세를 포탈하거나 환급·공제받은 경우	10년
	3. 납세자가 법정신고기한까지 과세표준신고서를 제출하지 아니한 경우	7년
	4. 기타의 경우	5년
상속세·증여세	1. 납세자가 부정행위로 상속세·증여세를 포탈하거나 환급·공제받은 경우 2. 신고서를 제출하지 아니한 경우 3. 신고서를 제출한 자가 거짓신고 또는 누락신고를 한 경우(그 거짓신고 또는 누락신고를 한 부분만 해당한다)	15년
	4. 기타의 경우	10년

부담부증여에 따라 증여세와 함께 소득세가 과세되는 경우: 증여세에 대하여 정한 기간

넓혀 보기

부정행위의 유형 등(국세기본법시행령 제12조의2, 조세범 처벌법 제3조 제6항)

1. 이중장부의 작성 등 장부의 거짓 기장
2. 거짓 증빙 또는 거짓 문서의 작성 및 수취
3. 장부와 기록의 파기
4. 재산의 은닉, 소득·수익·행위·거래의 조작 또는 은폐
5. 고의적으로 장부를 작성하지 아니하거나 비치하지 아니하는 행위 또는 계산서, 세금계산서 또는 계산서합계표, 세금계산서합계표의 조작
6. 「조세특례제한법」 제5조의2 제1호에 따른 전사적 기업자원 관리설비의 조작 또는 전자세금계산서의 조작
7. 그 밖에 위계(僞計)에 의한 행위 또는 부정한 행위

핵심 다지기

국세부과제척기간의 기산일(국세기본법시행령 제12조의3 제1항)

1. **과세표준과 세액을 신고하는 국세**(신고하는 종합부동산세는 제외): 신고기한 또는 신고서 제출기한의 다음 날
2. **종합부동산세**: 납세의무가 성립한 날(과세기준일)

⑤ 지방세 부과의 제척기간(지방세기본법 제38조)

<table>
<tr><th colspan="2">구 분</th><th>제척기간</th></tr>
<tr><td rowspan="3">지방세</td><td>1. 납세자가 사기나 그 밖의 부정한 행위로 지방세를 포탈하거나 환급·공제 또는 경감받은 경우
2. 다음에 따른 취득으로서 법정신고기한까지 과세표준 신고서를 제출하지 아니한 경우
① 상속 또는 증여[부담부(負擔附) 증여를 포함한다]를 원인으로 취득하는 경우
② 「부동산 실권리자명의 등기에 관한 법률」에 따른 명의신탁약정으로 실권리자가 사실상 취득하는 경우
③ 타인의 명의로 법인의 주식 또는 지분을 취득하였지만 해당 주식 또는 지분의 실권리자인 자가 과점주주가 되어 해당 법인의 부동산등을 취득한 것으로 보는 경우</td><td>10년</td></tr>
<tr><td>3. 납세자가 법정신고기한까지 과세표준 신고서를 제출하지 아니한 경우</td><td>7년</td></tr>
<tr><td>4. 그 밖의 경우</td><td>5년</td></tr>
</table>

넓혀 보기

'사기나 그 밖의 부정한 행위'란 다음의 어느 하나에 해당하는 행위로서 지방세의 부과와 징수를 불가능하게 하거나 현저히 곤란하게 하는 적극적 행위를 말한다(지방세기본법 제38조 제5항).

1. 이중장부의 작성 등 장부에 거짓으로 기록하는 행위
2. 거짓 증빙 또는 거짓으로 문서를 작성하거나 받는 행위
3. 장부 또는 기록의 파기
4. 재산의 은닉, 소득·수익·행위·거래의 조작 또는 은폐
5. 고의적으로 장부를 작성하지 아니하거나 갖추어 두지 아니하는 행위
6. 그 밖에 위계(僞計)에 의한 행위

핵심 다지기

지방세 부과제척기간의 기산일(지방세기본법시행령 제19조 제1항)

1. **신고납부하도록 규정된 지방세**: 신고기한의 다음 날
2. **1. 외의 지방세**: 납세의무성립일

(5) 소멸시효의 완성 제35회

① 소멸시효란 조세채권자가 권리행사를 할 수 있음에도 불구하고 일정기간 동안 권리를 행사하지 않는 경우 그 조세채권의 권리가 없어지는 것을 말한다.

② 소멸시효는 일정기간 권리를 행사하지 않으면 그 권리가 소멸된다는 점에서 제척기간과 같지만 제척기간과는 달리 중단·정지가 있다.

③ **국세징수권의 소멸시효**(국세기본법 제27조)

㉠ 국세의 징수를 목적으로 하는 국가의 권리("국세징수권"이라 한다)는 이를 행사할 수 있는 때부터 다음의 구분에 따른 기간 동안 행사하지 아니하면 소멸시효가 완성된다. 이 경우 다음의 국세의 금액은 가산세를 제외한 금액으로 한다(국세기본법 제27조 제1항).

ⓐ 5억원 이상의 국세: 10년

ⓑ ⓐ 외의 국세: 5년

㉡ 국세징수권 소멸시효의 기산일(국세기본법 제27조 제3항)

국세징수권을 행사할 수 있는 때는 다음의 날을 말한다.

ⓐ 과세표준과 세액의 신고에 의하여 납세의무가 확정되는 국세의 경우 신고한 세액에 대해서는 그 법정 신고납부기한의 다음 날

ⓑ 과세표준과 세액을 정부가 결정, 경정 또는 수시부과결정하는 경우 납부고지한 세액에 대해서는 그 고지에 따른 납부기한의 다음 날

넓혀 보기

국세징수권의 소멸시효

1. **소멸시효완성의 효과**(국세기본법 기본통칙 27－0…1)
"소멸시효가 완성한다"함은 소멸시효기간이 완성하면 국세징수권이 당연히 소멸하는 것을 말한다.
2. **종속된 권리의 소멸시효**(국세기본법 기본통칙 27－0…2)
① 국세의 소멸시효가 완성한 때에는 그 국세의 체납처분비 및 이자상당세액에도 그 효력이 미친다.
② 주된 납세자의 국세가 소멸시효의 완성에 의하여 소멸한 때에는 제2차 납세의무자, 납세보증인과 물적납세의무자에도 그 효력이 미친다.

④ **지방세징수권의 소멸시효**(지방세기본법 제39조)

㉠ 지방자치단체의 징수금의 징수를 목적으로 하는 지방자치단체의 권리("지방세징수권"이라 한다)는 이를 행사할 수 있는 때부터 다음의 구분에 따른 기간 동안 행사하지 아니하면 소멸시효가 완성된다(지방세기본법 제39조 제1항).

ⓐ 가산세를 제외한 지방세의 금액이 5천만원 이상인 경우: 10년

ⓑ 가산세를 제외한 지방세의 금액이 5천만원 미만인 경우: 5년

㉡ ㉠의 소멸시효에 관하여는 이 법 또는 지방세관계법에 규정되어 있는 것을 제외하고는 「민법」에 따른다(지방세기본법 제39조 제2항).

ⓒ 지방세징수권을 행사할 수 있는 때는 다음의 날로 한다(지방세기본법 제39조 제3항).

ⓐ 과세표준과 세액의 신고로 납세의무가 확정되는 지방세의 경우 신고한 세액에 대해서는 그 법정납부기한의 다음 날

ⓑ 과세표준과 세액을 지방자치단체의 장이 결정 또는 경정하는 경우 납세고지한 세액에 대해서는 그 납세고지서에 따른 납부기한의 다음 날

넓혀 보기

지방세징수권의 소멸시효

1. **소멸시효 완성의 효과**[(구)지방세기본법 기본통칙 39-1]
「지방세기본법」에서 "시효로 인하여 소멸한다"라 함은 시효기간의 경과로 소멸시효가 완성하면 지방세징수권이 당연히 소멸하는 것을 말한다.
2. **종속된 권리의 소멸시효**[(구)지방세기본법 기본통칙 39-2]
① 지방세의 소멸시효가 완성한 때에는 그 지방세의 가산금, 체납처분비 및 이자상당액에도 그 효력이 미친다.
② 주된 납세의무자의 지방세가 소멸시효의 완성으로 인하여 소멸한 때에는 제2차 납세의무자, 납세보증인에도 그 효력이 미친다.

⑤ **시효의 중단과 정지**(국세기본법 제28조, 지방세기본법 제40조)

㉠ 시효의 중단

ⓐ 납부고지

ⓑ 독 촉

ⓒ 교부청구

ⓓ 압류(「국세징수법」 제57조 제1항 제5호 및 제6호의 사유로 압류를 즉시 해제하는 경우는 제외한다)

㉡ 시효의 정지

ⓐ 세법에 따른 분납기간(국세기본법 제28조 제3항 제1호)

ⓑ 세법에 따른 납부고지의 유예, 지정납부기한·독촉장에서 정하는 기한의 연장, 징수 유예기간(국세기본법 제28조 제3항 제2호)

ⓒ 세법에 따른 압류·매각의 유예기간(국세기본법 제28조 제3항 제3호)

ⓓ 세법에 따른 연부연납(年賦延納)기간(국세기본법 제28조 제3항 제4호)

ⓔ 세무공무원이 「국세징수법」 제25조에 따른 사해행위(詐害行爲) 취소소송이나 「민법」 제404조에 따른 채권자대위 소송을 제기하여 그 소송이 진행 중인 기간(국세기본법 제28조 제3항 제5호)

ⓕ 체납자가 국외에 6개월 이상 계속 체류하는 경우 해당 국외 체류 기간(국세기본법 제28조 제3항 제6호)

넓혀 보기

시효의 중단과 정지

1. **시효의 중단**(국세기본법 기본통칙 28-0…1)
"시효의 중단"이라 함은 법에 정한 사유의 발생으로 인하여 이미 경과한 시효기간의 효력이 상실되는 것을 말한다.
2. **시효중단 후의 시효진행**(국세기본법 기본통칙 28-0…2)
시효가 중단된 때에는 중단까지에 경과한 시효기간은 효력을 상실하고 중단사유가 종료한 때로부터 새로이 시효가 진행한다.
3. **시효의 정지**(국세기본법 기본통칙 28-0…3)
"시효의 정지"란 일정한 기간동안 시효의 완성을 유예하는 것을 말하며, 이 경우에는 그 정지사유가 종료한 후 잔여기간이 경과하면 시효가 완성한다.

국세부과의 제척기간과 국세징수권의 소멸시효(국세기본법 집행기준 28-0-1)

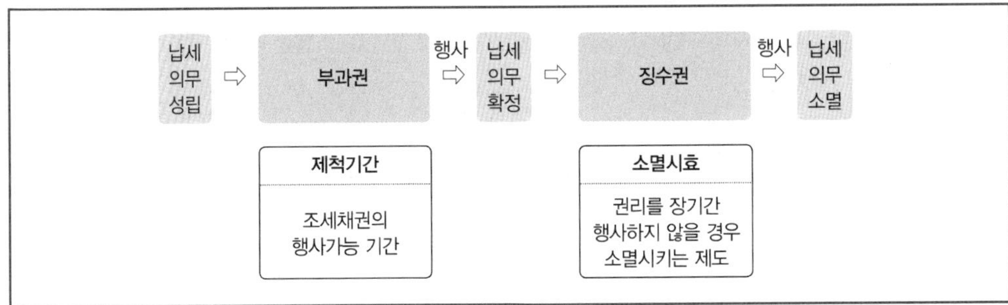

예제

지방세기본법상 지방자치단체의 징수금을 납부할 의무가 소멸되는 것은 모두 몇 개인가? 제28회

㉠ 납부·충당되었을 때 ㉡ 지방세징수권의 소멸시효가 완성되었을 때 ㉢ 법인이 합병한 때 ㉣ 지방세부과의 제척기간이 만료되었을 때 ㉤ 납세의무자의 사망으로 상속이 개시된 때

① 1개 ② 2개 ③ 3개
④ 4개 ⑤ 5개

해설 ③ 해당하는 것은 ㉠㉡㉣ 3개이다.
㉠ 납부·충당되었을 때: 소멸 ○
㉡ 지방세징수권의 소멸시효가 완성되었을 때: 소멸 ○
㉣ 지방세부과의 제척기간이 만료되었을 때: 소멸 ○
㉢ 법인이 합병한 때: 소멸 ×
㉤ 납세의무자의 사망으로 상속이 개시된 때: 소멸 ×

정답 ③

04 국세 · 지방세 부과의 원칙

1 국세 부과의 원칙

"국세 부과의 원칙"이란 이미 성립한 납세의무를 확정하는 과정에서 지켜야 할 원칙을 말한다.

(1) 실질과세의 원칙

"실질과세의 원칙"이란 과세를 함에 있어서 실질과 형식이 다를 경우에는 그 실질에 따라 과세하여야 한다는 원칙을 말한다(국세기본법 제14조).

① 과세의 대상이 되는 소득, 수익, 재산, 행위 또는 거래의 귀속이 명의(名義)일 뿐이고 사실상 귀속되는 자가 따로 있을 때에는 사실상 귀속되는 자를 납세의무자로 하여 세법을 적용한다(국세기본법 제14조 제1항).

② 세법 중 과세표준의 계산에 관한 규정은 소득, 수익, 재산, 행위 또는 거래의 명칭이나 형식과 관계없이 그 실질 내용에 따라 적용한다(국세기본법 제14조 제2항).

(2) 신의성실의 원칙

납세자가 그 의무를 이행할 때에는 신의에 따라 성실하게 하여야 한다. 세무공무원이 직무를 수행할 때에도 또한 같다(국세기본법 제15조).

(3) 근거과세의 원칙

"근거과세의 원칙"이란 장부 등 직접적인 자료에 입각하여 납세의무를 확정하여야 한다는 원칙이다(국세기본법 제16조).

(4) 조세감면의 사후관리

① 정부는 국세를 감면한 경우에 그 감면의 취지를 성취하거나 국가정책을 수행하기 위하여 필요하다고 인정하면 세법에서 정하는 바에 따라 감면한 세액에 상당하는 자금 또는 자산의 운용 범위를 정할 수 있다(국세기본법 제17조 제1항).

② ①에 따른 운용 범위를 벗어난 자금 또는 자산에 상당하는 감면세액은 세법에서 정하는 바에 따라 감면을 취소하고 징수할 수 있다(국세기본법 제17조 제2항).

2 지방세 부과 등의 원칙

“지방세 부과 등의 원칙”이란 이미 성립한 납세의무를 확정하는 과정에서 지켜야 할 원칙과 세법의 해석과 적용을 할 때 따라야 할 기본적 지침을 말한다.

(1) 실질과세의 원칙

① 과세의 대상이 되는 소득·수익·재산·행위 거래가 서류상 귀속되는 자는 명의(名義)만 있을 뿐 사실상 귀속되는 자가 따로 있을 때에는 사실상 귀속되는 자를 납세의무자로 하여 「지방세기본법」 또는 지방세관계법을 적용한다(지방세기본법 제17조 제1항).

② 「지방세기본법」 또는 지방세관계법 중 과세표준 또는 세액의 계산에 관한 규정은 소득·수익·재산·행위 또는 거래의 명칭이나 형식에 관계없이 그 실질내용에 따라 적용한다(지방세기본법 제17조 제2항).

(2) 신의·성실의 원칙

납세자와 세무공무원은 신의에 따라 성실하게 그 의무를 이행하거나 직무를 수행하여야 한다(지방세기본법 제18조).

(3) 근거과세의 원칙

① 납세의무자가 지방세관계법에 따라 장부를 갖추어 기록하고 있을 때에는 해당 지방세의 과세표준 조사 및 결정은 기록한 장부와 이에 관계되는 증거자료에 따라야 한다(지방세기본법 제19조 제1항).

② ①에 따라 지방세를 조사·결정할 때 기록 내용이 사실과 다르거나 누락된 것이 있을 때에는 그 부분에 대해서만 지방자치단체가 조사한 사실에 따라 결정할 수 있다(지방세기본법 제19조 제2항).

(4) 해석의 기준 등

① 「지방세기본법」 또는 지방세관계법을 해석·적용할 때에는 과세의 형평과 해당 조항의 목적에 비추어 납세자의 재산권이 부당하게 침해되지 아니하도록 하여야 한다(지방세기본법 제20조 제1항).

② 지방세를 납부할 의무(「지방세기본법」 또는 지방세관계법에 징수의무자가 따로 규정되어 있는 지방세의 경우에는 이를 징수하여 납부할 의무를 말한다)가 성립된 소득·수익·재산·행위 또는 거래에 대해서는 의무 성립 후의 새로운 법에 따라 소급하여 과세하지 아니한다(지방세기본법 제20조 제2항).

③ 「지방세기본법」 및 지방세관계법의 해석 또는 지방세 행정의 관행이 일반적으로 납세자에게 받아들여진 후에는 그 해석 또는 관행에 따른 행위나 계산은 정당한 것으로 보며 새로운 해석 또는 관행에 따라 소급하여 과세되지 아니한다(지방세기본법 제20조 제3항).

(5) 세무공무원의 재량의 한계

세무공무원은 「지방세기본법」 또는 지방세관계법의 목적에 따른 한계를 준수하여야 한다(지방세기본법 제21조).

(6) 기업회계의 존중

세무공무원이 지방세의 과세표준과 세액을 조사·결정할 때에는 해당 납세의무자가 계속하여 적용하고 있는 기업회계의 기준 또는 관행이 일반적으로 공정하고 타당하다고 인정되는 것이면 존중하여야 한다. 다만, 지방세관계법에서 다른 규정을 두고 있는 경우에는 그 법에서 정하는 바에 따른다(지방세기본법 제22조).

05 조세와 다른 채권의 관계 제35회

1 국세우선권과 예외

(1) 국세우선권

① 국세 및 강제징수비는 다른 공과금이나 그 밖의 채권에 우선하여 징수한다(국세기본법 제35조 제1항)(국세기본법부칙 법률 제16097호 제1조).

② **강제징수비·공과금 및 그 밖의 채권**

㉠ 강제징수비(强制徵收費): 「국세징수법」 중 강제징수에 관한 규정에 따른 재산의 압류, 보관, 운반과 매각에 든 비용(매각을 대행시키는 경우 그 수수료를 포함한다)을 말한다(국세기본법 제2조 제6호).

㉡ 공과금(公課金): 「국세징수법」에서 규정하는 강제징수의 예에 따라 징수할 수 있는 채권 중 국세·관세·임시수입부가세·지방세와 이와 관계되는 강제징수비를 제외한 것을 말한다(국세기본법 제2조 제8호)(국세기본법부칙 법률 제16097호 제1조).

㉢ 그 밖의 채권: 자력집행권이 부여되지 않은 일반채권을 말한다.

(2) 국세우선권의 예외

국세 및 강제징수비는 다른 공과금이나 그 밖의 채권에 우선하여 징수한다. 다만, 다음의 어느 하나에 해당하는 공과금이나 그 밖의 채권에 대해서는 그러하지 아니하다(국세기본법 제35조 제1항 제1호~제5호)(국세기본법부칙 법률 제16097호 제1조).

① **선집행 지방세·공과금의 체납처분비 또는 강제징수비**: 지방세나 공과금의 체납처분 또는 강제징수를 할 때 그 체납처분 또는 강제징수 금액 중에서 국세 및 강제징수비를 징수하는 경우의 그 지방세나 공과금의 체납처분비 또는 강제징수비(국세기본법 제35조 제1항 제1호)

② **강제집행, 경매 또는 파산절차에 든 비용**: 강제집행·경매 또는 파산 절차에 따라 재산을 매각할 때 그 매각금액 중에서 국세 및 강제징수비를 징수하는 경우의 그 강제집행, 경매 또는 파산 절차에 든 비용(국세기본법 제35조 제1항 제2호)

③ **담보채권**: 법정기일 전에 다음의 어느 하나에 해당하는 권리가 설정된 재산이 국세의 강제징수 또는 경매 절차 등을 통하여 매각(제3호의2에 해당하는 재산의 매각은 제외한다)되어 그 매각금액에서 국세를 징수하는 경우 그 권리에 의하여 담보된 채권 또는 임대차보증금반환채권. 이 경우 다음에 해당하는 권리가 설정된 사실은 대통령령으로 정하는 방법으로 증명한다(국세기본법 제35조 제1항 제3호).

㉠ 전세권, 질권 또는 저당권

㉡ 「주택임대차보호법」 제3조의2 제2항 또는 「상가건물 임대차보호법」 제5조 제2항에 따라 대항요건과 확정일자를 갖춘 임차권

㉢ 납세의무자를 등기의무자로 하고 채무불이행을 정지조건으로 하는 대물변제(代物辨濟)의 예약에 따라 채권 담보의 목적으로 가등기(가등록을 포함한다)를 마친 가등기 담보권

④ **임대차계약증서상의 보증금**: 「주택임대차보호법」 제8조 또는 「상가건물 임대차보호법」 제14조가 적용되는 임대차관계에 있는 주택 또는 건물을 매각할 때 그 매각금액 중에서 국세를 징수하는 경우 임대차에 관한 보증금 중 일정 금액으로서 「주택임대차보호법」 제8조 또는 「상가건물 임대차보호법」 제14조에 따라 임차인이 우선하여 변제받을 수 있는 금액에 관한 채권(국세기본법 제35조 제1항 제4호)

⑤ **임금·퇴직금·재해보상금**: 사용자의 재산을 매각하거나 추심(推尋)할 때 그 매각금액 또는 추심금액 중에서 국세를 징수하는 경우에 「근로기준법」 제38조 또는 「근로자퇴직급여 보장법」 제12조에 따라 국세에 우선하여 변제되는 임금, 퇴직금, 재해보상금, 그 밖에 근로관계로 인한 채권(국세기본법 제35조 제1항 제5호)

(3) 법정기일

"법정기일"이란 다음의 어느 하나에 해당하는 기일을 말한다(국세기본법 제35조 제2항).

① **과세표준과 세액의 신고에 따라 납세의무가 확정되는 국세**[중간예납하는 법인세와 예정신고납부하는 부가가치세 및 소득세(「소득세법」 제105조에 따라 신고하는 경우로 한정한다)를 포함한다]**의 경우 신고한 해당 세액**: 그 신고일(국세기본법 제35조 제2항 제1호)

② **과세표준과 세액을 정부가 결정 · 경정 또는 수시부과 결정을 하는 경우 고지한 해당 세액**(제47조의4에 따른 납부지연가산세 중 납부고지서에 따른 납부기한 후의 납부지연가산세와 제47조의5에 따른 원천징수 등 납부지연가산세 중 납부고지서에 따른 납부기한 후의 원천징수 등 납부지연가산세를 포함한다) : 그 납부고지서의 발송일(국세기본법 제35조 제2항 제2호)

(4) 해당 재산에 대하여 부과된 상속세, 증여세 및 종합부동산세

제1항 제3호에도 불구하고 해당 재산에 대하여 부과된 상속세, 증여세 및 종합부동산세는 같은 호에 따른 채권 또는 임대차보증금반환채권보다 우선하며, 제1항 제3호의2에도 불구하고 해당 재산에 대하여 부과된 종합부동산세는 같은 호에 따른 채권 또는 임대차보증금반환채권보다 우선한다(국세기본법 제35조 제3항).

(5) 압류에 의한 우선(국세기본법 제36조)

① 국세 강제징수에 따라 납세자의 재산을 압류한 경우에 다른 국세 및 강제징수비 또는 지방세의 교부청구(「국세징수법」 제61조 또는 「지방세징수법」 제67조에 따라 참가압류를 한 경우를 포함한다)가 있으면 압류와 관계되는 국세 및 강제징수비는 교부청구된 다른 국세 및 강제징수비 또는 지방세보다 우선하여 징수한다(국세기본법 제36조 제1항).

② 지방세 체납처분에 의하여 납세자의 재산을 압류한 경우에 국세 및 강제징수비의 교부청구가 있으면 교부청구된 국세 및 강제징수비는 압류에 관계되는 지방세의 다음 순위로 징수한다(국세기본법 제36조 제2항).

(6) 담보있는 국세의 우선(국세기본법 제37조)(국세기본법부칙 법률 제16097호 제1조)

납세담보물을 매각하였을 때에는 제36조(압류에 의한 우선)에도 불구하고 그 국세 및 강제징수비는 매각대금 중에서 다른 국세 및 강제징수비와 지방세에 우선하여 징수한다.

2 지방세 우선징수와 예외

(1) 지방세의 우선징수

지방자치단체의 징수금은 다른 공과금과 그 밖의 채권에 우선하여 징수한다(지방세기본법 제71조 제1항).

넓혀 보기

지방자치단체의 징수금 징수의 순위(지방세징수법 제4조)

1. 지방자치단체의 징수금의 징수 순위는 다음의 순서에 따른다.
   ① 체납처분비
   ② 지방세(가산세는 제외한다)
   ③ 가산세
2. 1.의 ②의 경우에 징수가 위임된 도세는 시·군세에 우선하여 징수한다.

넓혀 보기

1. **지방자치단체의 징수금**
   "지방자치단체의 징수금"이란 지방세 및 체납처분비를 말한다(지방세기본법 제2조 제1항 제22호).
2. **체납처분비**
   「지방세징수법」 제3장의 체납처분에 관한 규정에 따른 재산의 압류·보관·운반과 매각에 드는 비용(매각을 대행시키는 경우 그 수수료를 포함한다)을 말한다(지방세기본법 제2조 제1항 제25호).
3. **공과금**
   「지방세징수법」 또는 「국세징수법」에서 규정하는 체납처분의 예에 따라 징수할 수 있는 채권 중 국세·관세·임시수입부가세 및 지방세와 이에 관계되는 체납처분비를 제외한 것을 말한다(지방세기본법 제2조 제1항 제26호).

(2) 지방세 우선징수의 예외

다음의 어느 하나에 해당하는 공과금과 그 밖의 채권에 대해서는 지방자치단체의 징수금은 우선 징수하지 아니한다(지방세기본법 제71조 제1항 단서).

① **선집행 국세·공과금의 체납처분비**: 국세 또는 공과금의 체납처분을 하여 그 체납처분 금액에서 지방자치단체의 징수금을 징수하는 경우의 그 국세 또는 공과금의 체납처분비(지방세기본법 제71조 제1항 제1호)

② **강제집행·경매 또는 파산절차에 든 비용**: 강제집행·경매 또는 파산절차에 따라 재산을 매각하여 그 매각금액에서 지방자치단체의 징수금을 징수하는 경우의 해당 강제집행·경매 또는 파산절차에 든 비용(지방세기본법 제71조 제1항 제2호)

③ **담보채권 및 임대차계약증서상의 보증금**: 법정기일 전에 전세권·질권·저당권의 설정을 등기·등록한 사실 또는 「주택임대차보호법」 및 「상가건물 임대차보호법」에 따른 대항요건과 임대차계약증서상의 확정일자(確定日字)를 갖춘 사실이 대통령령으로 정하는 바에 따라 증명되는 재산을 매각하여 그 매각금액에서 지방세(그 재산에 대하여 부과된 지방세는 제외한다)를 징수하는 경우의 그 전세권·질권·저당권에 따라 담보된 채권, 등기 또는 확정일자를 갖춘 임대차계약증서상의 보증금(지방세기본법 제71조 제1항 제3호)

넓혀 보기

법정기일(지방세기본법 제71조 제1항 제3호 가목, 나목)

1. 과세표준과 세액의 신고에 의하여 납세의무가 확정되는 지방세의 경우 신고한 해당 세액에 대해서는 그 신고일
2. 과세표준과 세액을 지방자치단체가 결정 또는 경정하는 경우에 고지한 해당 세액(제55조 제1항 제3호 · 제4호에 따른 납부지연가산세 및 제56조 제1항 제3호에 따른 특별징수 납부지연가산세를 포함한다)에 대해서는 납세고지서의 발송일

④ **주택 또는 상가의 우선변제액 :** 「주택임대차보호법」 또는 「상가건물 임대차보호법」이 적용되는 임대차관계에 있는 주택 또는 건물을 매각하여 그 매각금액에서 지방세를 징수하는 경우에는 임대차에 관한 보증금 중 일정액으로서 각 규정에 따라 임차인이 우선하여 변제받을 수 있는 금액에 관한 채권(지방세기본법 제71조 제1항 제4호)

⑤ **임금 · 퇴직금 · 재해보상금 :** 사용자의 재산을 매각하거나 추심하여 그 매각금액 또는 추심금액에서 지방세를 징수하는 경우에는 「근로기준법」 및 「근로자퇴직급여 보장법」에 따라 지방세에 우선하여 변제되는 임금, 퇴직금, 재해보상금(지방세기본법 제71조 제1항 제5호)

⑥ **그 재산에 대하여 부과된 지방세**

제1항 제3호 각 목 외의 부분 및 제2항 단서에 따른 그 재산에 대하여 부과된 지방세는 다음 각 호와 같다(지방세기본법 제71조 제5항).

㉠ 재산세

㉡ 자동차세(자동차 소유에 대한 자동차세만 해당한다)

㉢ 지역자원시설세(소방분에 대한 지역자원시설세만 해당한다)

㉣ 지방교육세(재산세와 자동차세에 부가되는 지방교육세만 해당한다)

(3) 압류에 의한 우선(지방세기본법 제73조)

① 지방자치단체의 징수금의 체납처분에 의하여 납세자의 재산을 압류한 후 다른 지방자치단체의 징수금 또는 국세의 교부청구가 있으면 압류에 관계되는 지방자치단체의 징수금은 교부청구한 다른 지방자치단체의 징수금 또는 국세에 우선하여 징수한다(지방세기본법 제73조 제1항).

② 다른 지방자치단체의 징수금 또는 국세의 체납처분에 의하여 납세자의 재산을 압류한 후 지방자치단체의 징수금 교부청구가 있으면 교부청구한 지방자치단체의 징수금은 압류에 관계되는 지방자치단체의 징수금 또는 국세의 다음으로 징수한다(지방세기본법 제73조 제2항).

(4) 담보가 있는 지방세의 우선(지방세기본법 제74조)

납세담보가 되어 있는 재산을 매각하였을 때에는 제73조(압류에 의한 우선)에도 불구하고 해당 지방자치단체에서 다른 지방자치단체의 징수금과 국세에 우선하여 징수한다.

예제

1. 법정기일 전에 저당권의 설정을 등기한 사실이 등기사항증명서(부동산등기부 등본)**에 따라 증명되는 재산을 매각하여 그 매각금액에서 국세 또는 지방세를 징수하는 경우, 그 재산에 대하여 부과되는 다음의 국세 또는 지방세 중 저당권에 따라 담보된 채권에 우선하여 징수하는 것은 모두 몇 개인가?** 제30회

• 종합부동산세	• 취득세에 부가되는 지방교육세
• 등록면허세	• 부동산임대에 따른 종합소득세
• 소방분에 대한 지역자원시설세	

① 1개 ② 2개 ③ 3개
④ 4개 ⑤ 5개

해설 국세 또는 지방세 중 법정기일 전에 저당권에 따라 담보된 채권에 우선하여 징수하는 것을 '당해세'라 하며 다음과 같다.

> 1. **국세**: 상속세, 증여세, 종합부동산세
> 2. **지방세**: 재산세, 자동차세(자동차 소유에 대한 자동차세만 해당한다), 지역자원시설세(소방분에 대한 지역자원시설세만 해당한다), 지방교육세(재산세와 자동차세에 부가되는 지방교육세만 해당한다)

- **종합부동산세**: 당해세 ○
- **취득세에 부가되는 지방교육세**: 당해세 ×
- **등록면허세**: 당해세 ×
- **부동산임대에 따른 종합소득세**: 당해세 ×
- **소방분에 대한 지역자원시설세**: 당해세 ○

정답 ②

2. 국세기본법 및 지방세기본법상 조세채권과 일반채권의 관계에 관한 설명으로 틀린 것은? (단, 임대차보증금반환채권 등은 없다고 가정함) 제29회

① 납세담보물 매각시 압류에 관계되는 조세채권은 담보 있는 조세채권보다 우선한다.
② 재산의 매각대금 배분시 당해 재산에 부과된 종합부동산세는 당해 재산에 설정된 전세권에 따라 담보된 채권보다 우선한다.
③ 취득세 신고서를 납세지 관할 지방자치단체장에게 제출한 날 전에 저당권 설정 등기 사실이 증명되는 재산을 매각하여 그 매각대금에서 취득세를 징수하는 경우, 저당권에 따라 담보된 채권은 취득세에 우선한다.
④ 강제집행으로 부동산을 매각할 때 그 매각금액 중에 국세를 징수하는 경우, 강제집행 비용은 국세에 우선한다.
⑤ 재산의 매각대금 배분시 당해 재산에 부과된 재산세는 당해 재산에 설정된 저당권에 따라 담보된 채권보다 우선한다.

해설 ① 납세담보물을 매각하였을 때에는 압류우선주의에도 불구하고 그 조세 및 강제징수비는 매각대금 중에서 다른 조세 및 강제징수비에 우선하여 징수한다(국세기본법 제37조, 지방세기본법 제74조). 따라서 담보에 관계된 조세 등은 압류에 관계된 조세 등보다도 우선하여 징수된다.

정답 ①

06 불복절차

1 불복절차 기본개념

(1) 행정심판전치주의

① 재판의 전심절차로서 행정심판을 할 수 있다. 행정심판의 절차는 법률로 정하되, 사법절차가 준용되어야 한다(헌법 제107조 제3항).

② 국세에 관한 불복에 대해서는 「행정심판법」의 규정을 적용하지 아니한다(국세기본법 제56조 제1항).

③ 국세에 관한 불복에 대한 행정소송은 「행정소송법」에도 불구하고 「국세기본법」에 따른 심사청구 또는 심판청구와 그에 대한 결정을 거치지 아니하면 제기할 수 없다. 다만, 심사청구 또는 심판청구에 대한 제65조 제1항 제3호 단서(제80조의2에서 준용하는 경우를 포함한다)의 재조사 결정에 따른 처분청의 처분에 대한 행정소송은 그러하지 아니하다(국세기본법 제56조 제2항).

④ ③ 본문에 따른 행정소송은 「행정소송법」에도 불구하고 심사청구 또는 심판청구에 대한 결정의 통지를 받은 날부터 90일 이내에 제기하여야 한다. 다만, 결정기간에 결정의 통지를 받지 못한 경우에는 결정의 통지를 받기 전이라도 그 결정기간이 지난 날부터 행정소송을 제기할 수 있다. 이 기간은 불변기간(不變期間)으로 한다(국세기본법 제56조 제3항 · 제6항).

⑤ ③ 단서에 따른 행정소송은 「행정소송법」에도 불구하고 다음의 기간 내에 제기하여야 한다(국세기본법 제56조 제4항).

㉠ 「국세기본법」에 따른 심사청구 또는 심판청구를 거치지 아니하고 제기하는 경우: 재조사 후 행한 처분청의 처분의 결과 통지를 받은 날부터 90일 이내. 다만, 처분기간(조사를 연기하거나 조사기간을 연장하거나 조사를 중지한 경우에는 해당 기간을 포함한다)에 처분청의 처분 결과 통지를 받지 못하는 경우에는 그 처분기간이 지난 날부터 행정소송을 제기할 수 있다.

㉡ 「국세기본법」에 따른 심사청구 또는 심판청구를 거쳐 제기하는 경우: 재조사 후 행한 처분청의 처분에 대하여 제기한 심사청구 또는 심판청구에 대한 결정의 통지를 받은 날부터 90일 이내. 다만, 결정기간에 결정의 통지를 받지 못하는 경우에는 그 결정기간이 지난 날부터 행정소송을 제기할 수 있다.

⑥ 감사원 심사청구를 거친 경우에는 「국세기본법」에 따른 심사청구 또는 심판청구를 거친 것으로 보고 ③을 준용한다(국세기본법 제56조 제5항).

(2) 집행부정지의 원칙

① 이의신청, 심사청구 또는 심판청구는 세법에 특별한 규정이 있는 것을 제외하고는 해당 처분의 집행에 효력을 미치지 아니한다. 다만, 해당 재결청(裁決廳)이 처분의 집행 또는 절차의 속행 때문에 이의신청인, 심사청구인 또는 심판청구인에게 중대한 손해가 생기는 것을 예방할 필요성이 긴급하다고 인정할 때에는 처분의 집행 또는 절차 속행의 전부 또는 일부의 정지(이하 "집행정지"라 한다)를 결정할 수 있다(국세기본법 제57조 제1항, 국세기본법 집행기준 57-0-1 ①, ②).

② 재결청은 집행정지 또는 집행정지의 취소에 관하여 심리 · 결정하면 지체 없이 당사자에게 통지하여야 한다(국세기본법 제57조 제2항).

2 국세의 불복절차

국세 불복절차의 개요

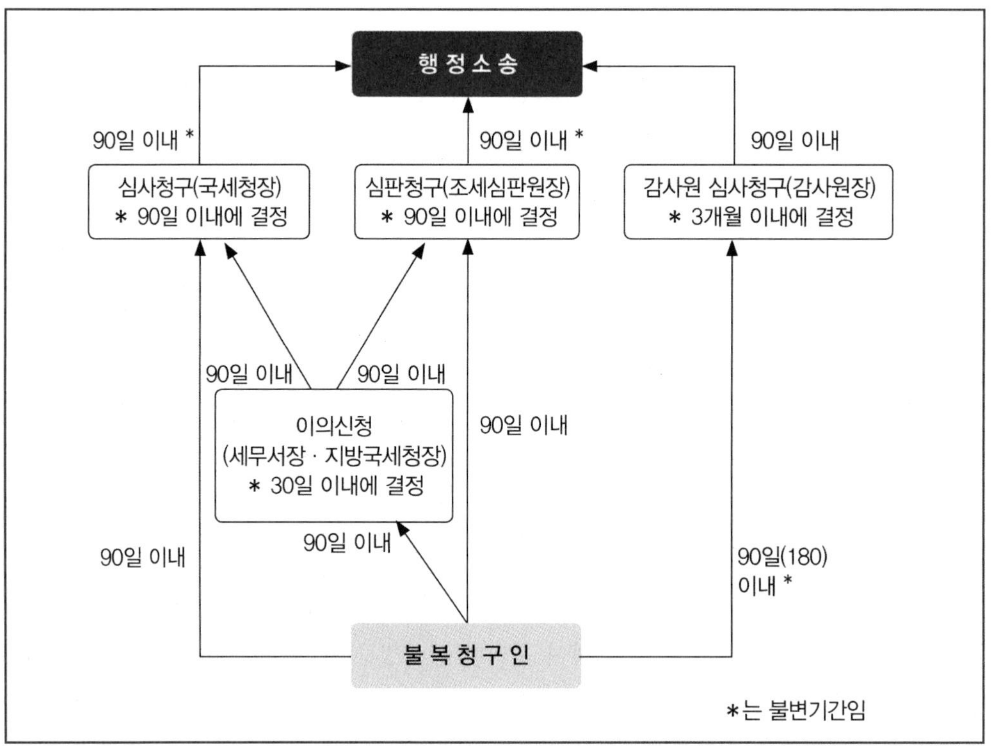

핵심 다지기

1. **원칙**: 1심급[동일한 처분에 대해서는 심사청구와 심판청구를 중복하여 제기할 수 없다(국세기본법 제55조 제9항)].
2. **예외**: 선택적 2심급[이의신청을 거치는 경우(국세기본법 제55조 제3항)]. 이의신청은 반드시 하여야 하는 필수적 절차가 아닌 선택적 절차이다.

1. 국세의 불복청구

(1) 「국세기본법」 또는 세법에 따른 처분으로서 위법 또는 부당한 처분을 받거나 필요한 처분을 받지 못함으로 인하여 권리나 이익을 침해당한 자는 불복절차의 규정에 따라 그 처분의 취소 또는 변경을 청구하거나 필요한 처분을 청구할 수 있다. 다만, 다음의 처분에 대해서는 그러하지 아니하다(국세기본법 제55조 제1항).

① 「조세범 처벌절차법」에 따른 통고처분

② 「감사원법」에 따라 심사청구를 한 처분이나 그 심사청구에 대한 처분

③ 「국세기본법」 및 세법에 따른 과태료 부과처분

(2) 「국세기본법」 또는 세법에 따른 처분에 의하여 권리나 이익을 침해당하게 될 이해관계인으로서 다음의 어느 하나에 해당하는 자는 위법 또는 부당한 처분을 받은 자의 처분에 대하여 불복절차의 규정에 따라 그 처분의 취소 또는 변경을 청구하거나 그 밖에 필요한 처분을 청구할 수 있다(국세기본법 제55조 제2항).

① 제2차 납세의무자로서 납부고지서를 받은 자

② 제42조에 따라 물적납세 의무를 지는 자로서 납부고지서를 받은 자

②의2. 「부가가치세법」 제3조의2에 따라 물적납세의무를 지는 자로서 같은 법 제52조의2 제1항에 따른 납부고지서를 받은 자

②의3. 「종합부동산세법」 제7조의2 및 제12조의2에 따라 물적납세의무를 지는 자로서 같은 법 제16조의2 제1항에 따른 납부고지서를 받은 자

③ 보증인

④ 그 밖에 대통령령으로 정하는 자

(3) 위 (1)과 (2)에 따른 처분이 국세청장이 조사·결정 또는 처리하거나 하였어야 할 것인 경우를 제외하고는 그 처분에 대하여 심사청구 또는 심판청구에 앞서 이의신청을 할 수 있다(국세기본법 제55조 제3항).

2. 이의신청

(1) 이의신청은 대통령령으로 정하는 바에 따라 불복의 사유를 갖추어 해당 처분을 하였거나 하였어야 할 세무서장에게 하거나 세무서장을 거쳐 관할 지방국세청장에게 하여야 한다. 다만, 다음의 경우에는 관할 지방국세청장에게 하여야 하며, 세무서장에게 한 이의신청은 관할 지방국세청장에게 한 것으로 본다(국세기본법 제66조 제1항).

① 지방국세청장의 조사에 따라 과세처분을 한 경우

② 세무서장에게 제81조의15에 따른 과세전적부심사를 청구한 경우

넓혀 보기

이의신청 청구기간(심사청구와 동일)

심사청구는 해당 처분이 있음을 안 날(처분의 통지를 받은 때에는 그 받은 날)부터 90일 이내에 제기하여야 한다(국세기본법 제66조 제6항, 제61조 제1항 준용).

(2) 세무서장은 이의신청의 대상이 된 처분이 지방국세청장이 조사・결정 또는 처리하였거나 하였어야 할 것인 경우에는 이의신청을 받은 날부터 7일 이내에 해당 신청서에 의견서를 첨부하여 해당 지방국세청장에게 송부하고 그 사실을 이의신청인에게 통지하여야 한다(국세기본법 제66조 제2항).

(3) (1)에 따라 지방국세청장에게 하는 이의신청을 받은 세무서장은 이의신청을 받은 날부터 7일 이내에 해당 신청서에 의견서를 첨부하여 지방국세청장에게 송부하여야 한다(국세기본법 제66조 제3항).

(4) (1) 및 (2)에 따라 이의신청을 받은 세무서장과 지방국세청장은 각각 국세심사위원회의 심의를 거쳐 결정하여야 한다(국세기본법 제66조 제4항).

(5) 결정은 이의신청을 받은 날부터 30일 이내에 하여야 한다. 다만, 이의신청인이 송부받은 의견서에 대하여 결정기간 내에 항변하는 경우에는 이의신청을 받은 날부터 60일 이내에 하여야 한다(국세기본법 제66조 제7항).

넓혀 보기

이의신청 결정

결정은 이의신청을 받은 날부터 30일 이내에 하여야 한다. 다만, 이의신청인이 송부받은 의견서에 대하여 결정기간 내에 항변하는 경우에는 이의신청을 받은 날부터 60일 이내에 하여야 한다(국세기본법 제66조 제6항・제7항, 제65조 제2항 준용).

3. 심사청구

(1) 청구기간(국세기본법 제61조)

① 심사청구는 해당 처분이 있음을 안 날(처분의 통지를 받은 때에는 그 받은 날)부터 90일 이내에 제기하여야 한다(국세기본법 제61조 제1항).

② 이의신청을 거친 후 심사청구를 하려면 이의신청에 대한 결정의 통지를 받은 날부터 90일 이내에 제기하여야 한다. 다만, 다음 각 호의 어느 하나에 해당하는 경우에는 해당 호에서 정하는 날부터 90일 이내에 심사청구를 할 수 있다(국세기본법 제61조 제2항).

㉠ 제66조 제7항에 따른 결정기간 내에 결정의 통지를 받지 못한 경우: 그 결정기간이 지난 날

㉡ 이의신청에 대한 재조사 결정이 있은 후 제66조 제6항에 따라 준용되는 제65조 제5항 전단에 따른 처분기간 내에 처분 결과의 통지를 받지 못한 경우: 그 처분기간이 지난 날

③ ①과 ②의 심사청구 기한까지 우편으로 제출한 심사청구서가 청구기간을 지나서 도달한 경우에는 그 기간의 만료일에 적법한 청구를 한 것으로 본다(국세기본법 제61조 제3항).

④ 심사청구인이 제6조에 따른 사유로 ①에서 정한 기간에 심사청구를 할 수 없을 때에는 그 사유가 소멸한 날부터 14일 이내에 심사청구를 할 수 있다. 이 경우 심사청구인은 그 기간에 심사청구를 할 수 없었던 사유, 그 사유가 발생한 날과 소멸한 날, 그 밖에 필요한 사항을 기재한 문서를 함께 제출하여야 한다(국세기본법 제61조 제4항).

(2) 청구절차(국세기본법 제62조)

① 심사청구는 대통령령으로 정하는 바에 따라 불복의 사유를 갖추어 해당 처분을 하였거나 하였어야 할 세무서장을 거쳐 국세청장에게 하여야 한다(국세기본법 제62조 제1항).

② 심사청구기간을 계산할 때에는 ①에 따라 세무서장에게 해당 청구서가 제출된 때에 심사청구를 한 것으로 한다. 해당 청구서가 ①의 세무서장 외의 세무서장, 지방국세청장 또는 국세청장에게 제출된 때에도 또한 같다(국세기본법 제62조 제2항).

③ ①에 따라 해당 청구서를 받은 세무서장은 이를 받은 날부터 7일 이내에 그 청구서에 처분의 근거·이유, 처분의 이유가 된 사실 등이 구체적으로 기재된 의견서를 첨부하여 국세청장에게 송부하여야 한다(국세기본법 제62조 제3항 전단).

(3) 결정절차(국세기본법 제64조)

① 국세청장은 심사청구를 받으면 국세심사위원회의 의결에 따라 결정을 하여야 한다. 다만, 심사청구기간이 지난 후에 제기된 심사청구 등 대통령령으로 정하는 사유에 해당하는 경우에는 그러하지 아니하다(국세기본법 제64조 제1항).

② 국세청장은 ①에 따른 국세심사위원회 의결이 법령에 명백히 위반된다고 판단하는 경우 구체적인 사유를 적어 서면으로 국세심사위원회로 하여금 한 차례에 한정하여 다시 심의할 것을 요청할 수 있다(국세기본법 제64조 제2항).

③ 국세심사위원회의 회의는 공개하지 아니한다. 다만, 국세심사위원회 위원장이 필요하다고 인정할 때에는 공개할 수 있다(국세기본법 제64조 제3항).

⑷ **결정**(국세기본법 제65조)

① 심사청구에 대한 결정은 다음의 규정에 따라 하여야 한다(국세기본법 제65조 제1항).

㉠ 심사청구가 다음의 어느 하나에 해당하는 경우에는 그 청구를 각하하는 결정을 한다.

ⓐ 심판청구를 제기한 후 심사청구를 제기(같은 날 제기한 경우도 포함한다)한 경우

ⓑ 청구기간이 지난 후에 청구된 경우

ⓒ 심사청구 후 보정기간에 필요한 보정을 하지 아니한 경우

ⓓ 심사청구가 적법하지 아니한 경우

ⓔ ⓐ부터 ⓓ까지의 규정에 따른 경우와 유사한 경우로서 대통령령으로 정하는 경우

㉡ 심사청구가 이유 없다고 인정될 때에는 그 청구를 기각하는 결정을 한다.

㉢ 심사청구가 이유 있다고 인정될 때에는 그 청구의 대상이 된 처분의 취소·경정 결정을 하거나 필요한 처분의 결정을 한다. 다만, 취소·경정 또는 필요한 처분을 하기 위하여 사실관계 확인 등 추가적으로 조사가 필요한 경우에는 처분청으로 하여금 이를 재조사하여 그 결과에 따라 취소·경정하거나 필요한 처분을 하도록 하는 재조사 결정을 할 수 있다.

② ①의 결정은 심사청구를 받은 날부터 90일 이내에 하여야 한다(국세기본법 제65조 제2항).

③ ①의 결정을 하였을 때에는 ②의 결정기간 내에 그 이유를 기재한 결정서로 심사청구인에게 통지하여야 한다(국세기본법 제65조 제3항).

④ 보정기간은 ②의 결정기간에 산입하지 아니한다(국세기본법 제65조 제4항).

⑤ 재조사 결정이 있는 경우 처분청은 재조사 결정일로부터 60일 이내에 결정서 주문에 기재된 범위에 한정하여 조사하고, 그 결과에 따라 취소·경정하거나 필요한 처분을 하여야 한다. 이 경우 처분청은 조사를 연기하거나 조사기간을 연장하거나 조사를 중지할 수 있다(국세기본법 제65조 제5항).

⑸ **불고불리·불이익변경 금지**(국세기본법 제65조의3)

① 국세청장은 제65조에 따른 결정을 할 때 심사청구를 한 처분 외의 처분에 대해서는 그 처분의 전부 또는 일부를 취소 또는 변경하거나 새로운 처분의 결정을 하지 못한다(국세기본법 제65조의3 제1항).

② 국세청장은 제65조에 따른 결정을 할 때 심사청구를 한 처분보다 청구인에게 불리한 결정을 하지 못한다(국세기본법 제65조의3 제2항).

4. 심판청구

(1) **청구기간**(국세기본법 제68조)

① 심판청구는 해당 처분이 있음을 안 날(처분의 통지를 받은 때에는 그 받은 날)부터 90일 이내에 제기하여야 한다(국세기본법 제68조 제1항).

② 이의신청을 거친 후 심판청구를 하려면 이의신청에 대한 결정의 통지를 받은 날부터 90일 이내에 제기하여야 한다. 다만, 결정기간 내에 결정의 통지를 받지 못한 경우에는 결정의 통지를 받기 전이라도 그 결정기간이 지난 날부터 심판청구를 할 수 있다(국세기본법 제68조 제2항, 동법 제61조 제2항 준용).

(2) **청구절차**(국세기본법 제69조)

① 심판청구를 하려는 자는 대통령령으로 정하는 바에 따라 불복의 사유 등이 기재된 심판청구서를 그 처분을 하였거나 하였어야 할 세무서장이나 조세심판원장에게 제출하여야 한다. 이 경우 심판청구서를 받은 세무서장은 이를 지체 없이 조세심판원장에게 송부하여야 한다(국세기본법 제69조 제1항).

② 제68조에 따른 심판청구기간을 계산할 때에는 심판청구서가 제1항 전단에 따른 세무서장 외의 세무서장, 지방국세청장 또는 국세청장에게 제출된 경우에도 심판청구를 한 것으로 본다. 이 경우 심판청구서를 받은 세무서장, 지방국세청장 또는 국세청장은 이를 지체 없이 조세심판원장에게 송부하여야 한다(국세기본법 제69조 제2항).

③ 조세심판원장은 제1항 전단 또는 제2항 후단에 따라 심판청구서를 받은 경우에는 지체 없이 그 부본을 그 처분을 하였거나 하였어야 할 세무서장에게 송부하여야 한다(국세기본법 제69조 제3항).

(3) **결정절차**(국세기본법 제78조)

① 조세심판원장이 심판청구를 받았을 때에는 조세심판관회의가 심리를 거쳐 결정한다. 다만, 심판청구의 대상이 대통령령으로 정하는 금액에 미치지 못하는 소액이거나 경미한 것인 경우나 청구기간이 지난 후에 심판청구를 받은 경우에는 조세심판관회의의 심리를 거치지 아니하고 주심조세심판관이 심리하여 결정할 수 있다(국세기본법 제78조 제1항).

② 조세심판원장과 상임조세심판관 모두로 구성된 회의가 대통령령으로 정하는 방법에 따라 ①에 따른 조세심판관회의의 의결이 다음의 어느 하나에 해당한다고 의결하는 경우에는 조세심판관합동회의가 심리를 거쳐 결정한다(국세기본법 제78조 제2항).

㉠ 해당 심판청구사건에 관하여 세법의 해석이 쟁점이 되는 경우로서 이에 관하여 종전의 조세심판원 결정이 없는 경우

㉡ 종전에 조세심판원에서 한 세법의 해석·적용을 변경하는 경우

ⓒ 조세심판관회의 간에 결정의 일관성을 유지하기 위한 경우

ⓓ 그 밖에 국세행정이나 납세자의 권리·의무에 중대한 영향을 미칠 것으로 예상되는 등 대통령령으로 정하는 경우

(4) **결정**(국세기본법 제80조의2)

결정은 심판청구를 받은 날부터 90일 이내에 하여야 한다(국세기본법 제65조의 2 준용).

(5) **불고불리, 불이익변경금지**(국세기본법 제79조)

① 조세심판관회의 또는 조세심판관합동회의는 결정을 할 때 심판청구를 한 처분 외의 처분에 대해서는 그 처분의 전부 또는 일부를 취소 또는 변경하거나 새로운 처분의 결정을 하지 못한다(국세기본법 제79조 제1항).

② 조세심판관회의 또는 조세심판관합동회의는 결정을 할 때 심판청구를 한 처분보다 청구인에게 불리한 결정을 하지 못한다(국세기본법 제79조 제2항).

3 지방세의 불복절차 제33회

지방세 불복절차의 개요

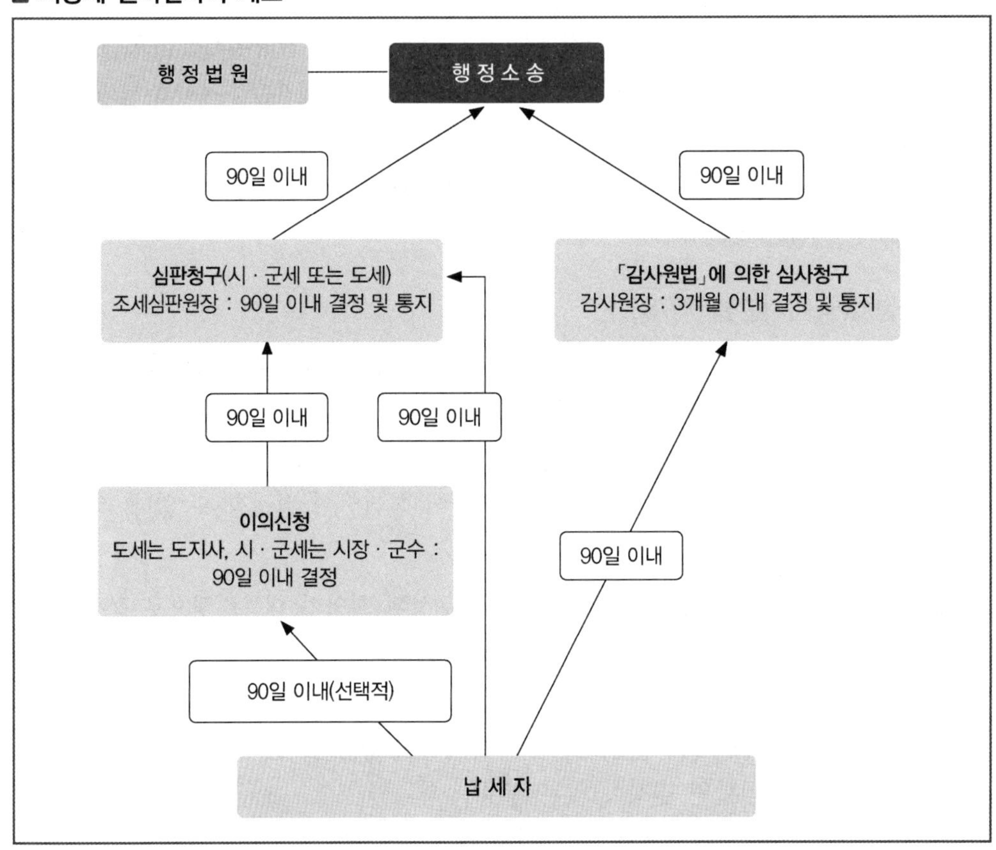

1. **청구대상**(지방세기본법 제89조)

(1) 「지방세기본법」 또는 지방세관계법에 따른 처분으로서 위법·부당한 처분을 받았거나 필요한 처분을 받지 못하여 권리 또는 이익을 침해당한 자는 이의신청 또는 심판청구를 할 수 있다(지방세기본법 제89조 제1항).

넓혀 보기

다른 법률과의 관계(지방세기본법 제98조)

1. 「지방세기본법」 또는 지방세관계법에 따른 이의신청의 대상이 되는 처분에 관한 사항에 관하여는 「행정심판법」을 적용하지 아니한다(지방세기본법 제98조 제1항).
2. 심판청구의 대상이 되는 처분에 관한 사항에 관하여는 「국세기본법」 제56조 제1항을 준용한다(지방세기본법 제98조 제2항).
3. 제89조에 규정된 위법한 처분에 대한 행정소송은 「행정소송법」 제18조 제1항 본문, 같은 조 제2항 및 제3항에도 불구하고 이 법에 따른 심판청구와 그에 대한 결정을 거치지 아니하면 제기할 수 없다. 다만, 심판청구에 대한 재조사 결정(제100조에 따라 심판청구에 관하여 준용하는 「국세기본법」 제65조 제1항 제3호 단서에 따른 재조사 결정을 말한다)에 따른 처분청의 처분에 대한 행정소송은 그러하지 아니하다(지방세기본법 제98조 제3항).

☑ **지방세기본법에 따른 불복**

구 분	이의신청	심판청구
특별시세·광역시세·도세	시·도지사	조세심판원장
특별자치시세·특별자치도세	특별자치시장·특별자치도지사	조세심판원장
시·군·구세	시장·군수·구청장	조세심판원장

(2) 다음의 처분은 (1)의 처분에 포함되지 아니한다(지방세기본법 제89조 제2항).

① 이 장에 따른 이의신청 또는 심판청구에 대한 처분. 다만, 이의신청에 대한 처분에 대하여 심판청구를 하는 경우는 제외한다.

② 제121조 제1항에 따른 통고처분

③ 「감사원법」에 따라 심사청구를 한 처분이나 그 심사청구에 대한 처분

④ 과세전적부심사의 청구에 대한 처분

⑤ 이 법에 따른 과태료의 부과

2. 이의신청(지방세기본법 제90조)

이의신청을 하려면 그 처분이 있은 것을 안 날(처분의 통지를 받았을 때에는 그 통지를 받은 날)부터 90일 이내에 대통령령으로 정하는 바에 따라 불복의 사유를 적어 특별시세 · 광역시세 · 도세[도세 중 소방분 지역자원시설세 및 시 · 군세에 부가하여 징수하는 지방교육세와 특별시세 · 광역시세 중 특별시분 재산세, 소방분 지역자원시설세 및 구세(군세 및 특별시분 재산세를 포함한다)에 부가하여 징수하는 지방교육세는 제외한다]의 경우에는 시 · 도지사에게, 특별자치시세 · 특별자치도세의 경우에는 특별자치시장 · 특별자치도지사에게, 시 · 군 · 구세[도세 중 소방분 지역자원시설세 및 시 · 군세에 부가하여 징수하는 지방교육세와 특별시세 · 광역시세 중 특별시분 재산세, 소방분 지역자원시설세 및 구세(군세 및 특별시분 재산세를 포함한다)에 부가하여 징수하는 지방교육세를 포함한다]의 경우에는 시장 · 군수 · 구청장에게 이의신청을 하여야 한다.

3. 심판청구(지방세기본법 제91조)

(1) 이의신청을 거친 후에 심판청구를 할 때에는 이의신청에 대한 결정 통지를 받은 날부터 90일 이내에 조세심판원장에게 심판청구를 하여야 한다(지방세기본법 제91조 제1항).

(2) 제1항에도 불구하고 다음 각 호의 어느 하나에 해당하는 경우에는 해당 호에서 정하는 날부터 90일 이내에 심판청구를 할 수 있다(지방세기본법 제91조 제2항).

① **제96조 제1항 본문에 따른 결정기간 내에 결정의 통지를 받지 못한 경우**: 그 결정기간이 지난 날

② **이의신청에 대한 재조사 결정이 있은 후 제96조 제4항 전단에 따른 처분기간 내에 처분 결과의 통지를 받지 못한 경우**: 그 처분기간이 지난 날

(3) 이의신청을 거치지 아니하고 바로 심판청구를 할 때에는 그 처분이 있은 것을 안 날(처분의 통지를 받았을 때에는 통지받은 날)부터 90일 이내에 조세심판원장에게 심판청구를 하여야 한다(지방세기본법 제91조 제3항).

4. 이의신청 등의 대리인(지방세기본법 제93조)

(1) 이의신청인과 처분청은 변호사, 세무사 또는 「세무사법」에 따른 세무사등록부 또는 공인회계사 세무대리업무등록부에 등록한 공인회계사를 대리인으로 선임할 수 있다(지방세기본법 제93조 제1항).

(2) 이의신청인은 신청 금액이 1천만원 미만인 경우에는 그의 배우자, 4촌 이내의 혈족 또는 그의 배우자의 4촌 이내 혈족을 대리인으로 선임할 수 있다(지방세기본법 제93조 제2항).

(3) 대리인의 권한은 서면으로 증명하여야 하며, 대리인을 해임하였을 때에는 그 사실을 서면으로 신고하여야 한다(지방세기본법 제93조 제3항).

(4) 대리인은 본인을 위하여 그 신청에 관한 모든 행위를 할 수 있다. 다만, 그 신청의 취하는 특별한 위임을 받은 경우에만 할 수 있다(지방세기본법 제93조 제4항).

5. 청구기한의 연장 등(지방세기본법 제94조)

(1) 이의신청인 또는 심판청구인이 제26조 제1항에서 규정하는 사유(신고 · 신청 · 청구 및 그 밖의 서류의 제출 · 통지에 관한 기한연장사유로 한정한다)로 인하여 이의신청 또는 심판청구 기간에 이의신청 또는 심판청구를 할 수 없을 때에는 그 사유가 소멸한 날부터 14일 이내에 이의신청 또는 심판청구를 할 수 있다. 이 경우 신청인 또는 청구인은 그 기간 내에 이의신청 또는 심판청구를 할 수 없었던 사유, 그 사유가 발생한 날 및 소멸한 날, 그 밖에 필요한 사항을 기재한 문서를 함께 제출하여야 한다(지방세기본법 제94조 제1항).

(2) 제90조 및 제91조에 따른 기한까지 우편으로 제출(제25조 제1항에서 정한 날을 기준으로 한다)한 이의신청서 또는 심판청구서가 신청기간 또는 청구기간이 지나서 도달한 경우에는 그 기간만료일에 적법한 신청 또는 청구를 한 것으로 본다(지방세기본법 제94조 제2항).

6. 결정 등(지방세기본법 제96조)

(1) 이의신청을 받은 지방자치단체의 장은 신청을 받은 날부터 90일 이내에 제147조 제1항에 따른 지방세심의위원회의 의결에 따라 다음 각 호의 구분에 따른 결정을 하고 신청인에게 이유를 함께 기재한 결정서를 송달하여야 한다. 다만, 이의신청 기간이 지난 후에 제기된 이의신청 등 대통령령으로 정하는 사유에 해당하는 경우에는 제147조 제1항에 따른 지방세심의위원회의 의결을 거치지 아니하고 결정할 수 있다(지방세기본법 제96조 제1항).

① **이의신청이 적법하지 아니한 때**(행정소송, 심판청구 또는 「감사원법」에 따른 심사청구를 제기하고 이의신청을 제기한 경우를 포함한다) **또는 이의신청 기간이 지났거나 보정기간에 필요한 보정을 하지 아니할 때**: 신청을 각하하는 결정

② **이의신청이 이유 없다고 인정될 때**: 신청을 기각하는 결정

③ **이의신청이 이유 있다고 인정될 때**: 신청의 대상이 된 처분의 취소, 경정 또는 필요한 처분의 결정. 다만, 처분의 취소 · 경정 또는 필요한 처분의 결정을 하기 위하여 사실관계 확인 등 추가적으로 조사가 필요한 경우에는 처분청으로 하여금 이를 재조사하여 그 결과에 따라 취소 · 경정하거나 필요한 처분을 하도록 하는 재조사 결정을 할 수 있다.

(2) (1)에 따른 결정은 해당 처분청을 기속(羈束)한다(지방세기본법 제96조 제2항).

7. 청구의 효력 등(지방세기본법 제99조)

(1) 이의신청 또는 심판청구는 그 처분의 집행에 효력이 미치지 아니한다. 다만, 압류한 재산에 대해서는 대통령령으로 정하는 바에 따라 그 공매처분을 보류할 수 있다(지방세기본법 제99조 제1항).

(2) **이의신청 등에 따른 공매처분의 보류기한**(지방세기본법시행령 제66조)

위 (1)에 따라 공매처분을 보류할 수 있는 기한은 이의신청 또는 심판청구의 결정처분이 있는 날부터 30일까지로 한다.

07 납세자 제34회

1 구 분

납세자		
납세자	납세의무자	• 본래의 납세의무자 • 연대납세의무자 • 제2차 납세의무자 • 납세보증인
	징수납부의무자	원천징수의무자

(1) **국세기본법의 납세자**

"납세자"란 납세의무자(연대납세의무자와 납세자를 갈음하여 납부할 의무가 생긴 경우의 제2차 납세의무자 및 보증인을 포함한다)와 세법에 따라 국세를 징수하여 납부할 의무를 지는 자를 말한다(국세기본법 제2조 제10호). 즉, 납세자는 납세의무자와 징수의무자를 포함하는 광의의 개념이다.

(2) **지방세기본법의 납세자**

"납세자"란 납세의무자(연대납세의무자와 제2차 납세의무자 및 보증인을 포함한다)와 특별징수의무자를 말한다(지방세기본법 제2조 제1항 제12호).

2 형 태

(1) **본래의 납세의무자**

① 국세의 "납세의무자"란 세법에 따라 국세를 납부할 의무(국세를 징수하여 납부할 의무는 제외한다)가 있는 자를 말한다(국세기본법 제2조 제9호).

② 지방세의 "납세의무자"란 「지방세법」에 따라 지방세를 납부할 의무(지방세를 특별징수하여 납부할 의무는 제외한다)가 있는 자를 말한다(지방세기본법 제2조 제1항 제11호).

(2) 연대납세의무자(수평적 관계, 동등관계)

본래 납세의무자가 납세에 관한 의무를 이행할 수 없는 경우에 당해 납세의무와 관계있는 자가 상호 연대하여 납세의무를 지는 것을 말한다.

① **국세기본법**: 공유물(共有物), 공동사업 또는 그 공동사업에 속하는 재산과 관계되는 국세 및 강제징수비는 공유자 또는 공동사업자가 연대하여 납부할 의무를 진다(국세기본법 제25조 제1항).

② **지방세기본법**: 공유물(공동주택은 제외한다), 공동사업 또는 그 공동사업에 속하는 재산에 관계되는 지방자치단체의 징수금은 공유자 또는 공동사업자가 연대하여 납부할 의무를 진다(지방세기본법 제44조 제1항).

1. 공유재산에 대한 공유자 간의 연대납세의무
2. 양도소득세 부당행위계산부인 규정에 의한 증여자와 수증자의 연대납세의무
3. 공동상속에 따른 취득세의 연대납세의무
4. 과점주주의 취득세의 연대납세의무

(3) 제2차 납세의무자

① 국세기본법

"제2차 납세의무자"란 납세자가 납세의무를 이행할 수 없는 경우에 납세자를 갈음하여 납세의무를 지는 자를 말한다(국세기본법 제2조 제11호).

② 지방세기본법

"제2차 납세의무자"란 납세자가 납세의무를 이행할 수 없는 경우에 납세자를 갈음하여 납세의무를 지는 자를 말한다(지방세기본법 제2조 제1항 제13호).

☑ 주된 납세자와 제2차 납세의무자

분 류	주된 납세자	제2차 납세의무자	납부책임의 한도
청산인 등	해산법인	① 청산인 ② 남은 재산을 분배·인도받은 자	① 청산인: 분배 또는 인도한 재산의 가액 ② 남은 재산을 분배·인도받은 자: 분배 또는 인도받은 재산의 가액
출자자	법인	납세의무성립일 현재 ① 무한책임사원 ② 과점주주	① 무한책임사원: 한도 없음 ② 과점주주: 부족액 × 지분비율
법 인	국세의 납부기간 만료일 현재 ① 무한책임사원 ② 과점주주	법인	(자산－부채)×지분비율
사업양수인	사업양도인	사업양수인	양수한 재산의 가액을 한도로 함(양도일 이전에 양도인의 납세의무가 확정된 그 사업에 관한)

㉠ 청산인 등의 제2차 납세의무(국세기본법 제38조, 지방세기본법 제45조)

ⓐ 법인이 해산하여 청산하는 경우에 그 법인에 부과되거나 그 법인이 납부할 국세 및 강제징수비(지방자치단체의 징수금)를 납부하지 아니하고 해산에 의한 잔여재산을 분배하거나 인도하였을 때에 그 법인에 대하여 강제징수를 하여도 징수할 금액에 미치지 못하는 경우에는 청산인 또는 잔여재산을 분배받거나 인도받은 자는 그 부족한 금액에 대하여 제2차 납세의무를 진다.

ⓑ 위 ⓐ에 따른 제2차 납세의무의 한도는 다음의 구분에 따른다.

㉮ 청산인: 분배하거나 인도한 재산의 가액

㉯ 잔여재산을 분배받거나 인도받은 자: 각자가 받은 재산의 가액

㉡ 출자자의 제2차 납세의무(국세기본법 제39조, 지방세기본법 제46조)

법인(대통령령으로 정하는 증권시장에 주권이 상장된 법인은 제외한다)의 재산으로 그 법인에 부과되거나 그 법인이 납부할 국세 및 강제징수비에 충당하여도 부족한 경우에는 그 국세의 납세의무 성립일 현재 다음의 어느 하나에 해당하는 자는 그 부족한 금액에 대하여 제2차 납세의무를 진다. 다만, ⓑ에 따른 과점주주의 경우에는 그 부족한 금액을 그 법인의 발행주식 총수(의결권이 없는 주식은 제외한다) 또는 출자총액으로 나눈 금액에 해당 과점주주가 실질적으로 권리를 행사하는 주식 수(의결권이 없는 주식은 제외한다) 또는 출자액을 곱하여 산출한 금액을 한도로 한다.

ⓐ 무한책임사원으로서 다음의 어느 하나에 해당하는 사원

㉮ 합명회사의 사원

㉯ 합자회사의 무한책임사원

ⓑ 주주 또는 다음의 어느 하나에 해당하는 사원 1명과 그의 특수관계인 중 대통령령으로 정하는 자로서 그들의 소유주식 합계 또는 출자액 합계가 해당 법인의 발행 주식 총수 또는 출자총액의 100분의 50을 초과하면서 그 법인의 경영에 대하여 지배적인 영향력을 행사하는 자들("과점주주"라 한다)

㉮ 합자회사의 유한책임사원

㉯ 유한책임회사의 사원

㉰ 유한회사의 사원

㉢ 법인의 제2차 납세의무(국세기본법 제40조, 지방세기본법 제47조)

ⓐ 국세·지방세(둘 이상의 국세·지방세의 경우에는 납부기한이 뒤에 오는 국세·지방세)의 납부기간 만료일 현재 법인의 무한책임사원 또는 과점주주("출자자"라 한다)의 재산(그 법인의 발행주식 또는 출자지분은 제외한다)으로 그 출자자가 납부할 국세 및 강제징수비(지방자치단체의 징수금)에 충당하여도 부족한 경우에는 그 법인은 다음의 어느 하나에 해당하는 경우에만 그 부족한 금액(그 출자자의 소유주식 또는 출자지분의 가액을 한도로 그 부족액)에 대하여 제2차 납세의무를 진다.

1. 정부(지방자치단체의 장)가 출자자의 소유주식 또는 출자지분을 재공매(再公賣)하거나 수의계약으로 매각하려 하여도 매수희망자가 없는 경우
2. 그 법인이 외국법인인 경우로서 출자자의 소유주식 또는 출자지분이 외국에 있는 재산에 해당하여 「국세징수법」에 따른 압류 등 강제징수가 제한되는 경우
3. 법률 또는 그 법인의 정관에 의하여 출자자의 소유주식 또는 출자지분의 양도가 제한된 경우(「국세징수법」 제66조 제5항에 따라 공매할 수 없는 경우는 제외한다)

ⓑ 위 ⓐ에 따른 법인의 제2차 납세의무는 다음 계산식에 따라 계산한 금액을 한도로 한다.

$$\text{한도액} = (A - B) \times \frac{C}{D}$$

A: 법인의 자산총액
B: 법인의 부채총액
C: 출자자의 소유주식 금액 또는 출자액
D: 발행주식 총액 또는 출자총액

㉣ 사업양수인의 제2차 납세의무(국세기본법 제41조, 지방세기본법 제48조)

사업이 양도·양수된 경우에 양도일 이전에 양도인의 납세의무가 확정된 그 사업에 관한 국세 및 강제징수비(지방자치단체의 징수금)를 양도인의 재산으로 충당하여도 부족할 때에는 대통령령으로 정하는 사업의 양수인은 그 부족한 금액에 대하여 양수한 재산의 가액을 한도로 제2차 납세의무를 진다.

(4) 납세보증인

① **국세기본법**: "보증인"이란 납세자의 국세 또는 강제징수비의 납부를 보증한 자를 말한다(국세기본법 제2조 제12호)(국세기본법부칙 법률 제16097호 제1조).

② **지방세기본법**: "보증인"이란 납세자의 지방세 또는 체납처분비의 납부를 보증한 자를 말한다(지방세기본법 제2조 제1항 제14호).

08 서류의 송달 제33회

"서류의 송달"이란 과세관청이 조세처분이 담긴 내용을 납세의무자에게 서류로 보내어 도달하게 하는 것을 말한다.

1 송달장소

(1) 원 칙

「지방세기본법」 또는 지방세관계법에서 규정하는 서류는 그 명의인(서류에 수신인으로 지정되어 있는 자)의 주소, 거소, 영업소 또는 사무소(이하 "주소 또는 영업소"라 한다)에 송달한다. 다만, 전자송달인 경우에는 지방세정보통신망에 가입된 명의인의 전자우편주소나 지방세정보통신망의 전자사서함[「전자서명법」 제2조에 따른 인증서(서명자의 실지명의를 확인할 수 있는 것을 말한다) 또는 행정안전부장관이 고시하는 본인임을 확인할 수 있는 인증수단으로 접근하여 지방세 고지내역 등을 확인할 수 있는 곳을 말한다] 또는 연계정보통신망의 전자고지함(연계정보통신망의 이용자가 접속하여 본인의 지방세 고지내역을 확인할 수 있는 곳을 말한다)에 송달한다(지방세기본법 제28조 제1항).

넓혀 보기

주소와 거소

1. **주소**[(구)지방세기본법 기본통칙 28-1]
   ① 「지방세기본법」에서 "주소"라 함은 생활의 근거가 되는 곳을 말하며, 이는 생계를 같이 하는 가족 및 자산의 유무 등 생활관계의 객관적 사실에 따라 판정한다. 이 경우 주소가 2 이상인 때에는 주민등록법상 등록된 곳을 말한다.
   ② 법인의 주소는 본점 또는 주사무소의 소재지에 있는 것으로 한다.
2. **거소**[(구)지방세기본법 기본통칙 28-2]
   ① "거소"라 함은 다소의 기간 계속하여 거주하는 장소로서 주소와 같이 밀접한 일반적 생활관계가 발생하지 아니하는 장소를 말한다.
   ② 주소를 알 수 없는 때와 국내에 주소가 없는 경우에는 거소를 주소로 한다.

(2) 예 외

① 연대납세의무자에게 서류를 송달하는 경우

연대납세의무자에게 서류를 송달할 때에는 그 대표자를 명의인으로 하며, 대표자가 없으면 연대납세의무자 중 지방세를 징수하기 유리한 자를 명의인으로 한다. 다만, 납세의 고지와 독촉에 관한 서류는 연대납세의무자 모두에게 각각 송달하여야 한다(지방세기본법 제28조 제2항).

② **상속이 개시된 경우**

상속이 개시된 경우에 상속재산관리인이 있을 때에는 그 상속재산관리인의 주소 또는 영업소에 송달한다(지방세기본법 제28조 제3항).

③ **납세관리인이 있는 경우**

납세관리인이 있을 때에는 납세의 고지와 독촉에 관한 서류는 그 납세관리인의 주소 또는 영업소에 송달한다(지방세기본법 제28조 제4항).

④ **송달받을 장소를 신고한 경우**

서류를 송달받을 자가 주소 또는 영업소 중에서 송달받을 장소를 대통령령으로 정하는 바에 따라 지방자치단체에 신고하였을 때에는 그 신고된 장소에 송달하여야 한다. 이를 변경하였을 때에도 또한 같다(지방세기본법 제29조).

2 서류송달의 방법

서류의 송달은 교부·우편 또는 전자송달로 하되, 해당 지방자치단체의 조례로 정하는 방법에 따른다(지방세기본법 제30조 제1항).

(1) 원 칙

① **교부송달**

㉠ 교부에 의한 서류송달은 송달할 장소에서 그 송달을 받아야 할 자에게 서류를 건네줌으로써 이루어진다. 다만, 송달을 받아야 할 자가 송달받기를 거부하지 아니하면 다른 장소에서 교부할 수 있다(지방세기본법 제30조 제2항).

㉡ ㉠의 경우에 송달할 장소에서 서류를 송달받아야 할 자를 만나지 못하였을 때에는 그의 사용인, 그 밖의 종업원 또는 동거인으로서 사리를 분별할 수 있는 사람에게 서류를 송달할 수 있으며, 서류의 송달을 받아야 할 자 또는 그의 사용인, 그 밖의 종업원 또는 동거인으로서 사리를 분별할 수 있는 사람이 정당한 사유 없이 서류의 수령을 거부하면 송달할 장소에 서류를 둘 수 있다(유치송달)(지방세기본법 제30조 제3항).

㉢ 서류를 송달하는 경우에 송달받을 자가 주소 또는 영업소를 이전하였을 때에는 주민등록표 등으로 확인하고 그 이전한 장소에 송달하여야 한다(지방세기본법 제30조 제4항).

㉣ 서류를 교부하였을 때에는 송달서에 수령인의 서명 또는 날인을 받아야 한다. 이 경우 수령인이 서명 또는 날인을 거부하면 그 사실을 송달서에 적어야 한다(지방세기본법 제30조 제5항).

② **우편송달**

일반우편, 등기우편에 의하되 납부의 고지 · 독촉 · 장제징수 또는 세법에 따른 정부의 명령과 관계되는 서류의 송달을 우편으로 할 때에는 등기우편으로 하여야 한다(국세기본법 제10조 제2항).

③ **전자송달**

㉠ "전자송달"이란 이 법이나 지방세관계법에 따라 지방세통합정보통신망 또는 연계정보통신망을 이용하여 송달을 하는 것을 말한다(지방세기본법 제2조 제1항 제31호).

㉡ 전자송달은 서류의 송달을 받아야 할 자가 신청하는 경우에만 한다(지방세기본법 제30조 제7항).

㉢ ㉡에도 불구하고 지방세정보통신망 또는 연계정보통신망의 장애로 인하여 전자송달을 할 수 없는 경우와 그 밖에 대통령령으로 정하는 사유가 있는 경우에는 교부 또는 우편의 방법으로 송달할 수 있다(지방세기본법 제30조 제8항).

(2) **예외**: 공시송달

① 서류의 송달을 받아야 할 자가 다음의 어느 하나에 해당하는 경우에는 서류의 주요내용을 공고한 날부터 14일이 지나면 서류의 송달이 된 것으로 본다(지방세기본법 제33조 제1항).

㉠ 주소 또는 영업소가 국외에 있고 송달하기 곤란한 경우

㉡ 주소 또는 영업소가 분명하지 아니한 경우

㉢ 제30조 제1항에 따른 방법으로 송달하였으나 받을 사람이 없는 것으로 확인되어 반송되는 경우 등 대통령령으로 정하는 경우

ⓐ 서류를 우편으로 송달하였으나 받을 사람이 없는 것으로 확인되어 반송됨으로써 납부기한 내에 송달하기 곤란하다고 인정되는 경우(지방세기본법시행령 제18조 제1호)

ⓑ 세무공무원이 2회 이상 납세자를 방문[처음 방문한 날과 마지막 방문한 날 사이의 기간이 3일(기간을 계산할 때 공휴일 및 토요일은 산입하지 않는다) 이상이어야 한다]하여 서류를 교부하려고 하였으나 받을 사람(법 제30조 제3항에 규정된 사람을 포함한다)이 없는 것으로 확인되어 납부기한 내에 송달하기 곤란하다고 인정되는 경우(지방세기본법시행령 제18조 제2호)

② ①에 따른 공고는 지방세정보통신망, 지방자치단체의 정보통신망이나 게시판에 게시하거나 관보 · 공보 또는 일간신문에 게재하는 방법으로 한다. 이 경우 지방세정보통신망이나 지방자치단체의 정보통신망을 이용하여 공시송달을 할 때에는 다른 공시송달방법을 함께 활용하여야 한다(지방세기본법 제33조 제2항).

3 송달의 효력발생

송달하는 서류는 그 송달을 받아야 할 자에게 도달한 때부터 효력이 발생한다. 다만, 전자송달의 경우에는 송달받을 자가 지정한 전자우편주소, 지방세정보통신망의 전자사서함 또는 연계정보통신망의 전자고지함에 저장된 때에 그 송달을 받아야 할 자에게 도달된 것으로 본다(지방세기본법 제32조).

넓혀 보기

송달서류의 효력발생[(구)지방세기본법 기본통칙 32-1]

「지방세기본법」에서 "도달"이라 함은 송달을 받아야 할 자에게 직접 교부하지 않더라도, 상대방의 지배권 내에 들어가 사회통념상 일반적으로 그 사실을 알 수 있는 상태에 있는 때(예컨대, 우편이 수신함에 투입된 때 또는 사리를 판별할 수 있는 자로서 동거하는 가족, 사용인이나 종업원이 수령한 때)를 말하며, 일단 이러한 상태에 들어간 후에 교부된 서류가 반송되더라도 송달의 효력에는 영향이 없다.

조세의 분류

단원 열기

조세는 구분기준에 따라 여러 형태로 분류된다. 출제 비중이 높은 것은 본세와 부가세, 부동산의 취득 · 보유 · 양도와 관련된 조세이다. 개별 세목을 이해한 후 정리하는 것이 효율적이다.

1 과세주체(과세권자)에 따른 분류

국가가 과세주체인 것을 '국세', 지방자치단체가 과세주체인 것을 '지방세'라 한다.

(1) 국 세

국세(國稅)란 국가가 부과하는 조세 중 다음의 것을 말한다(국세기본법 제2조 제1호).

① 소득세
② 법인세
③ 상속세와 증여세
④ 종합부동산세
⑤ 부가가치세
⑥ 개별소비세
⑦ 교통 · 에너지 · 환경세
⑧ 주세(酒稅)
⑨ 인지세(印紙稅)
⑩ 증권거래세
⑪ 교육세
⑫ 농어촌특별세

(2) 지방세

① "지방세"란 특별시세, 광역시세, 특별자치시세, 도세, 특별자치도세 또는 시 · 군세, 구세(자치구의 구세를 말한다)를 말한다(지방세기본법 제2조 제1항 제3호).

② 지방자치단체의 세목은 다음과 같다(지방세기본법 제8조).

넓혀 보기

지방세관계법의 정의

"지방세관계법"이란 「지방세징수법」, 「지방세법」, 「지방세특례제한법」, 「조세특례제한법」 및 「제주특별자치도 설치 및 국제자유도시 조성을 위한 특별법」을 말한다(지방세기본법 제2조 제1항 제4호).

구 분	특별시 · 광역시		도	
	특별시세 · 광역시세	구 세	도 세	시 · 군세
보통세	취득세	–	취득세	–
	–	등록면허세	등록면허세	–
	레저세	–	레저세	–
	담배소비세	–	–	담배소비세
	지방소비세	–	지방소비세	–
	주민세	–	–	주민세
	지방소득세	–	–	지방소득세
	자동차세	–	–	자동차세
	–	재산세	–	재산세
목적세	지역자원시설세	–	지역자원시설세	–
	지방교육세	–	지방교육세	–

예 제

지방세기본법상 특별시세 세목이 아닌 것은? 제26회

① 주민세 ② 취득세 ③ 지방소비세
④ 지방교육세 ⑤ 등록면허세

해설 ⑤ 등록면허세: 도세, 구세
① 주민세: 특별시세 · 광역시세, 시 · 군세
② 취득세: 특별시세 · 광역시세, 도세
③ 지방소비세: 특별시세 · 광역시세, 도세
④ 지방교육세: 특별시세 · 광역시세, 도세

1. **특별시세와 광역시세**

보통세	취득세, 레저세, 담배소비세, 지방소비세, 주민세, 지방소득세, 자동차세
목적세	지역자원시설세, 지방교육세

2. **도 세**

보통세	취득세, 등록면허세, 레저세, 지방소비세
목적세	지역자원시설세, 지방교육세

3. **구세**: 등록면허세, 재산세
4. **시 · 군세**: 담배소비세, 주민세, 지방소득세, 재산세, 자동차세

정답 ⑤

2 과세목적에 따른 분류

(1) 보통세

조세수입이 일반적 재정수요를 위하여 과세되는 조세를 말하며, 목적세 이외의 조세는 모두 보통세이다.

(2) 목적세

조세수입의 용도를 특정한 조세로서, 특정목적(경제 · 사회 등)에 사용할 목적으로 징수하는 조세를 말한다. 목적세는 반드시 징수한 목적에만 사용하여야 하며 다른 용도로 사용할 수 없다.

국 세	교육세, 교통 · 에너지 · 환경세, 농어촌특별세
지방세	지방교육세, 지역자원시설세

3 조세의 독립성에 따른 분류

1. 독립세(= 본세)

다른 조세(세목)와 관계없이 독자적인 과세대상이 존재하는 조세를 말하며, 부가세 이외의 조세는 독립세(=본세)에 해당한다.

2. 부가세

(1) 별도의 과세대상이 존재하지 않고 다른 조세(독립세 또는 본세)를 부과할 때 부가적으로 징수하는 조세를 말한다.

(2) 부가세에는 농어촌특별세, 지방교육세 등이 있다.

3. 부가세와 부가세의 세율(농어촌특별세법 제5조, 지방세법 제151조 제1항)

(1) 취득세

1) 부가세 및 세율

① **농어촌특별세**: 표준세율을 2%로 적용하여 산출한 취득세액의 10%

② **지방교육세**

㉠ 취득세의 표준세율에서 2%를 뺀 세율을 적용하여 산출한 금액의 20%

㉡ 유상거래를 원인으로 주택을 취득하는 경우에는 해당 세율에 100분의 50을 곱한 세율을 적용하여 산출한 금액의 20%

㉢ 다음의 어느 하나에 해당하는 경우에는 해당 항목에서 정하는 금액으로 한다.

ⓐ 대도시 내 법인의 설립 등의 부동산 취득 및 공장 신·증설
위 ㉠의 계산방법으로 산출한 지방교육세액의 100분의 300

ⓑ 지방세감면법령에서 취득세의 감면율을 정하는 경우
위 ㉠의 지방교육세액을 해당 취득세 감면율로 감면하고 남은 금액

ⓒ 지방세감면법령에서 취득세의 감면율을 정하면서 해당 중과세율을 적용하지 아니하도록 정하는 경우
위 ㉠의 지방교육세액을 해당 취득세 감면율로 감면하고 남은 금액

ⓓ ⓑ와 ⓒ 외에 지방세감면법령에서 이 법과 다른 취득세율을 정하는 경우
위 ㉠의 계산방법으로 산출한 지방교육세액. 다만, 세율을 1천분의 20으로 정하는 경우에는 과세대상에서 제외한다.

2) 본세의 감면시: 농어촌특별세(감면세액의 20%)

(2) 등록면허세

① **부가세 및 세율**: 지방교육세 20%(납부세액의 20%)

② **본세의 감면시**: 농어촌특별세(감면세액의 20%)

(3) **재산세**: 지방교육세 20%(납부세액의 20%)

(4) **종합부동산세**: 농어촌특별세 20%(납부세액의 20%)

(5) **양도소득세**(본세 감면시): 농어촌특별세(감면세액의 20%)

심화 학습

지방소득세는 2013년까지는 소득세액·법인세액의 10%로 과세하는 부가세(附加稅)로 과세하였으나, 2014년부터 독립세로 전환하였다.

1. **지방소득세 과세표준**: 법인세법과 소득세법에 따라 계산한 과세표준
2. **지방소득세 세율**: 지방세법 제92조
3. **지방소득세의 납세의무자와 지방소득의 구분**

구 분	납세의무자	지방소득의 구분
개인지방소득세	소득세의 납세의무자	종합소득, 퇴직소득, 양도소득
법인지방소득세	법인세의 납세의무자	각 사업연도 소득, 청산소득

4. **지방소득세의 과세표준과 산출세액**

과세표준	산출세액
개인지방소득세의 과세표준 (소득세법에 따라 계산)	• 종합소득 과세표준 × 표준세율 • 퇴직소득 과세표준 × 표준세율 • 양도소득 과세표준 × 표준세율
법인지방소득세의 과세표준 (법인세법에 따라 계산)	• 각 사업연도 소득 과세표준 × 1%, 2%, 2.5% • 청산소득 과세표준 × 1%, 2%, 2.5%

4 조세부담 전가 여부에 따른 분류

(1) **직접세**(납세자 = 담세자)

조세가 납세의무자에게 직접 부과되고 또 납세의무자가 담세자가 되거나 소득의 원천에 기준을 두고 부과되는 조세를 직접세라 한다.

예 소득세(양도소득세), 법인세, 종합부동산세, 상속(증여)세, 취득세, 등록면허세 등

(2) **간접세**(납세자 ≠ 담세자)

조세의 부담이 타인에게 전가되어 담세자와 납세의무자가 일치하지 않거나 소비에 기준을 두고 부과되는 조세를 간접세라 한다.

예 부가가치세, 개별소비세, 주세, 인지세, 증권거래세 등

5 과세표준의 표시방법에 따른 분류

(1) 종가세

① 과세표준을 금액 또는 가액으로 표시하여 과세하는 조세를 말한다.

② 취득세, 등록면허세, 재산세, 종합부동산세, 양도소득세, 상속세 등 대부분의 조세가 이에 속한다.

(2) 종량세

① 과세표준을 수량 · 면적 · 건수 등으로 표시하여 과세하는 조세를 말한다.

② 등록면허세 중 일부, 지역자원시설세 중 일부, 인지세, 주민세(재산분) 중 일부가 이에 속한다.

6 세율에 따른 분류

(1) 세율이 비율(%)로 표시되는 경우

① **정률세**(비례세율): 과세표준이 되는 금액 또는 가액의 크기와 관계없이 비율이 일정한 세율을 말한다. 백분(천분)비율(%)로 표시된다.

㉠ 단순비례세율: 과세표준금액과 물건의 종류 등에 관계없이 항상 동일한 세율을 말한다.

예 부가가치세(10%)

㉡ 차등비례세율: 가액과는 관계없지만 물건의 종류 등에 따라 세율이 달라지는 것을 말한다.

예 취득세, 등록면허세 일부, 재산세 일부, 양도소득세 일부, 종합부동산세 일부

② **초과누진세율**: 과세표준의 금액이 커짐에 따라 세율도 점차 증가되는 세율을 말한다.

㉠ 주택에 대한 재산세(0.1~0.4%)와 토지에 대한 재산세(종합합산과세대상: 0.2~0.5%, 별도합산과세대상: 0.2~0.4%)

㉡ 종합부동산세 일부

㉢ 양도소득세 일부

(2) 세율이 금액으로 표시되는 경우(정액세)

과세표준 금액의 크기와 관계없이 일정한 금액을 적용하는 세율을 말한다.

예 등록면허세(건수) 일부, 인지세 일부 등

7 과세대상의 인적 귀속에 따른 분류

(1) 인 세

납세의무자의 인적 사항(조세부담의 능력)을 고려하여 과세하는 것을 말하며, 소득세, 법인세, 상속세, 증여세, 종합부동산세, 재산세 등이 이에 속한다.

(2) 물 세

과세대상 그 자체에 담세력을 인정하여 과세하는 조세를 말하며, 취득세, 등록면허세, 재산세, 부가가치세 등이 이에 속한다.

8 과세대상 분류

(1) 수득세(수익세)

① 수입과 소득을 과세대상으로 하여 과세하는 조세를 말한다.

② 소득세, 법인세 등이 이에 속한다.

(2) 재산세

① 수익 등과 관계없이 당해 재산 그 자체에 부과하는 조세를 말한다.

② 재산세, 종합부동산세, 상속세 및 증여세 등이 이에 속한다.

(3) 유통세

① 권리나 재산권 등의 이전에 관련된 행위를 대상으로 과세하는 조세를 말한다.

② 취득세, 등록면허세, 인지세, 증권거래세 등이 이에 속한다.

(4) 소비세

① 상품이나 용역의 소비행위에 착안하여 과세하는 조세를 말한다.

② 부가가치세, 특별소비세, 주세 등이 이에 속한다.

9 부동산 거래단계에 따른 분류

구 분		취 득	보 유	양 도
국세	양도소득세	–	–	○
	상속세	○	–	–
	증여세	○	–	–
	종합소득세	–	○ (사업소득 : 부동산임대업)	○ (사업소득 : 부동산매매업)
	법인세	–	○	○
	종합부동산세	–	○	–
	농어촌특별세	○	○	○
	부가가치세	○	○	○
	인지세	○	–	○
지방세	취득세	○	–	–
	등록면허세	○	–	–
	재산세	–	○	–
	지역자원시설세	–	○	–
	지방교육세	○ (취득세, 등록면허세)	○ (재산세)	–
	지방소득세	–	○	○

예 제

국내 소재 부동산의 보유단계에서 부담할 수 있는 세목은 모두 몇 개인가? 제30회

- 농어촌특별세
- 지방교육세
- 개인지방소득세
- 소방분에 대한 지역자원시설세

① 0개 ② 1개 ③ 2개
④ 3개 ⑤ 4개

해설 ⑤ 보유단계 : 농어촌특별세, 지방교육세, 개인지방소득세, 소방분에 대한 지역자원시설세(4개)
- 농어촌특별세 : 취득단계, 보유단계, 양도단계
- 지방교육세 : 취득단계, 보유단계
- 개인지방소득세 : 보유단계, 양도단계
- 소방분에 대한 지역자원시설세 : 보유단계

정답 ⑤

박문각 공인중개사

지방세

취득세

단원 열기

취득세는 매년 3문제 정도 출제된다. 자주 출제되는 부분은 납세의무자, 과세표준, 세율, 신고·납부 부분으로서 전체적인 흐름 파악을 종합적으로 묻고 있다. 추가적으로 과점주주, 토지의 지목변경 등 취득의제 부분을 기본적으로 파악하고 있어야 한다. 기초 개념을 확실하게 파악해야 상호 연결이 되어 쉽게 정리할 수 있다.

01 취득세 특징

(1) 취득세는 취득세 과세물건을 취득하는 때에 납부할 의무가 성립한다. 납세의무자가 과세표준과 세액을 지방자치단체에 신고·납부하는 지방세로서 특별시·광역시·도가 과세주체이다.

(2) 부동산 등의 소유권이 이전되는 유통과정에서 담세력이 노출되는 취득자에게 조세를 부담시키려는데 있다. 2011년부터 종전의 등록세 중 소유권 취득과 관련된 등기·등록에 대한 과세대상을 취득세로 통합하였다.

(3) 지방세, 도세(특별시·광역시·도)

시·군·구: 위임징수

(4) 유통세, 행위세

(5) 종가세, 보통세, 직접세

(6) 사실주의 과세(실질과세의 원칙)

(7) 신고·납부(취득한 날부터 60일 이내)

(8) 면세점(취득가액이 50만원 이하)

02 취득의 개념

1 취득의 정의

(1) "취득"이란 매매, 교환, 상속, 증여, 기부, 법인에 대한 현물출자, 건축, 개수(改修), 공유수면의 매립, 간척에 의한 토지의 조성 등과 그 밖에 이와 유사한 취득으로서 원시취득(수용재결로 취득한 경우 등 과세대상이 이미 존재하는 상태에서 취득하는 경우는 제외한다), 승계취득 또는 유상·무상의 모든 취득을 말한다(지방세법 제6조 제1호).

(2) **취득으로 보는 경우**

과세대상 물건을 사실상 취득하는 것이 아니라 하더라도 선박, 차량과 기계장비의 종류를 변경하거나 토지의 지목을 사실상 변경함으로써 그 가액이 증가한 경우와 건축물의 개수, 과점주주의 주식취득 등도 취득으로 의제하여 취득세의 과세대상이 된다(지방세법 제7조 제4항·제5항).

(3) **실질과세**

부동산 등의 취득은 관계 법령에 따른 등기·등록 등을 하지 아니한 경우라도 사실상 취득하면 각각 취득한 것으로 보고 해당 취득물건의 소유자 또는 양수인을 각각 취득자로 한다(지방세법 제7조 제2항).

2 취득의 구분

(1) 취득의 형태는 과세대상의 소유권을 취득하는 "사실상 취득"과 사실상 소유권 취득이 아니라 하더라도 취득으로 인정하는 "의제취득"으로 구분할 수 있다. 사실상 취득은 원시취득과 승계취득(유상취득과 무상취득)으로 구분할 수 있다.

(2) **원시취득**

① **공유수면매립과 간척**: 하천·바다·호소 기타 공공용으로 사용되는 수면 또는 수류로서 국가의 소유에 속하는 공유수면은 매립의 면허를 받은 자가 공사준공의 검사를 받은 날에 그 매립지의 소유권을 취득한 것으로 보아 취득세가 과세된다.

② **건축**: 건축이란 건축물을 신축·증축·재축·개축 또는 이전하는 것을 말한다. 이 중 신축과 재축은 원시취득에 해당한다.

㉠ 신축: 건축물이 없는 대지(기존 건축물이 해체되거나 멸실된 대지를 포함한다)에 새로 건축물을 축조(築造)하는 것[부속건축물만 있는 대지에 새로 주된 건축물을 축조하는 것을 포함하되, 개축(改築) 또는 재축(再築)하는 것은 제외한다]을 말한다(건축법시행령 제2조 제1호).

㉡ 증축: 기존 건축물이 있는 대지에서 건축물의 건축면적, 연면적, 층수 또는 높이를 늘리는 것을 말한다(건축법시행령 제2조 제2호).

㉢ 재축: 건축물이 천재지변이나 그 밖의 재해(災害)로 멸실된 경우 그 대지에 다음의 요건을 모두 갖추어 다시 축조하는 것을 말한다(건축법시행령 제2조 제4호).

ⓐ 연면적 합계는 종전 규모 이하로 할 것

ⓑ 동(棟)수, 층수 및 높이는 다음의 어느 하나에 해당할 것

1. 동수, 층수 및 높이가 모두 종전 규모 이하일 것 2. 동수, 층수 또는 높이의 어느 하나가 종전 규모를 초과하는 경우에는 해당 동수, 층수 및 높이가 「건축법」, 「건축법시행령」 또는 건축조례에 모두 적합할 것

㉣ 개축: 기존 건축물의 전부 또는 일부[내력벽 · 기둥 · 보 · 지붕틀(한옥의 경우에는 지붕틀의 범위에서 서까래는 제외한다) 중 셋 이상이 포함되는 경우를 말한다]를 해체하고 그 대지에 종전과 같은 규모의 범위에서 건축물을 다시 축조하는 것을 말한다(건축법시행령 제2조 제3호).

㉤ 이전: 건축물의 주요구조부를 해체하지 아니하고 같은 대지의 다른 위치로 옮기는 것을 말한다(건축법시행령 제2조 제5호).

③ **민법상 시효취득**: 민법상 20년간 소유의 의사로 평온 · 공연하게 부동산을 점유하는 자가 그 소유권을 취득하는 것으로서 원시취득으로 보아 취득세를 과세한다.

(3) 승계취득

① **매매**: “매매”란 물건을 팔고 사는 일을 말하는데 “매도”란 값을 받고 물건의 소유권을 다른 사람에게 넘기는 것을 의미한다. 민법상 매매란 당사자의 일방(매도인)이 어떤 재산권을 상대방에게 이전할 것을 약정하고 상대방(매수인)은 이에 대하여 그 대금을 지급할 것을 약정함으로써 성립하는 낙성 · 쌍무(雙務) · 불요식의 유상계약(有償契約)이다(민법 제533조). 이 경우 매도인은 양도에 해당하여 양도소득세에 대한 납세의무가 있고 매수인은 취득에 해당하여 취득세 납세의무가 있다.

② **교환**: “교환”이란 당사자 양쪽이 금전의 소유권 이외의 재산권을 상호 이전할 것을 약정함으로써 성립하는 계약이다(민법 제596조). 매매와의 차이점은 대가가 금전이 아닌 물건(재산)이라는 점이다. 이 경우 당사자 쌍방에게 양도소득세와 취득세가 과세된다.

③ **현물출자**: “현물출자(現物出資)”란 금전 이외의 재산을 목적으로 하는 출자를 말하며, 회사가 사업을 경영하기 위하여 특정한 재산을 필요로 하는 경우에 금전출자에 대한 예외로서 인정된다. 현물출자는 자산이 유상으로 사실상 이전되는 것이므로 양도에 해당한다.

④ **상속**: 사람이 사망한 경우 그가 살아있을 때의 재산상의 지위가 법률의 규정에 따라 특정한 사람에게 포괄적으로 승계되는 것을 말한다. 상속은 피상속인의 사망으로 개시되고 상속인은 피상속인의 재산에 관한 권리의무를 포괄적으로 승계하므로 상속인이 상속을 포기하지 않는 이상 채무도 승계된다.

⑤ **증여**: 당사자의 일방(증여자)이 무상으로 재산을 상대방에게 준다는 의사표시를 하고, 상대방(수증자)이 그것을 승낙함으로써 성립하는 계약이다(민법 제554조).

(4) 의제취득

① **개수(改修)**: 다음의 어느 하나에 해당하는 것을 말한다(지방세법 제6조 제6호, 지방세법 시행령 제6조).

㉠ 「건축법」에 따른 대수선(건축물의 기둥, 보, 내력벽, 주계단 등의 구조나 외부 형태를 수선·변경하거나 증설하는 것으로서 대통령령으로 정하는 것을 말함)

㉡ 건축물 중 레저시설, 저장시설, 도크(dock)시설, 접안시설, 도관시설, 급수·배수시설, 에너지 공급시설 및 그 밖에 이와 유사한 시설(이에 딸린 시설을 포함)로서 대통령령으로 정하는 것을 수선하는 것

㉢ 건축물에 딸린 시설물 중 대통령령으로 정하는 시설물을 한 종류 이상 설치하거나 수선하는 것

> 시설물의 종류와 범위(지방세법시행령 제6조)
> 1. 승강기(엘리베이터, 에스컬레이터, 그 밖의 승강시설)
> 2. 시간당 20킬로와트 이상의 발전시설
> 3. 난방용·욕탕용 온수 및 열 공급시설
> 4. 시간당 7천 560킬로칼로리급 이상의 에어컨(중앙조절식만 해당)
> 5. 부착된 금고
> 6. 교환시설
> 7. 건물의 냉난방, 급수·배수, 방화, 방범 등의 자동관리를 위하여 설치하는 인텔리전트 빌딩시스템 시설
> 8. 구내의 변전·배전시설

② **토지의 지목변경**: 토지의 지목을 사실상 변경함으로써 그 가액이 증가한 경우에는 취득으로 본다(지방세법 제7조 제4항).

③ **차량 · 기계장비 · 선박의 종류변경**: 선박, 차량과 기계장비의 종류를 변경하거나 토지의 지목을 사실상 변경함으로써 그 가액이 증가한 경우에는 취득으로 본다. 이 경우 「도시개발법」에 따른 도시개발사업(환지방식만 해당한다)의 시행으로 토지의 지목이 사실상 변경된 때에는 그 환지계획에 따라 공급되는 환지는 조합원이, 체비지 또는 보류지는 사업시행자가 각각 취득한 것으로 본다(지방세법 제7조 제4항).

④ **과점주주의 주식취득**

㉠ 과점주주: 비상장법인의 주식을 주주 또는 유한책임사원 1명과 그의 특수관계인 중 대통령령으로 정하는 자로서 그들의 소유주식의 합계 또는 출자액의 합계가 해당 법인의 발행주식 총수 또는 출자총액의 100분의 50을 초과하면서 그에 관한 권리를 실질적으로 행사하는 자들을 과점주주라 한다(지방세기본법 제46조 제2호).

㉡ 과세범위: 법인의 주식 또는 지분을 취득함으로써 「지방세기본법」 제46조 제2호에 따른 과점주주 중 대통령령으로 정하는 과점주주가 되었을 때에는 그 과점주주가 해당 법인의 부동산 등(법인이 「신탁법」에 따라 신탁한 재산으로서 수탁자 명의로 등기 · 등록이 되어 있는 부동산 등을 포함한다)을 취득(법인설립시에 발행하는 주식 또는 지분을 취득함으로써 과점주주가 된 경우에는 취득으로 보지 아니한다)한 것으로 본다. 이 경우 과점주주는 취득세에 대하여 연대납세의무가 있다(지방세법 제7조 제5항).

㉢ 과점주주의 납세의무

ⓐ 법인의 과점주주(제10조의2에 따른 과점주주를 말한다)가 아닌 주주 또는 유한책임사원이 다른 주주 또는 유한책임사원의 주식 또는 지분("주식 등"이라 한다)을 취득하거나 증자 등으로 최초로 과점주주가 된 경우에는 최초로 과점주주가 된 날 현재 해당 과점주주가 소유하고 있는 법인의 주식 등을 모두 취득한 것으로 보아 취득세를 부과한다(지방세법시행령 제11조 제1항).

ⓑ 이미 과점주주가 된 주주 또는 유한책임사원이 해당 법인의 주식 등을 취득하여 해당 법인의 주식 등의 총액에 대한 과점주주가 가진 주식 등의 비율이 증가된 경우에는 그 증가분을 취득으로 보아 취득세를 부과한다. 다만, 증가된 후의 주식 등의 비율이 해당 과점주주가 이전에 가지고 있던 주식 등의 최고비율보다 증가되지 아니한 경우에는 취득세를 부과하지 아니한다(지방세법시행령 제11조 제2항).

ⓒ 과점주주였으나 주식 등의 양도, 해당 법인의 증자 등으로 과점주주에 해당하지 아니하는 주주 또는 유한책임사원이 된 자가 해당 법인의 주식 등을 취득하여 다시 과점주주가 된 경우에는 다시 과점주주가 된 당시의 주식 등의 비율이 그 이전에 과점주주가 된 당시의 주식 등의 비율보다 증가된 경우에만 그 증가분만을 취득으로 보아 위 ⓑ의 예에 따라 취득세를 부과한다(지방세법시행령 제11조 제3항).

넓혀 보기

과점주주의 납세의무(지방세법운영예규 법7-3)

1. 과점주주에 대한 취득세를 과세함에 있어 대도시 내 법인 본점 또는 주사무소의 사업용부동산 등에 대하여는 중과세를 하지 아니한다.
2. 과점주주의 납세의무성립 당시 당해 법인의 취득시기가 도래되지 아니한 물건에 대하여는 과점주주에게 납세의무가 없으며, 연부취득 중인 물건에 대하여는 연부 취득시기가 도래된 부분에 한하여 납세의무가 있다.
3. 과점주주 집단내부 및 특수관계자간의 주식거래가 발생하여 과점주주가 소유한 총주식의 비율에 변동이 없다면 과점주주 간주취득세의 납세의무는 없다.
   ① 예시1. 과점주주 집단 내부에서 주식이 이전되는 경우
   ② 예시2. 당해 법인의 주주가 아니었던 자가 기존의 과점주주와 친족 기타 특수관계에 있거나 그러한 특수관계를 형성하면서 기존의 과점주주로부터 그 주식의 일부 또는 전부를 이전받아 새로이 과점주주가 되는 경우

예 제

지방세법상 과점주주의 간주취득세가 과세되는 경우가 아닌 것은 모두 몇 개인가? (단, 주식발행법인은 「자본시장과 금융투자업에 관한 법률 시행령」 제176조의9 제1항에 따른 유가증권시장에 상장한 법인이 아니며, 「지방세특례제한법」은 고려하지 않음) 제29회

㉠ 법인설립시에 발행하는 주식을 취득함으로써 과점주주가 된 경우
㉡ 과점주주가 아닌 주주가 다른 주주로부터 주식을 취득함으로써 최초로 과점주주가 된 경우
㉢ 이미 과점주주가 된 주주가 해당 법인의 주식을 취득하여 해당 법인의 주식의 총액에 대한 과점주주가 가진 주식의 비율이 증가된 경우
㉣ 과점주주 집단 내부에서 주식이 이전되었으나 과점주주 집단이 소유한 총주식의 비율에 변동이 없는 경우

① 0개 ② 1개 ③ 2개
④ 3개 ⑤ 4개

해설 1. 과점주주의 간주취득세가 과세되는 경우가 아닌 것: ㉠㉣(2개)
㉠ 법인설립시에 발행하는 주식을 취득함으로써 과점주주가 된 경우: 취득으로 보지 아니한다.
㉣ 과점주주 집단 내부에서 주식이 이전되었으나 과점주주 집단이 소유한 총주식의 비율에 변동이 없는 경우: 과점주주 간주취득세의 납세의무는 없다.
2. 과점주주의 간주취득세가 과세되는 경우인 것: ㉡㉢(2개)
㉡ 과점주주가 아닌 주주가 다른 주주로부터 주식을 취득함으로써 최초로 과점주주가 된 경우: 최초로 과점주주가 된 날 현재 해당 과점주주가 소유하고 있는 법인의 주식 등을 모두 취득한 것으로 보아 취득세를 부과한다.
㉢ 이미 과점주주가 된 주주가 해당 법인의 주식을 취득하여 해당 법인의 주식의 총액에 대한 과점주주가 가진 주식의 비율이 증가된 경우: 그 증가분을 취득으로 보아 취득세를 부과한다. 정답 ③

03 취득세의 과세대상

구 분	내 용
부동산	• 토지 • 건축물: 건축물, 시설물
차량, 기계장비, 선박, 항공기	–
광업권, 어업권, 양식업권	–
입 목	–
회원권	회원제 골프 회원권, 콘도미니엄 회원권, 종합체육시설이용 회원권, 승마 회원권, 요트 회원권

취득세는 「지방세법」에 열거하고 있는 과세대상 물건을 과세대상으로 하며 등기·등록, 허가 여부에 관계없이 과세된다. 그러므로 법에서 열거되지 아니한 물건은 과세대상에 해당하지 아니하며, 취득세에서 열거된 과세대상은 다음과 같다(지방세법 제6조).

취득세 과세대상은 열거된 자산에 대하여만 과세한다(열거주의).

넓혀 보기

취득 당시의 현황에 따른 부과(지방세법시행령 제13조)
부동산, 차량, 기계장비 또는 항공기는 특별한 규정이 있는 경우를 제외하고는 해당 물건을 취득하였을 때의 사실상의 현황에 따라 부과한다. 다만, 취득하였을 때의 사실상 현황이 분명하지 아니한 경우에는 공부(公簿)상의 등재 현황에 따라 부과한다.

(1) **부동산**: 취득세에서 "부동산"이란 토지 및 건축물을 말한다.

① **토 지**

㉠ 토지란 「공간정보의 구축 및 관리 등에 관한 법률」에 따라 지적공부(地籍公簿)의 등록대상이 되는 토지와 그 밖에 사용되고 있는 사실상의 토지를 말한다(지방세법 제6조 제3호).

㉡ 등록 또는 등재 여부에 관계없이 전·답·대·임야 등 28개 지목으로 구분한다.

㉢ 공부상 등재 현황과 사실상 내용이 다를 경우 사실상 현황에 의하여 과세하며, 공부상에 등재되지 아니한 토지에 대하여도 사실상의 취득인 경우에는 취득세가 과세된다.

㉣ 토지의 지목이 사실상 변경되어 토지의 가액이 증가된 경우 그 증가된 부분을 취득으로 의제하여 증가액에 대하여 취득세를 과세한다.

② **건축물**

「건축법」에 따른 건축물(이와 유사한 형태의 건축물을 포함)과 토지에 정착하거나 지하 또는 다른 구조물에 설치하는 레저시설, 저장시설, 도크(dock)시설, 접안시설, 도관시설, 급수・배수시설, 에너지 공급시설 및 그 밖에 이와 유사한 시설(이에 딸린 시설을 포함)로서 대통령령으로 정하는 것을 말한다. 공부상의 용도와 관계없이 사실상의 용도에 따라 과세하며, 공부상에 등재되지 아니한 건축물이나 불법 또는 무허가 건축물에 대하여도 과세한다(지방세법 제6조 제4호).

㉠ 건축물이란 토지에 정착(定着)하는 공작물 중 지붕과 기둥 또는 벽이 있는 것과 이에 딸린 시설물, 지하나 고가(高架)의 공작물에 설치하는 사무소・공연장・점포・차고・창고, 그 밖에 대통령령으로 정하는 것을 말한다(건축법 제2조 제1항 제2호).

㉡ 토지에 정착하거나 지하 또는 다른 구조물에 설치하는 시설물(지방세법시행령 제5조)

1. 레저시설: 수영장, 스케이트장, 골프연습장(체육시설의 설치・이용에 관한 법률에 따라 골프연습장업으로 신고된 20타석 이상의 골프연습장만 해당), 전망대, 옥외스탠드, 유원지의 옥외오락시설(유원지의 옥외오락시설과 비슷한 오락시설로서 건물 안 또는 옥상에 설치하여 사용하는 것을 포함)
2. 저장시설: 수조, 저유조, 저장창고, 저장조(저장용량이 1톤 이하인 액화석유가스 저장조는 제외한다) 등의 옥외저장시설(다른 시설과 유기적으로 관련되어 있고 일시적으로 저장기능을 하는 시설을 포함)
3. 독시설 및 접안시설: 독, 조선대(造船臺)
4. 도관시설(연결시설을 포함): 송유관, 가스관, 열수송관
5. 급수・배수시설: 송수관(연결시설을 포함), 급수・배수시설, 복개설비
6. 에너지 공급시설: 주유시설, 가스충전시설, 환경친화적 자동차 충전시설, 송전철탑(전압 20만 볼트 미만을 송전하는 것과 주민들의 요구로 전기사업법에 따라 이전・설치하는 것은 제외)
7. 기타 시설: 잔교(棧橋)(이와 유사한 구조물을 포함), 기계식 또는 철골조립식 주차장, 차량 또는 기계장비 등을 자동으로 세차 또는 세척하는 시설, 방송중계탑(방송법에 따라 국가가 필요로 하는 대외방송 및 사회교육방송 중계탑은 제외) 및 무선통신기지국용 철탑

㉢ 건축물에 딸린 시설물(지방세법시행령 제6조)

1. 승강기(엘리베이터, 에스컬레이터, 그 밖의 승강시설) 2. 시간당 20킬로와트 이상의 발전시설 3. 난방용·욕탕용 온수 및 열 공급시설 4. 시간당 7천 560킬로칼로리급 이상의 에어컨(중앙조절식만 해당) 5. 부착된 금고 6. 교환시설 7. 건물의 냉난방, 급수·배수, 방화, 방범 등의 자동관리를 위하여 설치하는 인텔리전트 빌딩시스템 시설 8. 구내의 변전·배전시설

⑵ **차량**: 원동기를 장치한 모든 차량과 피견인차 및 궤도로 승객 또는 화물을 운반하는 모든 기구를 말한다(지방세법 제6조 제7호).

⑶ **기계장비**: 건설공사용, 화물하역용 및 광업용으로 사용되는 기계장비로서 「건설기계관리법」에서 규정한 건설기계 및 이와 유사한 기계장비 중 행정안전부령으로 정하는 것을 말한다(지방세법 제6조 제8호).

⑷ **항공기**: 사람이 탑승·조종하여 항공에 사용하는 비행기, 비행선, 활공기(滑空機), 회전익(回轉翼)항공기 및 그 밖에 이와 유사한 비행기구로서 대통령령으로 정하는 것을 말한다(지방세법 제6조 제9호).

⑸ **선박**: 기선, 범선, 부선(艀船) 및 그 밖에 명칭에 관계없이 모든 배를 말한다(지방세법 제6조 제10호).

⑹ **입목**: 지상의 과수, 임목과 죽목(竹木)을 말한다(지방세법 제6조 제11호).

⑺ **광업권**: 「광업법」에 따른 광업권을 말한다(지방세법 제6조 제12호). 이 경우 출원에 의하여 취득하는 광업권의 원시취득은 취득세를 면제한다.

⑻ **어업권**: 「수산업법」 또는 「내수면어업법」에 따른 어업권을 말한다(지방세법 제6조 제13호). 이 경우 출원에 의하여 취득하는 어업권의 원시취득은 취득세를 면제한다.

⑻**의2 양식업권**: 「양식산업발전법」에 따른 양식업권을 말한다(지방세법 제6조 제13의2호). 이 경우 출원에 의하여 취득하는 양식업권의 원시취득은 취득세를 면제한다.

⑼ **골프 회원권**: 「체육시설의 설치·이용에 관한 법률」에 따른 회원제 골프장의 회원으로서 골프장을 이용할 수 있는 권리를 말한다(지방세법 제6조 제14호).

(10) **승마 회원권**: 「체육시설의 설치 · 이용에 관한 법률」에 따른 회원제 승마장의 회원으로서 승마장을 이용할 수 있는 권리를 말한다(지방세법 제6조 제15호).

(11) **콘도미니엄 회원권**: 「관광진흥법」에 따른 콘도미니엄과 이와 유사한 휴양시설로서 대통령령으로 정하는 시설을 이용할 수 있는 권리를 말한다(지방세법 제6조 제16호).

(12) **종합체육시설 이용 회원권**: 「체육시설의 설치 · 이용에 관한 법률」에 따른 회원제 종합체육시설업에서 그 시설을 이용할 수 있는 회원의 권리를 말한다(지방세법 제6조 제17호).

(13) **요트 회원권**: 「체육시설의 설치 · 이용에 관한 법률」에 따른 회원제 요트장의 회원으로서 요트장을 이용할 수 있는 권리를 말한다(지방세법 제6조 제18호).

04 납세의무자 제32회, 제33회, 제34회

취득세는 부동산, 차량, 기계장비, 항공기, 선박, 입목, 광업권, 어업권, 양식업권, 골프 회원권, 승마 회원권, 콘도미니엄 회원권, 종합체육시설 이용 회원권 또는 요트 회원권(이하 이 장에서 "부동산 등"이라 한다)을 취득한 자에게 부과한다(지방세법 제7조 제1항).

(1) **사실상 취득자**: 부동산 등의 취득은 관계 법령에 따른 등기 · 등록 등을 하지 아니한 경우라도 사실상 취득하면 각각 취득한 것으로 보고 해당 취득물건의 소유자 또는 양수인을 각각 취득자로 한다. 다만, 차량, 기계장비, 항공기 및 주문을 받아 건조하는 선박은 승계취득인 경우에만 해당한다(지방세법 제7조 제2항).

(2) **주체구조부의 취득자**: 건축물 중 조작(造作)설비, 그 밖의 부대설비에 속하는 부분으로서 그 주체구조부(主體構造部)와 하나가 되어 건축물로서의 효용가치를 이루고 있는 것에 대하여는 주체구조부 취득자 외의 자가 가설(加設)한 경우에도 주체구조부의 취득자가 함께 취득한 것으로 본다(지방세법 제7조 제3항).

(3) **변경시점의 소유자**: 선박, 차량과 기계장비의 종류를 변경하거나 토지의 지목을 사실상 변경함으로써 그 가액이 증가한 경우에는 취득으로 보아 변경시점의 소유자가 납세의무자가 된다. 이 경우 「도시개발법」에 따른 도시개발사업(환지방식만 해당한다)의 시행으로 토지의 지목이 사실상 변경된 때에는 그 환지계획에 따라 공급되는 환지는 조합원이, 체비지 또는 보류지는 사업시행자가 각각 취득한 것으로 본다(지방세법 제7조 제4항).

(4) **과점주주**: 법인의 주식 또는 지분을 취득함으로써 「지방세기본법」 제46조 제2호에 따른 과점주주 중 대통령령으로 정하는 과점주주가 되었을 때에는 그 과점주주가 해당 법인의 부동산 등(법인이 「신탁법」에 따라 신탁한 재산으로서 수탁자 명의로 등기·등록이 되어 있는 부동산 등을 포함한다)을 취득(법인설립시에 발행하는 주식 또는 지분을 취득함으로써 과점주주가 된 경우에는 취득으로 보지 아니한다)한 것으로 본다. 이 경우 과점주주의 연대납세의무에 관하여는 「지방세기본법」을 준용한다(지방세법 제7조 제5항).

(5) **수입하는 자**: 외국인 소유의 취득세 과세대상 물건(차량, 기계장비, 항공기 및 선박만 해당)을 직접 사용하거나 국내의 대여시설 이용자에게 대여하기 위하여 소유권을 이전 받는 조건으로 임차하여 수입하는 경우에는 수입하는 자가 취득한 것으로 본다(지방세법 제7조 제6항).

(6) **상속인**: 상속(피상속인이 상속인에게 한 유증 및 포괄유증과 신탁재산의 상속을 포함)으로 인하여 취득하는 경우에는 상속인 각자가 상속받는 취득물건(지분을 취득하는 경우에는 그 지분에 해당하는 취득물건)을 취득한 것으로 본다. 이 경우 상속인들은 취득세에 대하여 연대납세의무가 있다(지방세법 제7조 제7항).

(7) **조합원**: 「주택법」 제11조에 따른 주택조합과 「도시 및 주거환경정비법」 제35조 제3항 및 「빈집 및 소규모주택 정비에 관한 특례법」 제23조에 따른 재건축조합 및 소규모재건축조합("주택조합 등"이라 한다)이 해당 조합원용으로 취득하는 조합주택용 부동산(공동주택과 부대시설·복리시설 및 그 부속토지를 말한다)은 그 조합원이 취득한 것으로 본다. 다만, 조합원에게 귀속되지 아니하는 부동산("비조합원용 부동산"이라 한다)은 제외한다(지방세법 제7조 제8항).

(8) **시설대여업자**: 「여신전문금융업법」에 따른 시설대여업자가 건설기계나 차량의 시설대여를 하는 경우로서 대여시설이용자의 명의로 등록하는 경우라도 그 건설기계나 차량은 시설대여업자가 취득한 것으로 본다(지방세법 제7조 제9항).

(9) **취득대금을 지급한 자**: 기계장비나 차량을 기계장비대여업체 또는 운수업체의 명의로 등록하는 경우(영업용으로 등록하는 경우로 한정한다)라도 해당 기계장비나 차량의 구매계약서, 세금계산서, 차주대장(車主臺帳) 등에 비추어 기계장비나 차량의 취득대금을 지급한 자가 따로 있음이 입증되는 경우 그 기계장비나 차량은 취득대금을 지급한 자가 취득한 것으로 본다(지방세법 제7조 제10항).

(10) 배우자 또는 직계존비속의 부동산 등을 취득하는 경우에는 증여로 취득한 것으로 본다. 다만, 다음의 어느 하나에 해당하는 경우에는 유상으로 취득한 것으로 본다(지방세법 제7조 제11항).

> 1. 공매(경매를 포함)를 통하여 부동산 등을 취득한 경우
> 2. 파산선고로 인하여 처분되는 부동산 등을 취득한 경우
> 3. 권리의 이전이나 행사에 등기 또는 등록이 필요한 부동산 등을 서로 교환한 경우
> 4. 해당 부동산 등의 취득을 위하여 그 대가를 지급한 사실이 다음의 어느 하나에 의하여 증명되는 경우
>   ① 그 대가를 지급하기 위한 취득자의 소득이 증명되는 경우
>   ② 소유재산을 처분 또는 담보한 금액으로 해당 부동산을 취득한 경우
>   ③ 이미 상속세 또는 증여세를 과세(비과세 또는 감면받은 경우를 포함한다)받았거나 신고한 경우로서 그 상속 또는 수증 재산의 가액으로 그 대가를 지급한 경우
>   ④ ①부터 ③까지에 준하는 것으로서 취득자의 재산으로 그 대가를 지급한 사실이 입증되는 경우

(11) 증여자의 채무를 인수하는 부담부(負擔附)증여의 경우에는 그 채무액에 상당하는 부분은 부동산 등을 유상으로 취득하는 것으로 본다. 다만, 배우자 또는 직계존비속으로부터의 부동산 등의 부담부증여의 경우에는 (10)을 적용한다(지방세법 제7조 제12항).

(12) 상속개시 후 상속재산에 대하여 등기·등록·명의개서(名義改書) 등에 의하여 각 상속인의 상속분이 확정되어 등기 등이 된 후, 그 상속재산에 대하여 공동상속인이 협의하여 재분할한 결과 특정상속인이 당초 상속분을 초과하여 취득하게 되는 재산가액은 그 재분할에 의하여 상속분이 감소한 상속인으로부터 증여받아 취득한 것으로 본다. 다만, 다음의 어느 하나에 해당하는 경우에는 그러하지 아니하다(지방세법 제7조 제13항).

> 1. 신고·납부기한 내에 재분할에 의한 취득과 등기 등을 모두 마친 경우
> 2. 상속회복청구의 소에 의한 법원의 확정판결에 의하여 상속인 및 상속재산에 변동이 있는 경우
> 3. 「민법」에 따른 채권자대위권의 행사에 의하여 공동상속인들의 법정상속분대로 등기 등이 된 상속재산을 상속인 사이의 협의분할에 의하여 재분할하는 경우

⒀ 「공간정보의 구축 및 관리 등에 관한 법률」 제67조에 따른 대(垈) 중 「국토의 계획 및 이용에 관한 법률」 등 관계 법령에 따른 택지공사가 준공된 토지에 정원 또는 부속시설물 등을 조성·설치하는 경우에는 그 정원 또는 부속시설물 등은 토지에 포함되는 것으로서 토지의 지목을 사실상 변경하는 것으로 보아 토지의 소유자가 취득한 것으로 본다. 다만, 건축물을 건축하면서 그 건축물에 부수되는 정원 또는 부속시설물 등을 조성·설치하는 경우에는 그 정원 또는 부속시설물 등은 건축물에 포함되는 것으로 보아 건축물을 취득하는 자가 취득한 것으로 본다(지방세법 제7조 제14항).

⒁ 「신탁법」에 따라 신탁재산의 위탁자 지위의 이전이 있는 경우에는 새로운 위탁자가 해당 신탁재산을 취득한 것으로 본다. 다만, 위탁자 지위의 이전에도 불구하고 신탁재산에 대한 실질적인 소유권 변동이 있다고 보기 어려운 경우로서 대통령령으로 정하는 경우에는 그러하지 아니하다(지방세법 제7조 제15항).

예제

1. 지방세법상 취득세 납세의무에 관한 설명으로 옳은 것은? 제32회

① 토지의 지목을 사실상 변경함으로써 그 가액이 증가한 경우에는 취득으로 보지 아니한다.

② 상속회복청구의 소에 의한 법원의 확정판결에 의하여 특정 상속인이 당초 상속분을 초과하여 취득하게 되는 재산가액은 상속분이 감소한 상속인으로부터 증여받아 취득한 것으로 본다.

③ 권리의 이전이나 행사에 등기 또는 등록이 필요한 부동산을 직계존속과 서로 교환한 경우에는 무상으로 취득한 것으로 본다.

④ 증여로 인한 승계취득의 경우 해당 취득물건을 등기·등록하더라도 취득일부터 취득일이 속하는 달의 말일부터 3개월 이내에 공증받은 공정증서에 의하여 계약이 해제된 사실이 입증되는 경우에는 취득한 것으로 보지 아니한다.

⑤ 증여자가 배우자 또는 직계존비속이 아닌 경우 증여자의 채무를 인수하는 부담부 증여의 경우에는 그 채무액에 상당하는 부분은 부동산등을 유상으로 취득하는 것으로 본다.

해설 ① 토지의 지목을 사실상 변경함으로써 그 가액이 증가한 경우에는 취득으로 본다.

② 상속회복청구의 소에 의한 법원의 확정판결에 의하여 특정 상속인이 당초 상속분을 초과하여 취득하게 되는 재산가액은 상속분이 감소한 상속인으로부터 증여받아 취득한 것으로 보지 아니한다(지방세법 제7조 제13항 제2호).

③ 권리의 이전이나 행사에 등기 또는 등록이 필요한 부동산을 직계존속과 서로 교환한 경우에는 유상으로 취득한 것으로 본다.

④ 증여로 인한 승계취득의 경우 해당 취득물건을 등기·등록하지 않고 취득일부터 취득일이 속하는 달의 말일부터 3개월 이내에 공증받은 공정증서에 의하여 계약이 해제된 사실이 입증되는 경우에는 취득한 것으로 보지 않는다(지방세법시행령 제20조 제1항 제2호).

정답 ⑤

2. 「지방세법」상 취득세의 납세의무에 관한 설명으로 틀린 것은? 제27회

① 부동산의 취득은 「민법」 등 관계 법령에 따른 등기를 하지 아니한 경우라도 사실상 취득하면 취득한 것으로 본다.
② 「주택법」에 따른 주택조합이 해당 조합원용으로 취득하는 조합주택용 부동산(조합원에게 귀속되지 아니하는 부동산은 제외)은 그 조합원이 취득한 것으로 본다.
③ 직계비속이 직계존속의 부동산을 매매로 취득하는 때에 해당 직계비속의 다른 재산으로 그 대가를 지급한 사실이 입증되는 경우 유상으로 취득한 것으로 본다.
④ 직계비속이 권리의 이전에 등기가 필요한 직계존속의 부동산을 서로 교환한 경우 무상으로 취득한 것으로 본다.
⑤ 직계비속이 공매를 통하여 직계존속의 부동산을 취득하는 경우 유상으로 취득한 것으로 본다.

해설 ④ 직계비속이 권리의 이전에 등기가 필요한 직계존속의 부동산을 서로 교환한 경우 유상으로 취득한 것으로 본다.

정답 ④

05 취득의 시기 제31회, 제34회

취득세는 과세물건을 취득하는 때(취득시기)에 납세의무가 성립한다. 지방세법에서 규정하고 있는 취득시기는 다음과 같다(지방세법시행령 제20조).

(1) 무상취득(상속 · 증여)

① 원 칙

무상취득의 경우에는 그 계약일(상속 또는 유증으로 인한 취득의 경우에는 상속 또는 유증 개시일을 말한다)에 취득한 것으로 본다. 다만, 해당 취득물건을 등기 · 등록하지 않고 다음 각 호의 어느 하나에 해당하는 서류로 계약이 해제된 사실이 입증되는 경우에는 취득한 것으로 보지 않는다(지방세법시행령 제20조 제1항).

1. 화해조서 · 인낙조서(해당 조서에서 취득일부터 취득일이 속하는 달의 말일부터 3개월 이내에 계약이 해제된 사실이 입증되는 경우만 해당한다)
2. 공정증서(공증인이 인증한 사서증서를 포함하되, 취득일부터 취득일이 속하는 달의 말일부터 3개월 이내에 공증받은 것만 해당한다)
3. 행정안전부령으로 정하는 계약해제신고서(취득일부터 취득일이 속하는 달의 말일부터 3개월 이내에 제출된 것만 해당한다)

② **예 외**

증여의 경우 계약일 전에 등기 또는 등록을 한 경우에는 그 등기일 또는 등록일에 취득한 것으로 본다(지방세법시행령 제20조 제14항).

상속의 절차

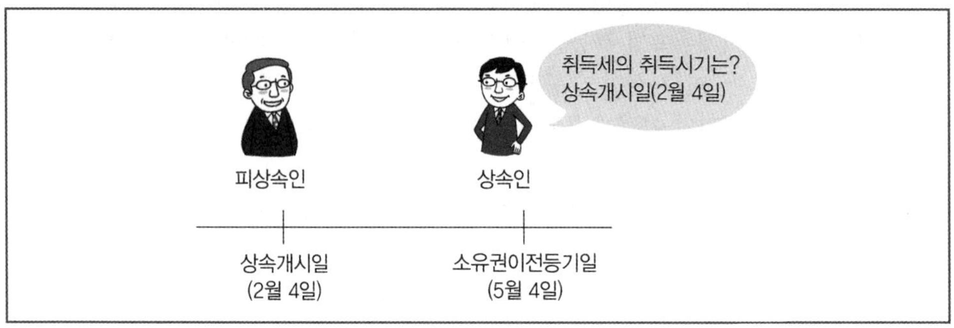

증여의 절차(계약일 = 소유권이전등기일)

증여의 절차(계약일 ≠ 소유권이전등기일)

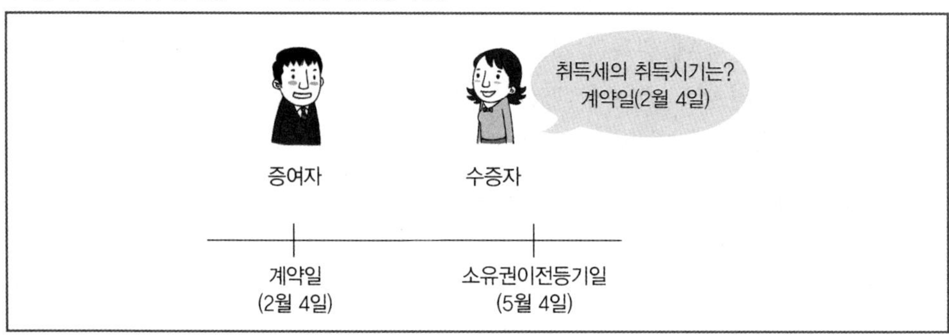

(2) 유상승계취득

유상승계절차

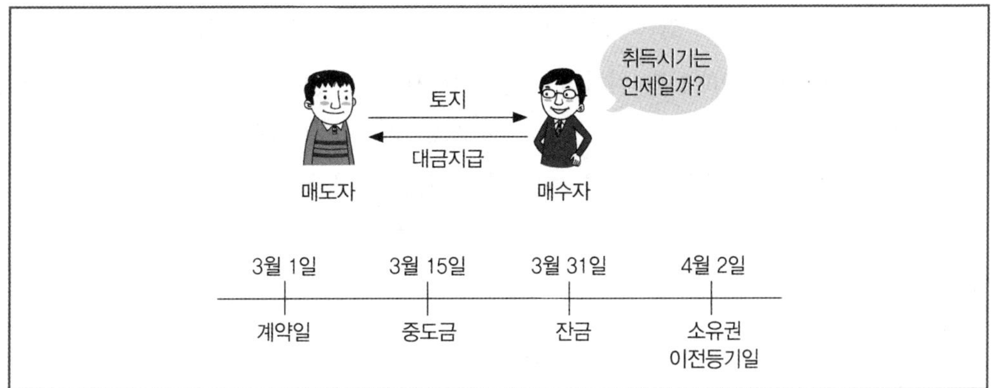

1) 유상승계취득의 경우에는 사실상의 잔금지급일(신고인이 제출한 자료로 사실상의 잔금지급일을 확인할 수 없는 경우에는 계약상의 잔금지급일을 말하고, 계약상 잔금 지급일이 명시되지 않은 경우에는 계약일부터 60일이 경과한 날을 말한다)에 취득한 것으로 본다. 다만, 해당 취득물건을 등기·등록하지 않고 다음 각 호의 어느 하나에 해당하는 서류로 계약이 해제된 사실이 입증되는 경우에는 취득한 것으로 보지 않는다(지방세법시행령 제20조 제2항).

① 화해조서·인낙조서(해당 조서에서 취득일부터 60일 이내에 계약이 해제된 사실이 입증되는 경우만 해당한다)(지방세법시행령 제20조 제2항 제1호)

② 공정증서(공증인이 인증한 사서증서를 포함하되, 취득일부터 60일 이내에 공증받은 것만 해당한다)(지방세법시행령 제20조 제2항 제2호)

③ 행정안전부령으로 정하는 계약해제신고서(취득일부터 60일 이내에 제출된 것만 해당한다)(지방세법시행령 제20조 제2항 제3호)

④ 부동산 거래신고 관련 법령에 따른 부동산거래계약 해제 등 신고서(취득일부터 60일 이내에 등록관청에 제출한 경우만 해당한다)(지방세법시행령 제20조 제2항 제4호)

2) 다만, 취득일 전에 등기 또는 등록을 한 경우에는 그 등기일 또는 등록일에 취득한 것으로 본다(지방세법시행령 제20조 제14항).

(3) 차량 · 기계장비 · 항공기 및 선박

차량 · 기계장비 · 항공기 및 선박(이하 이 조에서 "차량 등"이라 한다)의 경우에는 다음 각 호에 따른 날을 최초의 취득일로 본다(지방세법시행령 제20조 제3항).

① **주문을 받거나 판매하기 위하여 차량 등을 제조 · 조립 · 건조하는 경우**: 실수요자가 차량 등을 인도받는 날과 계약서 상의 잔금지급일 중 빠른 날

② **차량 등을 제조 · 조립 · 건조하는 자가 그 차량 등을 직접 사용하는 경우**: 차량 등의 등기 또는 등록일과 사실상의 사용일 중 빠른 날

(4) 수입의 경우

수입에 따른 취득은 해당 물건을 우리나라에 반입하는 날(보세구역을 경유하는 것은 수입신고필증 교부일을 말한다)을 취득일로 본다. 다만, 차량 등의 실수요자가 따로 있는 경우에는 실수요자가 차량 등을 인도받는 날과 계약상의 잔금지급일 중 빠른 날을 승계취득일로 보며, 취득자의 편의에 따라 수입물건을 우리나라에 반입하지 않거나 보세구역을 경유하지 않고 외국에서 직접 사용하는 경우에는 그 수입물건의 등기 또는 등록일을 취득일로 본다(지방세법시행령 제20조 제4항).

(5) 연부취득

> **지방세법 제6조 【정 의】** 20. 매매계약서상 연부계약형식을 갖추고 일시에 완납할 수 없는 대금을 2년 이상에 걸쳐 일정액씩 분할하여 지급하는 것을 말한다.

① **원칙**: 연부로 취득하는 것(취득가액의 총액이 50만원 이하는 제외)은 그 사실상의 연부금지급일을 취득일로 본다(지방세법시행령 제20조 제5항).

② **예외**: 사실상 연부금지급일 전에 등기 또는 등록을 한 경우에는 그 등기일 또는 등록일에 취득한 것으로 본다(지방세법시행령 제20조 제14항).

(6) 건축물의 건축

건축물을 건축 또는 개수하여 취득하는 경우에는 사용승인서(「도시개발법」 제51조 제1항에 따른 준공검사 증명서, 「도시 및 주거환경정비법 시행령」 제74조에 따른 준공인가증 및 그 밖에 건축 관계 법령에 따른 사용승인서에 준하는 서류를 포함한다)를 내주는 날(사용승인서를 내주기 전에 임시사용승인을 받은 경우에는 그 임시사용승인일을 말하고, 사용승인서 또는 임시사용승인서를 받을 수 없는 건축물의 경우에는 사실상 사용이 가능한 날을 말한다)과 사실상의 사용일 중 빠른 날을 취득일로 본다(지방세법시행령 제20조 제6항).

(7) 주택조합 · 재건축조합 · 소규모재건축조합이 조합원에게 귀속되지 아니하는 토지를 취득하는 경우

「주택법」 제11조에 따른 주택조합이 주택건설사업을 하면서 조합원으로부터 취득하는 토지 중 조합원에게 귀속되지 아니하는 토지를 취득하는 경우에는 「주택법」 제49조에 따른 사용검사를 받은 날에 그 토지를 취득한 것으로 보고, 「도시 및 주거환경정비법」 제35조 제3항에 따른 재건축조합이 재건축사업을 하거나 「빈집 및 소규모주택 정비에 관한 특례법」 제23조 제2항에 따른 소규모재건축조합이 소규모재건축사업을 하면서 조합원으로부터 취득하는 토지 중 조합원에게 귀속되지 아니하는 토지를 취득하는 경우에는 「도시 및 주거환경정비법」 제86조 제2항 또는 「빈집 및 소규모주택 정비에 관한 특례법」 제40조 제2항에 따른 소유권이전 고시일의 다음 날에 그 토지를 취득한 것으로 본다(지방세법시행령 제20조 제7항).

(8) 매립 · 간척 등에 따른 토지의 원시취득

① **원칙**: 관계 법령에 따라 매립 · 간척 등으로 토지를 원시취득하는 경우에는 공사준공인가일을 취득일로 본다(지방세법시행령 제20조 제8항 전단).

② **예외**: 공사준공인가일 전에 사용승낙 · 허가를 받거나 사실상 사용하는 경우에는 사용승낙일 · 허가일 또는 사실상 사용일 중 빠른 날을 취득일로 본다(지방세법시행령 제20조 제8항 후단).

(9) 차량 · 기계장비 또는 선박의 종류변경

차량 · 기계장비 또는 선박의 종류변경에 따른 취득은 사실상 변경한 날과 공부상 변경한 날 중 빠른 날을 취득일로 본다(지방세법시행령 제20조 제9항).

(10) 토지의 지목변경

토지의 지목변경에 따른 취득은 토지의 지목이 사실상 변경된 날과 공부상 변경된 날 중 빠른 날을 취득일로 본다. 다만, 토지의 지목변경일 이전에 사용하는 부분에 대해서는 그 사실상의 사용일을 취득일로 본다(지방세법시행령 제20조 제10항).

(11) 삭 제

(12) 시효취득

「민법」 제245조 및 제247조에 따른 점유로 인한 취득의 경우에는 취득물건의 등기일 또는 등록일을 취득일로 본다(지방세법시행령 제20조 제12항).

(13) 재산분할로 인한 취득

「민법」 제839조의2(이혼한 자의 재산분할청구권) 및 제843조에 따른 재산분할로 인한 취득의 경우에는 취득물건의 등기일 또는 등록일을 취득일로 본다(지방세법시행령 제20조 제13항).

⒁ 등기일 또는 등록일

제1항, 제2항 및 제5항에 따른 취득일 전에 등기 또는 등록을 한 경우에는 그 등기일 또는 등록일에 취득한 것으로 본다(지방세법시행령 제20조 제14항).

예제

1. 지방세법상 취득의 시기에 관한 설명으로 틀린 것은? 제30회

① 상속으로 인한 취득의 경우: 상속개시일
② 공매방법에 의한 취득의 경우: 그 사실상의 잔금지급일과 등기일 또는 등록일 중 빠른 날
③ 건축물(주택 아님)을 건축하여 취득하는 경우로서 사용승인서를 내주기 전에 임시사용승인을 받은 경우: 그 임시사용승인일과 사실상의 사용일 중 빠른 날
④ 「민법」 제839조의2에 따른 재산분할로 인한 취득의 경우: 취득물건의 등기일 또는 등록일
⑤ 관계 법령에 따라 매립으로 토지를 원시취득하는 경우: 취득물건의 등기일

해설 ⑤ 관계 법령에 따라 매립·간척 등으로 토지를 원시취득하는 경우에는 공사준공인가일을 취득일로 본다. 다만, 공사준공인가일 전에 사용승낙·허가를 받거나 사실상 사용하는 경우에는 사용승낙일·허가일 또는 사실상 사용일 중 빠른 날을 취득일로 본다. 정답 ⑤

2. 지방세법상 취득의 시기 등에 관한 설명으로 틀린 것은? 제28회 수정

① 연부로 취득하는 것(취득가액의 총액이 50만원 이하인 것은 제외)은 그 사실상의 연부금 지급일을 취득일로 본다. 단, 취득일 전에 등기 또는 등록한 경우에는 그 등기일 또는 등록일에 취득한 것으로 본다.
② 관계법령에 따라 매립·간척 등으로 토지를 원시취득하는 경우로서 공사준공인가일 전에 사실상 사용하는 경우에는 그 사실상 사용일을 취득일로 본다.
③ 「주택법」 제11조에 따른 주택조합이 주택건설사업을 하면서 조합원으로부터 취득하는 토지 중 조합원에게 귀속되지 아니하는 토지를 취득하는 경우에는 「주택법」 제49조에 따른 사용검사를 받은 날에 그 토지를 취득한 것으로 본다.
④ 「도시 및 주거환경정비법」 제35조 제3항에 따른 재건축조합이 재건축사업을 하면서 조합원으로부터 취득하는 토지 중 조합원에게 귀속되지 아니하는 토지를 취득하는 경우에는 「도시 및 주거환경정비법」 제86조 제2항에 따른 소유권이전 고시일에 그 토지를 취득한 것으로 본다.
⑤ 토지의 지목변경에 따른 취득은 토지의 지목이 사실상 변경된 날과 공부상 변경된 날 중 빠른 날을 취득일로 본다. 다만, 토지의 지목변경일 이전에 사용하는 부분에 대해서는 그 사실상의 사용일을 취득일로 본다.

해설 ④ 「도시 및 주거환경정비법」 제35조 제3항에 따른 재건축조합이 재건축사업을 하면서 조합원으로부터 취득하는 토지 중 조합원에게 귀속되지 아니하는 토지를 취득하는 경우에는 「도시 및 주거환경정비법」 제86조 제2항에 따른 소유권이전 고시일의 다음 날에 그 토지를 취득한 것으로 본다. 정답 ④

06 취득세의 과세표준 제35회

1 과세표준의 기준

취득세의 과세표준은 취득 당시의 가액으로 한다. 다만, 연부로 취득하는 경우 취득세의 과세표준은 연부금액(매회 사실상 지급되는 금액을 말하며, 취득금액에 포함되는 계약보증금을 포함한다. 이하 이 장에서 같다)으로 한다(지방세법 제10조).

2 무상취득의 경우 과세표준

(1) 부동산 등을 무상취득하는 경우 제10조에 따른 취득 당시의 가액(이하 "취득당시가액"이라 한다)은 취득시기 현재 불특정 다수인 사이에 자유롭게 거래가 이루어지는 경우 통상적으로 성립된다고 인정되는 가액(매매사례가액, 감정가액, 공매가액 등 대통령령으로 정하는 바에 따라 시가로 인정되는 가액을 말하며, 이하 "시가인정액"이라 한다)으로 한다(지방세법 제10조의2 제1항).

(2) 제1항에도 불구하고 다음 각 호의 경우에는 해당 호에서 정하는 가액을 취득당시가액으로 한다(지방세법 제10조의2 제2항).

① **상속에 따른 무상취득의 경우**: 제4조에 따른 시가표준액

② **대통령령으로 정하는 가액 이하의 부동산 등을 무상취득**(제1호의 경우는 제외한다)**하는 경우**: 시가인정액과 제4조에 따른 시가표준액 중에서 납세자가 정하는 가액

③ **제1호 및 제2호에 해당하지 아니하는 경우**: 시가인정액으로 하되, 시가인정액을 산정하기 어려운 경우에는 제4조에 따른 시가표준액

지방세법시행령 제14조【시가인정액의 산정 및 평가기간의 판단 등】 ① 법 제10조의2 제1항에서 "매매사례가액, 감정가액, 공매가액 등 대통령령으로 정하는 바에 따라 시가로 인정되는 가액"(이하 "시가인정액"이라 한다)이란 취득일 전 6개월부터 취득일 후 3개월 이내의 기간(이하 이 절에서 "평가기간"이라 한다)에 취득 대상이 된 법 제7조 제1항에 따른 부동산 등(이하 이 장에서 "부동산 등"이라 한다)에 대하여 매매, 감정, 경매(「민사집행법」에 따른 경매를 말한다. 이하 이 장에서 같다) 또는 공매(이하 이 장에서 "매매 등"이라 한다)한 사실이 있는 경우의 가액으로서 다음 각 호의 구분에 따라 해당 호에서 정하는 가액을 말한다.

1. 취득한 부동산 등의 매매사실이 있는 경우: 그 거래가액. 다만, 「소득세법」 제101조 제1항 또는 「법인세법」에 따른 특수관계인(이하 "특수관계인"이라 한다)과의 거래 등으로 그 거래가액이 객관적으로 부당하다고 인정되는 경우는 제외한다.
2. 취득한 부동산 등에 대하여 둘 이상의 감정기관(행정안전부령으로 정하는 공신력 있는 감정기관을 말한다. 이하 같다)이 평가한 감정가액이 있는 경우: 그 감정가액의 평균액. 다만, 다음 각 목의 가액은 제외하며, 해당 감정가액이 법 제4조에 따른 시가표준액에 미달하는 경우나 시가표준액 이상인 경우에도 「지방세기본법」 제147조 제1항에 따른 지방세심의위원회(이하 "지방세심의위원회"라 한다)의 심의를 거쳐 감정평가 목적 등을 고려하여 해당 감정가액이 부적정하다고 인정되는 경우에는 지방자치단체의 장이 다른 감정기관에 의뢰하여 감정한 가액으로 하며, 그 가액이 납세자가 제시한 감정가액보다 낮은 경우에는 납세자가 제시한 감정가액으로 한다.
   가. 일정한 조건이 충족될 것을 전제로 해당 부동산 등을 평가하는 등 취득세의 납부 목적에 적합하지 않은 감정가액
   나. 취득일 현재 해당 부동산 등의 원형대로 감정하지 않은 경우 그 감정가액
3. 취득한 부동산 등의 경매 또는 공매 사실이 있는 경우: 그 경매가액 또는 공매가액

② 제1항 각 호의 가액이 평가기간 이내의 가액인지에 대한 판단은 다음 각 호의 구분에 따른 날을 기준으로 하며, 시가인정액이 둘 이상인 경우에는 취득일 전후로 가장 가까운 날의 가액(그 가액이 둘 이상인 경우에는 평균액을 말한다)을 적용한다.

1. 제1항 제1호의 경우: 매매계약일
2. 제1항 제2호의 경우: 가격산정기준일과 감정가액평가서 작성일
3. 제1항 제3호의 경우: 경매가액 또는 공매가액이 결정된 날

③ 제1항에도 불구하고 납세자 또는 지방자치단체의 장은 취득일 전 2년 이내의 기간 중 평가기간에 해당하지 않는 기간에 매매 등이 있거나 평가기간이 지난 후에도 법 제20조 제1항에 따른 신고·납부기한의 만료일부터 6개월 이내의 기간 중에 매매 등이 있는 경우에는 행정안전부령으로 정하는 바에 따라 지방세심의위원회에 해당 매매 등의 가액을 제1항 각 호의 가액으로 인정하여 줄 것을 심의요청 할 수 있다.

3 유상승계취득의 경우 과세표준

(1) 부동산 등을 유상거래(매매 또는 교환 등 취득에 대한 대가를 지급하는 거래를 말한다. 이하 이 장에서 같다)로 승계취득하는 경우 취득당시가액은 취득시기 이전에 해당 물건을 취득하기 위하여 다음 각 호의 자가 거래 상대방이나 제3자에게 지급하였거나 지급하여야 할 일체의 비용으로서 대통령령으로 정하는 사실상의 취득가격(이하 "사실상취득가격"이라 한다)으로 한다(지방세법 제10조의3 제1항).

① 납세의무자
② 「신탁법」에 따른 신탁의 방식으로 해당 물건을 취득하는 경우에는 같은 법에 따른 위탁자
③ 그 밖에 해당 물건을 취득하기 위하여 비용을 지급하였거나 지급하여야 할 자로서 대통령령으로 정하는 자

(2) 지방자치단체의 장은 특수관계인 간의 거래로 그 취득에 대한 조세부담을 부당하게 감소시키는 행위 또는 계산을 한 것으로 인정되는 경우(이하 이 장에서 "부당행위계산"이라 한다)에는 제1항에도 불구하고 시가인정액을 취득당시가액으로 결정할 수 있다(지방세법 제10조의3 제2항).

지방세법시행령 제18조 【사실상취득가격의 범위 등】 ① 법 제10조의3 제1항 각 호 외의 부분에서 "대통령령으로 정하는 사실상의 취득가격"(이하 "사실상취득가격"이라 한다)이란 해당 물건을 취득하기 위하여 거래 상대방 또는 제3자에게 지급했거나 지급해야 할 직접비용과 다음 각 호의 어느 하나에 해당하는 간접비용의 합계액을 말한다. 다만, 취득대금을 일시급 등으로 지급하여 일정액을 할인받은 경우에는 그 할인된 금액으로 하고, 법인이 아닌 자가 취득한 경우에는 제1호, 제2호 또는 제7호의 금액을 제외한 금액으로 한다.
1. 건설자금에 충당한 차입금의 이자 또는 이와 유사한 금융비용
2. 할부 또는 연부(年賦) 계약에 따른 이자 상당액 및 연체료
3. 「농지법」에 따른 농지보전부담금, 「문화예술진흥법」 제9조 제3항에 따른 미술작품의 설치 또는 문화예술진흥기금에 출연하는 금액, 「산지관리법」에 따른 대체산림자원조성비 등 관계법령에 따라 의무적으로 부담하는 비용
4. 취득에 필요한 용역을 제공받은 대가로 지급하는 용역비·수수료(건축 및 토지조성공사로 수탁자가 취득하는 경우 위탁자가 수탁자에게 지급하는 신탁수수료를 포함한다)
5. 취득대금 외에 당사자의 약정에 따른 취득자 조건 부담액과 채무인수액
6. 부동산을 취득하는 경우 「주택도시기금법」 제8조에 따라 매입한 국민주택채권을 해당 부동산의 취득 이전에 양도함으로써 발생하는 매각차손. 이 경우 행정안전부령으로 정하는 금융회사 등(이하 이 조에서 "금융회사 등"이라 한다) 외의 자에게 양도한 경우에는 동일한 날에 금융회사등에 양도하였을 경우 발생하는 매각차손을 한도로 한다.
7. 「공인중개사법」에 따른 공인중개사에게 지급한 중개보수
8. 붙박이 가구·가전제품 등 건축물에 부착되거나 일체를 이루면서 건축물의 효용을 유지 또는 증대시키기 위한 설비·시설 등의 설치비용
9. 정원 또는 부속시설물 등을 조성·설치하는 비용
10. 제1호부터 제9호까지의 비용에 준하는 비용

② 제1항에도 불구하고 다음 각 호의 어느 하나에 해당하는 비용은 사실상취득가격에 포함하지 않는다.
1. 취득하는 물건의 판매를 위한 광고선전비 등의 판매비용과 그와 관련한 부대비용
2. 「전기사업법」, 「도시가스사업법」, 「집단에너지사업법」, 그 밖의 법률에 따라 전기·가스·열 등을 이용하는 자가 분담하는 비용
3. 이주비, 지장물 보상금 등 취득물건과는 별개의 권리에 관한 보상 성격으로 지급되는 비용
4. 부가가치세
5. 제1호부터 제4호까지의 비용에 준하는 비용

4 원시취득의 경우 과세표준

(1) 부동산 등을 원시취득하는 경우 취득당시가액은 사실상취득가격으로 한다(지방세법 제10조의4 제1항).

(2) 제1항에도 불구하고 법인이 아닌 자가 건축물을 건축하여 취득하는 경우로서 사실상취득가격을 확인할 수 없는 경우의 취득당시가액은 제4조에 따른 시가표준액으로 한다(지방세법 제10조의3 제2항).

5 무상취득 · 유상승계취득 · 원시취득의 경우 과세표준에 대한 특례

(1) 제10조의2 및 제10조의3에도 불구하고 차량 또는 기계장비를 취득하는 경우 취득당시가액은 다음 각 호의 구분에 따른 가격 또는 가액으로 한다(지방세법 제10조의5 제1항).

① **차량 또는 기계장비를 무상취득하는 경우**: 제4조 제2항에 따른 시가표준액

② **차량 또는 기계장비를 유상승계취득하는 경우**: 사실상취득가격. 다만, 사실상취득가격에 대한 신고 또는 신고가액의 표시가 없거나 그 신고가액이 제4조 제2항에 따른 시가표준액보다 적은 경우 취득당시가액은 같은 항에 따른 시가표준액으로 한다.

③ **차량 제조회사가 생산한 차량을 직접 사용하는 경우**: 사실상취득가격

(2) 제1항에도 불구하고 천재지변으로 피해를 입은 차량 또는 기계장비를 취득하여 그 사실상취득가격이 제4조 제2항에 따른 시가표준액보다 낮은 경우 등 대통령령으로 정하는 경우 그 차량 또는 기계장비의 취득당시가액은 대통령령으로 정하는 바에 따라 달리 산정할 수 있다(지방세법 제10조의5 제2항).

(3) 제10조의2부터 제10조의4까지의 규정에도 불구하고 다음 각 호의 경우 취득당시가액의 산정 및 적용 등은 대통령령으로 정한다(지방세법 제10조의5 제3항).

① 대물변제, 교환, 양도담보 등 유상거래를 원인으로 취득하는 경우

② 법인의 합병 · 분할 및 조직변경을 원인으로 취득하는 경우

③ 「도시 및 주거환경정비법」 제2조 제8호의 사업시행자, 「빈집 및 소규모주택 정비에 관한 특례법」 제2조 제1항 제5호의 사업시행자 및 「주택법」 제2조 제11호의 주택조합이 취득하는 경우

④ 그 밖에 제1호부터 제3호까지의 규정에 준하는 경우로서 대통령령으로 정하는 취득에 해당하는 경우

6 취득으로 보는 경우의 과세표준

(1) 다음 각 호의 경우 취득당시가액은 그 변경으로 증가한 가액에 해당하는 사실상취득가격으로 한다(지방세법 제10조의6 제1항).

① 토지의 지목을 사실상 변경한 경우

② 선박, 차량 또는 기계장비의 용도 등 대통령령으로 정하는 사항을 변경한 경우

지방세법시행령 제18조의6 【취득으로 보는 경우의 과세표준】 법 제10조의6 제1항 각 호의 어느 하나에 해당하는 경우로서 사실상취득가격을 확인할 수 없는 경우의 취득당시가액은 다음 각 호의 구분에 따른 가액으로 한다.

1. 법 제10조의6 제1항 제1호의 경우: 토지의 지목이 사실상 변경된 때를 기준으로 가목의 가액에서 나목의 가액을 뺀 가액
   가. 지목변경 이후의 토지에 대한 시가표준액(해당 토지에 대한 개별공시지가의 공시기준일이 지목변경으로 인한 취득일 전인 경우에는 인근 유사토지의 가액을 기준으로 「부동산 가격공시에 관한 법률」에 따라 국토교통부장관이 제공한 토지가격비준표를 사용하여 시장·군수·구청장이 산정한 가액을 말한다)
   나. 지목변경 전의 토지에 대한 시가표준액(지목변경으로 인한 취득일 현재 해당 토지의 변경 전 지목에 대한 개별공시지가를 말한다. 다만, 변경 전 지목에 대한 개별공시지가가 없는 경우에는 인근 유사토지의 가액을 기준으로 「부동산 가격공시에 관한 법률」에 따라 국토교통부장관이 제공한 토지가격비준표를 사용하여 시장·군수·구청장이 산정한 가액을 말한다)
2. 법 제10조의6 제1항 제2호의 경우: 법 제4조 제2항에 따른 시가표준액

(2) 제1항에도 불구하고 법인이 아닌 자가 제1항 각 호의 어느 하나에 해당하는 경우로서 사실상취득가격을 확인할 수 없는 경우 취득당시가액은 제4조에 따른 시가표준액을 대통령령으로 정하는 방법에 따라 계산한 가액으로 한다(지방세법 제10조의6 제1항).

(3) 건축물을 개수하는 경우 취득당시가액은 제10조의4에 따른다(지방세법 제10조의6 제3항).

(4) 제7조 제5항 전단에 따라 과점주주가 취득한 것으로 보는 해당 법인의 부동산등의 취득당시가액은 해당 법인의 결산서와 그 밖의 장부 등에 따른 부동산등의 총가액을 그 법인의 주식 또는 출자의 총수로 나눈 가액에 과점주주가 취득한 주식 또는 출자의 수를 곱한 금액으로 한다. 이 경우 과점주주는 조례로 정하는 바에 따라 취득당시가액과 그 밖에 필요한 사항을 신고하여야 한다(지방세법 제10조의6 제4항).

지방세법 제4조 【부동산 등의 시가표준액】 ① 이 법에서 적용하는 토지 및 주택에 대한 시가표준액은 「부동산 가격공시에 관한 법률」에 따라 공시된 가액(價額)으로 한다. 다만, 개별공시지가 또는 개별주택가격이 공시되지 아니한 경우에는 특별자치시장·특별자치도지사·시장·군수 또는 구청장(자치구의 구청장을 말한다. 이하 같다)이 같은 법에 따라 국토교통부장관이 제공한 토지가격비준표 또는 주택가격비준표를 사용하여 산정한 가액으로 하고, 공동주택가격이 공시되지 아니한 경우에는 대통령령으로 정하는 기준에 따라 특별자치시장·특별자치도지사·시장·군수 또는 구청장이 산정한 가액으로 한다.

② 제1항 외의 건축물(새로 건축하여 건축 당시 개별주택가격 또는 공동주택가격이 공시되지 아니한 주택으로서 토지부분을 제외한 건축물을 포함한다), 선박, 항공기 및 그 밖의 과세대상에 대한 시가표준액은 거래가격, 수입가격, 신축·건조·제조가격 등을 고려하여 정한 기준가격에 종류, 구조, 용도, 경과연수 등 과세대상별 특성을 고려하여 대통령령으로 정하는 기준에 따라 지방자치단체의 장이 결정한 가액으로 한다.

지방세법시행령 제2조 【토지 및 주택의 시가표준액】 「지방세법」(이하 "법"이라 한다) 제4조 제1항 본문에 따른 토지 및 주택의 시가표준액은 「지방세기본법」 제34조에 따른 세목별 납세의무의 성립시기 당시에 「부동산 가격공시에 관한 법률」에 따라 공시된 개별공시지가, 개별주택가격 또는 공동주택가격으로 한다.

지방세법시행령 제4조 【건축물 등의 시가표준액 산정기준】 ① 법 제4조 제2항에서 "대통령령으로 정하는 기준"이란 매년 1월 1일 현재를 기준으로 과세대상별 구체적 특성을 고려하여 다음 각 호의 방식에 따라 행정안전부장관이 정하는 기준을 말한다.

1. 오피스텔: 행정안전부장관이 고시하는 표준가격기준액에 다음 각 목의 사항을 적용한다.
   가. 오피스텔의 용도별·층별 지수
   나. 오피스텔의 규모·형태·특수한 부대설비 등의 유무 및 그 밖의 여건에 따른 가감산율(加減算率)

1의2. 제1호 외의 건축물: 건설원가 등을 고려하여 행정안전부장관이 산정·고시하는 건물신축가격기준액에 다음 각 목의 사항을 적용한다.
   가. 건물의 구조별·용도별·위치별 지수
   나. 건물의 경과연수별 잔존가치율
   다. 건물의 규모·형태·특수한 부대설비 등의 유무 및 그 밖의 여건에 따른 가감산율

예제

1. 지방세법상 사실상의 취득가격 또는 연부금액을 취득세의 과세표준으로 하는 경우 취득가격 또는 연부금액에 포함되지 않는 것은? (단, 특수관계인과의 거래가 아니며, 비용 등은 취득시기 이전에 지급되었음) 제27회

① 「전기사업법」에 따라 전기를 사용하는 자가 분담하는 비용
② 법인의 건설자금에 충당한 차입금의 이자
③ 법인이 연부로 취득하는 경우 연부 계약에 따른 이자상당액
④ 취득에 필요한 용역을 제공받은 대가로 지급하는 용역비
⑤ 취득대금 외에 당사자의 약정에 따른 취득자 조건 부담액

해설 ① 「전기사업법」에 따라 전기를 사용하는 자가 분담하는 비용은 취득가격에 포함하지 아니한다.

정답 ①

2. 甲은 특수관계 없는 乙로부터 다음과 같은 내용으로 주택을 취득하였다. 취득세 과세표준 금액으로 옳은 것은? 제29회 수정

- 아래의 계약내용은 「부동산 거래신고 등에 관한 법률」 제3조에 따른 신고서를 제출하여 같은 법 제5조에 따라 검증이 이루어짐
- 계약내용
  - 총매매대금 500,000,000원
    2025년 7월 2일 계약금 50,000,000원
    2025년 8월 2일 중도금 150,000,000원
    2025년 9월 3일 잔금 300,000,000원
- 甲이 주택 취득과 관련하여 지출한 비용
  - 총매매대금 외에 당사자약정에 의하여 乙의 은행채무를 甲이 대신 변제한 금액 10,000,000원
  - 법령에 따라 매입한 국민주택채권을 해당 주택의 취득 이전에 금융회사에 양도함으로써 발생하는 매각차손 1,000,000원

① 500,000,000원 ② 501,000,000원 ③ 509,000,000원
④ 510,000,000원 ⑤ 511,000,000원

해설 취득세 과세표준

(1) 총매매대금	500,000,000원
(2) 총매매대금 외에 당사자약정에 의하여 乙의 은행채무를 甲이 대신 변제한 금액	10,000,000원
(3) 법령에 따라 매입한 국민주택채권을 해당 주택의 취득 이전에 금융회사에 양도함으로써 발생하는 매각차손	1,000,000원
(4) 취득세 과세표준 : (1) + (2) + (3)	511,000,000원

정답 ⑤

07 취득세의 세율 제35회

부동산 취득의 세율은 과세대상에 따라 표준세율과 중과세율을 적용한다. 이러한 표준세율과 중과세율은 차등비례세율로 취득세는 초과누진세율을 적용하지 않는다. 전체적인 내용은 다음과 같다.

구 분		세 율	
표준세율		탄력세율(±50%)	
중과세율	사치성 재산	표준세율 + 8%	(중복) 표준세율 × 3배
	과밀억제권역	표준세율 + 4%	
	대도시	표준세율 × 3배 − 4%	
세율의 특례		표준세율 − 2%	−
		2%	

1 부동산 취득의 표준세율

(1) 부동산에 대한 취득세는 취득 원인별 · 취득물건별로 구분하여 과세표준에 다음에 해당하는 표준세율을 적용하여 계산한 금액을 그 세액으로 한다(지방세법 제11조 제1항). 표준세율은 취득세 세율의 가장 기본이며 표준세율에서만 탄력세율을 적용할 수 있다.

🔔 **조례에 따른 세율 조정**: 지방자치단체의 장은 조례로 정하는 바에 따라 취득세의 세율을 표준세율의 100분의 50의 범위에서 가감할 수 있다(지방세법 제14조).

부동산 취득	표준세율	
① **<u>상속</u>으로 인한 취득**	농 지	1천분의 23(2.3%)
	농지 외의 것	1천분의 28(2.8%)
② **상속 외의 무상취득**(증여)	1천분의 35(3.5%) 🔔 비영리사업자의 취득은 2.8%	
	(조정대상지역 내 + 3억원 이상 주택): 12% 🔔 단, 1세대 1주택자가 소유주택을 배우자 · 직계존비속에게 증여한 경우 3.5% 적용	
③ **<u>원시취득</u>**(신축, 재축)	1천분의 28 (2.8%)	건축(신축, 재축 제외) 또는 개수로 인하여 <u>건축물 면적이 증가할 때</u> 그 <u>증가된 부분 포함</u>
④ **<u>공유물의 분할</u> 또는 법률에 따른 부동산의 공유권 해소를 위한 지분이전으로 인한 취득**(등기부등본상 본인 지분을 초과하는 부분의 경우에는 제외한다)	1천분의 23(2.3%)	
⑤ **<u>합유물 및 총유물의 분할</u>로 인한 취득**	1천분의 23(2.3%)	

<table>
<tr><td rowspan="2">⑥ 그 밖의 원인으로 인한 취득(유상승계취득 : 매매, 교환, 현물출자, 기타 유상 취득)</td><td colspan="3">농 지</td><td>1천분의 30 (3%)</td></tr>
<tr><td colspan="3">농지 외의 것</td><td>1천분의 40 (4%)</td></tr>
<tr><td rowspan="10">⑦ <u>유상거래를 원인으로 주택</u>을 취득하는 경우</td><td rowspan="7">개 인</td><td rowspan="3">1주택
(1~3%)</td><td>㉠ 6억원 이하</td><td>1%</td></tr>
<tr><td>㉡ 6억원 초과
9억원 이하</td><td>$(\text{취득당시가액} \times \frac{2}{3\text{억원}} - 3) \times \frac{1}{100}$</td></tr>
<tr><td>㉢ 9억원 초과</td><td>3%</td></tr>
<tr><td>—</td><td>조정*</td><td>비조정</td></tr>
<tr><td>2주택</td><td>8%</td><td>1 ~ 3%</td></tr>
<tr><td>3주택</td><td>12%</td><td>8%</td></tr>
<tr><td>4주택
이상</td><td>12%</td><td>12%</td></tr>
<tr><td colspan="3">법 인</td><td>12%</td></tr>
<tr><td colspan="4">단, 일시적 2주택은 1주택 세율 적용(1~3%)
* 조정 : 조정대상지역, 非조정 : 그 外 지역</td></tr>
</table>

심화 학습

1. 건축(신축과 재축은 제외한다) 또는 개수로 인하여 건축물 면적이 증가할 때에는 그 증가된 부분에 대하여 원시취득으로 보아 1천분의 28의 세율을 적용한다(지방세법 제11조 제3항).
2. 유상거래를 원인으로 주택[「주택법」 제2조 제1호의 주택으로서 「건축법」에 따른 건축물대장 · 사용승인서 · 임시사용승인서나 「부동산등기법」에 따른 등기부에 주택으로 기재{「건축법」(법률 제7696호로 개정되기 전의 것을 말한다)에 따라 건축허가 또는 건축신고 없이 건축이 가능하였던 주택(법률 제7696호 「건축법」 일부개정법률 부칙 제3조에 따라 건축허가를 받거나 건축신고가 있는 것으로 보는 경우를 포함한다)으로서 건축물대장에 기재되어 있지 아니한 주택의 경우에도 건축물대장에 주택으로 기재된 것으로 본다}된 주거용 건축물과 그 부속토지를 말한다. 이하 이 조에서 같다]을 취득하는 경우에는 다음 각 목의 구분에 따른 세율을 적용한다. 이 경우 지분으로 취득한 주택의 취득당시가액(제10조의3 및 제10조의5 제3항에서 정하는 취득당시가액으로 한정한다. 이하 이 호에서 같다)은 다음 계산식에 따라 산출한 전체 주택의 취득당시가액으로 한다(지방세법 제11조 제1항 제8호).

$$\text{전체 주택의 취득당시가액} = \text{취득 지분의 취득당시가액} \times \frac{\text{전체 주택의 시가표준액}}{\text{취득 지분의 시가표준액}}$$

3. 주택을 신축 또는 증축한 이후 해당 주거용 건축물의 소유자(배우자 및 직계존비속을 포함한다)가 해당 주택의 부속토지를 취득하는 경우에는 제1항 제8호(유상거래를 원인으로 주택을 취득하는 경우의 세율)를 적용하지 아니한다(지방세법 제11조 제4항).

(2) 세율 적용시 유의사항

① **농지의 범위**(지방세법시행령 제21조)

㉠ 취득 당시 공부상 지목이 논, 밭 또는 과수원인 토지로서 실제 농작물의 경작이나 다년생식물의 재배지로 이용되는 토지. 이 경우 농지 경영에 직접 필요한 농막(農幕)·두엄간·양수장·못·늪·농도(農道)·수로 등이 차지하는 토지 부분을 포함한다.

㉡ 취득 당시 공부상 지목이 논, 밭, 과수원 또는 목장용지인 토지로서 실제 축산용으로 사용되는 축사와 그 부대시설로 사용되는 토지, 초지 및 사료밭

② **비영리사업자의 범위**(지방세법시행령 제22조)

㉠ 종교 및 제사를 목적으로 하는 단체

㉡ 「초·중등교육법」 및 「고등교육법」에 따른 학교, 「경제자유구역 및 제주국제자유도시의 외국교육기관 설립·운영에 관한 특별법」 또는 「기업도시개발 특별법」에 따른 외국교육기관을 경영하는 자 및 「평생교육법」에 따른 교육시설을 운영하는 평생교육단체

㉢ 「사회복지사업법」에 따라 설립된 사회복지법인

㉣ 「지방세특례제한법」 제22조 제1항에 따른 사회복지법인 등

㉤ 「정당법」에 따라 설립된 정당

③ 유상승계취득, 무상취득(상속·증여)으로 취득한 부동산이 공유물일 때에는 그 취득지분의 가액을 과세표준으로 하여 각각의 세율을 적용한다(지방세법 제11조 제2항).

(3) 법인의 주택 취득 등 중과(지방세법 제13조의2)

① 주택(제11조 제1항 제8호에 따른 주택을 말한다. 이 경우 주택의 공유지분이나 부속토지만을 소유하거나 취득하는 경우에도 주택을 소유하거나 취득한 것으로 본다. 이하 이 조 및 제13조의3에서 같다)을 유상거래를 원인으로 취득하는 경우로서 다음 각 호의 어느 하나에 해당하는 경우에는 제11조 제1항 제8호에도 불구하고 다음 각 호에 따른 세율을 적용한다(지방세법 제13조의2 제1항).

㉠ 법인(「국세기본법」 제13조에 따른 법인으로 보는 단체, 「부동산등기법」 제49조 제1항 제3호에 따른 법인 아닌 사단·재단 등 개인이 아닌 자를 포함한다. 이하 이 조 및 제151조에서 같다)이 주택을 취득하는 경우: 제11조 제1항 제7호 나목의 세율(1천분의 40)을 표준세율로 하여 해당 세율에 중과기준세율의 100분의 400을 합한 세율

㉡ 1세대 2주택(대통령령으로 정하는 일시적 2주택은 제외한다)에 해당하는 주택으로서 「주택법」 제63조의2 제1항 제1호에 따른 조정대상지역(이하 이 장에서 "조정대상지역"이라 한다)에 있는 주택을 취득하는 경우 또는 1세대 3주택에 해당하는 주택으로서 조정대상지역 외의 지역에 있는 주택을 취득하는 경우: 제11조 제1항 제7호 나목의 세율(1천분의 40)을 표준세율로 하여 해당 세율에 중과기준세율의 100분의 200을 합한 세율

㉢ 1세대 3주택 이상에 해당하는 주택으로서 조정대상지역에 있는 주택을 취득하는 경우 또는 1세대 4주택 이상에 해당하는 주택으로서 조정대상지역 외의 지역에 있는 주택을 취득하는 경우: 제11조 제1항 제7호 나목의 세율(1천분의 40)을 표준세율로 하여 해당 세율에 중과기준세율의 100분의 400을 합한 세율

② 조정대상지역에 있는 주택으로서 대통령령으로 정하는 일정가액 이상의 주택을 제11조 제1항 제2호에 따른 무상취득(이하 이 조에서 "무상취득"이라 한다)을 원인으로 취득하는 경우에는 제11조 제1항 제2호에도 불구하고 같은 항 제7호 나목의 세율(1천분의 40)을 표준세율로 하여 해당 세율에 중과기준세율의 100분의 400을 합한 세율을 적용한다. 다만, 1세대 1주택자가 소유한 주택을 배우자 또는 직계존비속이 무상취득하는 등 대통령령으로 정하는 경우는 제외한다(지방세법 제13조의2 제2항).

③ ① 또는 ②와 제13조 제5항이 동시에 적용되는 과세물건에 대한 취득세율은 제16조 제5항에도 불구하고 ① 각 호의 세율 및 ②의 세율에 중과기준세율의 100분의 400을 합한 세율을 적용한다(지방세법 제13조의2 제3항).

④ ①부터 ③까지를 적용할 때 조정대상지역 지정고시일 이전에 주택에 대한 매매계약(공동주택 분양계약을 포함한다)을 체결한 경우(다만, 계약금을 지급한 사실 등이 증빙서류에 의하여 확인되는 경우에 한정한다)에는 조정대상지역으로 지정되기 전에 주택을 취득한 것으로 본다(지방세법 제13조의2 제4항).

⑤ ①부터 ④까지 및 제13조의3을 적용할 때 주택의 범위 포함 여부, 세대의 기준, 주택 수의 산정방법 등 필요한 세부 사항은 대통령령으로 정한다(지방세법 제13조의2 제5항).

(4) **주택 수의 판단 범위**(지방세법 제13조의3)

제13조의2를 적용할 때 다음의 어느 하나에 해당하는 경우에는 다음에서 정하는 바에 따라 세대별 소유 주택 수에 가산한다.

① 「신탁법」에 따라 신탁된 주택은 위탁자의 주택 수에 가산한다.

② 「도시 및 주거환경정비법」 제74조에 따른 관리처분계획의 인가 및 「빈집 및 소규모주택 정비에 관한 특례법」 제29조에 따른 사업시행계획인가로 인하여 취득한 입주자로 선정된 지위[「도시 및 주거환경정비법」에 따른 재건축사업 또는 재개발사업, 「빈집 및 소규모주택 정비에 관한 특례법」에 따른 소규모재건축사업을 시행하는 정비사업조합의 조합원으로서 취득한 것(그 조합원으로부터 취득한 것을 포함한다)으로 한정하며, 이에 딸린 토지를 포함한다. 이하 이 조에서 "조합원입주권"이라 한다]는 해당 주거용 건축물이 멸실된 경우라도 해당 조합원입주권 소유자의 주택 수에 가산한다.

③ 「부동산 거래신고 등에 관한 법률」 제3조 제1항 제2호에 따른 "부동산에 대한 공급계약"을 통하여 주택을 공급받는 자로 선정된 지위(해당 지위를 매매 또는 증여 등의 방법으로 취득한 것을 포함한다. 이하 이 조에서 "주택분양권"이라 한다)는 해당 주택분양권을 소유한 자의 주택 수에 가산한다.

④ 제105조에 따라 주택으로 과세하는 오피스텔은 해당 오피스텔을 소유한 자의 주택 수에 가산한다.

예제

1. 지방세법상 취득세의 표준세율이 가장 높은 것은? (단, 「지방세특례제한법」은 고려하지 않음)
제30회 수정

① 상속으로 건물(주택 아님)을 취득한 경우
② 「사회복지사업법」에 따라 설립된 사회복지법인이 독지가의 기부에 의하여 건물을 취득한 경우
③ 영리법인이 공유수면을 매립하여 농지를 취득한 경우
④ 유상거래를 원인으로 「지방세법」 제10조에 따른 취득 당시의 가액이 7억5천만원인 주택(「주택법」에 의한 주택으로서 등기부에 주택으로 기재된 주거용 건축물과 그 부속토지)을 취득한 경우(개인의 1세대 1주택에 해당함)
⑤ 유상거래를 원인으로 농지를 취득한 경우

해설 ⑤ 유상거래를 원인으로 농지를 취득한 경우: 3%
① 상속으로 건물(주택 아님)을 취득한 경우: 2.8%
② 「사회복지사업법」에 따라 설립된 사회복지법인이 독지가의 기부에 의하여 건물을 취득한 경우: 2.8%
③ 영리법인이 공유수면을 매립하여 농지를 취득한 경우: 2.8%
④ 유상거래를 원인으로 「지방세법」 제10조에 따른 취득 당시의 가액이 7억5천만원인 주택(「주택법」에 의한 주택으로서 등기부에 주택으로 기재된 주거용 건축물과 그 부속토지)을 취득한 경우(개인의 1세대 1주택에 해당함): 2%
정답 ⑤

2. 지방세법상 부동산 취득시 취득세 과세표준에 적용되는 표준세율로 옳은 것을 모두 고른 것은?
제26회

ㄱ 상속으로 인한 농지취득: 1천분의 23
ㄴ 합유물 및 총유물의 분할로 인한 취득: 1천분의 23
ㄷ 원시취득(공유수면의 매립 또는 간척으로 인한 농지취득 제외): 1천분의 28
ㄹ 법령으로 정한 비영리사업자의 상속 외의 무상취득: 1천분의 28

① ㄱ, ㄴ
② ㄴ, ㄷ
③ ㄱ, ㄷ
④ ㄴ, ㄷ, ㄹ
⑤ ㄱ, ㄴ, ㄷ, ㄹ

해설 ⑤ 모두 옳은 설명이다.
ㄱ 상속으로 인한 농지취득: 1천분의 23
ㄴ 합유물 및 총유물의 분할로 인한 취득: 1천분의 23
ㄷ 원시취득(공유수면의 매립 또는 간척으로 인한 농지취득 제외): 1천분의 28
ㄹ 법령으로 정한 비영리사업자의 상속 외의 무상취득: 1천분의 28
정답 ⑤

2 부동산 취득의 중과세율

다음에 해당하는 취득의 경우에는 표준세율을 적용하지 아니하고 중과세율을 적용한다.

☑ **중과세대상 및 세율**

<table>
<tr><th>중과세대상</th><th colspan="2">세 율</th></tr>
<tr><td>사치성 재산(골프장, 고급주택, 고급오락장, 고급선박)</td><td colspan="2">표준세율 + 8%
(2%의 4배)</td></tr>
<tr><td>① 과밀억제권역에서 본점이나 주사무소의 사업용 부동산을 취득하는 경우
② 과밀억제권역에서 공장을 신설하거나 증설하기 위하여 사업용 과세물건을 취득하는 경우</td><td>표준세율 + 4%
(2%의 2배)</td><td rowspan="2">중복되는 과세대상은 표준세율의 3배를 적용</td></tr>
<tr><td>① 대도시에서 법인을 설립·설치·전입함에 따라 대도시의 부동산을 취득하는 경우
② 대도시에서 공장을 신설하거나 증설함에 따라 부동산을 취득하는 경우</td><td>표준세율의 3배 − 4%
(2%의 2배)</td></tr>
</table>

지방세법 제6조【정 의】 19. "중과기준세율"이란 표준세율에 가감하거나 세율의 특례 적용기준이 되는 세율로서 1천분의 20을 말한다.

1. 사치성 재산

취득세 중과세대상인 사치성 재산에는 골프장·고급주택·고급오락장·고급선박이 있으며, 이러한 사치성 재산을 취득하는 경우(고급주택 등을 구분하여 그 일부를 취득하는 경우를 포함한다)의 취득세는 표준세율과 중과기준세율의 100분의 400을 합한 세율을 적용하여 계산한 금액을 그 세액으로 한다. 이 경우 골프장은 그 시설을 갖추어 「체육시설의 설치·이용에 관한 법률」에 따라 체육시설업의 등록(시설을 증설하여 변경등록하는 경우를 포함한다)을 하는 경우뿐만 아니라 등록을 하지 아니하더라도 사실상 골프장으로 사용하는 경우에도 적용하며, 고급주택·고급오락장에 부속된 토지의 경계가 명확하지 아니할 때에는 그 건축물 바닥면적의 10배에 해당하는 토지를 그 부속토지로 본다(지방세법 제13조 제5항).

사치성 재산의 중과세율 = 표준세율 + 8%

8% : 중과기준세율(2%)의 100분의 400(4배)

(1) 골프장용 토지와 건축물 및 그 토지상의 입목

① 「체육시설의 설치 · 이용에 관한 법률」에 따른 회원제 골프장용 부동산 중 구분등록의 대상이 되는 토지와 건축물 및 그 토지 상(上)의 입목을 말한다(지방세법 제13조 제5항 제2호).

② 골프장은 그 시설을 갖추어 「체육시설의 설치 · 이용에 관한 법률」에 따라 체육시설업의 등록(시설을 증설하여 변경등록하는 경우를 포함한다)을 하는 경우뿐만 아니라 등록을 하지 아니하더라도 사실상 골프장으로 사용하는 경우에도 적용한다(지방세법 제13조 제5항 전단).

③ 일반골프장, 간이골프장, 골프연습장 및 회원제 골프장을 승계취득하는 경우에는 표준세율을 적용한다.

(2) 고급주택

① 주거용 건축물 또는 그 부속토지의 면적과 가액이 대통령령으로 정하는 기준을 초과하거나 해당 건축물에 67제곱미터 이상의 수영장 등 대통령령으로 정하는 부대시설을 설치한 주거용 건축물과 그 부속토지를 말한다(지방세법 제13조 제5항 제3호).

② 다만, 주거용 건축물을 취득한 날부터 60일[상속으로 인한 경우는 상속개시일이 속하는 달의 말일부터, 실종으로 인한 경우는 실종선고일이 속하는 달의 말일부터 각각 6개월(납세자가 외국에 주소를 둔 경우에는 각각 9개월)] 이내에 주거용이 아닌 용도로 사용하거나 고급주택이 아닌 용도로 사용하기 위하여 용도변경공사를 착공하는 경우는 제외한다(지방세법 제13조 제5항 제3호 단서).

지방세법시행령 제28조 【골프장 등의 범위와 적용기준】 ④ 법 제13조 제5항 제3호에 따라 고급주택으로 보는 주거용 건축물과 그 부속토지는 다음 각 호의 어느 하나에 해당하는 것으로 한다. 다만, 제1호 · 제2호 · 제2호의2 및 제4호에서 정하는 주거용 건축물과 그 부속토지 또는 공동주택과 그 부속토지는 법 제4조 제1항에 따른 취득 당시의 시가표준액이 9억원을 초과하는 경우만 해당한다.

1. 1구(1세대가 독립하여 구분 사용할 수 있도록 구획된 부분을 말한다)의 건축물의 연면적(주차장면적은 제외한다)이 331제곱미터를 초과하는 주거용 건축물과 그 부속토지
2. 1구의 건축물의 대지면적이 662제곱미터를 초과하는 주거용 건축물과 그 부속토지

2의2. 1구의 건축물에 엘리베이터(적재하중 200킬로그램 이하의 소형엘리베이터는 제외한다)가 설치된 주거용 건축물과 그 부속토지(공동주택과 그 부속토지는 제외한다)

3. 1구의 건축물에 에스컬레이터 또는 67제곱미터 이상의 수영장 중 1개 이상의 시설이 설치된 주거용 건축물과 그 부속토지(공동주택과 그 부속토지는 제외한다)
4. 1구의 공동주택(여러 가구가 한 건축물에 거주할 수 있도록 건축된 다가구용 주택을 포함하되, 이 경우 한 가구가 독립하여 거주할 수 있도록 구획된 부분을 각각 1구의 건축물로 본다)의 건축물 연면적(공용면적은 제외한다)이 245제곱미터(복층형은 274제곱미터로 하되, 한 층의 면적이 245제곱미터를 초과하는 것은 제외한다)를 초과하는 공동주택과 그 부속토지

넓혀 보기

골프장 등의 범위와 적용기준(지방세법시행령 제28조 제4항)

공동주택의 경우 여러 가구가 한 건축물에 거주할 수 있도록 건축된 다가구용 주택을 포함하되, 이 경우 한 가구가 독립하여 거주할 수 있도록 구획된 부분을 각각 1구의 건축물로 본다.

(3) 고급오락장

① 도박장, 유흥주점영업장, 특수목욕장, 그 밖에 이와 유사한 용도에 사용되는 건축물 중 대통령령으로 정하는 건축물과 그 부속토지를 말한다(지방세법 제13조 제5항 제4호).

② 고급오락장에 부속된 토지의 경계가 명확하지 아니할 때에는 그 건축물 바닥면적의 10배에 해당하는 토지를 그 부속토지로 본다(지방세법 제13조 제5항 후단).

③ 다만, 고급오락장용 건축물을 취득한 날부터 60일[상속으로 인한 경우는 상속개시일이 속하는 달의 말일부터, 실종으로 인한 경우는 실종선고일이 속하는 달의 말일부터 각각 6개월(납세자가 외국에 주소를 둔 경우에는 각각 9개월)] 이내에 고급오락장이 아닌 용도로 사용하거나 고급오락장이 아닌 용도로 사용하기 위하여 용도변경공사를 착공하는 경우는 제외한다(지방세법 제13조 제5항 제4호 단서).

(4) 고급선박

비업무용 자가용 선박으로서 시가표준액이 3억원을 초과하는 선박을 말한다. 다만, 실험・실습 등의 용도에 사용할 목적으로 취득하는 것은 제외한다(지방세법 제13조 제5항 제5호, 지방세법시행령 제28조 제6항).

2. 과밀억제권역 안 취득 등 중과

다음에 해당하는 과밀억제권역 안 취득에 대한 취득세율은 표준세율에 중과기준세율의 100분의 200을 합한 세율을 적용한다(지방세법 제13조 제1항).

과밀억제권역 안 취득에 대한 취득세율 = 표준세율 + 4%

4% : 중과기준세율(2%)의 100분의 200(2배)

심화 학습 **과밀억제권역**(수도권정비계획법 제6조 제1항, 수도권정비계획법시행령 [별표1])

1. 과밀억제권역

인구와 산업이 지나치게 집중되었거나 집중될 우려가 있어 이전하거나 정비할 필요가 있는 지역

2. 과밀억제권역의 범위

① 서울특별시

② 인천광역시(강화군, 옹진군, 서구 대곡동 · 불로동 · 마전동 · 금곡동 · 오류동 · 왕길동 · 당하동 · 원당동, 인천경제자유구역 및 남동 국가산업단지는 제외한다)

③ 의정부시, 구리시, 남양주시(호평동, 평내동, 금곡동, 일패동, 이패동, 삼패동, 가운동, 수석동, 지금동 및 도농동만 해당한다), 하남시, 고양시, 수원시, 성남시, 안양시, 부천시, 광명시, 과천시, 의왕시, 군포시, 시흥시[반월특수지역(반월특수지역에서 해제된 지역을 포함한다)은 제외한다]

(1) 과밀억제권역에서 법인의 본점이나 주사무소의 사업용 부동산을 취득하는 경우

① 「수도권정비계획법」 제6조에 따른 과밀억제권역에서 법인의 본점이나 주사무소의 사업용으로 신축하거나 증축하는 건축물(「신탁법」에 따른 수탁자가 취득한 신탁재산 중 위탁자가 신탁기간 중 또는 신탁종료 후 위탁자의 본점이나 주사무소의 사업용으로 사용하기 위하여 신축하거나 증축하는 건축물을 포함한다)과 그 부속토지를 취득하는 경우 중과세한다(지방세법 제13조 제1항 전단).

② 영리법인 · 비영리법인 관계없이 모든 법인이 해당한다(지방세법 제13조 제1항).

과밀억제권역 법인 본점 · 주사무소 사업용 부동산

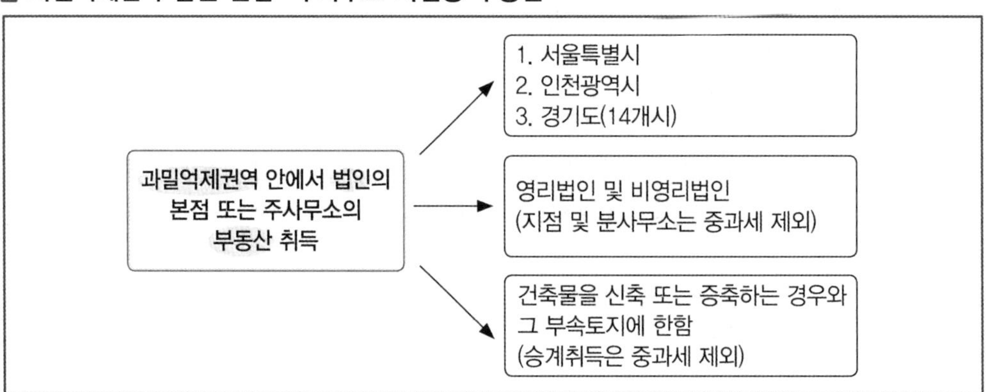

(2) 과밀억제권역에서 공장을 신설하거나 증설하기 위하여 사업용 과세물건을 취득하는 경우

① **중과세대상 지역**: 「수도권정비계획법」 제6조의 규정에 의한 과밀억제권역을 말한다. 다만, 「산업집적활성화 및 공장설립에 관한 법률」을 적용받는 산업단지 · 유치지역 및 「국토의 계획 및 이용에 관한 법률」을 적용받는 공업지역은 제외한다(지방세법 제13조 제1항).

② **중과세대상 공장**

㉠ 신설 공장의 범위: 생산설비를 갖춘 건축물의 연면적(옥외에 기계장치 또는 저장시설이 있는 경우에는 그 시설의 수평투영면적을 포함)이 500제곱미터 이상인 것을 말한다. 다만, 「산업집적활성화 및 공장설립에 관한 법률」에 따른 도시형 공장은 제외한다. 이 경우 건축물의 연면적에는 해당 공장의 제조시설을 지원하기 위하여 공장 경계구역 안에 설치되는 부대시설(식당, 휴게실, 목욕실, 세탁장, 의료실, 옥외 체육시설 및 기숙사 등 종업원의 후생복지증진에 제공되는 시설과 대피소, 무기고, 탄약고 및 교육시설은 제외)의 연면적을 포함한다(지방세법시행규칙 제7조 제1항).

㉡ 증설 공장의 범위: 건축물 연면적의 100분의 20 이상을 증설하거나 건축물 연면적 330제곱미터를 초과하여 증설하는 경우만 해당한다(지방세법시행규칙 제7조 제2항 제1호 나목).

③ **중과세대상 과세물건**(지방세법시행규칙 제7조 제2항 제1호)

㉠ 공장을 신설하거나 증설하는 경우: 공장용 건축물과 그 부속토지

㉡ 공장을 신설하거나 증설한 날부터 5년 이내에 취득하는 공장용 차량 및 기계장비

☑ **중과세대상 공장의 범위와 적용기준**

구 분	내 용
중과세대상 지역	과밀억제권역(단, 산업단지, 유치지역, 공업지역은 제외)
업 종	비도시형 업종(도시형 공장은 제외)
신설 공장의 범위	생산설비를 갖춘 건축물의 연면적이 500m^2 이상
증설 공장의 범위	건축물 연면적의 100분의 20 이상을 증설하거나 건축물 연면적 330m^2 초과하여 증설하는 경우
중과세 적용자산	• 공장용 건축물과 그 부속토지 • 공장을 신설하거나 증설한 날부터 5년 이내에 취득하는 공장용 차량 및 기계장비

3. 대도시 안의 부동산 취득에 대한 중과세

다음에 해당하는 부동산(「신탁법」에 따른 수탁자가 취득한 신탁재산을 포함한다)을 취득하는 경우의 취득세는 제11조 제1항의 표준세율의 100분의 300에서 중과기준세율의 100분의 200을 뺀 세율(제11조 제1항 제8호에 해당하는 주택을 취득하는 경우에는 제13조의2 제1항 제1호에 해당하는 세율)을 적용한다(지방세법 제13조 제2항).

대도시 안의 부동산 취득에 대한 중과세	=	표준세율의 3배 − 4%

4%: 중과기준세율(2%)의 100분의 200(2배)

넓혀 보기

대도시(지방세법 제13조 제2항)

"대도시"란 「수도권정비계획법」 제6조에 따른 과밀억제권역 중에서 「산업집적활성화 및 공장설립에 관한 법률」을 적용받는 산업단지를 제외한 지역을 말한다.

(1) 대도시에서 법인 설립 등의 부동산 취득

① 중과세대상 부동산

㉠ 대도시에서 법인의 설립 등을 하기 이전에 취득하는 부동산: 대도시에서 법인을 설립[휴면(休眠)법인을 인수하는 경우를 포함한다]하거나 지점 또는 분사무소를 설치하는 경우 및 법인의 본점·주사무소·지점 또는 분사무소를 대도시 밖에서 대도시로 전입(「수도권정비계획법」에 따른 수도권의 경우에는 서울특별시 외의 지역에서 서울특별시로의 전입도 대도시로의 전입으로 본다)함에 따라 대도시의 부동산을 취득(그 설립·설치·전입 이후의 부동산 취득을 포함한다)하는 경우(지방세법 제13조 제2항 제1호)

심화 학습 대도시 부동산 취득의 중과세 범위와 적용기준

대도시에서의 법인 설립, 지점·분사무소 설치 및 법인의 본점·주사무소·지점·분사무소의 대도시 전입에 따른 부동산 취득은 해당 법인 또는 행정안전부령으로 정하는 사무소 또는 사업장이 그 설립·설치·전입 이전에 법인의 본점·주사무소·지점 또는 분사무소의 용도로 직접 사용하기 위한 부동산 취득(채권을 보전하거나 행사할 목적으로 하는 부동산 취득은 제외한다)으로 한다(지방세법시행령 제27조 제3항 전단).

㉡ 대도시에서 법인의 설립 등을 한 이후에 취득하는 부동산: 대도시에서 법인 또는 사무소의 설립·설치·전입 이후의 부동산 취득은 법인 또는 사무소 등이 설립·설치·전입 이후 5년 이내에 하는 업무용·비업무용 또는 사업용·비사업용의 모든 부동산 취득으로 한다. 이 경우 부동산 취득에는 공장의 신설·증설, 공장의 승계취득, 해당 대도시에서의 공장 이전 및 공장의 업종변경에 따르는 부동산 취득을 포함한다(지방세법시행령 제27조 제3항 후단).

② 중과세 제외대상

㉠ 「산업집적활성화 및 공장설립에 관한 법률」을 적용받는 산업단지 안의 부동산 취득(지방세법 제13조 제2항)

㉡ 대도시에 설치가 불가피하다고 인정되는 업종으로서 대통령령으로 정하는 업종("대도시 중과 제외 업종"이라 한다)에 직접 사용할 목적으로 부동산을 취득하는 경우의 취득세는 제11조에 따른 해당 세율을 적용한다(지방세법 제13조 제2항 후단).

㉢ 사원에 대한 임대용으로 직접 사용할 목적으로 취득하는 주택으로서 1구의 건축물의 연면적(전용면적을 말한다)이 60제곱미터 이하인 공동주택(「건축법 시행령」 별표 1 제1호 다목에 따른 다가구주택으로서 「건축법」 제38조에 따른 건축물대장에 호수별로 전용면적이 구분되어 기재되어 있는 다가구주택을 포함한다). 다만, 다음 각 목의 어느 하나에 해당하는 주택은 제외한다(지방세법시행령 제28조의2 제12호).

ⓐ 취득하는 자가 개인인 경우로서 「지방세기본법시행령」 제2조 제1항 각 호의 어느 하나에 해당하는 관계인 사람에게 제공하는 주택

ⓑ 취득하는 자가 법인인 경우로서 「지방세기본법」 제46조 제2호에 따른 과점주주에게 제공하는 주택

ⓒ 정당한 사유 없이 그 취득일부터 1년이 경과할 때까지 해당 용도에 직접 사용하지 않거나 해당 용도로 직접 사용한 기간이 3년 미만인 상태에서 매각·증여하거나 다른 용도로 사용하는 주택

(2) 대도시 내 공장의 신설 또는 증설에 따른 부동산 취득

대도시(「산업집적활성화 및 공장설립에 관한 법률」을 적용받는 유치지역 및 「국토의 계획 및 이용에 관한 법률」을 적용받는 공업지역은 제외)에서 공장을 신설하거나 증설함에 따라 부동산을 취득하는 경우 중과세한다(지방세법 제13조 제2항 제2호).

4. 중복대상(동시적용 대상)의 세율 적용

(1) 과밀억제권역 안 법인의 부동산 취득 등과 대도시 안 법인 설립 등에 따른 부동산 취득 등이 동시에 적용되는 과세물건에 대한 취득세율은 해당 중과세율에도 불구하고 표준세율의 100분의 300(3배)으로 한다(지방세법 제13조 제6항).

(2) 대도시 안 법인 설립 등에 따른 부동산 취득 등과 사치성 재산 취득 등이 동시에 적용되는 과세물건에 대한 취득세율은 해당 중과세율에도 불구하고 표준세율의 100분의 300에 중과기준세율의 100분의 200을 합한 세율을 적용한다. 다만, 유상거래를 원인으로 주택을 취득하는 경우에는 해당 세율에 중과기준세율의 100분의 600을 합한 세율을 적용한다(지방세법 제13조 제7항).

3 세율의 특례

1. 형식적인 소유권 취득에 대한 세율 적용의 특례

다음의 어느 하나에 해당하는 취득에 대한 취득세는 표준세율에서 중과기준세율을 뺀 세율로 산출한 금액을 그 세액으로 하되, 유상거래를 원인으로 주택의 취득에 대한 취득세는 해당 세율에 100분의 50을 곱한 세율을 적용하여 산출한 금액을 그 세액으로 한다. 다만, 취득물건이 대도시 내 법인 설립 등에 대한 부동산의 취득에 해당하는 경우에는 산출한 세액(표준세율－중과기준세율)의 100분의 300을 적용한다(지방세법 제15조 제1항).

원 칙	표준세율 － 2%
예 외	대도시 내 법인 설립 등에 따른 부동산 취득 ⇨ (표준세율 － 2%) × 3배

① 환매등기를 병행하는 부동산의 매매로서 환매기간 내에 매도자가 환매한 경우의 그 매도자와 매수자의 취득

② **상속으로 인한 취득 중 다음의 어느 하나에 해당하는 취득**
㉠ 대통령령으로 정하는 1가구 1주택(고급주택 제외)의 취득
㉡ 「지방세특례제한법」에 따라 취득세의 감면대상이 되는 농지의 취득

③ 「법인세법」에 따른 법인의 합병으로 인한 취득. 다만, 법인의 합병으로 인하여 취득한 과세물건이 합병 후에 중과세 과세물건에 해당하게 되는 경우 또는 합병등기일부터 3년 이내에 「법인세법」 제44조의3 제3항 각 호의 어느 하나에 해당하는 사유가 발생하는 경우(같은 항 각 호 외의 부분 단서에 해당하는 경우는 제외한다)에는 그러하지 아니하다.

④ 공유물 · 합유물의 분할 또는 「부동산 실권리자명의 등기에 관한 법률」에서 규정하고 있는 부동산의 공유권 해소를 위한 지분이전으로 인한 취득(등기부등본상 본인 지분을 초과하는 부분의 경우에는 제외)

⑤ 건축물의 이전으로 인한 취득. 다만, 이전한 건축물의 가액이 종전 건축물의 가액을 초과하는 경우에 그 초과하는 가액에 대하여는 그러하지 아니하다.

⑥ 「민법」에 따른 이혼으로 인한 재산분할로 인한 취득

⑦ **그 밖의 형식적인 취득 등 대통령령으로 정하는 취득**: "그 밖의 형식적인 취득 등 대통령령으로 정하는 취득"이란 벌채하여 원목을 생산하기 위한 입목의 취득을 말한다(지방세법시행령 제30조 제1항).

2. 취득의제 등 기타 세율적용의 특례

다음의 어느 하나에 해당하는 취득에 대한 취득세는 중과기준세율(1천분의 20)을 적용하여 계산한 금액을 그 세액으로 한다. 다만, 취득물건이 과밀억제권역 내 부동산 취득 또는 공장의 신 · 증설을 위한 부동산 취득의 경우에는 중과기준세율(1천분의 20)의 100분의 300(3배)을, 사치성 재산의 취득에 해당하는 경우에는 중과기준세율(1천분의 20)의 100분의 500(5배)을 각각 적용한다(지방세법 제15조 제2항).

원 칙	중과기준세율(2%)
예 외	• 과밀억제권역에서 법인의 본점 또는 주사무소 사업용 부동산 취득시 중과기준세율(2%)의 100분의 300(3배)인 6% • 사치성 재산 취득시 중과기준세율(2%)의 100분의 500(5배)인 10%

① 개수로 인한 취득(개수로 인하여 건축물 면적이 증가할 때에는 그 증가된 부분에 대하여 원시취득으로 보아 1천분의 28을 적용한다). 이 경우 과세표준은 증가한 가액으로 한다.

② 선박 · 차량과 기계장비 및 토지의 가액 증가. 이 경우 과세표준은 증가한 가액으로 한다.

③ 과점주주의 취득. 이 경우 과세표준은 그 부동산 등의 총가액을 그 법인의 주식 또는 출자의 총수로 나눈 가액에 과점주주가 취득한 주식 또는 출자의 수를 곱한 금액으로 한다.

④ 외국인 소유의 취득세 과세대상 물건(차량, 기계장비, 항공기 및 선박만 해당한다)의 소유권을 이전 받는 조건으로 임차하여 수입하는 경우의 취득(연부로 취득하는 경우로 한정)

⑤ 시설대여업자의 건설기계 또는 차량 취득

⑥ 취득대금을 지급한 자의 기계장비 또는 차량 취득. 다만, 기계장비 또는 차량을 취득하면서 기계장비대여업체 또는 운수업체의 명의로 등록하는 경우로 한정한다.

⑦ 「지방세법」 제7조 제14항 본문에 따른 토지의 소유자의 취득

⑧ 그 밖에 레저시설의 취득 등 대통령령으로 정하는 취득

> **세율의 특례 대상**(지방세법시행령 제30조 제2항)
> "레저시설의 취득 등 대통령령으로 정하는 취득"이란 다음의 어느 하나에 해당하는 취득을 말한다.
> 1. 레저시설, 저장시설, 독시설, 접안시설, 도관시설, 급수·배수시설 및 에너지 공급시설의 취득
> 2. 무덤과 이에 접속된 부속시설물의 부지로 사용되는 토지로서 지적공부상 지목이 묘지인 토지의 취득
> 3. 존속기간이 1년을 초과하는 임시건축물의 취득
> 4. 「여신전문금융업법」에 따라 건설기계나 차량을 등록한 대여시설이용자가 그 시설대여업자로부터 취득하는 건설기계 또는 차량의 취득
> 5. 건축물을 건축하여 취득하는 경우로서 그 건축물에 대하여 소유권의 보존 등기 또는 소유권의 이전 등기에 대한 등록면허세 납세의무가 성립한 후 취득시기가 도래하는 건축물의 취득

예제

지방세법상 취득세 표준세율에서 중과기준세율을 뺀 세율로 산출한 금액을 그 세액으로 하는 것으로만 모두 묶은 것은? (단, 취득물건은 「지방세법」 제11조 제1항 제8호에 따른 주택 외의 부동산이며 취득세 중과대상이 아님) 제28회

> ㉠ 환매등기를 병행하는 부동산의 매매로서 환매기간 내에 매도자가 환매한 경우의 그 매도자와 매수자의 취득
> ㉡ 존속기간이 1년을 초과하는 임시건축물의 취득
> ㉢ 「민법」 제839조의2에 따라 이혼시 재산분할로 인한 취득
> ㉣ 등기부등본상 본인 지분을 초과하지 않는 공유물의 분할로 인한 취득

① ㉠, ㉡ ② ㉡, ㉣ ③ ㉢, ㉣
④ ㉠, ㉡, ㉢ ⑤ ㉠, ㉢, ㉣

해설 ⑤ 해당하는 것은 ㉠㉢㉣이다.
㉠ 환매등기를 병행하는 부동산의 매매로서 환매기간 내에 매도자가 환매한 경우의 그 매도자와 매수자의 취득: 표준세율에서 중과기준세율을 뺀 세율
㉢ 「민법」 제839조의2에 따라 이혼시 재산분할로 인한 취득: 표준세율에서 중과기준세율을 뺀 세율
㉣ 등기부등본상 본인 지분을 초과하지 않는 공유물의 분할로 인한 취득: 표준세율에서 중과기준세율을 뺀 세율
㉡ 존속기간이 1년을 초과하는 임시건축물의 취득: 중과기준세율 ◆ 정답 ⑤

4 세율 적용

(1) 토지나 건축물을 취득한 후 5년 이내에 해당 토지나 건축물이 다음의 어느 하나에 해당하게 된 경우에는 해당 중과세율을 적용하여 취득세를 추징한다(지방세법 제16조 제1항).

① 과밀억제권역 안 취득 중과에 따른 본점이나 주사무소의 사업용 부동산(본점 또는 주사무소용 건축물을 신축하거나 증축하는 경우와 그 부속토지만 해당한다)

② 과밀억제권역 안 취득 중과에 따른 공장의 신설용 또는 증설용 부동산

③ 골프장, 고급주택 또는 고급오락장

취득 후 5년 이내에 중과세대상이 된 경우	취득 후 5년 이내에 중과세율 적용대상이 된 경우 취득세 중과세율 적용대상 과세표준은 건축물과 부속토지의 전체 가액에 중과세율을 적용하여 추징한다. • 골프장 · 고급오락장 · 고급주택이 된 경우 • 과밀억제권역 내 공장의 신설 또는 증설용 부동산이 된 경우 • 과밀억제권역 내 법인의 본점 또는 주사무소의 사업용 부동산이 된 경우
취득 후 5년 경과 후 중과세율 적용대상이 된 경우	취득 후 5년 경과 후 중과세율 적용대상이 된 경우에는 그 증가한 건축물의 가액에만 중과세율을 적용한다. • 골프장 · 고급오락장 · 고급주택을 증축 · 개축 또는 개수한 경우 • 일반 건축물을 증축 · 개축 또는 개수하여 고급주택 또는 고급오락장이 된 경우

(2) 고급주택, 골프장 또는 고급오락장용 건축물을 증축 · 개축 또는 개수한 경우와 일반건축물을 증축 · 개축 또는 개수하여 고급주택 또는 고급오락장이 된 경우에 그 증가되는 건축물의 가액에 대하여 해당 중과세율을 적용한다(지방세법 제16조 제2항).

취득 후 5년 이내 증축 · 개수	취득 후 5년 후 증축 · 개수
토지 · 건축물 중과세(추징)	증가된 건축물 가액에만 중과세(적용)

(3) 과밀억제권역 안 취득 중과에 따른 공장 신설 또는 증설의 경우에 사업용 과세물건의 소유자와 공장을 신설하거나 증설한 자가 다를 때에는 그 사업용 과세물건의 소유자가 공장을 신설하거나 증설한 것으로 보아 중과세율을 적용한다. 다만, 취득일부터 공장 신설 또는 증설을 시작한 날까지의 기간이 5년이 지난 사업용 과세물건은 제외한다(지방세법 제16조 제3항).

(4) 취득한 부동산이 취득한 날부터 5년 이내에 대도시에서 법인의 설립 등에 따른 부동산이 되거나 대도시에서 공장의 신 · 증설용 부동산에 해당하게 되는 경우 해당 중과세율을 적용하여 취득세를 추징한다(지방세법 제16조 제4항).

(5) 같은 취득물건에 대하여 둘 이상의 세율이 해당되는 경우에는 그중 높은 세율을 적용한다(지방세법 제16조 제5항).

(6) 취득한 부동산이 다음 각 호의 어느 하나에 해당하는 경우에는 제5항에도 불구하고 다음 각 호의 세율을 적용하여 취득세를 추징한다(지방세법 제16조 제6항).

① **제1항 제1호 또는 제2호와 제4항이 동시에 적용되는 경우**: 제13조 제6항의 세율

② **제1항 제3호와 제13조의2 제1항 또는 같은 조 제2항이 동시에 적용되는 경우**: 제13조의2 제3항의 세율

예 제

지방세법상 취득세의 과세표준 및 세율에 관한 설명으로 틀린 것은? 제26회

① 취득세의 과세표준은 취득 당시의 가액으로 한다. 다만, 연부로 취득하는 경우의 과세표준은 매회 사실상 지급되는 금액을 말하며, 취득금액에 포함되는 계약보증금을 포함한다(단, 신고가액은 시가표준액보다 큼).
② 건축(신축·재축 제외)으로 인하여 건축물 면적이 증가할 때에는 그 증가된 부분에 대하여 원시취득으로 보아 해당 세율을 적용한다.
③ 환매등기를 병행하는 부동산의 매매로서 환매기간 내에 매도자가 환매한 경우의 그 매도자와 매수자의 취득에 대한 취득세는 표준세율에 중과기준세율(1천분의 20)을 합한 세율로 산출한 금액으로 한다.
④ 토지를 취득한 자가 그 취득한 날부터 1년 이내에 그에 인접한 토지를 취득한 경우에는 그 전후의 취득에 관한 토지의 취득을 1건의 토지 취득으로 보아 면세점을 적용한다.
⑤ 지방자치단체장은 조례로 정하는 바에 따라 취득세 표준세율의 100분의 50 범위에서 가감할 수 있다.

해설 ③ 환매등기를 병행하는 부동산의 매매로서 환매기간 내에 매도자가 환매한 경우의 그 매도자와 매수자의 취득에 대한 취득세는 표준세율에서 중과기준세율(1천분의 20)을 뺀 세율로 산출한 금액으로 한다.

정답 ③

08 취득세의 부과 · 징수

1 납세지

(1) 개 요

취득세는 도세로서 취득과세대상 물건의 소재지를 관할하는 특별시 · 광역시 · 도에서 그 취득자에게 부과함이 원칙이지만 도세 징수의 위임에 관한 규정에 따라 실제로 취득세 부과 · 징수는 과세대상 물건의 소재지를 관할하는 시장 · 군수 · 구청장이 징수하게 된다 (지방세법 제8조).

(2) **납세지**(지방세법 제8조 제1항)

① **부동산**: 부동산 소재지

② **차량**: 「자동차관리법」에 따른 등록지. 다만, 등록지가 사용본거지와 다른 경우에는 사용본거지를 납세지로 하고, 철도차량의 경우에는 해당 철도차량의 청소, 유치(留置), 조성, 검사, 수선 등을 주로 수행하는 철도차량기지의 소재지를 납세지로 한다.

③ **기계장비**: 「건설기계관리법」에 따른 등록지

④ **항공기**: 항공기의 정치장(定置場) 소재지

⑤ **선박**: 선적항 소재지. 다만, 「수상레저기구의 등록 및 검사에 관한 법률」 제3조 각 호에 해당하는 동력수상레저기구의 경우에는 같은 법 제6조 제1항에 따른 등록지로 하고, 그 밖에 선적항이 없는 선박의 경우에는 정계장 소재지(정계장이 일정하지 아니한 경우에는 선박 소유자의 주소지)로 한다.

⑥ **입목**: 입목 소재지

⑦ **광업권**: 광구 소재지

⑧ **어업권 · 양식업권**: 어장 소재지

⑨ **골프 회원권, 승마 회원권, 콘도미니엄 회원권, 종합체육시설 이용 회원권 또는 요트 회원권**: 골프장 · 승마장 · 콘도미니엄 · 종합체육시설 및 요트 보관소의 소재지

(3) (2)에 따른 납세지가 분명하지 아니한 경우에는 해당 취득물건의 소재지를 그 납세지로 한다(지방세법 제8조 제2항).

(4) 같은 취득물건이 둘 이상의 지방자치단체에 걸쳐 있는 경우에는 대통령령으로 정하는 바에 따라 소재지별로 안분한다(지방세법 제8조 제3항).

넓혀 보기

취득세 안분 기준(지방세법시행령 제12조)

같은 취득물건이 둘 이상의 시・군・구에 걸쳐 있는 경우 각 시・군・구에 납부할 취득세를 산출할 때 그 과세표준은 취득 당시의 가액을 취득물건의 소재지별 시가표준액 비율로 나누어 계산한다.

2 부과・징수 제31회, 제32회, 제33회

(1) **징수방법**(지방세법 제18조)

취득세의 징수는 신고납부의 방법으로 한다.

(2) **통보 등**(지방세법 제19조)

다음 각 호의 자는 취득세 과세물건을 매각(연부로 매각한 것을 포함한다)하면 매각일부터 30일 이내에 대통령령으로 정하는 바에 따라 그 물건 소재지를 관할하는 지방자치단체의 장에게 통보하거나 신고하여야 한다.

① 국가, 지방자치단체 또는 지방자치단체조합

② 국가 또는 지방자치단체의 투자기관(재투자기관을 포함한다)

③ 삭제

④ 그 밖에 제1호 및 제2호에 준하는 기관 및 단체로서 대통령령으로 정하는 자

(3) 신고 및 납부

① 일반적인 신고납부기한

취득세 과세물건을 취득한 자는 그 취득한 날(「부동산 거래신고 등에 관한 법률」에 따른 토지거래계약에 관한 허가구역에 있는 토지를 취득하는 경우로서 토지거래계약에 관한 허가를 받기 전에 거래대금을 완납한 경우에는 그 허가일이나 허가구역의 지정 해제일 또는 축소일을 말함)부터 60일[무상취득(상속은 제외한다) 또는 증여자의 채무를 인수하는 부담부 증여로 인한 취득의 경우는 취득일이 속하는 달의 말일부터 3개월, 상속으로 인한 경우는 상속개시일이 속하는 달의 말일부터, 실종으로 인한 경우는 실종선고일이 속하는 달의 말일부터 각각 6개월(외국에 주소를 둔 상속인이 있는 경우에는 각각 9개월)] 이내에 그 과세표준에 해당 세율을 적용하여 산출한 세액을 신고하고 납부하여야 한다(지방세법 제20조 제1항).

넓혀 보기

신고 및 납부(지방세법시행령 제33조)

1. 취득세를 신고하려는 자는 행정안전부령으로 정하는 신고서에 취득물건, 취득일 및 용도 등을 적어 납세지를 관할하는 시장·군수·구청장에게 신고하여야 한다(지방세법시행령 제33조 제1항).
2. 지방자치단체의 금고 또는 지방세수납대행기관(「지방회계법시행령」 제49조 제1항 및 제2항에 따라 지방자치단체 금고업무의 일부를 대행하는 금융회사 등을 말한다)은 취득세를 납부받으면 납세자 보관용 영수필 통지서, 취득세 영수필 통지서(등기·등록관서의 시·군·구 통보용) 및 취득세 영수필 확인서 각 1부를 납세자에게 내주고, 지체 없이 취득세 영수필 통지서(시·군·구 보관용) 1부를 해당 시·군·구의 세입징수관에게 송부하여야 한다. 다만, 「전자정부법」 제36조 제1항에 따라 행정기관 간에 취득세 납부사실을 전자적으로 확인할 수 있는 경우에는 납세자에게 납세자 보관용 영수필 통지서를 교부하는 것으로 갈음할 수 있다(지방세법시행령 제33조 제3항).

② 중과세율 적용대상이 된 경우

취득세 과세물건을 취득한 후에 그 과세물건이 제13조 제1항부터 제7항까지의 세율의 적용대상(중과세율의 적용대상)이 되었을 때에는 대통령령으로 정하는 날부터 60일 이내에 제13조 제1항부터 제7항까지의 세율(제16조 제6항 제2호에 해당하는 경우에는 제13조의2 제3항의 세율)을 적용하여 산출한 세액에서 이미 납부한 세액(가산세는 제외한다)을 공제한 금액을 세액으로 하여 대통령령으로 정하는 바에 따라 신고하고 납부하여야 한다(지방세법 제20조 제2항).

추가신고납부세액 = (과세표준 × 중과세율) − 기납부세액(가산세 제외)

취득세의 신고납부

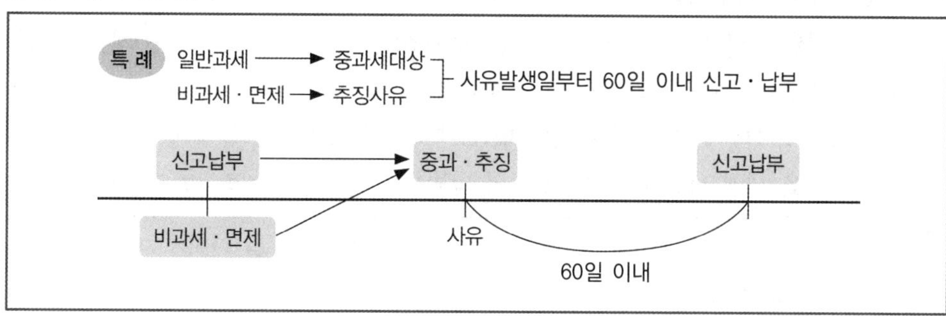

③ 취득세 부과대상 또는 추징대상이 된 경우

「지방세법」 또는 다른 법령에 따라 취득세를 비과세, 과세면제 또는 경감받은 후에 해당 과세물건이 취득세 부과대상 또는 추징대상이 되었을 때에는 그 사유 발생일부터 60일 이내에 해당 과세표준에 해당 세율을 적용하여 산출한 세액[경감받은 경우에는 이미 납부한 세액(가산세는 제외한다)을 공제한 세액을 말함]을 신고하고 납부하여야 한다(지방세법 제20조 제3항).

④ 신고 · 납부기한 이내에 등기 · 등록하는 경우

①부터 ③까지의 신고 · 납부기한 이내에 재산권과 그 밖의 권리의 취득 · 이전에 관한 사항을 공부(公簿)에 등기하거나 등록[등재(登載)를 포함한다]하려는 경우에는 등기 또는 등록 신청서를 등기 · 등록관서에 접수하는 날까지 취득세를 신고 · 납부하여야 한다(지방세법 제20조 제4항).

심화학습 취득세 납부 확인 등(지방세법시행령 제36조)

1. 납세자는 취득세 과세물건을 등기 또는 등록하려는 때에는 등기 또는 등록 신청서에 취득세 영수필 통지서(등기 · 등록관서의 시 · 군 · 구 통보용) 1부와 취득세 영수필 확인서 1부를 첨부하여야 한다. 다만, 「전자정부법」에 따라 행정기관 간에 취득세 납부사실을 전자적으로 확인할 수 있는 경우에는 그러하지 아니하다.
2. 위 1.에도 불구하고 「부동산등기법」 제24조 제1항 제2호에 따라 전산정보처리조직을 이용하여 등기를 하려는 때에는 취득세 영수필 통지서(등기 · 등록관서의 시 · 군 · 구 통보용)와 취득세 영수필 확인서를 전자적 이미지 정보로 변환한 자료를 첨부하여야 한다. 다만, 「전자정부법」 제36조 제1항에 따라 행정기관 간에 취득세 납부사실을 전자적으로 확인할 수 있는 경우에는 그러하지 아니하다.

(4) 부족세액의 추징 및 가산세

다음의 어느 하나에 해당하는 경우에는 제10조의2부터 제10조의7까지, 제11조부터 제13조까지, 제13조의2, 제13조의3, 제14조 및 제15조의 규정에 따라 산출한 세액("산출세액"이라 한다) 또는 그 부족세액에 「지방세기본법」 제53조부터 제55조까지의 규정에 따라 산출한 가산세를 합한 금액을 세액으로 하여 보통징수의 방법으로 징수한다(지방세법 제21조 제1항).

1. 취득세 납세의무자가 제20조에 따른 신고 또는 납부의무를 다하지 아니한 경우
2. 삭제(2021.12.28.)
3. 제13조의2 제1항 제2호에 따라 일시적 2주택으로 신고하였으나 그 취득일로부터 대통령령으로 정하는 기간 내에 대통령령으로 정하는 종전 주택을 처분하지 못하여 1주택으로 되지 아니한 경우

지방세기본법 제53조부터 제55조까지의 가산세는 다음과 같다.

① 신고불성실가산세

㉠ 무신고가산세(지방세기본법 제53조)

ⓐ 납세의무자가 법정신고기한까지 과세표준 신고를 하지 아니한 경우에는 그 신고로 납부하여야 할 세액(이 법과 지방세관계법에 따른 가산세와 가산하여 납부하여야 할 이자상당액이 있는 경우 그 금액은 제외하며, 이하 "무신고납부세액"이라 한다)의 100분의 20에 상당하는 금액을 가산세로 부과한다(지방세기본법 제53조 제1항).

ⓑ 위 ⓐ에도 불구하고 사기나 그 밖의 부정한 행위로 법정신고기한까지 과세표준 신고를 하지 아니한 경우에는 무신고납부세액 100분의 40에 상당하는 금액을 가산세로 부과한다(지방세기본법 제53조 제2항).

㉡ 과소신고가산세 · 초과환급신고가산세(지방세기본법 제54조)

ⓐ 납세의무자가 법정신고기한까지 과세표준 신고를 한 경우로서 신고하여야 할 납부세액보다 적게 신고(이하 "과소신고"라 한다)하거나 지방소득세 과세표준 신고를 하면서 환급받을 세액을 신고하여야 할 금액보다 많이 신고(이하 "초과환급신고"라 한다)한 경우에는 과소신고한 납부세액과 초과환급신고한 환급세액을 합한 금액(이 법과 지방세관계법에 따른 가산세와 가산하여 납부하여야 할 이자상당액이 있는 경우 그 금액은 제외하며, 이하 "과소신고납부세액 등"이라 한다)의 100분의 10에 상당하는 금액을 가산세로 부과한다(지방세기본법 제54조 제1항).

ⓑ ⓐ에도 불구하고 사기나 그 밖의 부정한 행위로 과소신고하거나 초과환급신고한 경우에는 다음의 금액을 합한 금액을 가산세로 부과한다(지방세기본법 제54조 제2항).

1. 사기나 그 밖의 부정한 행위로 인한 과소신고납부세액 등(이하 "부정과소신고납부세액 등"이라 한다) 세액의 100분의 40에 상당하는 금액
2. 과소신고납부세액 등에서 부정과소신고납부세액 등을 뺀 금액의 100분의 10에 상당하는 금액

② **납부지연가산세**(지방세기본법 제55조)

납세의무자(연대납세의무자, 제2차 납세의무자 및 보증인을 포함한다)가 납부기한까지 지방세를 납부하지 아니하거나 납부하여야 할 세액보다 적게 납부("과소납부"라 한다)하거나 환급받아야 할 세액보다 많이 환급("초과환급"이라 한다)받은 경우에는 다음의 계산식에 따라 산출한 금액을 합한 금액을 가산세로 부과한다. 이 경우 ㉠ 및 ㉡의 가산세는 납부하지 아니한 세액, 과소납부분(납부하여야 할 금액에 미달하는 금액을 말한다) 세액 또는 초과환급분(환급받아야 할 세액을 초과하는 금액을 말한다) 세액의 100분의 75에 해당하는 금액을 한도로 하고, ㉣의 가산세를 부과하는 기간은 60개월(1개월 미만은 없는 것으로 본다)을 초과할 수 없다(지방세기본법 제55조 제1항).

㉠ 과세표준과 세액을 지방자치단체에 신고납부하는 지방세의 법정납부기한까지 납부하지 아니한 세액 또는 과소납부분 세액(지방세관계법에 따라 가산하여 납부하여야 할 이자상당액이 있는 경우 그 금액을 더한다) × 법정납부기한의 다음 날부터 자진납부일 또는 납세고지일까지의 일수 × 금융회사 등이 연체대출금에 대하여 적용하는 이자율 등을 고려하여 대통령령으로 정하는 이자율

㉡ 초과환급분 세액(지방세관계법에 따라 가산하여 납부하여야 할 이자상당액이 있는 경우 그 금액을 더한다) × 환급받은 날의 다음 날부터 자진납부일 또는 납세고지일까지의 일수 × 금융회사 등이 연체대출금에 대하여 적용하는 이자율 등을 고려하여 대통령령으로 정하는 이자율

㉢ 납세고지서에 따른 납부기한까지 납부하지 아니한 세액 또는 과소납부분 세액(지방세관계법에 따라 가산하여 납부하여야 할 이자상당액이 있는 경우 그 금액을 더하고, 가산세는 제외한다) × 100분의 3

㉣ 다음 계산식에 따라 납세고지서에 따른 납부기한이 지난 날부터 1개월이 지날 때마다 계산한 금액. 다만, 납세고지서별·세목별 세액이 45만원 미만인 경우에는 적용하지 아니한다(지방세기본법 제55조 제4항).

> 납부하지 아니한 세액 또는 과소납부분 세액(지방세관계법에 따라 가산하여 납부하여야 할 이자상당액이 있는 경우 그 금액을 더하고, 가산세는 제외한다) × 금융회사 등이 연체대출금에 대하여 적용하는 이자율 등을 고려하여 대통령령으로 정하는 이자율

⑸ **중가산세**(지방세법 제21조 제2항)

① 납세의무자가 취득세 과세물건을 사실상 취득한 후 신고를 하지 아니하고 매각하는 경우에는 산출세액에 100분의 80을 가산한 금액을 세액으로 하여 보통징수의 방법으로 징수한다(지방세법 제21조 제2항).

② **중가산세에서 제외되는 대상**(지방세법시행령 제37조)

㉠ 취득세 과세물건 중 등기 또는 등록이 필요하지 아니하는 과세물건(골프 회원권, 승마 회원권, 콘도미니엄 회원권 및 종합체육시설 이용 회원권 및 요트 회원권은 제외한다)

㉡ 지목변경, 차량·기계장비 또는 선박의 종류변경, 주식 등의 취득 등 취득으로 보는 과세물건

⑹ **장부 등의 작성과 보존**

① 취득세 납세의무가 있는 법인은 대통령령으로 정하는 바에 따라 취득당시가액을 증명할 수 있는 장부와 관련 증거서류를 작성하여 갖춰 두어야 한다. 이 경우 다음 각 호의 장부 및 증거서류를 포함하여야 한다(지방세법 제22조의2 제1항).

㉠ 사업의 재산 상태와 그 거래내용의 변동을 기록한 장부 및 증거서류

㉡ 「신탁법」에 따른 수탁자가 위탁자로부터 취득세 과세대상 물건의 취득과 관련하여 지급받은 신탁수수료와 그 밖의 대가가 있는 경우 이를 종류·목적·용도별로 구분하여 기록한 장부 및 증거서류

② 지방자치단체의 장은 취득세 납세의무가 있는 법인이 ①에 따른 의무를 이행하지 아니하는 경우에는 산출된 세액 또는 부족세액의 100분의 10에 상당하는 금액을 징수하여야 할 세액에 가산한다(지방세법 제22조의2 제2항).

⑺ **기한 후 신고**

① 법정신고기한까지 과세표준 신고서를 제출하지 아니한 자는 지방자치단체의 장이 「지방세법」에 따라 그 지방세의 과세표준과 세액(「지방세기본법」 및 「지방세법」에 따른 가산세를 포함)을 결정하여 통지하기 전에는 납기 후의 과세표준 신고서(기한 후 신고서)를 제출할 수 있다(지방세기본법 제51조 제1항).

② 위 ①에 따라 기한 후 신고서를 제출한 자로서 지방세관계법에 따라 납부하여야 할 세액이 있는 자는 그 세액을 납부하여야 한다(지방세기본법 제51조 제2항).

③ 기한 후 신고시 가산세 감면(무신고가산세만 해당하며, 지방자치단체의 장이 과세표준과 세액을 결정할 것을 미리 알고 기한 후 신고서를 제출한 경우는 제외한다)(지방세기본법 제57조 제2항 제2호). 지방자치단체의 장은 다음의 어느 하나에 해당하는 경우에는 지방세기본법 또는 지방세관계법에 따른 해당 가산세액에서 다음의 구분에 따른 금액을 감면한다.

㉠ 법정신고기한이 지난 후 1개월 이내에 기한 후 신고를 한 경우: 해당 가산세액의 100분의 50에 상당하는 금액

㉡ 법정신고기한이 지난 후 1개월 초과 3개월 이내에 기한 후 신고를 한 경우: 해당 가산세액의 100분의 30에 상당하는 금액

㉢ 법정신고기한이 지난 후 3개월 초과 6개월 이내에 기한 후 신고를 한 경우: 해당 가산세액의 100분의 20에 상당하는 금액

(8) 수정신고

① 「지방세법」 또는 지방세관계법에 따른 법정신고기한까지 과세표준 신고서를 제출한 자 및 납기 후의 과세는 다음의 어느 하나에 해당할 때에는 지방자치단체의 장이 지방세관계법에 따라 그 지방세의 과세표준과 세액을 결정하거나 경정하여 통지하기 전으로서 제38조 제1항부터 제3항까지의 규정에 따른 기간이 끝나기 전까지는 과세표준 수정신고서를 제출할 수 있다(지방세기본법 제49조 제1항).

㉠ 과세표준 신고서 또는 납기 후의 과세표준 신고서에 기재된 과세표준 및 세액이 지방세관계법에 따라 신고하여야 할 과세표준 및 세액보다 적을 때

㉡ 과세표준 신고서 또는 납기 후의 과세표준 신고서에 기재된 환급세액이 지방세관계법에 따라 신고하여야 할 환급세액을 초과할 때

㉢ 그 밖에 특별징수의무자의 정산과정에서 누락 등이 발생하여 그 과세표준 및 세액이 지방세관계법에 따라 신고하여야 할 과세표준 및 세액 등보다 적을 때

② 위 ①에 따른 수정신고로 인하여 추가납부세액이 발생한 경우에는 그 수정신고를 한 자는 추가납부세액을 납부하여야 한다(지방세기본법 제49조 제2항).

③ **수정신고에 따른 가산세 감면**

㉠ 지방자치단체의 장은 다음의 어느 하나에 해당하는 경우에는 지방세기본법 또는 지방세관계법에 따른 해당 가산세액에서 다음의 구분에 따른 금액을 감면한다[과소신고가산세만 해당하며, 지방자치단체의 장이 과세표준과 세액을 경정할 것을 미리 알고 과세표준수정신고서를 제출한 경우는 제외한다(지방세기본법 제57조 제2항 제1호)].

㉡ 수정신고에 따른 과소신고 가산세 감면(지방세기본법 제57조 제2항 제1호)

ⓐ 법정신고기한이 지난 후 1개월 이내에 수정신고한 경우: 해당 가산세액의 100분의 90에 상당하는 금액

ⓑ 법정신고기한이 지난 후 1개월 초과 3개월 이내에 수정신고한 경우: 해당 가산세액의 100분의 75에 상당하는 금액

ⓒ 법정신고기한이 지난 후 3개월 초과 6개월 이내에 수정신고한 경우: 해당 가산세액의 100분의 50에 상당하는 금액

ⓓ 법정신고기한이 지난 후 6개월 초과 1년 이내에 수정신고한 경우: 해당 가산세액의 100분의 30에 상당하는 금액

ⓔ 법정신고기한이 지난 후 1년 초과 1년 6개월 이내에 수정신고한 경우: 해당 가산세액의 100분의 20에 상당하는 금액

ⓕ 법정신고기한이 지난 후 1년 6개월 초과 2년 이내에 수정신고한 경우: 해당 가산세액의 100분의 10에 상당하는 금액

(9) 경정 등의 청구

「지방세법」 또는 지방세관계법에 따른 과세표준신고서를 법정신고기한까지 제출한 자 및 납기 후의 과세표준 신고서를 제출한 자는 다음의 어느 하나에 해당할 때에는 법정신고기한이 지난 후 5년 이내[「지방세법」에 따른 결정 또는 경정이 있는 경우에는 그 결정 또는 경정이 있음을 안 날(결정 또는 경정의 통지를 받았을 때에는 통지받은 날)부터 90일 이내(법정신고기한이 지난 후 5년 이내로 한정한다)를 말한다]에 최초 신고와 수정신고를 한 지방세의 과세표준 및 세액(「지방세법」에 따른 결정 또는 경정이 있는 경우에는 그 결정 또는 경정 후의 과세표준 및 세액 등을 말한다)의 결정 또는 경정을 지방자치단체의 장에게 청구할 수 있다(지방세기본법 제50조 제1항).

① 과세표준 신고서 또는 납기 후의 과세표준 신고서에 기재된 과세표준 및 세액(「지방세법」에 따른 결정 또는 경정이 있는 경우에는 그 결정 또는 경정 후의 과세표준 및 세액을 말한다)이 「지방세법」에 따라 신고하여야 할 과세표준 및 세액을 초과할 때

② 과세표준 신고서 또는 납기 후의 과세표준 신고서에 기재된 환급세액(「지방세법」에 따른 결정 또는 경정이 있는 경우에는 그 결정 또는 경정 후의 환급세액을 말한다)이 「지방세법」에 따라 신고하여야 할 환급세액보다 적을 때

③ 면세점

면세점 제도는 납세의무자의 영세부담의 배제와 과세업무의 번잡을 피하기 위하여 과세표준이 일정금액·수량 이하인 과세대상에 대하여는 과세를 제외하는 제도이다(지방세법 제17조).

(1) 취득가액이 50만원 이하일 때에는 취득세를 부과하지 아니한다(지방세법 제17조 제1항).

(2) 토지나 건축물을 취득한 자가 그 취득한 날부터 1년 이내에 그에 인접한 토지나 건축물을 취득한 경우에는 각각 그 전후의 취득에 관한 토지나 건축물의 취득을 1건의 토지 취득 또는 1구의 건축물 취득으로 보아 면세점을 적용한다(지방세법 제17조 제2항).

④ 부가세

(1) **농어촌특별세**(농어촌특별세법 제5조 제1항)

① **원칙**: 취득세의 표준세율을 100분의 2(2%)로 적용하여 산출한 취득세액의 100분의 10(10%)에 해당하는 농어촌특별세를 부과한다(농어촌특별세법 제5조 제1항 제6호).

② **예외**: 취득세를 감면받는 경우에는 취득세 감면세액의 100분의 20(20%)에 해당하는 농어촌특별세를 부과한다(농어촌특별세법 제5조 제1항 제1호).

③ **비과세**

㉠ 대통령령으로 정하는 서민주택에 대한 취득세 또는 등록에 대한 등록면허세의 감면(농어촌특별세법 제4조 제9호)

㉡ 대통령령으로 정한 서민주택 및 농가주택에 대한 취득세(농어촌특별세법 제4조 제11호)

(2) **지방교육세**(지방세법 제151조 제1항 제1호)

① **(주택+유상)이 아닌 경우**: 취득물건(세율의 특례 중 중과기준세율 적용 대상은 제외)에 대하여 과세표준에 표준세율에서 1천분의 20(2%)을 뺀 세율을 적용하여 산출한 금액의 100분의 20(20%)에 해당하는 지방교육세를 부과한다.

② **(주택+유상)인 경우**: 유상거래를 원인으로 주택을 취득하는 경우에는 해당 세율에 100분의 50을 곱한 세율을 적용하여 산출한 금액의 100분의 20(20%)에 해당하는 지방교육세를 부과한다.

예제

지방세법상 취득세의 부과·징수에 관한 설명으로 틀린 것은? 제25회

① 납세의무자가 취득세 과세물건을 사실상 취득한 후 취득세 신고를 하지 아니하고 매각하는 경우에는 산출세액에 100분의 50을 가산한 금액을 세액으로 하여 보통징수의 방법으로 징수한다.

② 재산권을 공부에 등기하려는 경우에는 등기하기 전까지 취득세를 신고납부하여야 한다.

③ 등기·등록관서의 장은 취득세가 납부되지 아니하였거나 납부부족액을 발견하였을 때에는 다음 달 10일까지 납세지를 관할하는 시장·군수에게 통보하여야 한다.

④ 취득세 납세의무자가 신고 또는 납부의무를 다하지 아니하면 산출세액 또는 그 부족세액에 「지방세기본법」의 규정에 따라 산출한 가산세를 합한 금액을 세액으로 하여 보통징수의 방법으로 징수한다.

⑤ 지방자치단체의 장은 취득세 납세의무가 있는 법인이 장부 등의 작성과 보존의무를 이행하지 아니한 경우에는 산출된 세액 또는 부족세액의 100분의 10에 상당하는 금액을 징수하여야 할 세액에 가산한다.

해설 ① 납세의무자가 취득세 과세물건을 사실상 취득한 후 신고를 하지 아니하고 매각하는 경우에는 산출세액에 100분의 80을 가산한 금액을 세액으로 하여 보통징수의 방법으로 징수한다. 다만, 등기·등록이 필요하지 아니한 과세물건 등 대통령령으로 정하는 과세물건에 대하여는 그러하지 아니하다[지방세법 제21조(부족세액의 추징 및 가산세)].

정답 ①

09 취득세의 비과세 제31회, 제35회

1 국가 등에 대한 비과세

(1) 국가 또는 지방자치단체(다른 법률에서 국가 또는 지방자치단체로 의제되는 법인은 제외한다), 「지방자치법」 제176조 제1항에 따른 지방자치단체조합(이하 "지방자치단체조합"이라 한다), 외국정부 및 주한국제기구의 취득에 대해서는 취득세를 부과하지 아니한다. 다만, 대한민국 정부기관의 취득에 대하여 과세하는 외국정부의 취득에 대해서는 취득세를 부과한다(지방세법 제9조 제1항).

(2) 국가, 지방자치단체 또는 지방자치단체조합("국가 등"이라 한다)에 귀속 또는 기부채납(「사회기반시설에 대한 민간투자법」에 따른 방식으로 귀속되는 경우를 포함한다. 이하 "귀속 등"이라 한다)을 조건으로 취득하는 부동산 및 「사회기반시설에 대한 민간투자법」에 해당하는 사회기반시설에 대해서는 취득세를 부과하지 아니한다. 다만, 다음의 어느 하나에 해당하는 경우에는 그 해당 부분에 대해서는 취득세를 부과한다(지방세법 제9조 제2항).

① 국가 등에 귀속 등의 조건을 이행하지 아니하고 타인에게 매각·증여하거나 귀속 등을 이행하지 아니하는 것으로 조건이 변경된 경우

② 국가 등에 귀속 등의 반대급부로 국가 등이 소유하고 있는 부동산 및 사회기반시설을 무상으로 양여받거나 기부채납 대상물의 무상사용권을 제공받는 경우

2 기타 소유권 취득에 대한 비과세

(1) 신탁(「신탁법」에 따른 신탁으로서 신탁등기가 병행되는 것만 해당)으로 인한 신탁재산의 취득으로서 다음의 어느 하나에 해당하는 경우에는 취득세를 부과하지 아니한다. 다만, 신탁재산의 취득 중 주택조합 등과 조합원 간의 부동산 취득 및 주택조합 등의 비조합원용 부동산 취득은 제외한다(지방세법 제9조 제3항).

① 위탁자로부터 수탁자에게 신탁재산을 이전하는 경우

② 신탁의 종료로 인하여 수탁자로부터 위탁자에게 신탁재산을 이전하는 경우

③ 수탁자가 변경되어 신수탁자에게 신탁재산을 이전하는 경우

(2) 「징발재산정리에 관한 특별조치법」 또는 「국가보위에 관한 특별조치법 폐지법률」 부칙 제2항에 따른 동원대상지역 내의 토지의 수용·사용에 관한 환매권의 행사로 매수하는 부동산의 취득에 대하여는 취득세를 부과하지 아니한다(지방세법 제9조 제4항).

(3) 임시흥행장, 공사현장사무소 등(사치성 재산은 제외) 임시건축물의 취득에 대하여는 취득세를 부과하지 아니한다. 다만, 존속기간이 1년을 초과하는 경우에는 취득세를 부과한다(지방세법 제9조 제5항).

(4) 「주택법」에 따른 공동주택의 개수(「건축법」 제2조 제1항 제9호에 따른 대수선은 제외)로 인한 취득 중 대통령령으로 정하는 가액 이하의 주택과 관련된 개수로 인한 취득에 대해서는 취득세를 부과하지 아니한다(지방세법 제9조 제6항).

공동주택 개수에 대한 취득세의 비과세 범위

"대통령령으로 정하는 가액 이하의 주택"이란 개수로 인한 취득 당시 주택의 시가표준액이 9억원 이하인 주택을 말한다(지방세법시행령 제12조의2).

(5) 다음 각 호의 어느 하나에 해당하는 차량에 대해서는 상속에 따른 취득세를 부과하지 아니한다(지방세법 제9조 제7항).

① 상속개시 이전에 천재지변・화재・교통사고・폐차・차령초과(車齡超過) 등으로 사용할 수 없게 된 차량으로서 대통령령으로 정하는 차량

② 차령초과로 사실상 차량을 사용할 수 없는 경우 등 대통령령으로 정하는 사유로 상속으로 인한 이전등록을 하지 아니한 상태에서 폐차함에 따라 상속개시일부터 3개월 이내에 말소등록된 차량

예 제

1. 지방세법상 취득세가 부과되지 않는 것은? 제30회

① 「주택법」에 따른 공동주택의 개수(「건축법」에 따른 대수선 제외)로 인한 취득 중 개수로 인한 취득 당시 주택의 시가표준액이 9억원 이하인 경우
② 형제간에 부동산을 상호교환한 경우
③ 직계존속으로부터 거주하는 주택을 증여받은 경우
④ 파산선고로 인하여 처분되는 부동산을 취득한 경우
⑤ 「주택법」에 따른 주택조합이 해당 조합원용으로 조합주택용 부동산을 취득한 경우

해설 ① 「주택법」에 따른 공동주택의 개수(「건축법」에 따른 대수선 제외)로 인한 취득 중 개수로 인한 취득 당시 주택의 시가표준액이 9억원 이하인 경우에 대해서는 취득세를 부과하지 아니한다. 정답 ①

2. 지방세법상 신탁(「신탁법」에 따른 신탁으로서 신탁등기가 병행되는 것임)**으로 인한 신탁재산의 취득으로서 취득세를 부과하는 경우는 모두 몇 개인가?** 제29회

㉠ 위탁자로부터 수탁자에게 신탁재산을 이전하는 경우 ㉡ 신탁의 종료로 인하여 수탁자로부터 위탁자에게 신탁재산을 이전하는 경우 ㉢ 수탁자가 변경되어 신수탁자에게 신탁재산을 이전하는 경우 ㉣ 「주택법」에 따른 주택조합이 비조합원용 부동산을 취득하는 경우

① 0개 ② 1개 ③ 2개
④ 3개 ⑤ 4개

해설 1. 취득세를 부과하는 경우: ㉣(1개)
㉣ 「주택법」에 따른 주택조합이 비조합원용 부동산을 취득하는 경우: 취득세 과세
2. 취득세를 부과하지 않는 경우(= 비과세): ㉠㉡㉢(3개)
㉠ 위탁자로부터 수탁자에게 신탁재산을 이전하는 경우: 취득세 비과세
㉡ 신탁의 종료로 인하여 수탁자로부터 위탁자에게 신탁재산을 이전하는 경우: 취득세 비과세
㉢ 수탁자가 변경되어 신수탁자에게 신탁재산을 이전하는 경우: 취득세 비과세 정답 ②

3. 지방세법상 취득세에 관한 설명으로 틀린 것은? 제32회

① 「도시 및 주거환경정비법」에 따른 재건축조합이 재건축 사업을 하면서 조합원으로부터 취득하는 토지 중 조합원에게 귀속되지 아니하는 토지를 취득하는 경우에는 같은 법에 따른 소유권이전 고시일의 다음 날에 그 토지를 취득한 것으로 본다.

② 취득세 과세물건을 취득한 후에 그 과세물건이 중과세율의 적용대상이 되었을 때에는 취득한 날부터 60일 이내에 중과세율을 적용하여 산출한 세액에서 이미 납부한 세액(가산세 포함)을 공제한 금액을 신고하고 납부하여야 한다.

③ 대한민국 정부기관의 취득에 대하여 과세하는 외국정부의 취득에 대해서는 취득세를 부과한다.

④ 상속으로 인한 취득의 경우에는 상속개시일에 취득한 것으로 본다.

⑤ 부동산의 취득은 「민법」 등 관계 법령에 따른 등기·등록 등을 하지 아니한 경우라도 사실상 취득하면 취득한 것으로 본다.

해설 ② 취득세 과세물건을 취득한 후에 그 과세물건이 중과세율의 적용대상이 되었을 때에는 취득한 날부터 60일 이내에 중과세율을 적용하여 산출한 세액에서 이미 납부한 세액(가산세 제외)을 공제한 금액을 신고하고 납부하여야 한다.

정답 ②

Chapter

02 등록면허세

단원 열기

등록면허세는 등록에 대한 등록면허세와 면허에 대한 등록면허세로 구분한다. 이 중 공인중개사시험에는 등록에 대한 등록면허세가 출제되고 있고, 출제비중은 1문제 정도로 종합문제 형태로 출제되고 있다. 따라서 학습방법은 전체적인 흐름을 파악하고 각 부분의 키포인트 위주로 정리해야 한다.

01 총 칙

1 등록면허세의 정의

(1) 등록면허세는 등록에 대한 등록면허세와 면허에 대한 등록면허세로 구분한다. 등록에 대한 등록면허세란 재산권과 그 밖의 권리의 설정·변경 또는 소멸에 관한 사항을 공부에 등기하거나 등록하는 경우 과세된다. 면허에 대한 등록면허세는 각종 법령에 규정된 면허·허가·인가·등록·지정·검사·검열·심사 등 특정한 영업설비 또는 행위에 대한 권리의 설정, 금지의 해제 또는 신고의 수리(受理) 등 행정청의 행위(법률의 규정에 따라 의제되는 행위를 포함한다)에 대하여 과세된다. 수험 목적상 등록에 대한 등록면허세에 중점을 두어 학습하여야 한다.

(2) "등록"이란 재산권과 그 밖의 권리의 설정·변경 또는 소멸에 관한 사항을 공부에 등기하거나 등록하는 것을 말한다. 다만, 취득을 원인으로 이루어지는 등기 또는 등록은 제외하되, 다음의 어느 하나에 해당하는 등기나 등록은 포함한다(지방세법 제23조 제1호).

① 광업권·어업권 및 양식업권의 취득에 따른 등록

② 외국인 소유의 취득세 과세대상 물건(차량, 기계장비, 항공기 및 선박만 해당한다)의 연부 취득에 따른 등기 또는 등록

③ 「지방세기본법」 제38조에 따른 취득세 부과제척기간이 경과한 물건의 등기 또는 등록

④ 제17조(면세점)에 해당하는 물건의 등기 또는 등록

지방세법 기본통칙 23-1 【재산권 등의 정의】 「재산권」이라 함은 금전적 가치가 있는 물권·채권·무체재산권 등을 지칭하는 것이며, 「그 밖의 권리」라 함은 재산 이외의 권리로서 「부동산등기법」 등 기타 관계법령의 규정에 의하여 등기·등록하는 것을 말한다.

지방세법 기본통칙 23-2 【납세의무가 있는 경우】 1. 등기·등록이 된 이후 법원의 판결 등에 의해 그 등기 또는 등록이 무효 또는 취소가 되어 등기·등록이 말소된다 하더라도 이미 납부한 등록면허세는 과오납으로 환급할 수 없다.

2. 지방세 체납처분으로 그 소유권을 국가 또는 지방자치단체명의로 이전하는 경우에 이미 그 물건에 전세권, 가등기, 압류등기 등으로 되어 있는 것을 말소하는 대위적 등기와 성명의 복구나 소유권의 보존 등 일체의 채권자 대위적 등기에 대하여는 그 소유자가 등록면허세를 납부하여야 한다.

예제

지방세법상 등록면허세가 과세되는 등록 또는 등기가 아닌 것은? (단, 2025년 1월 1일 이후 등록 또는 등기한 것으로 가정함) 제29회 수정

① 광업권의 취득에 따른 등록
② 외국인 소유의 선박을 직접 사용하기 위하여 연부취득 조건으로 수입하는 선박의 등록
③ 취득세 부과제척기간이 경과한 주택의 등기
④ 취득가액이 50만원 이하인 차량의 등록
⑤ 계약상의 잔금지급일을 2025년 12월 1일로 하는 부동산(취득가액 1억원)의 소유권이전등기

해설 ⑤ 계약상의 잔금지급일을 2025년 12월 1일로 하는 부동산(취득가액 1억원)의 소유권이전등기: 취득세 과세
① 광업권의 취득에 따른 등록: 등록면허세 과세
② 외국인 소유의 선박을 직접 사용하기 위하여 연부취득 조건으로 수입하는 선박의 등록: 등록면허세 과세
③ 취득세 부과제척기간이 경과한 주택의 등기: 등록면허세 과세
④ 취득가액이 50만원 이하인 차량의 등록: 등록면허세 과세 ▶정답 ⑤

2 등록에 대한 등록면허세의 특징

(1) 등록에 대한 등록면허세의 납세의무 성립시기는 재산권과 그 밖의 권리를 등기하거나 등록하는 때이다(지방세기본법 제34조 제1항 제2호).

(2) 등록에 대한 등록면허세는 납세의무자가 과세표준과 세액을 지방자치단체에 신고하는 때에 확정된다(지방세기본법 제35조 제1항 제1호).

(3) 등록에 대한 등록면허세는 지방세로서 도·구세에 해당한다.

(4) 등록을 하려는 자는 과세표준에 세율을 적용하여 산출한 세액을 등록을 하기 전까지 납세지를 관할하는 지방자치단체의 장에게 신고하고 납부하여야 한다.

(5) 신고납부 불이행시 신고불성실 가산세(40%, 20%, 10%)와 납부불성실 가산세(1일 1십만분의 22)가 부과된다.

(6) 과세표준은 등록 당시의 가액으로 하는 종가세와 건수에 의한 종량세로 구분된다.

(7) 세율은 정률세율(차등비례세율)과 정액세율로 구분되며, 표준세율(±50%), 중과세율을 적용한다.

(8) 세액이 6천원 미만일 때에는 6천원으로 한다(최저세액).

(9) 보통세, 유통과세, 행위세(등록행위), 응능과세, 물세(개별과세)에 해당한다.

(10) 외형적으로 정당한 절차에 의하여 등기·등록을 한 형식적 요건만 갖추면 등록면허세가 부과되는 형식주의 조세이며 수수료적 성격을 지닌 조세이다.

3 납세의무자 제32회

1. 등록에 대한 등록면허세의 납세의무자

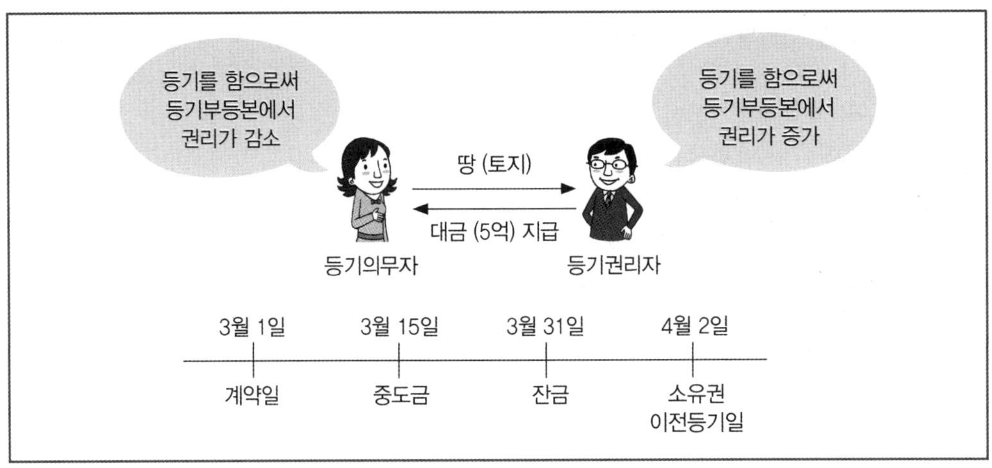

(1) 재산권 등 권리의 설정 · 변경 · 소멸에 관한 사항을 공부에 등록하는 경우에는 등록을 하는 자(등기권리자)는 등록면허세를 납부할 의무를 진다(지방세법 제24조 제1호).

핵심 다지기

등기권리자와 등기의무자

1. **등기권리자**
   등기를 함으로써 등기부상 권리를 취득하거나 또는 그 권리가 증대되는 자를 말한다.
2. **등기의무자**
   등기를 함으로써 등기부상 권리를 상실하거나 또는 그 권리가 감축되는 자를 말한다.

지방세법 기본통칙 24-1【납세의무자】「등록을 하는 자」란 재산권 기타 권리의 설정 · 변경 또는 소멸에 관한 사항을 공부에 등기 또는 등록을 받는 등기 · 등록부상에 기재된 명의자(등기권리자)를 말한다.

① **저당권설정**: 저당권자

② **지역권설정**: 지역권자

③ **전세권설정**: 전세권자

④ **지상권설정**: 지상권자

(2) 수인이 공동으로 받은 경우에는 공동수인이 연대납세의무자가 된다.

넓혀 보기

명의자 과세원칙

등록면허세는 실질과세원칙의 예외로서 명의자 과세원칙이 적용된다. 따라서 등기 또는 등록의 원인행위가 무효 또는 취소되어 그 등기 또는 등록이 말소되었다 하더라도 당초에 성립된 등록면허세의 납세의무는 소멸되지 않으며, 그 등기 또는 등록을 받은 자는 등록면허세를 납부하여야 한다(대판 1983.2.22, 82누509).

부동산등기 특별조치법 제2조【소유권이전등기 등 신청의무】 ① 부동산의 소유권이전을 내용으로 하는 계약을 체결한 자는 다음 각 호의 1에 정하여진 날부터 60일 이내에 소유권이전등기를 신청하여야 한다. 다만, 그 계약이 취소·해제되거나 무효인 경우에는 그러하지 아니하다.
1. 계약의 당사자가 서로 대가적인 채무를 부담하는 경우에는 반대급부의 이행이 완료된 날
2. 계약당사자의 일방만이 채무를 부담하는 경우에는 그 계약의 효력이 발생한 날

부동산등기 특별조치법 제11조【과태료】 ① 등기권리자가 상당한 사유 없이 제2조 각 항의 규정에 의한 등기신청을 해태한 때에는 그 해태한 날 당시의 부동산에 대하여 「지방세법」 제10조의 과세표준에 같은 법 제11조 제1항의 표준세율(같은 법 제14조에 따라 조례로 세율을 달리 정하는 경우에는 그 세율을 말한다)에서 1천분의 20을 뺀 세율(같은 법 제11조 제1항 제8호의 경우에는 1천분의 20의 세율)을 적용하여 산출한 금액(같은 법 제13조 제2항·제3항·제6항 또는 제7항에 해당하는 경우에는 그 금액의 100분의 300)의 5배 이하에 상당하는 금액의 과태료에 처한다. 다만, 부동산 실권리자명의 등기에 관한 법률 제10조 제1항의 규정에 의하여 과징금을 부과한 경우에는 그러하지 아니하다.
② 제1항의 규정에 의한 과태료의 금액을 정함에 있어서 해태기간, 해태사유, 목적부동산의 가액 등을 참작하여야 한다.

2. 면허에 대한 등록면허세의 납세의무자

면허를 받는 자(변경면허를 받는 자를 포함)에게 납세의무가 있다. 이 경우 납세의무자는 그 면허의 종류마다 등록면허세를 납부하여야 한다(지방세법 제24조 제2호).

02 등록에 대한 등록면허세의 과세표준 제31회, 제34회

등록에 대한 등록면허세의 과세표준은 등록 당시의 가액으로 하는 '종가세'와 건수에 의한 '종량세'로 구분한다.

1 부동산가액에 따른 과세표준

(1) 부동산, 선박, 항공기, 자동차 및 건설기계의 등록에 대한 등록면허세(이하 이 절에서 "등록면허세"라 한다)의 과세표준은 등록 당시의 가액으로 한다(지방세법 제27조 제1항).

(2) 제1항에 따른 과세표준은 조례로 정하는 바에 따라 등록자의 신고에 따른다. 다만, 신고가 없거나 신고가액이 제4조에 따른 시가표준액보다 적은 경우에는 시가표준액을 과세표준으로 한다(지방세법 제27조 제2항).

(3) 제2항에도 불구하고 제23조 제1호 각 목에 따른 취득을 원인으로 하는 등록의 경우 다음 각 호의 구분에 따른 가액을 과세표준으로 한다. 다만, 등록 당시에 자산재평가 또는 감가상각 등의 사유로 그 가액이 달라진 경우에는 변경된 가액을 과세표준으로 한다(지방세법 제27조 제3항).

① **제23조 제1호 가목 · 나목 및 라목에 따른 취득을 원인으로 하는 등록의 경우**: 제10조의2부터 제10조의6까지에서 정하는 취득당시가액

② **제23조 제1호 다목에 따른 취득을 원인으로 하는 등록의 경우**: 제1항에 따른 등록 당시의 가액과 제10조의2부터 제10조의6까지에서 정하는 취득당시가액 중 높은 가액

넓혀 보기

과세표준의 적용(지방세법시행령 제42조)

1. 자산재평가 또는 감가상각 등의 사유로 변경된 가액을 과세표준으로 할 경우에는 등기일 또는 등록일 현재의 법인장부 또는 결산서 등으로 증명되는 가액을 과세표준으로 한다.
2. 주택의 토지와 건축물을 한꺼번에 평가하여 토지나 건축물에 대한 과세표준이 구분되지 아니하는 경우에는 한꺼번에 평가한 개별주택가격을 토지나 건축물의 가액 비율로 나눈 금액을 각각 토지와 건축물의 과세표준으로 한다.

지방세법 기본통칙 27-1 【과세표준의 범위】 등록면허세 신고서상의 금액과 공부상의 금액이 다를 경우에는 공부상의 금액을 과세표준으로 한다.

2 채권금액에 따른 과세표준

(1) 일정한 채권금액이 있을 경우에는 채권금액을 과세표준으로 한다.

(2) 일정한 채권금액이 없을 때에는 채권의 목적이 된 것의 가액 또는 처분의 제한의 목적이 된 금액(채권최고액)을 그 채권금액으로 본다(지방세법 제27조 제4항).

3 건수에 따른 과세표준

(1) 말소등기, 지목변경등기, 표시변경등기, 건축물 구조변경등기 등은 매 1건을 과세표준으로 하여 등록면허세를 부과하며 이에 대하여 일정액의 금액을 부과하는 정액세율을 적용한다(지방세법 제28조 제1항).

(2) 같은 채권을 위하여 담보물을 추가하는 등기 또는 등록에 대해서는 건수에 대한 등록면허세를 각각 부과한다(지방세법시행령 제47조).

지방세법시행령 제41조 【정 의】 3. "한 건"이란 등기 또는 등록대상 건수마다를 말한다. 「부동산등기법」 등 관계 법령에 따라 여러 개의 등기 · 등록대상을 한꺼번에 신청하여 등기 · 등록하는 경우에도 또한 같다.

4 기타 금액에 따른 과세표준

전세권은 전세금액, 부동산 임차권은 월 임대차금액, 지역권은 요역지가액에 따른다.

03 등록에 대한 등록면허세의 세율 제31회

등록면허세의 세율은 표준세율과 법령이 정한 중과세대상의 등록에 대하여 적용하는 중과세율로 구분할 수 있으며, 세율의 구조는 과세대상의 종류와 권리의 유형에 따라 차등적용하는 차등비례세율과 과세대상의 금액과 관계없이 일정한 금액으로 징수하는 정액세율로 되어있다.

1 등록에 대한 등록면허세의 표준세율

(1) 등록면허세는 등록에 대하여 과세표준에 다음에서 정하는 세율을 적용하여 계산한 금액을 그 세액으로 한다. 다만, 산출한 세액이 그 밖의 등기 또는 등록 세율보다 적을 때에는 그 밖의 등기 또는 등록 세율을 적용한다(지방세법 제28조 제1항 제1호).

구 분	등기원인		과세표준	세 율
소유권	소유권의 보존등기		부동산가액	1천분의 8
	소유권의 이전등기	유상이전	부동산가액	1천분의 20(주1)
		무상이전		1천분의 15 (상속: 1천분의 8)
지상권	설정 및 이전		부동산가액	1천분의 2
저당권	설정 및 이전		채권금액	1천분의 2
지역권	설정 및 이전		요역지가액	1천분의 2
전세권	설정 및 이전		전세금액	1천분의 2
임차권	설정 및 이전		월 임대차금액	1천분의 2
경매신청	설정 및 이전		채권금액	1천분의 2
가압류·가처분	설정 및 이전		채권금액	1천분의 2
가등기	설정 및 이전		부동산가액 또는 채권금액	1천분의 2
그 밖의 등기	–		매 1건당	6천원

- **주1**: 다만, 제11조 제1항 제8호(유상거래를 원인으로 주택을 취득하는 경우)에 따른 세율을 적용받는 주택의 경우에는 해당 주택의 취득세율에 100분의 50을 곱한 세율을 적용하여 산출한 금액을 그 세액으로 한다(지방세법 제28조 제1항 제1호 나목 단서).
- **저당권**: 지상권·전세권을 목적으로 등기하는 경우를 포함한다(지방세법 제28조 제1항 제1호 다목 2).
- **가압류·가처분**: 부동산에 관한 권리를 목적으로 등기하는 경우를 포함한다(지방세법 제28조 제1항 제1호 라목 2, 3).
- **가등기**: 부동산에 관한 권리를 목적으로 등기하는 경우를 포함한다(지방세법 제28조 제1항 제1호 라목 4).

넓혀 보기

탄력세율

지방자치단체의 장은 조례로 정하는 바에 따라 등록면허세의 세율을 표준세율의 100분의 50의 범위에서 가감할 수 있다(지방세법 제28조 제6항).

넓혀 보기

소유권보존 및 소유권이전 등기

등록면허세는 소유권 이외 권리의 등록에 대하여 과세하는 조세로서 원칙적으로 소유권보존 및 소유권이전등기는 등록면허세의 대상이 될 수 없다. 이 규정은 2010년 12월 31일 이전에 취득하여 취득세는 납부하였지만 소유권보존 및 이전등기를 하지 아니한 토지, 건축물 등을 2011년 1월 1일 이후 소유권보존 및 이전등기하는 경우에 적용한다.

(2) 세율 적용시 유의사항

① 부동산 등기의 산출한 세액이 해당 각 호의 그 밖의 등기 또는 등록 세율보다 적을 때에는 그 밖의 등기 또는 등록 세율을 적용한다(지방세법 제28조 제1항 단서).

② 등록에 대한 등록면허세에서 소유권등기는 취득세가 과세되는 취득을 원인으로 이루어지는 등기 또는 등록을 제외한 등기만이 그 대상이 된다.

2 등록에 대한 등록면허세의 중과세율

다음에 해당하는 등기를 할 때에는 그 세율을 법에서 규정한 해당 세율(법에서 규정한 세율을 적용하여 산정된 세액이 6천원 미만일 때에는 6천원을, 산정된 세액이 11만2천500원 미만일 때에는 11만2천500원으로 한다)의 100분의 300으로 한다(지방세법 제28조 제2항).

(1) 대도시지역 내 법인 등기 등의 중과세

① 대도시에서 법인을 설립(설립 후 또는 휴면법인을 인수한 후 5년 이내에 자본 또는 출자액을 증가하는 경우를 포함)하거나 지점이나 분사무소를 설치함에 따른 등기

② 대도시 밖에 있는 법인의 본점이나 주사무소를 대도시로 전입(전입 후 5년 이내에 자본 또는 출자액이 증가하는 경우를 포함)함에 따른 등기. 이 경우 전입은 법인의 설립으로 보아 세율을 적용한다.

☼ 대도시: 「수도권정비계획법」 제6조에 따른 과밀억제권역 중에서 「산업집적활성화 및 공장설립에 관한 법률」을 적용받는 산업단지를 제외한 지역을 말한다(지방세법 제13조 제2항).

③ **법인 등기 세율**(지방세법 제28조 제1항 제6호)

㉠ 상사회사, 그 밖의 영리법인의 설립 또는 합병으로 인한 존속법인

ⓐ 설립과 납입: 납입한 주식금액이나 출자금액 또는 현금 외의 출자가액의 1천분의 4(세액이 11만2천5백원 미만인 때에는 11만2천5백원으로 함)

ⓑ 자본증가 또는 출자증가: 납입한 금액 또는 현금 외의 출자가액의 1천분의 4

㉡ 비영리법인의 설립 또는 합병으로 인한 존속법인

ⓐ 설립과 납입: 납입한 출자총액 또는 재산가액의 1천분의 2

ⓑ 출자총액 또는 재산총액의 증가: 납입한 출자 또는 재산가액의 1천분의 2

㉢ 자산재평가적립금에 의한 자본 또는 출자금액의 증가 및 출자총액 또는 자산총액의 증가(「자산재평가법」에 따른 자본전입의 경우는 제외): 증가한 금액의 1천분의 1

㉣ 본점 또는 주사무소의 이전: 건당 11만2천5백원

㉤ 지점 또는 분사무소의 설치: 건당 4만2백원

㉥ 그 밖의 등기: 건당 4만2백원

(2) 중과세대상에서 제외되는 경우

① 대도시 중과 제외 업종

대도시에 설치가 불가피하다고 인정되는 업종으로서 대통령령으로 정하는 업종(이하 "대도시 중과 제외 업종"이라 한다)에 대해서는 그러하지 아니하다(지방세법 제28조 제2항 단서). 다만, 대도시 중과 제외 업종으로 법인 등기를 한 법인이 정당한 사유 없이 그 등기일부터 2년 이내에 대도시 중과 제외 업종 외의 업종으로 변경하거나 대도시 중과 제외 업종 외의 업종을 추가하는 경우 그 해당 부분에 대하여는 중과세를 적용한다(지방세법 제28조 제3항).

심화 학습 **대도시 법인 중과세의 예외**(지방세법시행령 제26조 제1항, 제44조)

1. 「사회기반시설에 대한 민간투자법」 제2조 제3호에 따른 사회기반시설사업(같은 조 제9호에 따른 부대사업을 포함한다)
2. 「한국은행법」 및 「한국수출입은행법」에 따른 은행업
3. 「해외건설촉진법」에 따라 신고된 해외건설업(해당 연도에 해외건설 실적이 있는 경우로서 해외건설에 직접 사용하는 사무실용 부동산만 해당한다) 및 「주택법」 제4조에 따라 국토교통부에 등록된 주택건설사업(주택건설용으로 취득한 후 3년 이내에 주택건설에 착공하는 부동산만 해당한다)
4. 「전기통신사업법」 제5조에 따른 전기통신사업
5. 「산업발전법」에 따라 산업통상자원부장관이 고시하는 첨단기술산업과 「산업집적활성화 및 공장설립에 관한 법률 시행령」 별표 1 제2호 마목에 따른 첨단업종
6. 「유통산업발전법」에 따른 유통산업, 「농수산물유통 및 가격안정에 관한 법률」에 따른 농수산물도매시장 · 농수산물공판장 · 농수산물종합유통센터 · 유통자회사 및 「축산법」에 따른 가축시장
7. 「여객자동차 운수사업법」에 따른 여객자동차운송사업 및 「화물자동차 운수사업법」에 따른 화물자동차운송사업과 「물류시설의 개발 및 운영에 관한 법률」 제2조 제3호에 따른 물류터미널사업 및 「물류정책기본법시행령」 제3조 및 별표 1에 따른 창고업
8. 정부출자법인 또는 정부출연법인(국가나 지방자치단체가 납입자본금 또는 기본재산의 100분의 20 이상을 직접 출자 또는 출연한 법인만 해당한다)이 경영하는 사업
9. 「의료법」 제3조에 따른 의료업

10. 개인이 경영하던 제조업(「소득세법」 제19조 제1항 제3호에 따른 제조업을 말한다). 다만, 행정안전부령으로 정하는 바에 따라 법인으로 전환하는 기업만 해당하며, 법인전환에 따라 취득한 부동산의 가액(법 제4조에 따른 시가표준액을 말한다)이 법인 전환 전의 부동산 가액을 초과하는 경우에 그 초과부분과 법인으로 전환한 날 이후에 취득한 부동산은 법 제13조 제2항 각 호 외의 부분 본문을 적용한다.
11. 「산업집적활성화 및 공장설립에 관한 법률 시행령」 별표 1 제3호 가목에 따른 자원재활용업종
12. 「소프트웨어 진흥법」 제2조 제3호에 따른 소프트웨어사업 및 같은 법 제61조에 따라 설립된 소프트웨어공제조합이 소프트웨어산업을 위하여 수행하는 사업
13. 「공연법」에 따른 공연장 등 문화예술시설운영사업
14. 「방송법」 제2조 제2호 · 제5호 · 제8호 · 제11호 및 제13호에 따른 방송사업 · 중계유선방송사업 · 음악유선방송사업 · 전광판방송사업 및 전송망사업
15. 「과학관의 설립 · 운영 및 육성에 관한 법률」에 따른 과학관시설운영사업
16. 「산업집적활성화 및 공장설립에 관한 법률」 제28조에 따른 도시형 공장을 경영하는 사업
17. 「벤처투자 촉진에 관한 법률」 제37조에 따라 등록한 벤처투자회사가 중소기업창업 지원을 위하여 수행하는 사업. 다만, 법인설립 후 1개월 이내에 같은 법에 따라 등록하는 경우만 해당한다.
18. 「한국광해광업공단법」에 따른 한국광해광업공단이 석탄산업합리화를 위하여 수행하는 사업
19. 「소비자기본법」 제33조에 따라 설립된 한국소비자원이 소비자 보호를 위하여 수행하는 사업
20. 「건설산업기본법」 제54조에 따라 설립된 공제조합이 건설업을 위하여 수행하는 사업
21. 「엔지니어링산업 진흥법」 제34조에 따라 설립된 공제조합이 그 설립 목적을 위하여 수행하는 사업
22. 「주택도시기금법」 제8조에 따라 설립된 대한주택보증주식회사가 주택건설업을 위하여 수행하는 사업
23. 「여신전문금융업법」 제2조 제12호에 따른 할부금융업
24. 「통계법」 제22조에 따라 통계청장이 고시하는 한국표준산업분류(이하 "한국표준산업분류"라 한다)에 따른 실내경기장 · 운동장 및 야구장 운영업
25. 「산업발전법」(법률 제9584호 산업발전법 전부개정법률로 개정되기 전의 것을 말한다) 제14조에 따라 등록된 기업구조조정전문회사가 그 설립 목적을 위하여 수행하는 사업. 다만, 법인 설립 후 1개월 이내에 같은 법에 따라 등록하는 경우만 해당한다.
26. 「지방세특례제한법」 제21조 제1항에 따른 청소년단체, 같은 법 제45조에 따른 학술단체 · 장학법인 및 같은 법 제52조에 따른 문화예술단체 · 체육단체가 그 설립 목적을 위하여 수행하는 사업
27. 「중소기업진흥에 관한 법률」 제69조에 따라 설립된 회사가 경영하는 사업
28. 「도시 및 주거환경정비법」 제35조 또는 「빈집 및 소규모주택 정비에 관한 특례법」 제23조에 따라 설립된 조합이 시행하는 「도시 및 주거환경정비법」 제2조 제2호의 정비사업 또는 「빈집 및 소규모주택 정비에 관한 특례법」 제2조 제1항 제3호의 소규모주택정비사업
29. 「방문판매 등에 관한 법률」 제38조에 따라 설립된 공제조합이 경영하는 보상금지급책임의 보험사업 등 같은 법 제37조 제1항 제3호에 따른 공제사업
30. 「한국주택금융공사법」에 따라 설립된 한국주택금융공사가 같은 법 제22조에 따라 경영하는 사업

31. 「민간임대주택에 관한 특별법」 제5조에 따라 등록을 한 임대사업자 또는 「공공주택 특별법」 제4조에 따라 지정된 공공주택사업자가 경영하는 주택임대사업
32. 「전기공사공제조합법」에 따라 설립된 전기공사공제조합이 전기공사업을 위하여 수행하는 사업
33. 「소방산업의 진흥에 관한 법률」 제23조에 따른 소방산업공제조합이 소방산업을 위하여 수행하는 사업
34. 「중소기업 기술혁신 촉진법」 제15조 및 같은 법 시행령 제13조에 따라 기술혁신형 중소기업으로 선정된 기업이 경영하는 사업. 다만, 법인의 본점·주사무소·지점·분사무소를 대도시 밖에서 대도시로 전입하는 경우는 제외한다.
35. 「주택법」에 따른 리모델링주택조합이 시행하는 같은 법 제66조 제1항 및 제2항에 따른 리모델링사업
36. 「공공주택 특별법」에 따른 공공매입임대주택(같은 법 제4조 제1항 제2호 및 제3호에 따른 공공주택사업자와 공공매입임대주택을 건설하는 사업자가 공공매입임대주택을 건설하여 양도하기로 2022년 12월 31일까지 약정을 체결하고 약정일부터 3년 이내에 건설에 착공하는 주거용 오피스텔로 한정한다)을 건설하는 사업
37. 「공공주택 특별법」 제4조 제1항에 따라 지정된 공공주택사업자가 같은 법에 따른 지분적립형 분양주택이나 이익공유형 분양주택을 공급·관리하는 사업

② 산업단지

「산업집적활성화 및 공장설립에 관한 법률」을 적용받는 산업단지 안에서 법인의 설립 등을 한 경우에는 중과세를 적용하지 아니한다(지방세법 제13조 제2항).

예 제

1. 지방세법상 부동산등기에 대한 등록면허세의 표준세율로 틀린 것은? (단, 표준세율을 적용하여 산출한 세액이 부동산등기에 대한 그 밖의 등기 또는 등록세율보다 크다고 가정함) 제28회

① 전세권 설정등기: 전세금액의 1천분의 2
② 상속으로 인한 소유권이전등기: 부동산가액의 1천분의 8
③ 지역권 설정 및 이전등기: 요역지 가액의 1천분의 2
④ 임차권 설정 및 이전등기: 임차보증금의 1천분의 2
⑤ 저당권 설정 및 이전등기: 채권금액의 1천분의 2

해설 ④ 임차권 설정 및 이전등기: 월 임대차금액의 1천분의 2 ◆ 정답 ④

2. 지방세법상 부동산 등기에 대한 등록면허세의 표준세율로서 틀린 것은? (단, 부동산 등기에 대한 표준세율을 적용하여 산출한 세액이 그 밖의 등기 또는 등록세율보다 크다고 가정하며, 중과세 및 비과세와 지방세특례제한법은 고려하지 않음) 제31회

① 소유권 보존: 부동산가액의 1천분의 8
② 가처분: 부동산가액의 1천분의 2
③ 지역권 설정: 요역지가액의 1천분의 2
④ 전세권 이전: 전세금액의 1천분의 2
⑤ 상속으로 인한 소유권 이전: 부동산가액의 1천분의 8

해설 ② 가처분: 채권금액의 1천분의 2(지방세법 제28조 제1항) ◆ 정답 ②

04 등록에 대한 등록면허세의 부과 · 징수 제33회

1 납세지

(1) 등기 또는 등록에 대한 등록면허세의 납세지

등록면허세는 등기 또는 등록일 현재 등기 또는 등록할 재산의 소재지나 등기 또는 등록권자의 주소지 · 해당 사무소 또는 영업소 등의 소재지를 관할하는 도 · 구에서 부과한다(지방세법 제25조 제1항).

(2) 등기 · 등록의 종류와 그에 따른 납세지

① **부동산등기**: 부동산 소재지

② **선박 등기 또는 등록**: 선적항 소재지

③ **자동차 등록**: 「자동차관리법」에 따른 등록지. 다만, 등록지가 사용본거지와 다른 경우에는 사용본거지를 납세지로 한다.

④ **건설기계 등록**: 「건설기계관리법」에 따른 등록지

⑤ **항공기 등록**: 정치장 소재지

⑥ **법인 등기**: 등기에 관련되는 본점 · 지점 또는 주사무소 · 분사무소 등의 소재지

⑦ **상호 등기**: 영업소 소재지

⑧ **광업권 및 조광권 등록**: 광구 소재지

⑨ **어업권, 양식업권 등록**: 어장 소재지

⑩ **저작권, 출판권, 저작인접권, 컴퓨터프로그램 저작권, 데이터베이스 제작자의 권리 등록**: 저작권자, 출판권자, 저작인접권자, 컴퓨터프로그램 저작권자, 데이터베이스 제작권자 주소지

⑪ **특허권, 실용신안권, 디자인권 등록**: 등록권자 주소지

⑫ **상표 · 서비스표 등록**: 주사무소 소재지

⑬ **영업의 허가등록**: 영업소 소재지

⑭ **지식재산권담보권 등록**: 지식재산권자 주소지

⑮ **그 밖의 등록**: 등록관청 소재지

⑯ 같은 등록에 관계되는 재산이 둘 이상의 지방자치단체에 걸쳐 있어 등록면허세를 지방자치단체별로 부과할 수 없을 때에는 등록관청 소재지를 납세지로 한다.

⑰ 같은 채권의 담보를 위하여 설정하는 둘 이상의 저당권을 등록하는 경우에는 이를 하나의 등록으로 보아 그 등록에 관계되는 재산을 처음 등록하는 등록관청 소재지를 납세지로 한다.

⑱ 위 ①부터 ⑭까지의 납세지가 분명하지 아니한 경우에는 등록관청 소재지를 납세지로 한다.

지방세법 기본통칙 25-1【동일채권등기 담보물 추가시 징수방법】
1. 동일한 채권담보를 위하여 "갑"지역에 있는 부동산과 "을"지역에 있는 부동산에 대하여 저당권을 설정하는 경우 먼저 설정한 지역에서 채권금액 전체에 대하여 과세하고 "을"지역에 있는 담보물을 나중에 등기할 때에는 "을"지역에서 등록면허세를 과세할 수 없다.
2. 동일채권에 대한 담보물을 추가하는 경우에는 추가로 담보하는 매 담보물건별로 과세하여야 한다.

2 등록에 대한 등록면허세의 부과 · 징수 제31회

(1) **원칙**: 신고 및 납부

등록을 하려는 자는 과세표준에 해당 세율을 적용하여 산출한 세액을 등록을 하기 전까지 납세지를 관할하는 지방자치단체의 장에게 신고하고 납부하여야 한다(지방세법 제30조 제1항).

넓혀 보기

신고 및 납부기한 등(지방세법시행령 제48조 제1항)
"등록을 하기 전까지"란 등기 또는 등록 신청서를 등기 · 등록관서에 접수하는 날까지를 말한다. 다만, 특허권 · 실용신안권 · 디자인권 및 상표권의 등록에 대한 등록면허세의 경우에는 「특허법」, 「실용신안법」, 「디자인보호법」 및 「상표법」에 따른 특허료 · 등록료 및 수수료의 납부기한까지를 말한다.

(2) **중과세율 대상이 되었을 경우**

등록면허세 과세물건을 등록한 후에 해당 과세물건이 중과세 세율의 적용대상이 되었을 때에는 대통령령으로 정하는 날부터 60일 이내에 중과세율을 적용하여 산출한 세액에서 이미 납부한 세액(가산세는 제외)을 공제한 금액을 세액으로 하여 납세지를 관할하는 지방자치단체의 장에게 신고하고 납부하여야 한다(지방세법 제30조 제2항).

(3) **비과세 · 과세면제 또는 경감받은 후 과세대상으로 변경된 경우**

「지방세법」 또는 다른 법령에 따라 등록면허세를 비과세, 과세면제 또는 경감받은 후에 해당 과세물건이 등록면허세 부과대상 또는 추징대상이 되었을 때에는 그 사유 발생일부터 60일 이내에 해당 과세표준에 해당 세율을 적용하여 산출한 세액[경감받은 경우에는 이미 납부한 세액(가산세는 제외)을 공제한 세액]을 납세지를 관할하는 지방자치단체의 장에게 신고하고 납부하여야 한다(지방세법 제30조 제3항).

(4) (1)부터 (3)까지의 규정에 따른 신고의무를 다하지 아니한 경우에도 등록면허세 산출세액을 등록을 하기 전까지[(2) 또는 (3)의 경우에는 해당 기준에 따른 신고기한까지] 납부하였을 때에는 (1)부터 (3)까지의 규정에 따라 신고를 하고 납부한 것으로 본다. 이 경우 무신고가산세 및 과소신고가산세를 부과하지 아니한다(지방세법 제30조 제4항).

원 칙	• 취득세: 취득한 날부터 60일 이내 신고 · 납부 • 등록면허세: 등록을 하기 전까지 신고 · 납부
특 례	• 신고 · 납부 이후 중과세대상이 된 경우 • 비과세 또는 면제받은 후 추징대상이 된 경우 사유발생일부터 60일 이내 신고 및 납부

(5) **예외**: 보통징수(부족세액의 추징 및 가산세)

등록면허세 납세의무자가 신고 또는 납부의무를 다하지 아니하면 산출한 세액 또는 그 부족세액에 다음의 가산세를 합한 금액을 세액으로 하여 보통징수의 방법으로 징수한다(지방세법 제32조, 지방세기본법 제53조).

① **신고불성실가산세**

㉠ 무신고가산세(지방세기본법 제53조)

ⓐ 납세의무자가 법정신고기한까지 과세표준 신고를 하지 아니한 경우에는 그 신고로 납부하여야 할 세액(이 법 및 지방세관계법에 따른 가산세와 가산하여 납부하여야 할 이자상당액이 있는 경우 그 금액은 제외하며, 이하 "무신고납부세액"이라 한다)의 100분의 20에 상당하는 금액을 가산세로 부과한다(지방세기본법 제53조 제1항).

ⓑ 위 ⓐ에도 불구하고 사기나 그 밖의 부정한 행위로 법정신고기한까지 과세표준 신고를 하지 아니한 경우에는 무신고납부세액의 100분의 40에 상당하는 금액을 가산세로 부과한다(지방세기본법 제53조 제2항).

㉡ 과소신고가산세 · 초과환급신고가산세(지방세기본법 제54조)

ⓐ 납세의무자가 법정신고기한까지 과세표준 신고를 한 경우로서 신고하여야 할 납부세액보다 적게 신고("과소신고"라 한다)하거나 지방소득세 과세표준 신고를 하면서 환급받을 세액을 신고하여야 할 금액보다 많이 신고("초과환급신고"라 한다)한 경우에는 과소신고한 납부세액과 초과환급신고한 환급세액을 합한 금액(이 법과 지방세관계법에 따른 가산세와 가산하여 납부하여야 할 이자상당액이 있는 경우 그 금액은 제외하며, 이하 "과소신고납부세액 등"이라 한다)의 100분의 10에 상당하는 금액을 가산세로 부과한다(지방세기본법 제54조 제1항).

ⓑ 위 ⓐ에도 불구하고 사기나 그 밖의 부정한 행위로 과소신고하거나 초과환급신고한 경우에는 다음의 금액을 합한 금액을 가산세로 부과한다(지방세기본법 제54조 제2항).

> 1. 사기나 그 밖의 부정한 행위로 인한 과소신고납부세액 등("부정과소신고납부세액 등"이라 한다)의 100분의 40에 상당하는 금액
> 2. 과소신고분세액 등에서 부정과소신고분세액 등을 뺀 금액의 100분의 10에 상당하는 금액

② **납부지연가산세**(지방세기본법 제55조)

납세의무자(연대납세의무자, 제2차 납세의무자 및 보증인을 포함한다)가 납부기한까지 지방세를 납부하지 아니하거나 납부하여야 할 세액보다 적게 납부("과소납부"라 한다)하거나 환급받아야 할 세액보다 많이 환급("초과환급"이라 한다)받은 경우에는 다음의 계산식에 따라 산출한 금액을 합한 금액을 가산세로 부과한다. 이 경우 ㉠ 및 ㉡의 가산세는 납부하지 아니한 세액, 과소납부분(납부하여야 할 금액에 미달하는 금액을 말한다) 세액 또는 초과환급분(환급받아야 할 세액을 초과하는 금액을 말한다) 세액의 100분의 75에 해당하는 금액을 한도로 하고, ㉣의 가산세를 부과하는 기간은 60개월(1개월 미만은 없는 것으로 본다)을 초과할 수 없다(지방세기본법 제55조 제1항).

㉠ 과세표준과 세액을 지방자치단체에 신고납부하는 지방세의 법정납부기한까지 납부하지 아니한 세액 또는 과소납부분 세액(지방세관계법에 따라 가산하여 납부하여야 할 이자상당액이 있는 경우 그 금액을 더한다) × 법정납부기한의 다음 날부터 자진납부일 또는 납세고지일까지의 일수 × 금융회사 등이 연체대출금에 대하여 적용하는 이자율 등을 고려하여 대통령령으로 정하는 이자율

㉡ 초과환급분 세액(지방세관계법에 따라 가산하여 납부하여야 할 이자상당액이 있는 경우 그 금액을 더한다) × 환급받은 날의 다음 날부터 자진납부일 또는 납세고지일까지의 일수 × 금융회사 등이 연체대출금에 대하여 적용하는 이자율 등을 고려하여 대통령령으로 정하는 이자율

㉢ 납세고지서에 따른 납부기한까지 납부하지 아니한 세액 또는 과소납부분 세액(지방세관계법에 따라 가산하여 납부하여야 할 이자상당액이 있는 경우 그 금액을 더하고, 가산세는 제외한다) × 100분의 3

㉣ 다음 계산식에 따라 납세고지서에 따른 납부기한이 지난 날부터 1개월이 지날 때마다 계산한 금액. 다만, 납세고지서별 · 세목별 세액이 45만원 미만인 경우에는 적용하지 아니한다(지방세기본법 제55조 제4항).

> 납부하지 아니한 세액 또는 과소납부분 세액(지방세관계법에 따라 가산하여 납부하여야 할 이자상당액이 있는 경우 그 금액을 더하고, 가산세는 제외한다) × 금융회사 등이 연체대출금에 대하여 적용하는 이자율 등을 고려하여 대통령령으로 정하는 이자율

(6) 등록에 대한 등록면허세의 납부절차와 방법

① 등록면허세를 신고하려는 자는 행정안전부령으로 정하는 신고서로 납세지를 관할하는 시장 · 군수 · 구청장에게 신고하여야 한다(지방세법시행령 제48조 제3항).

② 지방자치단체의 금고 또는 지방세수납대행기관은 등록면허세를 납부받으면 납세자 보관용 영수증, 등록면허세 영수필 통지서(등기 · 등록관서의 시 · 군 · 구 통보용) 및 등록면허세 영수필 확인서 각 1부를 납세자에게 내주고, 지체 없이 등록면허세 영수필 통지서(시 · 군 · 구 보관용) 1부를 해당 시 · 군 · 구의 세입징수관에게 송부하여야 한다. 다만, 「전자정부법」에 따라 행정기관 간에 등록면허세 납부사실을 전자적으로 확인할 수 있는 경우에는 납세자에게 납세자 보관용 영수증을 교부하는 것으로 갈음할 수 있다(지방세법시행령 제48조 제5항).

넓혀 보기

등록면허세의 납부절차와 방법

1. **등록면허세 납부 확인 등**(지방세법시행령 제49조)
   ① 납세자는 등기 또는 등록하려는 때에는 등기 또는 등록 신청서에 등록면허세 영수필 통지서(등기 · 등록관서의 시 · 군 · 구 통보용) 1부와 등록면허세 영수필 확인서 1부를 첨부하여야 한다. 다만, 「전자정부법」 제36조 제1항에 따라 행정기관 간에 등록면허세 납부사실을 전자적으로 확인할 수 있는 경우에는 그러하지 아니하다(지방세법시행령 제49조 제1항).
   ② 위 ①에도 불구하고 「부동산등기법」 제24조 제1항 제2호에 따른 전산정보처리조직을 이용하여 등기를 하려는 때에는 등록면허세 영수필 통지서(등기 · 등록관서의 시 · 군 · 구 통보용)와 등록면허세 영수필 확인서를 전자적 이미지 정보로 변환한 자료를 첨부하여야 한다. 다만, 「전자정부법」 제36조 제1항에 따라 행정기관 간에 등록면허세 납부사실을 전자적으로 확인할 수 있는 경우에는 그러하지 아니하다(지방세법시행령 제49조 제2항).
   ③ 등기 · 등록관서는 등기 · 등록을 마친 때에는 제1항부터 제3항까지의 규정에 따른 등록면허세 영수필 확인서 금액란에 반드시 확인도장을 찍어야 하며, 첨부된 등록면허세 영수필 통지서(등기 · 등록관서의 시 · 군 · 구 통보용)를 등기 또는 등록에 관한 서류와 대조하여 기재내용을 확인하고 접수인을 날인하여 집수번호를 붙인 다음 납세지를 관할하는 시 · 군 · 구의 세입징수관에게 7일 이내에 송부해야 한다. 다만, 광업권 · 조광권 등록의 경우에는 등록면허세 영수필 통지서(등기 · 등록관서의 시 · 군 · 구 통보용)의 송부를 생략하고, 광업권 · 조광권 등록현황을 분기별로 그 분기말의 다음 달 10일까지 관할 시장 · 군수 · 구청장에게 송부할 수 있다(지방세법시행령 제49조 제4항).
   ④ 등기 · 등록관서는 위 ③에도 불구하고 등록면허세 영수필 통지서(등기 · 등록관서의 시 · 군 · 구 통보용)를 시 · 군 · 구의 세입징수관에게 송부하려는 경우 시 · 군 · 구의 세입징수관이 「전자정부법」에 따른 행정정보의 공동이용을 통하여 등록면허세 영수필 통지서(등기 · 등록관서의 시 · 군 · 구 통보용)에 해당하는 정보를 확인할 수 있는 때에는 전자적 방법으로 그 정보를 송부할 수 있다(지방세법시행령 제49조 제5항).
   ⑤ 시장 · 군수 · 구청장은 위 ③ 및 ④에 따라 등기 · 등록관서로부터 등록면허세 영수필 통지서(등기 · 등록관서의 시 · 군 · 구 통보용) 또는 그에 해당하는 정보를 송부받은 때에는 등록면허세 신고 및 수납사항 처리부를 작성하고, 등록면허세의 과오납 및 누락 여부를 확인하여야 한다(지방세법시행령 제49조 제6항).
2. **등록면허세의 미납부 및 납부부족액에 대한 통보 등**(지방세법시행령 제50조)
   등기 · 등록관서의 장은 등기 또는 등록 후에 등록면허세가 납부되지 아니하였거나 납부부족액을 발견한 경우에는 다음 달 10일까지 납세지를 관할하는 시장 · 군수 · 구청장에게 통보하여야 한다(지방세법시행령 제50조 제1항).

3 등록에 대한 등록면허세의 부가세

(1) 지방교육세

납부하여야 할 등록에 대한 등록면허세액의 100분의 20(지방세법 제151조 제1항 제2호)

(2) 농어촌특별세

「지방세법」 및 「지방세특례제한법」에 따라 감면을 받는 등록에 대한 등록면허세의 감면 세액에 100분의 20(농어촌특별세법 제5조 제1항 제1호)

예제

1. 지방세법상 취득세 또는 등록면허세의 신고·납부에 관한 설명으로 옳은 것은? (단, 비과세 및 지방세특례제한법은 고려하지 않음) 제31회

① 상속으로 취득세 과세물건을 취득한 자는 상속개시일로부터 6개월 이내에 과세표준과 세액을 신고·납부하여야 한다.

② 취득세 과세물건을 취득한 후 중과세 대상이 되었을 때에는 표준세율을 적용하여 산출한 세액에서 이미 납부한 세액(가산세 포함)을 공제한 금액을 세액으로 하여 신고·납부하여야 한다.

③ 지목변경으로 인한 취득세 납세의무자가 신고를 하지 아니하고 매각하는 경우 산출세액에 100분의 80을 가산한 금액을 세액으로 하여 징수한다.

④ 등록을 하려는 자가 등록면허세 신고의무를 다하지 않고 산출세액을 등록 전까지 납부한 경우 지방세기본법에 따른 무신고가산세를 부과한다.

⑤ 등기·등록관서의 장은 등기 또는 등록 후에 등록면허세가 납부되지 아니하였거나 납부부족액을 발견한 경우에는 다음 달 10일까지 납세지를 관할하는 시장·군수·구청장에게 통보하여야 한다.

해설 ⑤ 등기·등록관서의 장은 등기 또는 등록 후에 등록면허세가 납부되지 아니하였거나 납부부족액을 발견한 경우에는 다음 달 10일까지 납세지를 관할하는 시장·군수·구청장에게 통보하여야 한다(지방세법 시행령 제50조).

① 상속으로 취득세 과세물건을 취득한 자는 상속개시일이 속하는 달의 말일부터 6개월(외국에 주소를 둔 상속인이 있는 경우에는 9개월) 이내에 과세표준과 세액을 신고·납부하여야 한다(지방세법 제20조 제1항).

② 취득세 과세물건을 취득한 후 중과세 대상이 되었을 때에는 중과세율을 적용하여 산출한 세액에서 이미 납부한 세액(가산세는 제외한다)을 공제한 금액을 세액으로 하여 신고·납부하여야 한다(지방세법 제20조 제2항).

③ 지목변경으로 인한 취득세 납세의무자가 신고를 하지 아니하고 매각하는 경우 산출세액에 100분의 80을 가산한 금액을 세액으로 하여 징수하는 중가산세를 적용하지 아니한다(지방세법시행령 제37조).

④ 등록을 하려는 자가 등록면허세 신고의무를 다하지 않고 산출세액을 등록 전까지 납부한 경우 지방세기본법에 따른 무신고가산세를 부과하지 아니한다(지방세법 제30조 제4항). 정답 ⑤

2. 지방세법상 등록면허세에 관한 설명으로 옳은 것은? 제26회

① 부동산등기에 대한 등록면허세 납세지는 부동산 소유자의 주소지이다.
② 등록을 하려는 자가 신고의무를 다하지 않은 경우 등록면허세 산출세액을 등록하기 전까지 납부하였을 때에는 신고·납부한 것으로 보지만 무신고 가산세가 부과된다.
③ 상속으로 인한 소유권이전등기의 세율은 부동산가액의 1천분의 15로 한다.
④ 부동산을 등기하려는 자는 과세표준에 세율을 적용하여 산출한 세액을 등기를 하기 전까지 납세지를 관할하는 지방자치단체의 장에게 신고·납부하여야 한다.
⑤ 대도시 밖에 있는 법인의 본점이나 주사무소를 대도시로 전입함에 따른 등기는 법인등기에 대한 세율의 100분의 200을 적용한다.

해설 ① 부동산등기에 대한 등록면허세 납세지는 부동산 소유자의 주소지가 아니라 부동산 소재지이다.
② 등록을 하려는 자가 신고의무를 다하지 않은 경우 등록면허세 산출세액을 등록하기 전까지 납부하였을 때에는 신고·납부한 것으로 보며, 이 경우 무신고 가산세를 부과하지 아니한다.
③ 상속으로 인한 소유권이전등기의 세율은 부동산가액의 1천분의 8로 한다.
⑤ 대도시 밖에 있는 법인의 본점이나 주사무소를 대도시로 전입함에 따른 등기는 법인 등기에 대한 세율의 100분의 300을 적용한다.

정답 ④

05 등록에 대한 등록면허세의 비과세 제31회, 제34회

(1) 국가 등에 대한 비과세

국가, 지방자치단체, 지방자치단체조합, 외국정부 및 주한국제기구가 자기를 위하여 받는 등록 또는 면허에 대하여는 등록면허세를 부과하지 아니한다. 다만, 대한민국 정부기관의 등록 또는 면허에 대하여 과세하는 외국정부의 등록 또는 면허의 경우에는 등록면허세를 부과한다(지방세법 제26조 제1항).

지방세법 기본통칙 26-1【국가 등에 관한 비과세】 1. 지방세의 체납으로 인하여 압류의 등기 또는 등록을 한 재산에 대하여 압류해제의 등기 또는 등록 등을 할 경우에는 등록면허세가 비과세되는 것이다.
2. 국가와 지방자치단체가 「공익사업을 위한 토지 등의 취득 및 보상에 관한 법률」에 따라 공공사업(도로신설 및 도로확장 등)에 필요한 토지를 수용하여 공공용지에 편입하기 위해 행하는 분필등기, 공유물분할등기는 국가와 지방자치단체가 자기를 위하여 하는 등기에 해당하므로 등록면허세가 비과세되는 것이다.

(2) 기타 등록 또는 면허에 대한 비과세

다음의 어느 하나에 해당하는 등기·등록 또는 면허에 대하여는 등록면허세를 부과하지 아니한다(지방세법 제26조 제2항).

① 「채무자 회생 및 파산에 관한 법률」 제6조 제3항, 제25조 제1항부터 제3항까지, 제26조 제1항, 같은 조 제3항, 제27조, 제76조 제4항, 제362조 제3항, 제578조의5 제3항, 제578조의8 제3항 및 제578조의9 제3항에 따른 등기 또는 등록

② 행정구역의 변경, 주민등록번호의 변경, 지적(地籍) 소관청의 지번 변경, 계량단위의 변경, 등기 또는 등록 담당 공무원의 착오 및 이와 유사한 사유로 인한 등기 또는 등록으로서 주소, 성명, 주민등록번호, 지번, 계량단위 등의 단순한 표시변경 · 회복 또는 경정 등기 또는 등록

③ 그 밖에 지목이 묘지인 토지 등 대통령령으로 정하는 등록

넓혀 보기

지목이 묘지인 토지 등 대통령령으로 정하는 등록(지방세법시행령 제40조 제1항)
"지목이 묘지인 토지 등 대통령령으로 정하는 등록"이란 무덤과 이에 접속된 부속시설물의 부지로 사용되는 토지로서 지적공부상 지목이 묘지인 토지에 관한 등기를 말한다.

④ 면허의 단순한 표시변경 등 등록면허세의 과세가 적합하지 아니한 것으로서 대통령령으로 정하는 면허

예제

1. 거주자인 개인 乙은 甲이 소유한 부동산(시가 6억원)**에 전세기간 2년, 전세보증금 3억원으로 하는 전세계약을 체결하고, 전세권 설정등기를 하였다. 지방세법상 등록면허세에 관한 설명으로 옳은 것은?** 제32회

① 과세표준은 6억원이다.
② 표준세율은 전세보증금의 1천분의 8이다.
③ 납부세액은 6천원이다.
④ 납세의무자는 乙이다.
⑤ 납세지는 甲의 주소지이다.

해설 ① 과세표준은 3억원이다.
② 표준세율은 전세보증금의 1천분의 2이다.
③ 납부세액은 600,000원이다.
⑤ 납세지는 부동산 소재지이다.

정답 ④

2. 지방세법상 등록면허세에 관한 설명으로 옳은 것은? 제31회

① 지방자치단체의 장은 등록면허세의 세율을 표준세율의 100분의 60의 범위에서 가감할 수 있다.
② 등록 당시에 감가상각의 사유로 가액이 달라진 경우 그 가액에 대한 증명여부에 관계없이 변경 전 가액을 과세표준으로 한다.
③ 부동산 등록에 대한 신고가 없는 경우 취득 당시 시가표준액의 100분의 110을 과세표준으로 한다.
④ 지목이 묘지인 토지의 등록에 대하여 등록면허세를 부과한다.
⑤ 부동산 등기에 대한 등록면허세의 납세지는 부동산 소재지로 하며, 납세지가 분명하지 아니한 경우에는 등록관청 소재지로 한다.

해설 ① 지방자치단체의 장은 등록면허세의 세율을 표준세율의 100분의 50의 범위에서 가감할 수 있다(지방세법 제28조 제6항).
② 등록 당시에 감가상각의 사유로 가액이 달라진 경우에는 변경된 가액을 과세표준으로 한다(지방세법 제27조 제3항).
③ 부동산 등록에 대한 신고가 없는 경우 등록 당시 시가표준액을 과세표준으로 한다(지방세법 제27조 제2항).
④ 지목이 묘지인 토지의 등록에 대하여 등록면허세를 부과하지 아니한다(지방세법 제26조 제2항 제3호).

정답 ⑤

3. 지방세법상 등록면허세에 관한 설명으로 틀린 것은? 제30회

① 부동산등기에 대한 등록면허세의 납세지는 부동산 소재지이다.
② 등록을 하려는 자가 법정신고기한까지 등록면허세 산출세액을 신고하지 않은 경우로서 등록 전까지 그 산출세액을 납부한 때에도 「지방세기본법」에 따른 무신고가산세가 부과된다.
③ 등기 담당 공무원의 착오로 인한 지번의 오기에 대한 경정 등기에 대해서는 등록면허세를 부과하지 아니한다.
④ 채권금액으로 과세액을 정하는 경우에 일정한 채권금액이 없을 때에는 채권의 목적이 된 것의 가액 또는 처분의 제한의 목적이 된 금액을 그 채권금액으로 본다.
⑤ 「한국은행법」 및 「한국수출입은행법」에 따른 은행업을 영위하기 위하여 대도시에서 법인을 설립함에 따른 등기를 한 법인이 그 등기일부터 2년 이내에 업종 변경이나 업종 추가가 없는 때에는 등록면허세의 세율을 중과하지 아니한다.

해설 ② 등록을 하려는 자가 법정신고기한까지 등록면허세 산출세액을 신고하지 않은 경우로서 등록 전까지 그 산출세액을 납부하였을 때에는 신고를 하고 납부한 것으로 보며 「지방세기본법」에 따른 무신고가산세를 부과하지 아니한다.

정답 ②

4. 甲이 乙 소유 부동산에 관해 전세권설정등기를 하는 경우 지방세법상 등록에 대한 등록면허세에 관한 설명으로 틀린 것은? 제29회

① 등록면허세의 납세의무자는 전세권자인 甲이다.
② 부동산소재지와 乙의 주소지가 다른 경우 등록면허세의 납세지는 乙의 주소지이다.
③ 전세권설정등기에 대한 등록면허세의 표준세율은 전세금액의 1,000분의 2이다.
④ 전세권설정등기에 대한 등록면허세의 산출세액이 건당 6천원보다 적을 때에는 등록면허세의 세액은 6천원으로 한다.
⑤ 만약 丙이 甲으로부터 전세권을 이전받아 등기하는 경우라면 등록면허세의 납세의무자는 丙이다.

해설 ② 부동산소재지와 乙의 주소지가 다른 경우 등록면허세의 납세지는 부동산소재지이다. 정답 ②

MEMO

Chapter 03

재산세

단원 열기

재산세는 부동산 보유단계에서 과세하는 지방세이다. 매년 3문제 정도 출제되고 있다. 자주 출제되는 부분은 토지의 과세대상 구분, 과세표준, 세율, 납세의무자, 부과·징수이다. 재산세를 철저하게 공부해야만 종합부동산세도 자연스럽게 정리할 수 있다.

01 재산세의 개요 제31회

1 재산세의 의의와 특징

(1) 재산세는 보유단계에서 과세하는 지방세로서 시·군·구세이다(지방세기본법 제8조 제3항, 제4항).

(2) 재산세의 납세의무 성립시기는 과세기준일(매년 6월 1일)이다(지방세기본법 제34조 제1항 제8호).

(3) 재산세는 과세표준과 세액을 해당 지방자치단체가 결정하는 때에 확정된다(지방세기본법 제35조 제1항 제3호).

(4) 재산세는 보통세이다(지방세기본법 제7조 제2항 제8호).

(5) 재산세는 과세대상에 따라 개별과세하는 경우와 합산과세하는 경우가 있다.

(6) 재산세는 인적사정을 고려하지 않는 물세의 성격과 인적사정을 고려하는 인세의 성격을 가지고 있다.

(7) 재산세의 과세표준은 금액으로 종가세에 해당한다.

(8) 재산세의 세율은 차등비례세율·초과누진세율을 적용한다.

(9) 재산세에서는 소액 징수면제(고지서 1장당 재산세액이 2천원 미만) 규정을 적용한다.

(10) 재산세에는 분할납부(2개월 이내), 물납(관할구역에 있는 부동산) 규정을 적용한다.

2 과세주체

(1) 원 칙

과세대상 재산의 소재지를 관할하는 시 · 군 · 구(특별시 · 광역시의 자치구)가 재산세의 과세주체이다(지방세기본법 제8조 제3항, 제4항).

(2) 예 외

특별시 관할구역에 있는 구의 경우에 재산세(선박 및 항공기에 대한 재산세와 도시지역분 과세대상 부동산 재산세는 제외)는 특별시세 및 구세인 재산세로 한다.

(3) 특별시의 관할구역 재산세의 공동과세(지방세기본법 제9조)

① 특별시 관할구역에 있는 구의 경우에 재산세(선박 및 항공기에 대한 재산세와 재산세 도시지역분은 제외)는 특별시세 및 구세인 재산세로 한다.

② ①에 따른 특별시세 및 구세인 재산세 중 특별시분 재산세와 구(區)분 재산세는 각각 「지방세법」 제111조 제1항 또는 제111조의2에 따라 산출된 재산세액의 100분의 50을 그 세액으로 한다. 이 경우 특별시분 재산세는 보통세인 특별시세로 보고 구(區)분 재산세는 보통세인 구세로 본다.

③ 재산세 도시지역분은 특별시세로 한다.

☑ 주요 지방세의 과세주체별 비교

구 분	특별시 · 광역시		도	
	특별시세 · 광역시세	구 세	도 세	시 · 군세
보통세	취득세	–	취득세	–
	–	등록면허세	등록면허세	–
	특별시분 재산세	구분 재산세	–	재산세
목적세	지역자원시설세	–	지역자원시설세	–
	지방교육세	–	지방교육세	–

3 과세대상

재산세는 토지, 건축물, 주택, 항공기 및 선박(이하 "재산"이라 한다)을 과세대상으로 한다(지방세법 제105조).

<table>
<tr><th>구 분</th><th>과세대상</th><th>과세방법</th></tr>
<tr><td rowspan="3">토 지</td><td>분리과세대상</td><td>개별과세</td></tr>
<tr><td>합산과세대상</td><td>합산과세</td></tr>
<tr><td colspan="2">주택의 부속토지는 제외</td></tr>
<tr><td rowspan="3">건축물</td><td>건축물</td><td rowspan="2">개별과세</td></tr>
<tr><td>시설물</td></tr>
<tr><td colspan="2">주택용 건물은 제외</td></tr>
<tr><td>주 택</td><td>주택용 건물과 부수토지를 통합하여 과세</td><td>개별과세</td></tr>
<tr><td>선 박</td><td>선박</td><td>개별과세</td></tr>
<tr><td>항공기</td><td>항공기</td><td>개별과세</td></tr>
</table>

(1) 토 지

① "토지"란 「공간정보의 구축 및 관리 등에 관한 법률」에 따라 지적공부의 등록대상이 되는 토지와 그 밖에 사용되고 있는 사실상의 토지를 말한다(지방세법 제104조 제1호).

② 사실상 토지라 함은 매립·간척 등으로 준공인가 전에 사실상으로 사용하는 토지 등 토지대장에 등재되어 있지 않는 토지를 포함한다(지방세법 기본통칙 104-1).

(2) 건축물(지방세법 제104조 제2호, 지방세법 제6조 제4호)

「건축법」에 따른 건축물(이와 유사한 형태의 건축물을 포함)과 토지에 정착하거나 지하 또는 다른 구조물에 설치하는 레저시설, 저장시설, 도크(dock)시설, 접안시설, 도관시설, 급수·배수시설, 에너지 공급시설 및 그 밖에 이와 유사한 시설(이에 딸린 시설을 포함)로서 대통령령으로 정하는 것을 말한다(지방세법 제6조 제4호). 또한 공부상의 용도와 관계없이 사실상의 용도에 따라 과세하며, 공부상에 등재되지 아니한 건축물이나 불법 또는 무허가 건축물에 대하여도 과세한다.

① 건축물이란 토지에 정착(定着)하는 공작물 중 지붕과 기둥 또는 벽이 있는 것과 이에 딸린 시설물, 지하나 고가(高架)의 공작물에 설치하는 사무소·공연장·점포·차고·창고, 그 밖에 대통령령으로 정하는 것을 말한다(건축법 제2조 제1항 제2호).

② **토지에 정착하거나 지하 또는 다른 구조물에 설치하는 시설물**(지방세법시행령 제5조)

1. 레저시설: 수영장, 스케이트장, 골프연습장(체육시설의 설치·이용에 관한 법률에 따라 골프연습장업으로 신고된 20타석 이상의 골프연습장만 해당), 전망대, 옥외스탠드, 유원지의 옥외오락시설(유원지의 옥외오락시설과 비슷한 오락시설로서 건물 안 또는 옥상에 설치하여 사용하는 것을 포함)
2. 저장시설: 수조, 저유조, 저장창고, 저장조(저장용량이 1톤 이하인 액화석유가스 저장조는 제외한다) 등의 옥외저장시설(다른 시설과 유기적으로 관련되어 있고 일시적으로 저장기능을 하는 시설을 포함)
3. 독시설 및 접안시설: 독, 조선대(造船臺)
4. 도관시설(연결시설을 포함): 송유관, 가스관, 열수송관
5. 급수·배수시설: 송수관(연결시설을 포함), 급수·배수시설, 복개설비
6. 에너지 공급시설: 주유시설, 가스충전시설, 환경친화적 자동차 충전시설, 송전철탑(전압 20만 볼트 미만을 송전하는 것과 주민들의 요구로 전기사업법에 따라 이전·설치하는 것은 제외)
7. 기타 시설: 잔교(棧橋)(이와 유사한 구조물을 포함), 기계식 또는 철골조립식 주차장, 차량 또는 기계장비 등을 자동으로 세차 또는 세척하는 시설, 방송중계탑(방송법에 따라 국가가 필요로 하는 대외방송 및 사회교육방송 중계탑은 제외) 및 무선통신기지국용 철탑을 말한다.

③ **건축물에 딸린 시설물**(지방세법시행령 제6조)

1. 승강기(엘리베이터, 에스컬레이터, 그 밖의 승강시설)
2. 시간당 20킬로와트 이상의 발전시설
3. 난방용·욕탕용 온수 및 열 공급시설
4. 시간당 7천 560킬로칼로리급 이상의 에어컨(중앙조절식만 해당)
5. 부착된 금고
6. 교환시설
7. 건물의 냉난방, 급수·배수, 방화, 방범 등의 자동관리를 위하여 설치하는 인텔리전트 빌딩시스템 시설
8. 구내의 변전·배전시설

(3) 주 택 제33회

① "주택"이란 「주택법」에 따른 주택을 말한다. 이 경우 토지와 건축물의 범위에서 주택은 제외한다(지방세법 제104조 제3호).

넓혀 보기

주택의 정의(주택법 제2조 제1호)

"주택"이란 세대(世帶)의 구성원이 장기간 독립된 주거생활을 할 수 있는 구조로 된 건축물의 전부 또는 일부 및 그 부속토지를 말하며, 단독주택과 공동주택으로 구분한다.

② 주택의 부속토지의 경계가 명백하지 아니한 경우에는 그 주택의 바닥면적의 10배에 해당하는 토지를 주택의 부속토지로 한다(지방세법시행령 제105조).

③ 주거용과 주거 외의 용도를 겸하는 건물 등에서 주택의 범위를 구분하는 방법, 주택 부속토지의 범위 산정은 다음 각 호에서 정하는 바에 따른다(지방세법 제106조 제2항).

1. 1동(棟)의 건물이 주거와 주거 외의 용도로 사용되고 있는 경우에는 주거용으로 사용되는 부분만을 주택으로 본다. 이 경우 건물의 부속토지는 주거와 주거 외의 용도로 사용되는 건물의 면적비율에 따라 각각 안분하여 주택의 부속토지와 건축물의 부속토지로 구분한다.
2. 1구(構)의 건물이 주거와 주거 외의 용도로 사용되고 있는 경우에는 주거용으로 사용되는 면적이 전체의 100분의 50 이상인 경우에는 주택으로 본다.

2의2. 건축물에서 허가 등이나 사용승인(임시사용승인을 포함한다. 이하 이 항에서 같다)을 받지 아니하고 주거용으로 사용하는 면적이 전체 건축물 면적(허가 등이나 사용승인을 받은 면적을 포함한다)의 100분의 50 이상인 경우에는 그 건축물 전체를 주택으로 보지 아니하고, 그 부속토지는 제1항 제1호에 해당하는 토지로 본다.

(4) 선 박

재산세 과세대상이 되는 선박이란 기선, 범선, 부선(艀船) 및 그 밖에 명칭에 관계없이 모든 배를 말한다(지방세법 제104조 제5호, 지방세법 제6조 제10호).

(5) 항공기

재산세 과세대상이 되는 항공기란 사람이 탑승·조종하여 항공에 사용하는 비행기, 비행선, 활공기, 회전익항공기 그 밖에 이와 유사한 비행기구로서 대통령령으로 정하는 것을 말한다(지방세법 제104조 제4호, 지방세법 제6조 제9호).

02 토지에 대한 과세대상 구분 제31회

토지에 대한 재산세 과세대상은 다음에 따라 종합합산과세대상, 별도합산과세대상 및 분리과세(저율분리 · 고율분리)대상으로 구분한다(지방세법 제106조 제1항).

구 분	과세대상	세 율
고율분리과세	사치성 재산(골프장용 토지, 고급오락장용 건축물의 부속토지)	4%
종합합산과세	나대지, 임야	0.2~0.5% (3단계 초과누진세율)
별도합산과세	일반 영업용 건축물의 부속토지	0.2~0.4% (3단계 초과누진세율)
저율분리과세	공장용지	0.2%
	농지, 목장용지, 공익목적 임야	0.07%

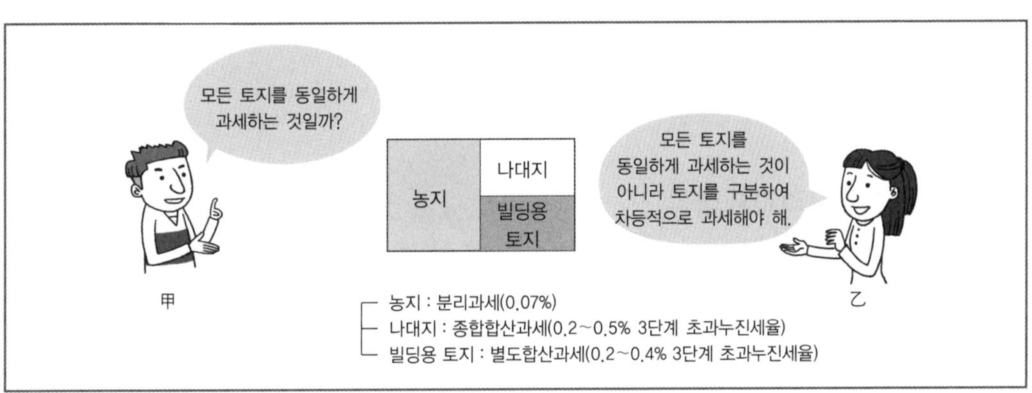

1 **분리과세대상 토지**(지방세법시행령 제102조)

분리과세대상 토지는 농지와 목장용지 · 공장용지처럼 토지의 이용이 사회적으로 효용가치 및 기여도가 높은 경우(저율분리과세)와 골프장용 토지 · 고급오락장의 부속토지처럼 사치성의 용도로 사용하는 것은 높은 세율(고율분리과세)로 과세한다. 이러한 분리과세대상 토지는 다른 토지와 합산하지 않고 비례세율을 적용한다.

분리과세대상 토지는 과세기준일 현재 납세의무자가 소유하고 있는 토지 중 국가의 보호 · 지원 또는 중과가 필요한 토지로서 다음의 어느 하나에 해당하는 토지를 말한다(지방세법 제106조 제1항 제3호).

(1) 공장용지 · 전 · 답 · 과수원 및 목장용지로서 대통령령으로 정하는 토지

(2) 산림의 보호육성을 위하여 필요한 임야 및 종중 소유 임야로서 대통령령으로 정하는 임야

(3) 골프장용 토지와 고급오락장용 토지로서 대통령령으로 정하는 토지

(4) 「산업집적활성화 및 공장설립에 관한 법률」 제2조 제1호에 따른 공장의 부속토지로서 개발제한구역의 지정이 있기 이전에 그 부지취득이 완료된 곳으로서 대통령령으로 정하는 토지

(5) 국가 및 지방자치단체 지원을 위한 특정목적 사업용 토지로서 대통령령으로 정하는 토지

(6) 에너지 · 자원의 공급 및 방송 · 통신 · 교통 등의 기반시설용 토지로서 대통령령으로 정하는 토지

(7) 국토의 효율적 이용을 위한 개발사업용 토지로서 대통령령으로 정하는 토지

(8) 그 밖에 지역경제의 발전, 공익성의 정도 등을 고려하여 분리과세하여야 할 타당한 이유가 있는 토지로서 대통령령으로 정하는 토지

분리과세대상토지는 구체적으로 다음과 같이 구분한다.

1. 0.07% 저율분리과세대상

(1) **농지**(지방세법 제106조 제1항 제3호, 지방세법시행령 제102조 제1항 제2호)

① **개인 소유의 농지**: 전 · 답 · 과수원("농지"라 한다)으로서 과세기준일 현재 실제 영농에 사용되고 있는 개인이 소유하는 농지. 다만, 특별시 · 광역시(군지역은 제외한다) · 특별자치시 · 특별자치도 및 시지역(읍 · 면 지역은 제외한다)의 도시지역의 농지는 개발제한구역과 녹지지역(「국토의 계획 및 이용에 관한 법률」에 따른 도시지역 중 세부 용도지역이 지정되지 아니한 지역을 포함한다)에 있는 것으로 한정한다(지방세법시행령 제102조 제1항 제2호 가목).

<table>
<tr><th colspan="3">구 분</th><th>과세대상</th></tr>
<tr><td colspan="3">군지역
(광역시의 군지역, 시지역의 읍 · 면 지역 포함)</td><td rowspan="3">분리과세
(면적제한 없음)</td></tr>
<tr><td rowspan="3">특별시 · 광역시 · 시지역</td><td colspan="2">도시지역 밖</td></tr>
<tr><td rowspan="2">도시지역 안</td><td>개발제한구역 · 녹지지역</td></tr>
<tr><td>주거 · 상업 · 공업지역</td><td>종합합산과세</td></tr>
</table>

심화 학습 농 지

1. 개인 소유 농지란 소유자의 재촌·자경 여부와 관계없이 과세기준일 현재 사실상 전·답·과수원으로 이용되는 토지를 말한다.
2. 공부상 지목과 관계없이 실제로 영농에 이용되는 토지를 말한다.
3. 영농에 실제 사용하지 않고 있는 전·답·과수원은 종합합산과세대상에 해당한다.

② 법인 및 단체 소유의 농지

㉠ 원칙: 종합합산과세대상

㉡ 예외: 분리과세대상(지방세법시행령 제102조 제1항 제2호 나목부터 바목)

ⓐ 「농지법」에 따른 농업법인이 소유하는 농지로서 과세기준일 현재 실제 영농에 사용되고 있는 농지. 다만, 특별시·광역시(군지역은 제외한다)·특별자치시·특별자치도 및 시지역(읍·면 지역은 제외한다)의 도시지역의 농지는 개발제한구역과 녹지지역에 있는 것으로 한정한다.

ⓑ 「한국농어촌공사 및 농지관리기금법」에 따라 설립된 한국농어촌공사가 같은 법에 따라 농가에 공급하기 위하여 소유하는 농지

ⓒ 관계 법령에 따른 사회복지사업자가 복지시설이 소비목적으로 사용할 수 있도록 하기 위하여 소유하는 농지

ⓓ 법인이 매립·간척으로 취득한 농지로서, 과세기준일 현재 실제 영농에 사용되고 있는 해당 법인 소유농지. 다만, 특별시·광역시(군지역은 제외한다)·특별자치시·특별자치도 및 시지역(읍·면 지역은 제외한다)의 도시지역의 농지는 개발제한구역과 녹지지역에 있는 것으로 한정한다.

ⓔ 종중(宗中)이 소유하는 농지

(2) 목장용지

① 개인이나 법인이 축산용으로 사용하는 도시지역 안의 개발제한구역·녹지지역과 도시지역 밖의 목장용지로서 과세기준일이 속하는 해의 직전 연도를 기준으로 법에서 정하는 축산용 토지 및 건축물의 기준을 적용하여 계산한 토지면적의 범위에서 소유하는 토지는 분리과세대상에 해당하며 구체적인 구분은 다음과 같다(지방세법시행령 제102조 제1항 제3호).

구 분		과세대상	
군지역 · 도시지역 밖	모든 지역	기준면적 이내	분리과세
		기준면적 초과분	종합합산과세
도시지역 안	개발제한구역 · 녹지지역	기준면적 이내	분리과세
		기준면적 초과분	종합합산과세
	주거 · 상업 · 공업지역	전부	종합합산과세

② 도시지역의 목장용지는 1989년 12월 31일 이전부터 소유(1990년 1월 1일 이후에 해당 목장용지를 상속받아 소유하는 경우와 법인합병으로 인하여 취득하여 소유하는 경우를 포함)하는 것으로 한정한다(지방세법시행령 제102조 제9항).

(3) 임 야

산림의 보호 · 육성을 위하여 필요한 임야 및 종중소유 임야로서 다음에 해당하는 임야는 분리과세대상이 된다. 다만, 그 밖의 임야는 종합합산과세대상이 된다(지방세법시행령 제102조 제2항).

① 「산림자원의 조성 및 관리에 관한 법률」에 따라 특수산림사업지구로 지정된 임야와 「산지관리법」에 따른 보전산지에 있는 임야로서 「산림자원의 조성 및 관리에 관한 법률」에 따른 산림경영계획의 인가를 받아 실행 중인 임야. 다만, 도시지역의 임야는 제외하되, 도시지역으로 편입된 날부터 2년이 지나지 아니한 임야와 「국토의 계획 및 이용에 관한 법률 시행령」에 따른 보전녹지지역(「국토의 계획 및 이용에 관한 법률」에 따른 도시지역 중 같은 법 제36조 제1항 제1호 각 목의 구분에 따른 세부 용도지역이 지정되지 아니한 지역을 포함한다)의 임야로서 「산림자원의 조성 및 관리에 관한 법률」에 따른 산림경영계획의 인가를 받아 실행 중인 임야를 포함한다.

② **다음 각 목의 어느 하나에 해당하는 임야**

㉠ 「문화유산의 보존 및 활용에 관한 법률」에 따른 지정문화유산 안의 임야

㉡ 「문화유산의 보존 및 활용에 관한 법률」에 따른 보호구역 안의 임야

㉢ 「자연유산의 보존 및 활용에 관한 법률」에 따른 천연기념물 등 안의 임야

㉣ 「자연유산의 보존 및 활용에 관한 법률」에 따른 보호구역 안의 임야

③ 「자연공원법」에 따라 지정된 공원자연환경지구의 임야

④ 종중이 소유하고 있는 임야

⑤ **다음의 어느 하나에 해당하는 임야**

㉠ 「개발제한구역의 지정 및 관리에 관한 특별조치법」에 따른 개발제한구역의 임야

㉡ 「군사기지 및 군사시설 보호법」에 따른 군사기지 및 군사시설 보호구역 중 제한보호구역의 임야 및 그 제한보호구역에서 해제된 날부터 2년이 지나지 아니한 임야

㉢ 「도로법」에 따라 지정된 접도구역의 임야

㉣ 「철도안전법」에 따른 철도보호지구의 임야

㉤ 「도시공원 및 녹지 등에 관한 법률」에 따른 도시공원의 임야

㉥ 「국토의 계획 및 이용에 관한 법률」에 따른 도시자연공원구역의 임야

㉦ 「하천법」에 따라 홍수관리구역으로 고시된 지역의 임야

⑥ 「수도법」에 따른 상수원보호구역의 임야

2. 0.2% 저율분리과세대상

(1) 공장용지

특별시·광역시(군지역은 제외한다)·특별자치시·특별자치도(읍·면지역, 산업단지, 공업지역은 제외한다)에 있는 공장용 건축물의 부속토지로서 행정안전부령으로 정하는 공장입지기준면적 범위의 토지는 분리과세한다. 다만, 「건축법」 등 관계 법령에 따라 허가 등을 받아야 하는 건축물로서 허가 등을 받지 않은 공장용 건축물이나 사용승인을 받아야 하는 건축물로서 사용승인(임시사용승인을 포함한다)을 받지 않고 사용 중인 공장용 건축물의 부속토지는 제외한다(지방세법시행령 제102조 제1항 제1호).

구 분			과세대상
군지역 (모든 지역)	기준면적 이내		분리과세대상
	기준면적 초과		종합합산과세대상
특별시· 광역시· 시지역	산업단지· 공업지역	기준면적 이내	분리과세대상
		기준면적 초과	종합합산과세대상
	주거·상업· 녹지지역	기준면적 이내 (용도지역별 적용배율을 적용)	별도합산과세대상
		기준면적 초과	종합합산과세대상

- 시지역의 공장으로서 산업단지 및 공업지역 내에 소재하지 않고 주거지역이나 상업지역 내에 소재한 경우에는 공장이 아닌 일반건축물로 본다.
- 건축 중인 경우를 포함하되, 과세기준일 현재 정당한 사유 없이 6개월 이상 공사가 중단된 경우는 제외하여 종합합산과세대상이 된다.
- 공장은 업종에 따른 입지기준면적이 다르다.

(2) **주택 · 산업공급용 토지**(지방세법시행령 제102조 제5항부터 제8항까지)

1) **국가 및 지방자치단체 지원을 위한 특정목적 사업용 토지로서 대통령령으로 정하는 토지**(골프장용 토지와 고급오락장용 토지는 제외한다)(지방세법시행령 제102조 제5항)

① 국가나 지방자치단체가 국방상의 목적 외에는 그 사용 및 처분 등을 제한하는 공장 구내의 토지

② 「국토의 계획 및 이용에 관한 법률」, 「도시개발법」, 「도시 및 주거환경정비법」, 「주택법」 등("개발사업 관계법령"이라 한다)에 따른 개발사업의 시행자가 개발사업의 실시계획승인을 받은 토지로서 개발사업에 제공하는 토지 중 다음의 어느 하나에 해당하는 토지

㉠ 개발사업 관계법령에 따라 국가나 지방자치단체에 무상귀속되는 공공시설용 토지

㉡ 개발사업의 시행자가 국가나 지방자치단체에 기부채납하기로 한 기반시설(「국토의 계획 및 이용에 관한 법률」 제2조 제6호의 기반시설을 말한다)용 토지

③ 「방위사업법」 제53조에 따라 허가받은 군용화약류시험장용 토지(허가받은 용도 외의 다른 용도로 사용하는 부분은 제외한다)와 그 허가가 취소된 날부터 1년이 지나지 아니한 토지

④ 「한국농어촌공사 및 농지관리기금법」에 따라 설립된 한국농어촌공사가 「혁신도시 조성 및 발전에 관한 특별법」 제43조 제3항에 따라 국토교통부장관이 매입하게 함에 따라 타인에게 매각할 목적으로 일시적으로 취득하여 소유하는 같은 법 제2조 제6호에 따른 종전부동산

⑤ 「한국수자원공사법」에 따라 설립된 한국수자원공사가 「한국수자원공사법」 및 「댐건설 · 관리 및 주변지역지원 등에 관한 법률」에 따라 환경부장관이 수립하거나 승인한 실시계획에 따라 취득한 토지로서 「댐건설 · 관리 및 주변지역지원 등에 관한 법률」 제2조 제1호에 따른 특정용도 중 발전 · 수도 · 공업 및 농업 용수의 공급 또는 홍수조절용으로 직접 사용하고 있는 토지

2) **에너지 · 자원의 공급 및 방송 · 통신 · 교통 등의 기반시설용 토지로서 대통령령으로 정하는 토지**(골프장용 토지와 고급오락장용 토지는 제외)(이 경우 ⑤ 및 ⑦부터 ⑨까지의 토지는 같은 호에 따른 시설 및 설비공사를 진행 중인 토지를 포함한다)(지방세법시행령 제102조 제6항)

① 과세기준일 현재 계속 염전으로 실제 사용하고 있거나 계속 염전으로 사용하다가 사용을 폐지한 토지. 다만, 염전 사용을 폐지한 후 다른 용도로 사용하는 토지는 제외한다.

② 「광업법」에 따라 광업권이 설정된 광구의 토지로서 산업통상자원부장관으로부터 채굴계획 인가를 받은 토지(채굴 외의 용도로 사용되는 부분이 있는 경우 그 부분은 제외한다)

③ 「방송법」에 따라 설립된 한국방송공사의 소유 토지로서 같은 법 제54조 제1항 제5호에 따른 업무에 사용되는 중계시설의 부속토지

④ 「여객자동차 운수사업법」 및 「물류시설의 개발 및 운영에 관한 법률」에 따라 면허 또는 인가를 받은 자가 계속하여 사용하는 여객자동차터미널 및 물류터미널용 토지

⑤ 「전기사업법」에 따른 전기사업자가 「전원개발촉진법」 제5조 제1항에 따른 전원개발사업 실시계획에 따라 취득한 토지 중 발전시설 또는 송전·변전시설에 직접 사용하고 있는 토지(「전원개발촉진법」 시행 전에 취득한 토지로서 담장·철조망 등으로 구획된 경계구역 안의 발전시설 또는 송전·변전시설에 직접 사용하고 있는 토지를 포함한다)

⑥ 「전기통신사업법」 제5조에 따른 기간통신사업자가 기간통신역무에 제공하는 전기통신설비(「전기통신사업 회계정리 및 보고에 관한 규정」 제8조에 따른 전기통신설비를 말한다)를 설치·보전하기 위하여 직접 사용하는 토지(대통령령 제10492호 한국전기통신공사법 시행령 부칙 제5조에 따라 한국전기통신공사가 1983년 12월 31일 이전에 등기 또는 등록을 마친 것만 해당한다)

⑦ 「집단에너지사업법」에 따라 설립된 한국지역난방공사가 열생산설비에 직접 사용하고 있는 토지

⑦의2. 「집단에너지사업법」에 따른 사업자 중 한국지역난방공사를 제외한 사업자가 직접 사용하기 위하여 소유하고 있는 공급시설용 토지로서 2022년부터 2025년까지 재산세 납부의무가 성립하는 토지

⑧ 「한국가스공사법」에 따라 설립된 한국가스공사가 제조한 가스의 공급을 위한 공급설비에 직접 사용하고 있는 토지

⑨ 「한국석유공사법」에 따라 설립된 한국석유공사가 정부의 석유류비축계획에 따라 석유를 비축하기 위한 석유비축시설용 토지와 「석유 및 석유대체연료 사업법」 제17조에 따른 비축의무자의 석유비축시설용 토지, 「송유관 안전관리법」 제2조 제3호에 따른 송유관설치자의 석유저장 및 석유수송을 위한 송유설비에 직접 사용하고 있는 토지 및 「액화석유가스의 안전관리 및 사업법」 제20조에 따른 비축의무자의 액화석유가스 비축시설용 토지

⑩ 「한국철도공사법」에 따라 설립된 한국철도공사가 같은 법 제9조 제1항 제1호부터 제3호까지 및 제6호의 사업(같은 항 제6호의 경우에는 철도역사 개발사업만 해당한다)에 직접 사용하기 위하여 소유하는 철도용지

⑪ 「항만공사법」에 따라 설립된 항만공사가 소유하고 있는 항만시설(「항만법」 제2조 제5호에 따른 항만시설을 말한다)용 토지 중 「항만공사법」 제8조 제1항에 따른 사업에 사용하거나 사용하기 위한 토지. 다만, 「항만법」 제2조 제5호 다목부터 마목까지의 규정에 따른 시설용 토지로서 제107조에 따른 수익사업(이하 “수익사업”이라 한다)에 사용되는 부분은 제외한다.

⑫ 「한국공항공사법」에 따른 한국공항공사가 소유하고 있는 「공항시설법 시행령」 제3조 제1호 및 제2호의 공항시설용 토지로서 같은 조 제1호 바목 중 공항 이용객을 위한 주차시설(유료주차장으로 한정한다)용 토지와 같은 조 제2호의 지원시설용 토지 중 수익사업에 사용되는 부분을 제외한 토지로서 2022년부터 2025년까지 재산세 납부의무가 성립하는 토지

3) **국토의 효율적 이용을 위한 개발사업용 토지로서 대통령령으로 정하는 토지**(골프장용 토지와 고급오락장용 토지는 제외)(다만 ⑨ 및 ⑪에 따른 토지 중 취득일로부터 5년이 지난 토지로서 용지조성사업 또는 건축을 착공하지 않은 토지는 제외한다)(지방세법 시행령 제102조 제7항)

① 「공유수면 관리 및 매립에 관한 법률」에 따라 매립하거나 간척한 토지로서 공사준공인가일(공사준공인가일 전에 사용승낙이나 허가를 받은 경우에는 사용승낙일 또는 허가일을 말한다)부터 4년이 지나지 아니한 토지

② 「한국자산관리공사 설립 등에 관한 법률」에 따른 한국자산관리공사 또는 「농업협동조합의 구조개선에 관한 법률」 제29조에 따라 설립된 농업협동조합자산관리회사가 타인에게 매각할 목적으로 일시적으로 취득하여 소유하고 있는 토지

③ 「농어촌정비법」에 따른 농어촌정비사업 시행자가 같은 법에 따라 다른 사람에게 공급할 목적으로 소유하고 있는 토지

④ 「도시개발법」 제11조에 따른 도시개발사업의 시행자가 그 도시개발사업에 제공하는 토지(주택건설용 토지와 산업단지용 토지로 한정한다)와 종전의 「토지구획정리사업법」(법률 제6252호 토지구획정리사업법 폐지법률에 의하여 폐지되기 전의 것을 말한다. 이하에서 같다)에 따른 토지구획정리사업의 시행자가 그 토지구획정리사업에 제공하는 토지(주택건설용 토지와 산업단지용 토지로 한정한다) 및 「경제자유구역의 지정 및 운영에 관한 특별법」 제8조의3에 따른 경제자유구역 또는 해당 단위개발사업지구에 대한 개발사업 시행자가 그 경제자유구역개발사업에 제공하는 토지(주택건설용 토지와 산업단지용 토지로 한정한다). 다만, 다음의 기간 동안만 해당한다.

㉠ 도시개발사업 실시계획을 고시한 날부터 「도시개발법」에 따른 도시개발사업으로 조성된 토지가 공급 완료(매수자의 취득일을 말한다)되거나 같은 법 제51조에 따른 공사 완료 공고가 날 때까지

㉡ 토지구획정리사업의 시행인가를 받은 날 또는 사업계획의 공고일(토지구획정리사업의 시행자가 국가인 경우로 한정한다)부터 종전의 「토지구획정리사업법」에 따른 토지구획정리사업으로 조성된 토지가 공급 완료(매수자의 취득일을 말한다)되거나 같은 법 제61조에 따른 공사 완료 공고가 날 때까지

㉢ 경제자유구역개발사업 실시계획 승인을 고시한 날부터 「경제자유구역의 지정 및 운영에 관한 특별법」에 따른 경제자유구역개발사업으로 조성된 토지가 공급 완료(매수자의 취득일을 말한다)되거나 같은 법 제14조에 따른 준공검사를 받을 때까지

⑤ 「산업입지 및 개발에 관한 법률」 제16조에 따른 산업단지개발사업의 시행자가 같은 법에 따른 산업단지개발실시계획의 승인을 받아 산업단지조성공사에 제공하는 토지. 다만, 다음 각 목의 기간으로 한정한다.

㉠ 사업시행자가 직접 사용하거나 산업단지조성공사 준공인가 전에 분양·임대 계약이 체결된 경우: 산업단지조성공사 착공일부터 다음의 날 중 빠른 날까지

ⓐ 준공인가일

ⓑ 토지 공급 완료일(매수자의 취득일, 임대차 개시일 또는 건축공사 착공일 등 해당 용지를 사실상 사용하는 날을 말한다. 이하 ⓑ와 같다)

㉡ 산업단지조성공사 준공인가 후에도 분양·임대 계약이 체결되지 않은 경우: 산업단지조성공사 착공일부터 다음의 날 중 빠른 날까지

ⓐ 준공인가일 후 5년이 경과한 날

ⓑ 토지 공급 완료일

⑥ 「산업집적활성화 및 공장설립에 관한 법률」 제45조의17에 따라 설립된 한국산업단지공단이 타인에게 공급할 목적으로 소유하고 있는 토지(임대한 토지를 포함한다)

⑦ 「주택법」에 따라 주택건설사업자 등록을 한 주택건설사업자(같은 법 제11조에 따른 주택조합 및 고용자인 사업주체와 「도시 및 주거환경정비법」 제24조부터 제28조까지 또는 「빈집 및 소규모주택 정비에 관한 특례법」 제17조부터 제19조까지의 규정에 따른 사업시행자를 포함한다)가 주택을 건설하기 위하여 같은 법에 따른 사업계획의 승인을 받은 토지로서 주택건설사업에 제공되고 있는 토지(「주택법」 제2조 제11호에 따른 지역주택조합·직장주택조합이 조합원이 납부한 금전으로 매수하여 소유하고 있는 「신탁법」에 따른 신탁재산의 경우에는 사업계획의 승인을 받기 전의 토지를 포함한다)

⑧ 「중소기업진흥에 관한 법률」에 따라 설립된 중소벤처기업진흥공단이 같은 법에 따라 중소기업자에게 분양하거나 임대할 목적으로 소유하고 있는 토지

⑨ 「지방공기업법」 제49조에 따라 설립된 지방공사가 같은 법 제2조 제1항 제7호 및 제8호에 따른 사업용 토지로서 타인에게 주택이나 토지를 분양하거나 임대할 목적으로 소유하고 있는 토지(임대한 토지를 포함한다)

⑩ 「한국수자원공사법」에 따라 설립된 한국수자원공사가 소유하고 있는 토지 중 다음의 어느 하나에 해당하는 토지(임대한 토지는 제외한다)

㉠ 「한국수자원공사법」 제9조 제1항 제5호에 따른 개발 토지 중 타인에게 공급할 목적으로 소유하고 있는 토지

ⓛ 「친수구역 활용에 관한 특별법」 제2조 제2호에 따른 친수구역 내의 토지로서 친수구역조성사업 실시계획에 따라 주택건설에 제공되는 토지 또는 친수구역조성사업 실시계획에 따라 공업지역(「국토의 계획 및 이용에 관한 법률」 제36조 제1항 제1호 다목의 공업지역을 말한다)으로 결정된 토지

⑪ 「한국토지주택공사법」에 따라 설립된 한국토지주택공사가 같은 법에 따라 타인에게 토지나 주택을 분양하거나 임대할 목적으로 소유하고 있는 토지(임대한 토지를 포함한다) 및 「자산유동화에 관한 법률」에 따라 설립된 유동화전문회사가 한국토지주택공사가 소유하던 토지를 자산유동화 목적으로 소유하고 있는 토지

⑫ 「한국토지주택공사법」에 따라 설립된 한국토지주택공사가 소유하고 있는 비축용 토지 중 다음의 어느 하나에 해당하는 토지

㉠ 「공공토지의 비축에 관한 법률」 제14조 및 제15조에 따라 공공개발용으로 비축하는 토지

㉡ 「한국토지주택공사법」 제12조 제4항에 따라 국토교통부장관이 우선 매입하게 함에 따라 매입한 토지(「자산유동화에 관한 법률」 제3조에 따른 유동화전문회사 등에 양도한 후 재매입한 비축용 토지를 포함한다)

㉢ 「혁신도시 조성 및 발전에 관한 특별법」 제43조 제3항에 따라 국토교통부장관이 매입하게 함에 따라 매입한 같은 법 제2조 제6호에 따른 종전부동산

㉣ 「부동산 거래신고 등에 관한 법률」 제15조 및 제16조에 따라 매수한 토지

㉤ 「공익사업을 위한 토지 등의 취득 및 보상에 관한 법률」 제4조에 따른 공익사업(이하 ㉤ 및 ㉥에서 "공익사업"이라 한다)을 위하여 취득하였으나 해당 공익사업의 변경 또는 폐지로 인하여 비축용으로 전환된 토지

㉥ 비축용 토지로 매입한 후 공익사업에 편입된 토지 및 해당 공익사업의 변경 또는 폐지로 인하여 비축용으로 다시 전환된 토지

㉦ 국가·지방자치단체 또는 「지방자치분권 및 지역균형발전에 관한 특별법」 제2조 제14호에 따른 공공기관으로부터 매입한 토지

㉧ 2005년 8월 31일 정부가 발표한 부동산제도 개혁방안 중 토지시장 안정정책을 수행하기 위하여 매입한 비축용 토지

㉨ 1997년 12월 31일 이전에 매입한 토지

4) **그 밖에 지역경제의 발전, 공익성의 정도 등을 고려하여 분리과세하여야 할 타당한 이유가 있는 토지로서 대통령령으로 정하는 토지**(골프장용 토지와 고급오락장용 토지는 제외)(지방세법시행령 제102조 제8항)

① 제22조 제2호에 해당하는 비영리사업자가 소유하고 있는 토지로서 교육사업에 직접 사용하고 있는 토지. 다만, 수익사업에 사용하는 토지는 제외한다.

② 「농업협동조합법」에 따라 설립된 조합, 농협경제지주회사 및 그 자회사, 「수산업협동조합법」에 따라 설립된 조합, 「산림조합법」에 따라 설립된 조합 및 「엽연초생산협동조합법」에 따라 설립된 조합(조합의 경우 해당 조합의 중앙회를 포함한다)이 과세기준일 현재 구판사업에 직접 사용하는 토지와 「농수산물 유통 및 가격안정에 관한 법률」 제70조에 따른 유통자회사에 농수산물 유통시설로 사용하게 하는 토지 및 「한국농수산식품유통공사법」에 따라 설립된 한국농수산식품유통공사가 농수산물 유통시설로 직접 사용하는 토지. 다만, 「유통산업발전법」 제2조 제3호에 따른 대규모점포(「농수산물 유통 및 가격안정에 관한 법률」 제2조 제12호에 따른 농수산물종합유통센터 중 대규모점포의 요건을 충족하는 것을 포함한다)로 사용하는 토지는 제외한다.

③ 「부동산투자회사법」 제49조의3 제1항에 따른 공모부동산투자회사(같은 법 시행령 제12조의3 제27호, 제29호 또는 제30호에 해당하는 자가 발행주식 총수의 100분의 100을 소유하고 있는 같은 법 제2조 제1호에 따른 부동산투자회사를 포함한다)가 목적사업에 사용하기 위하여 소유하고 있는 토지

④ 「산업입지 및 개발에 관한 법률」에 따라 지정된 산업단지와 「산업집적활성화 및 공장설립에 관한 법률」에 따른 유치지역 및 「산업기술단지 지원에 관한 특례법」에 따라 조성된 산업기술단지에서 다음의 어느 하나에 해당하는 용도에 직접 사용되고 있는 토지

㉠ 「산업입지 및 개발에 관한 법률」 제2조에 따른 지식산업・문화산업・정보통신산업・자원비축시설용 토지 및 이와 직접 관련된 교육・연구・정보처리・유통시설용 토지

㉡ 「산업집적활성화 및 공장설립에 관한 법률 시행령」 제6조 제5항에 따른 폐기물 수집운반・처리 및 원료재생업, 폐수처리업, 창고업, 화물터미널이나 그 밖의 물류시설을 설치・운영하는 사업, 운송업(여객운송업은 제외한다), 산업용기계장비임대업, 전기업, 농공단지에 입주하는 지역특화산업용 토지, 「도시가스사업법」 제2조 제5호에 따른 가스공급시설용 토지 및 「집단에너지사업법」 제2조 제6호에 따른 집단에너지공급시설용 토지

㉢ 「산업기술단지 지원에 관한 특례법」에 따른 연구개발시설 및 시험생산시설용 토지

㉣ 「산업집적활성화 및 공장설립에 관한 법률」 제30조 제2항에 따른 관리기관이 산업단지의 관리, 입주기업체 지원 및 근로자의 후생복지를 위하여 설치하는 건축물의 부속토지(수익사업에 사용되는 부분은 제외한다)

⑤ 「산업집적활성화 및 공장설립에 관한 법률」 제28조의2에 따라 지식산업센터의 설립승인을 받은 자의 토지로서 다음의 어느 하나에 해당하는 토지. 다만, 지식산업센터의 설립승인을 받은 후 최초로 재산세 납세의무가 성립한 날부터 5년 이내로 한정하고, 증축의 경우에는 증축에 상당하는 토지 부분으로 한정한다.

㉠ 같은 법 제28조의5 제1항 제1호 및 제2호에 따른 시설용("지식산업센터 입주시설용"이라 한다)으로 직접 사용하거나 분양 또는 임대하기 위해 지식산업센터를 신축 또는 증축 중인 토지

㉡ 지식산업센터를 신축하거나 증축한 토지로서 지식산업센터 입주시설용으로 직접 사용(재산세 과세기준일 현재 60일 이상 휴업 중인 경우는 제외한다)하거나 분양 또는 임대할 목적으로 소유하고 있는 토지(임대한 토지를 포함한다)

⑥ 「산업집적활성화 및 공장설립에 관한 법률」 제28조의4에 따라 지식산업센터를 신축하거나 증축하여 설립한 자로부터 최초로 해당 지식산업센터를 분양받은 입주자(「중소기업기본법」 제2조에 따른 중소기업을 영위하는 자로 한정한다)로서 같은 법 제28조의5 제1항 제1호 및 제2호에 규정된 사업에 직접 사용(재산세 과세기준일 현재 60일 이상 휴업 중인 경우와 타인에게 임대한 부분은 제외한다)하는 토지(지식산업센터를 분양받은 후 최초로 재산세 납세의무가 성립한 날부터 5년 이내로 한정한다)

⑦ 「연구개발특구의 육성에 관한 특별법」 제34조에 따른 특구관리계획에 따라 원형지로 지정된 토지

⑧ 「인천국제공항공사법」에 따라 설립된 인천국제공항공사가 소유하고 있는 공항시설(「공항시설법」 제2조 제7호에 따른 공항시설을 말한다)용 토지 중 「인천국제공항공사법」 제10조 제1항의 사업에 사용하거나 사용하기 위한 토지. 다만, 다음 각 목의 어느 하나에 해당하는 토지는 제외한다.

㉠ 「공항시설법」 제4조에 따른 기본계획에 포함된 지역 중 국제업무지역, 공항신도시, 유수지(수익사업에 사용되는 부분으로 한정한다), 물류단지(수익사업에 사용되는 부분으로 한정한다) 및 유보지[같은 법 시행령 제5조 제1항 제3호 및 제4호에 따른 진입표면, 내부진입표면, 전이(轉移)표면 또는 내부전이표면에 해당하지 않는 토지로 한정한다]

㉡ 「공항시설법시행령」 제3조 제2호에 따른 지원시설용 토지(수익사업에 사용되는 부분으로 한정한다)

⑨ 「자본시장과 금융투자업에 관한 법률」 제229조 제2호에 따른 부동산집합투자기구[집합투자재산의 100분의 80을 초과하여 같은 호에서 정한 부동산에 투자하는 같은 법 제9조 제19항 제2호에 따른 일반 사모집합투자기구(투자자가 「부동산투자회사법시행령」 제12조의3 제27호, 제29호 또는 제30호에 해당하는 자로만 이루어진 사모집합투자기구로 한정한다)를 포함한다] 또는 종전의 「간접투자자산 운용업법」에 따라 설정·설립된 부동산간접투자기구가 목적사업에 사용하기 위하여 소유하고 있는 토지 중 법 제106조 제1항 제2호에 해당하는 토지

⑩ 「전시산업발전법시행령」 제3조 제1호 및 제2호에 따른 토지

⑪ 「전통사찰의 보존 및 지원에 관한 법률」 제2조 제3호에 따른 전통사찰보존지 및 「향교재산법」 제2조에 따른 향교재산 중 토지. 다만, 수익사업에 사용되는 부분은 제외한다.

3. 4% 고율분리과세대상(지방세법 제111조)

(1) 골프장용 토지

취득세 중과세대상이 되는 「체육시설의 설치・이용에 관한 법률」에 따른 회원제 골프장용 부동산 중 구분등록의 대상이 되는 토지를 말한다(지방세법 제13조 제5항 제2호).

🔔 일반골프장, 간이골프장, 골프연습장은 종합합산과세한다.

(2) 고급오락장용 건축물의 부속토지

취득세 중과세대상이 되는 고급오락장으로 사용되는 건축물의 부속토지를 말한다.

2 별도합산과세대상 토지(지방세법 제106조 제1항 제2호, 지방세법시행령 제101조)

(1) 일반영업용 건축물의 부속토지

① 별도합산과세대상은 상가, 사무실처럼 일반영업용・상업용으로 이용되는 건축물의 부속토지로서 기준면적 이내인 토지를 말하며, 기준면적을 초과하는 부분에 대해서는 종합합산과세대상 토지가 된다.

> 건축물의 기준면적 = 건축물 바닥면적 × 용도지역별 배율

☑ **용도지역별 적용배율**(지방세법시행령 제101조 제2항)

용도지역별		적용배율
도시지역	1. 전용주거지역	5배
	2. 준주거지역・상업지역	3배
	3. 일반주거지역・공업지역	4배
	4. 녹지지역	7배
	5. 미계획지역	4배
도시지역 외의 용도지역		7배

② **건축물의 범위**(지방세법시행령 제103조 제1항)

㉠ 건축허가를 받았으나 「건축법」에 따라 착공이 제한된 건축물

㉡ 「건축법」에 따른 건축허가를 받거나 건축신고를 한 건축물로서 같은 법에 따른 공사계획을 신고하고 공사에 착수한 건축 중인 건축물[개발사업 관계법령에 따른 개발사업의 시행자가 소유하고 있는 토지로서 같은 법령에 따른 개발사업 실시계획의 승인을 받아 그 개발사업에 제공하는 토지(법 제106조 제1항 제3호에 따른 분리과세대상이 되는 토지는 제외한다)로서 건축물의 부속토지로 사용하기 위하여 토지조성공사에 착수하여 준공검사 또는 사용허가를 받기 전까지의 토지에 건축이 예정된 건축물(관계 행정기관이 허가 등으로 그 건축물의 용도 및 바닥면적을 확인한 건축물을 말한다)을 포함한다]. 다만, 과세기준일 현재 정당한 사유 없이 6개월 이상 공사가 중단된 경우는 제외한다.

㉢ 가스배관시설 등 행정안전부령으로 정하는 지상정착물

(2) 일반영업용 건축물의 부속토지로 보는 토지

다음에 해당하는 토지는 관계 법령에 의하여 면허 · 등록 등을 받은 사업자가 해당 사업에 사용하는 토지로서 건축물이 없는 토지임에도 불구하고 일정면적까지는 별도합산과세대상의 토지로 본다(지방세법시행령 제101조 제3항).

① 「여객자동차 운수사업법」 또는 「화물자동차 운수사업법」에 따라 여객자동차운송사업 또는 화물자동차 운송사업의 면허 · 등록 또는 자동차대여사업의 등록을 받은 자가 그 면허 · 등록조건에 따라 사용하는 차고용 토지로서 자동차운송 또는 대여사업의 최저보유차고면적기준의 1.5배에 해당하는 면적 이내의 토지

② 「건설기계관리법」에 따라 건실기계사업의 등록을 한 자가 그 등록조건에 따라 사용하는 건설기계대여업, 건설기계정비업, 건설기계매매업 또는 건설기계해체재활용업의 등록기준에 맞는 주기장 또는 옥외작업장용 토지로서 그 시설의 최저면적기준의 1.5배에 해당하는 면적 이내의 토지

③ 「도로교통법」에 따라 등록된 자동차운전학원의 자동차운전학원용 토지로서 같은 법에서 정하는 시설을 갖춘 구역 안의 토지

④ 「항만법」에 따라 해양수산부장관 또는 시 · 도지사가 지정하거나 고시한 야적장 및 컨테이너 장치장용 토지와 「관세법」에 따라 세관장의 특허를 받는 특허보세구역 중 보세창고용 토지로서 해당 사업연도 및 직전 2개 사업연도 중 물품 등의 보관 · 관리에 사용된 최대면적의 1.2배 이내의 토지

⑤ 「자동차관리법」에 따라 자동차관리사업의 등록을 한 자가 그 시설기준에 따라 사용하는 자동차관리사업용 토지(자동차정비사업장용, 자동차해체재활용사업장용, 자동차매매사업장용 또는 자동차경매장용 토지만 해당한다)로서 그 시설의 최저면적기준의 1.5배에 해당하는 면적 이내의 토지

⑥ 「한국교통안전공단법」에 따른 한국교통안전공단이 같은 법 제6조 제6호에 따른 자동차의 성능 및 안전도에 관한 시험 · 연구의 용도로 사용하는 토지 및 「자동차관리법」 제44조에 따라 자동차검사대행자로 지정된 자, 같은 법 제44조의2에 따라 자동차 종합검사대행자로 지정된 자, 같은 법 제45조에 따라 지정정비사업자로 지정된 자 및 제45조의2에 따라 종합검사 지정정비사업자로 지정된 자, 「건설기계관리법」 제14조에 따라 건설기계 검사대행 업무의 지정을 받은 자 및 「대기환경보전법」 제64조에 따라 운행차 배출가스 정밀검사 업무의 지정을 받은 자가 자동차 또는 건설기계 검사용 및 운행차 배출가스 정밀검사용으로 사용하는 토지

⑦ 「물류시설의 개발 및 운영에 관한 법률」에 따른 물류단지 안의 토지로서 물류단지시설용 토지 및 「유통산업발전법」에 따른 공동집배송센터로서 행정안전부장관이 산업통상자원부장관과 협의하여 정하는 토지

⑧ 특별시 · 광역시(군지역은 제외한다) · 특별자치시 · 특별자치도 및 시지역(읍 · 면 지역은 제외한다)에 위치한 「산업집적활성화 및 공장설립에 관한 법률」의 적용을 받는 레미콘 제조업용 토지(「산업입지 및 개발에 관한 법률」에 따라 지정된 산업단지 및 「국토의 계획 및 이용에 관한 법률」에 따라 지정된 공업지역에 있는 토지는 제외한다)로서 공장입지기준면적 이내의 토지

⑨ 경기 및 스포츠업을 경영하기 위하여 「부가가치세법」에 따라 사업자등록을 한 자의 사업에 이용되고 있는 「체육시설의 설치 · 이용에 관한 법률 시행령」에 따른 체육시설용 토지(골프장의 경우에는 「체육시설의 설치 · 이용에 관한 법률」 제10조의2 제2항에 따른 대중형 골프장용 토지로 한정한다)로서 사실상 운동시설에 이용되고 있는 토지

⑩ 「관광진흥법」에 따른 관광사업자가 「박물관 및 미술관 진흥법」에 따른 시설기준을 갖추어 설치한 박물관 · 미술관 · 동물원 · 식물원의 야외전시장용 토지

⑪ 「주차장법시행령」에 따른 부설주차장 설치기준면적 이내의 토지(고율분리과세대상인 골프장용 토지 · 고급오락장용 건축물의 부속토지 안의 부설주차장은 제외한다). 다만, 「관광진흥법시행령」에 따른 전문휴양업 · 종합휴양업 및 유원시설업에 해당하는 시설의 부설주차장으로서 「도시교통정비 촉진법」에 따른 교통영향평가서의 심의 결과에 따라 설치된 주차장의 경우에는 해당 검토 결과에 규정된 범위 이내의 주차장용 토지를 말한다.

⑫ 「장사 등에 관한 법률」에 따른 설치 · 관리허가를 받은 법인묘지용 토지로서 지적공부상 지목이 묘지인 토지

⑬ **다음에 규정된 임야**

㉠ 「체육시설의 설치 · 이용에 관한 법률 시행령」에 따른 스키장 및 골프장용 토지 중 원형이 보전되는 임야

㉡ 「관광진흥법」에 따른 관광단지 안의 토지와 「관광진흥법시행령」에 따른 전문휴양업·종합휴양업 및 유원시설업용 토지 중 「환경영향평가법」에 따른 환경영향평가의 협의 결과에 따라 원형이 보전되는 임야

㉢ 「산지관리법」에 따른 준보전산지에 있는 토지 중 「산림자원의 조성 및 관리에 관한 법률」에 따른 산림경영계획의 인가를 받아 실행 중인 임야. 다만, 도시지역의 임야는 제외한다.

⑭ 「종자산업법」에 따라 종자업 등록을 한 종자업자가 소유하는 농지로서 종자연구 및 생산에 직접 이용되고 있는 시험·연구·실습지 또는 종자생산용 토지

⑮ 「양식산업발전법」에 따라 면허·허가를 받은 자 또는 「수산종자산업육성법」에 따라 수산종자생산업의 허가를 받은 자가 소유하는 토지로서 양식어업 또는 수산종자생산업에 직접 이용되고 있는 토지

⑯ 「도로교통법」에 따라 견인된 차를 보관하는 토지로서 같은 법에서 정하는 시설을 갖춘 토지

⑰ 「폐기물관리법」에 따라 폐기물 최종처리업 또는 폐기물 종합처리업의 허가를 받은 자가 소유하는 토지 중 폐기물 매립용에 직접 사용되고 있는 토지

(3) 건축물의 부속토지 중 별도합산과세대상에서 제외되는 토지

다음에 해당하는 건축물의 부속토지는 별도합산과세대상에서 제외하여 각각의 규정에 따른 토지로 한다.

① 시지역의 읍·면지역, 산업단지, 공업지역의 공장용 건축물의 부속토지는 기준면적 이내의 경우에는 분리과세대상이 되고, 기준면적을 초과하는 부분은 종합합산과세대상이 된다(지방세법시행령 제101조 제1항 제1호).

② 사치성 건축물의 부속토지

고급오락장·골프장 내의 건축물의 부속토지는 고율의 분리과세대상이다(지방세법시행령 제101조 제1항 제2호 가목).

③ 일정가액 기준 미달 건축물의 부속토지

건축물의 시가표준액이 해당 부속토지의 시가표준액의 100분의 2에 미달하는 건축물의 부속토지 중 그 건축물의 바닥면적을 제외한 부속토지는 종합합산과세대상이 된다(지방세법시행령 제101조 제1항 제2호 나목).

일정가액 기준 미달 건축물의 부속토지 건축물의 시가표준액 < 부속토지의 시가표준액 × 2%

④ **무허가 · 위법적 건축물의 부속토지**

「건축법」 등 관계 법령에 따라 허가 등을 받아야 할 건축물로서 허가 등을 받지 아니한 건축물 또는 사용승인을 받아야 할 건축물로서 사용승인(임시사용승인을 포함한다)을 받지 아니하고 사용 중인 건축물의 부속토지는 종합합산과세대상이다(지방세법시행령 제101조 제1항 단서).

3 종합합산과세대상 토지

종합합산과세대상 토지는 과세기준일 현재 납세의무자가 소유하고 있는 토지 중 별도합산과세대상 또는 분리과세대상이 되는 토지를 제외한 토지를 말한다(지방세법 제106조 제1항 제1호).

핵심 다지기

주요 종합합산과세대상 토지

1. 실제 영농에 사용하지 않는 농지, 법인 및 단체소유 농지
2. 도시지역 내의 상업 · 공업 · 주거지역 등에 소재한 농지 · 목장용지
3. 목장용지 · 공장용지 · 일반건축물의 부속토지 중 기준면적 초과토지
4. 건축물이 없는 나대지 등
5. 건축물의 시가표준액이 해당 부속토지의 시가표준액의 100분의 2에 미달하는 건축물의 부속토지 중 그 건축물의 바닥면적을 제외한 부속토지
6. 무허가 · 위법적 건축물의 부속토지

예제

1. 지방세법상 재산세 종합합산과세대상 토지는? 제29회

① 「문화유산의 보존 및 활용에 관한 법률」에 따른 지정문화유산 안의 임야
② 국가가 국방상의 목적 외에는 그 사용 및 처분 등을 제한하는 공장 구내의 토지
③ 「건축법」 등 관계 법령에 따라 허가 등을 받아야 할 건축물로서 허가 등을 받지 아니한 공장용 건축물의 부속토지
④ 「자연공원법」에 따라 지정된 공원자연환경지구의 임야
⑤ 「개발제한구역의 지정 및 관리에 관한 특별조치법」에 따른 개발제한구역의 임야(1989년 12월 31일 이전부터 소유)

해설 ③ 「건축법」 등 관계 법령에 따라 허가 등을 받아야 할 건축물로서 허가 등을 받지 아니한 공장용 건축물의 부속토지: 0.2~0.5% 종합합산과세대상
① 「문화유산의 보존 및 활용에 관한 법률」에 따른 지정문화유산 안의 임야: 0.07% 저율분리과세대상
② 국가가 국방상의 목적 외에는 그 사용 및 처분 등을 제한하는 공장 구내의 토지: 0.2% 저율분리과세대상
④ 「자연공원법」에 따라 지정된 공원자연환경지구의 임야: 0.07% 저율분리과세대상
⑤ 「개발제한구역의 지정 및 관리에 관한 특별조치법」에 따른 개발제한구역의 임야: 0.07% 저율분리과세대상

정답 ③

2. 지방세법상 토지에 대한 재산세를 부과함에 있어서 과세대상의 구분(종합합산과세대상, 별도합산과세대상, 분리과세대상)**이 같은 것으로만 묶인 것은?** 제25회

> ㉠ 1990년 5월 31일 이전부터 종중이 소유하고 있는 임야
> ㉡ 「체육시설의 설치 · 이용에 관한 법률 시행령」에 따른 회원제 골프장이 아닌 골프장용 토지 중 원형이 보전되는 임야
> ㉢ 과세기준일 현재 계속 염전으로 실제 사용하고 있는 토지
> ㉣ 「도로교통법」에 따라 등록된 자동차운전학원의 자동차운전학원용 토지로서 같은 법에서 정하는 시설을 갖춘 구역 안의 토지

① ㉠, ㉡ ② ㉡, ㉢ ③ ㉡, ㉣
④ ㉠, ㉡, ㉢ ⑤ ㉠, ㉢, ㉣

해설 ㉡ 「체육시설의 설치 · 이용에 관한 법률 시행령」에 따른 회원제 골프장이 아닌 골프장용 토지 중 원형이 보전되는 임야: 별도합산(0.2~0.4%) [다만, 「체육시설의 설치 · 이용에 관한 법률」에 따른 회원제 골프장용 토지의 임야는 제외한다(영 제101조 제3항 제13호). ⇨ 고율분리(4%)]
㉣ 「도로교통법」에 따라 등록된 자동차운전학원의 자동차운전학원용 토지로서 같은 법에서 정하는 시설을 갖춘 구역 안의 토지: 별도합산(0.2~0.4%)(지방세법시행령 제101조 제3항 제3호)
㉠ 1990년 5월 31일 이전부터 종중이 소유하고 있는 임야: 저율분리(0.07%)
㉢ 과세기준일 현재 계속 염전으로 실제 사용하고 있는 토지: 저율분리(0.2%) **정답** ③

03 재산세의 납세의무자 제31회, 제35회

재산세는 보유단계에서 과세하지만 현실적으로 보유기간에 따라 안분(按分)하거나 평분(平分)하여 과세하는 것이 아닌 특정시점의 소유자에게 과세한다.

1 **원칙**: 사실상 소유하고 있는 자

재산세 과세기준일(매년 6월 1일) 현재 재산을 사실상 소유하고 있는 자는 재산세를 납부할 의무가 있다. 다만, 다음의 어느 하나에 해당하는 경우에는 해당의 자를 납세의무자로 본다(지방세법 제107조 제1항).

> **지방세법 기본통칙 107-1 【사실상의 소유자】** 「지방세법」 제107조 제1항의 「사실상 소유하고 있는 자」라 함은 같은 법 시행령 제20조에 규정된 취득의 시기가 도래되어 당해 토지를 취득한 자를 말하며, 법 제120조 제1항의 규정에 의하여 신고하는 경우에는 같은 법 제107조 제2항 제1호의 규정에 우선하여 적용된다.

(1) 공유재산인 경우

그 지분에 해당하는 부분(지분의 표시가 없는 경우에는 지분이 균등한 것으로 본다)에 대해서는 그 지분권자를 납세의무자로 본다(지방세법 제107조 제1항 제1호).

(2) 주택의 건물과 부속토지의 소유자가 다를 경우

그 주택에 대한 산출세액을 건축물과 그 부속토지의 시가표준액 비율로 안분계산(按分計算)한 부분에 대해서는 그 소유자를 납세의무자로 본다(지방세법 제107조 제1항 제2호).

> **지방세법운영예규 법106-1 【과세기준일 현재 소유자】** 「지방세법」 제106조 및 제114조에 따른 과세기준일 현재 과세대상물건의 소유권이 양도·양수된 때에는 양수인을 당해연도의 납세의무자로 본다.

2 예 외

1에도 불구하고 재산세 과세기준일 현재 다음의 어느 하나에 해당하는 자는 재산세를 납부할 의무가 있다.

(1) **공부상 소유자**: 공부상의 소유자가 매매 등의 사유로 소유권이 변동되었는데도 신고하지 아니하여 사실상의 소유자를 알 수 없을 때에는 공부상 소유자를 납세의무자로 본다(지방세법 제107조 제2항 제1호).

> **지방세법 기본통칙 107-3 【공부상 소유자】** 등기된 경우에는 등기부등본상의 소유자를, 미등기인 경우에는 토지대장 또는 임야대장상의 소유자를 말한다.

(2) **주된 상속자**: 상속이 개시된 재산으로서 상속등기가 이행되지 아니하고 사실상의 소유자를 신고하지 아니하였을 때에는 행정안전부령으로 정하는 주된 상속자를 납세의무자로 본다(지방세법 제107조 제2항 제2호).

> **지방세법시행규칙 제53조 【주된 상속자의 기준】** 법 제107조 제2항 제2호에서 "행정안전부령으로 정하는 주된 상속자"란 「민법」상 상속지분이 가장 높은 사람으로 하되, 상속지분이 가장 높은 사람이 두 명 이상이면 그중 나이가 가장 많은 사람으로 한다.
>
> **지방세법운영예규 법107-7 【상속재산에 대한 납세의무자】** 상속은 「민법」 제997조의 규정에 의하여 피상속자의 사망으로 인하여 개시되며, 상속등기가 되지 아니한 때에는 상속자가 지분에 따라 신고하면 신고된 지분에 따른 납세의무가 성립하고 신고가 없으면 「지방세법시행규칙」 제53조에 따른 주된 상속자에게 납세의무가 있다.

(3) 종중재산의 공부상 소유자

공부상에 개인 등의 명의로 등재되어 있는 사실상의 종중재산으로서 종중소유임을 신고하지 아니하였을 때에는 공부상 소유자를 납세의무자로 본다(지방세법 제107조 제2항 제3호).

(4) 매수계약자

국가, 지방자치단체, 지방자치단체조합과 재산세 과세대상 재산을 연부(年賦)로 매매계약을 체결하고 그 재산의 사용권을 무상으로 받은 경우에는 그 매수계약자를 납세의무자로 본다(지방세법 제107조 제2항 제4호).

지방세법시행령 제106조 【납세의무자의 범위 등】 ② 국가, 지방자치단체 및 지방자치단체조합이 선수금을 받아 조성하는 매매용 토지로서 사실상 조성이 완료된 토지의 사용권을 무상으로 받은 자가 있는 경우에는 그 자를 매수계약자로 본다.

지방세법 기본통칙 107-2 【연부취득시 납세의무자】 연부취득에 의하여 무상사용권을 부여받은 토지는 국가 · 지방자치단체 · 지방자치단체조합('국가 등'이라 한다) 등으로 부터 연부취득한 것에 한하므로 국가 등 이외의 자로부터 연부취득 중인 때에는 매수인이 무상사용권을 부여 받았다 하더라도 국가 등 이외의 자가 납세의무자가 된다.

(5) 위탁자

「신탁법」 제2조에 따른 수탁자의 명의로 등기 또는 등록된 신탁재산의 경우에는 제1항에도 불구하고 같은 조에 따른 위탁자(「주택법」 제2조 제11호 가목에 따른 지역주택조합 및 같은 호 나목에 따른 직장주택조합이 조합원이 납부한 금전으로 매수하여 소유하고 있는 신탁재산의 경우에는 해당 지역주택조합 및 직장주택조합을 말하며, 이하 "위탁자"라 한다). 이 경우 위탁자가 신탁재산을 소유한 것으로 본다(지방세법 제107조 제2항 제5호).

(6) 사업시행자

「도시개발법」에 따라 시행하는 환지(換地) 방식에 의한 도시개발사업 및 「도시 및 주거환경정비법」에 따른 정비사업(재개발사업만 해당한다)의 시행에 따른 환지계획에서 일정한 토지를 환지로 정하지 아니하고 체비지 또는 보류지로 정한 경우에는 사업시행자를 납세의무자로 본다(지방세법 제107조 제2항 제6호).

(7) 수입하는 자

외국인 소유의 항공기 또는 선박을 임차하여 수입하는 경우에는 수입하는 자(지방세법 제107조 제2항 제7호)

(8) 공부상 소유자

「채무자 회생 및 파산에 관한 법률」에 따른 파산선고 이후 파산종결의 결정까지 파산재단에 속하는 재산의 경우 공부상 소유자(지방세법 제107조 제2항 제8호)

(9) 사용자

재산세 과세기준일 현재 소유권의 귀속이 분명하지 아니하여 사실상의 소유자를 확인할 수 없는 경우에는 그 사용자가 재산세를 납부할 의무가 있다(지방세법 제107조 제3항).

지방세법시행령 제106조 【납세의무자의 범위 등】 ③ 소유권의 귀속이 분명하지 아니한 재산에 대하여 사용자를 납세의무자로 보아 재산세를 부과하려는 경우에는 그 사실을 사용자에게 미리 통지하여야 한다.

지방세법 기본통칙 107-6 【사실상의 소유자를 알 수 없는 때】 「소유권의 귀속이 분명하지 아니하여 사실상의 소유자를 확인할 수 없는 경우」라 함은 소유권의 귀속 자체에 분쟁이 생겨 소송중에 있거나 공부상 소유자의 행방불명 또는 생사불명으로 장기간 그 소유자가 관리하고 있지 않는 경우 등을 의미한다.

예제

1. 지방세법상 재산세의 과세기준일 현재 납세의무자에 관한 설명으로 틀린 것은? 제28회

① 공유재산인 경우 그 지분에 해당하는 부분(지분의 표시가 없는 경우에는 지분이 균등한 것으로 봄)에 대해서는 그 지분권자를 납세의무자로 본다.

② 소유권의 귀속이 분명하지 아니하여 사실상의 소유자를 확인할 수 없는 경우에는 그 사용자가 납부할 의무가 있다.

③ 지방자치단체와 재산세 과세대상 재산을 연부로 매매계약을 체결하고 그 재산의 사용권을 무상으로 받은 경우에는 그 매수계약자를 납세의무자로 본다.

④ 공부상에 개인 등의 명의로 등재되어 있는 사실상의 종중재산으로서 종중소유임을 신고하지 아니하였을 때에는 공부상 소유자를 납세의무자로 본다.

⑤ 상속이 개시된 재산으로서 상속등기가 이행되지 아니하고 사실상의 소유자를 신고하지 아니하였을 때에는 공동상속인 각자가 받았거나 받을 재산에 따라 납부할 의무를 진다.

해설 ⑤ 상속이 개시된 재산으로서 상속등기가 이행되지 아니하고 사실상의 소유자를 신고하지 아니하였을 때에는 행정안전부령으로 정하는 주된 상속자는 재산세를 납부할 의무가 있다. ◆ 정답 ⑤

2. 지방세법상 재산세의 과세대상 및 납세의무자에 관한 설명으로 옳은 것은? (단, 비과세는 고려하지 않음) 제31회 수정

① 「신탁법」 제2조에 따른 수탁자의 명의로 등기 또는 등록된 신탁재산의 경우에는 위탁자는 재산세를 납부할 의무가 있다.

② 토지와 주택에 대한 재산세 과세대상은 종합합산과세대상, 별도합산과세대상 및 분리과세대상으로 구분한다.

③ 국가가 선수금을 받아 조성하는 매매용 토지로서 사실상 조성이 완료된 토지의 사용권을 무상으로 받은 자는 재산세를 납부할 의무가 없다.

④ 주택 부속토지의 경계가 명백하지 아니한 경우 그 주택의 바닥면적의 20배에 해당하는 토지를 주택의 부속토지로 한다.

⑤ 재산세 과세대상인 건축물의 범위에는 주택을 포함한다.

해설 ② 토지에 대한 재산세 과세대상은 종합합산과세대상, 별도합산과세대상 및 분리과세대상으로 구분한다. 주택의 별도의 재산세 과세대상이다(지방세법 제106조 제1항).
③ 국가가 선수금을 받아 조성하는 매매용 토지로서 사실상 조성이 완료된 토지의 사용권을 무상으로 받은 자는 재산세를 납부할 의무가 있다(지방세법시행령 제106조 제2항).
④ 주택 부속토지의 경계가 명백하지 아니한 경우 그 주택의 바닥면적의 10배에 해당하는 토지를 주택의 부속토지로 한다(지방세법시행령 제105조).
⑤ 재산세 과세대상인 건축물의 범위에는 주택을 포함하지 아니한다(지방세법 제105조). ◆ 정답 ①

04 재산세의 과세표준 제31회

(1) 토지 · 건축물 · 주택에 대한 재산세의 과세표준은 제4조 제1항 및 제2항에 따른 시가표준액에 부동산 시장의 동향과 지방재정 여건 등을 고려하여 다음 각 호의 어느 하나에서 정한 범위에서 대통령령으로 정하는 공정시장가액비율을 곱하여 산정한 가액으로 한다(지방세법 제110조 제1항).

① **토지 및 건축물**: 시가표준액의 100분의 50부터 100분의 90까지

② **주택**: 시가표준액의 100분의 40부터 100분의 80까지. 다만, 제111조의2에 따른 1세대 1주택은 100분의 30부터 100분의 70까지

(2) 선박 및 항공기에 대한 재산세의 과세표준은 제4조 제2항에 따른 시가표준액으로 한다(지방세법 제110조 제2항).

(3) 제1항에 따라 산정한 주택의 과세표준이 다음 계산식에 따른 과세표준상한액보다 큰 경우에는 제1항에도 불구하고 해당 주택의 과세표준은 과세표준상한액으로 한다(지방세법 제110조 제3항).

과세표준상한액 = 대통령령으로 정하는 직전 연도 해당 주택의 과세표준 상당액
+(과세기준일 당시 시가표준액으로 산정한 과세표준 × 과세표준상한율)

과세표준상한율 = 소비자물가지수, 주택가격변동률, 지방재정 여건 등을 고려하여
0에서 100분의 5 범위 이내로 대통령령으로 정하는 비율

심화 학습 **시가표준액의 결정**(지방세법 제4조, 지방세법시행령 제4조)

1. 토지 및 주택에 대한 시가표준액은 「부동산 가격공시에 관한 법률」에 따라 공시된 가액(價額)으로 한다.
   ① 토지: 개별공시지가
   ② 단독주택: 토지 · 건축물을 통합하여 공시하는 개별주택가격
   ③ 공동주택: 토지 · 건축물을 통합하여 공시하는 공동주택가격
   다만, 개별공시지가 또는 개별주택가격이 공시되지 아니한 경우에는 특별자치시장 · 특별자치도지사 · 시장 · 군수 또는 구청장(자치구의 구청장을 말한다)이 같은 법에 따라 국토교통부장관이 제공한 토지가격비준표 또는 주택가격비준표를 사용하여 산정한 가액으로 하고, 공동주택가격이 공시되지 아니한 경우에는 대통령령으로 정하는 기준에 따라 특별자치시장 · 특별자치도지사 · 시장 · 군수 또는 구청장이 산정한 가액으로 한다.

2. **오피스텔**: 행정안전부장관이 고시하는 표준가격기준액에 다음 각 목의 사항을 적용한다.
   ① 오피스텔의 용도별 · 층별 지수
   ② 오피스텔의 규모 · 형태 · 특수한 부대설비 등의 유무 및 그 밖의 여건에 따른 가감산율(加減算率)
3. **2 외의 건축물**: 건설원가 등을 고려하여 행정안전부장관이 산정 · 고시하는 건물신축가격기준액에 다음 각 목의 사항을 적용한다.
   ① 건물의 구조별 · 용도별 · 위치별 지수
   ② 건물의 경과연수별 잔존가치율
   ③ 건물의 규모 · 형태 · 특수한 부대설비 등의 유무 및 그 밖의 여건에 따른 가감산율

넓혀 보기

토지 및 주택의 시가표준액(지방세법시행령 제2조)

「지방세법」에 따른 토지 및 주택의 시가표준액은 「지방세기본법」에 따른 세목별 납세의무의 성립시기 당시에 「부동산 가격공시에 관한 법률」에 따라 공시된 개별공시지가, 개별주택가격 또는 공동주택가격으로 한다.

05 재산세의 세율 제31회, 제32회, 제34회

재산세의 세율은 표준세율과 중과세율로 구성되어 있다. 또한 표준세율의 100분의 50 범위에서 가감할 수 있는 탄력세율도 있다. 세율의 구조는 재산에 따라 비례세율을 차등적으로 적용하는 차등비례세율과 초과누진세율로 구성되어 있다(지방세법 제111조).

1 표준세율

(1) 토 지

토지에 대한 재산세는 다음에서 정하는 바에 따라 세율을 적용한다. 다만, 지방세법 또는 관계 법령에 따라 재산세를 경감할 때에는 다음의 과세표준에서 경감대상 토지의 과세표준액에 경감비율(비과세 또는 면제의 경우에는 이를 100분의 100으로 본다)을 곱한 금액을 공제하여 세율을 적용한다(지방세법 제113조 제1항).

① 종합합산과세대상

납세의무자가 소유하고 있는 해당 지방자치단체 관할구역에 있는 종합합산과세대상이 되는 토지의 가액을 모두 합한 금액을 과세표준으로 하여 다음의 세율을 적용한다(지방세법 제113조 제1항 제1호, 지방세법 제111조 제1항 제1호 가목).

과세표준	세 율
5,000만원 이하	1,000분의 2
5,000만원 초과 1억원 이하	10만원 + 5,000만원 초과금액의 1,000분의 3
1억원 초과	25만원 + 1억원 초과금액의 1,000분의 5

② 별도합산과세대상

납세의무자가 소유하고 있는 해당 지방자치단체 관할구역에 있는 별도합산과세대상이 되는 토지의 가액을 모두 합한 금액을 과세표준으로 하여 다음의 세율을 적용한다(지방세법 제113조 제1항 제2호, 지방세법 제111조 제1항 제1호 나목).

과세표준	세 율
2억원 이하	1,000분의 2
2억원 초과 10억원 이하	40만원 + 2억원 초과금액의 1,000분의 3
10억원 초과	280만원 + 10억원 초과금액의 1,000분의 4

③ 분리과세대상

분리과세대상이 되는 해당 토지의 가액을 과세표준으로 하여 다음의 세율을 적용한다(지방세법 제113조 제1항 제3호, 지방세법 제111조 제1항 제1호 다목).

과세표준	세 율
㉠ 제106조 제1항 제3호 가목에 해당하는 전 · 답 · 과수원 · 목장용지 및 같은 호 나목에 해당하는 임야	과세표준의 1천분의 0.7
㉡ 제106조 제1항 제3호 다목에 해당하는 골프장용 토지 및 고급오락장용 토지	과세표준의 1천분의 40
㉢ 그 밖의 토지(공장용지와 주택용 · 산업용 공급토지)	과세표준의 1천분의 2

(2) **건축물**(지방세법 제111조 제1항 제2호)

① **골프장, 고급오락장용 건축물**: 과세표준의 1천분의 40

> **지방세법 기본통칙 111-1【회원제골프장에 대중골프장이 병설된 경우 재산세 부과방법】** 재산세가 중과되는 회원제골프장에 대중골프장을 병설 운영하는 경우의 골프장용 건축물에 대한 재산세 부과는 회원제골프장과 대중골프장으로 사업승인된 각각의 토지의 면적에 따라 안분하여 중과세율과 일반세율을 적용한다.

② **특별시 · 광역시**(군 지역은 제외한다) · **특별자치시**(읍 · 면지역은 제외한다) · **특별자치도**(읍 · 면지역은 제외한다) **또는 시**(읍 · 면지역은 제외한다) **지역에서 「국토의 계획 및 이용에 관한 법률」과 그 밖의 관계 법령에 따라 지정된 주거지역 및 해당 지방자치단체의 조례로 정하는 지역의 대통령령으로 정하는 공장용 건축물**: 과세표준의 1천분의 5

넓혀 보기

> **공장용 건축물**(지방세법시행령 제110조)
> "대통령령으로 정하는 공장용 건축물"이란 제조 · 가공 · 수선이나 인쇄 등의 목적에 사용하도록 생산설비를 갖춘 것으로서 행정안전부령으로 정하는 공장용 건축물을 말한다.

③ **그 밖의 건축물**: 과세표준의 1천분의 2.5

(3) **주택**(지방세법 제111조 제1항 제3호)

① **그 밖의 주택**

일반적인 주택(고급주택 포함)에 대한 재산세의 세율은 주택의 토지와 건축물의 가액을 합한 과세표준에 다음의 초과누진세율을 적용한다(지방세법 제111조 제1항 제3호 나목).

과세표준	세 율
6천만원 이하	1,000분의 1
6천만원 초과 1억5천만원 이하	60,000원 + 6천만원 초과금액의 1,000분의 1.5
1억5천만원 초과 3억원 이하	195,000원 + 1억5천만원 초과금액의 1,000분의 2.5
3억원 초과	570,000원 + 3억원 초과금액의 1,000분의 4

② **주택 부속토지의 범위 산정**

주택의 부속토지의 경계가 명백하지 아니한 경우에는 그 주택의 바닥면적의 10배에 해당하는 토지를 주택의 부속토지로 한다(지방세법시행령 제105조).

③ **여러 개의 주택을 보유한 경우**

㉠ 1인이 여러 개의 주택을 보유한 경우에는 그 가액을 합산하여 초과누진세율을 적용하지 않고 독립된 매 1구의 주택마다 산출된 세액을 단순합계하여 총세액으로 한다.

㉡ 1가구가 여러 개의 주택을 보유한 경우에는 가구별로 합산하지 않고 소유자 개인별로 각각 재산세를 과세한다.

④ 주택을 2명 이상이 공동으로 소유하거나 토지와 건물의 소유자가 다를 경우 해당 주택에 대한 세율을 적용할 때 해당 주택의 토지와 건물의 가액을 합산한 과세표준에 초과누진세율을 적용한다(지방세법 제113조 제3항).

⑤ **다가구주택**: 「건축법시행령」에 따른 다가구주택은 1가구가 독립하여 구분사용할 수 있도록 분리된 부분을 1구의 주택으로 본다. 이 경우 그 부속토지는 건물면적의 비율에 따라 각각 나눈 면적을 1구의 부속토지로 본다(지방세법시행령 제112조).

⑥ **고급주택**: 주택에 대한 재산세는 초과누진세율을 적용하고 있으므로 고급주택에 대해 별도로 중과세하지 않는다. 즉, 일반주택과 동일한 세율을 적용한다.

⑦ **1세대 1주택에 대한 세율 특례**(지방세법 제111조의2)

㉠ 제111조 제1항 제3호 나목에도 불구하고 대통령령으로 정하는 1세대 1주택(제4조 제1항에 따른 시가표준액이 9억원 이하인 주택에 한정한다)에 대해서는 다음의 세율을 적용한다(지방세법 제111조의2 제1항).

과세표준	세 율
6천만원 이하	1,000분의 0.5
6천만원 초과 1억5천만원 이하	30,000원 + 6천만원 초과금액의 1,000분의 1
1억5천만원 초과 3억원 이하	120,000원 + 1억5천만원 초과금액의 1,000분의 2
3억원 초과	420,000원 + 3억원 초과금액의 1,000분의 3.5

㉡ 제1항에 따른 1세대 1주택의 해당여부를 판단할 때 「신탁법」에 따라 신탁된 주택은 위탁자의 주택 수에 가산한다(지방세법 제111조의2 제2항).

(4) **선박**(지방세법 제111조 제1항 제4호)

① **고급선박**: 과세표준의 1천분의 50

② **그 밖의 선박**: 과세표준의 1천분의 3

(5) **항공기**(지방세법 제111조 제1항 제5호)

과세표준의 1천분의 3

(2) 중과세율 : 과밀억제권역 내 공장 신설·증설에 대한 중과세(5배 중과세)

「수도권정비계획법」에 따른 과밀억제권역(「산업집적활성화 및 공장설립에 관한 법률」을 적용받는 산업단지 및 유치지역과 「국토의 계획 및 이용에 관한 법률」을 적용받는 공업지역은 제외한다)에서 행정안전부령으로 정하는 공장 신설·증설에 해당하는 경우 그 건축물에 대한 재산세의 세율은 최초의 과세기준일부터 5년간 건축물의 표준세율(1천분의 2.5)의 100분의 500에 해당하는 세율로 한다(지방세법 제111조 제2항).

넓혀 보기

공장의 범위와 적용기준(지방세법시행규칙 제56조)

1. 공장의 범위와 적용기준에 대해서는 취득세를 준용한다.
2. '최초의 과세기준일'은 공장용 건축물로 건축허가를 받아 건축하였거나 기존의 공장용 건축물을 공장용으로 사용하기 위하여 양수한 경우에는 취득세의 규정에 따른 취득일, 그 밖의 경우에는 공장시설의 설치를 시작한 날 이후에 최초로 도래하는 재산세 과세기준일로 한다.

- 과밀억제권역 안에서 공장 신설·증설의 경우 취득세는 표준세율 + 4%를 적용하지만, 재산세는 최초의 과세기준일부터 5년간 표준세율의 5배 중과세를 적용한다.
- 중과세대상이 되는 신설·증설된 공장을 5년간의 과세기간 전에 승계취득한 경우에는 납세의무도 승계취득한 것이므로 승계취득자가 나머지 기간에 대하여 납세의무를 부담하여야 한다.

(3) 탄력세율

지방자치단체의 장은 특별한 재정수요나 재해 등의 발생으로 재산세의 세율 조정이 불가피하다고 인정되는 경우 조례로 정하는 바에 따라 표준세율의 100분의 50의 범위에서 가감할 수 있다. 다만, 가감한 세율은 해당 연도에만 적용한다(지방세법 제111조 제3항).

4 세율 적용

「지방자치법」에 따라 둘 이상의 지방자치단체가 통합된 경우에는 통합 지방자치단체의 조례로 정하는 바에 따라 5년의 범위에서 통합 이전 지방자치단체 관할구역별로 적용할 수 있다(지방세법 제113조 제5항).

☑ 재산세의 과세대상별 세율

<table>
<tr><th colspan="3">구 분</th><th>과세대상</th><th>세 율</th></tr>
<tr><td rowspan="12">표준세율</td><td rowspan="5">토지</td><td>고율분리과세</td><td>골프장용토지, 고급오락장용 건축물의 부속토지(사치성 재산)</td><td>1천분의 40(4%)</td></tr>
<tr><td>종합합산과세</td><td>나대지, 임야 ⇨ 시·군별 합산과세</td><td>0.2~0.5%
(3단계 초과누진세율)</td></tr>
<tr><td>별도합산과세</td><td>일반 영업용 건축물의 부속토지 ⇨ 시·군별 합산과세</td><td>0.2~0.4%
(3단계 초과누진세율)</td></tr>
<tr><td rowspan="2">저율분리과세
[물건별 과세
(개별과세)]</td><td>① 공장용지</td><td>1천분의 2(0.2%)</td></tr>
<tr><td>② 농지(전·답·과수원), 목장용지, 공익목적 임야</td><td>1천분의 0.7(0.07%)</td></tr>
<tr><td colspan="2" rowspan="3">건축물</td><td>주택 이외 건축물(상업용, 공장용): 물건별 과세</td><td>1천분의 2.5(0.25%)</td></tr>
<tr><td>① 시지역의 주거지역 내 공장용 건축물</td><td>1천분의 5(0.5%)</td></tr>
<tr><td>② 회원제골프장·고급오락장용 건축물</td><td>1천분의 40(4%)</td></tr>
<tr><td colspan="2">주 택</td><td>[주택 및 부수토지(주택가액+토지가액)] ⇨ 주택별 과세(개별과세), 고급주택 포함(중과세 ×)</td><td>0.1~0.4%(4단계 초과누진세율)</td></tr>
<tr><td colspan="2" rowspan="2">선 박</td><td>일반선박</td><td>1천분의 3(0.3%)</td></tr>
<tr><td>고급선박</td><td>1천분의 50(5%)</td></tr>
<tr><td colspan="2">항공기</td><td>항공기</td><td>1천분의 3(0.3%)</td></tr>
<tr><td>중과세율</td><td colspan="2">건축물</td><td>과밀억제권역(산업단지 및 유치지역과 공업지역은 제외)에서 공장 신설·증설에 해당하는 경우 그 건축물</td><td>최초의 과세기준일부터 5년간 표준세율(0.25%)의 100분의 500에 해당하는 세율</td></tr>
</table>

5 재산세 도시지역분

1. 재산세 도시지역분 적용대상

(1) 지방자치단체의 장은 「국토의 계획 및 이용에 관한 법률」에 따른 도시지역 중 해당 지방의회의 의결을 거쳐 고시한 지역("재산세 도시지역분 적용대상 지역"이라 한다) 안에 있는 대통령령으로 정하는 토지, 건축물 또는 주택에 대하여는 조례로 정하는 바에 따라 아래의 ①에 따른 세액에 ②에 따른 세액을 합산하여 산출한 세액을 재산세액으로 부과할 수 있다(지방세법 제112조 제1항).

① 재산세의 과세표준에 재산세의 세율을 적용하여 산출한 세액

② 재산세의 과세표준에 1천분의 1.4를 적용하여 산출한 세액

(2) 지방자치단체의 장은 해당 연도분의 위 ②의 세율을 조례로 정하는 바에 따라 1천분의 2.3을 초과하지 아니하는 범위에서 다르게 정할 수 있다(지방세법 제112조 제2항).

2. 재산세 도시지역분 적용대상의 구분(지방세법 제112조 제3항, 지방세법시행령 제111조)

(1) **토 지**

① **과세대상 토지**

㉠ 재산세 과세대상 토지 중 전 · 답 · 과수원 · 목장용지 · 임야를 제외한 토지

🔔 단, 전 · 답 · 과수원 · 목장용지 · 임야는 과세 제외

㉡ 「도시개발법」에 따라 환지 방식으로 시행하는 도시개발구역의 토지로서 환지처분의 공고가 된 모든 토지(혼용방식으로 시행하는 도시개발구역 중 환지 방식이 적용되는 토지를 포함한다)

🔔 이 경우 전 · 답 · 과수원 · 목장용지 · 임야를 포함한 모든 토지는 과세

② **과세 제외대상 토지**

㉠ 재산세 도시지역분 적용대상 지역 안에 있는 토지 중 「국토의 계획 및 이용에 관한 법률」에 따라 지형도면이 고시된 공공시설용지

㉡ 개발제한구역으로 지정된 토지 중 지상건축물, 골프장, 유원지, 그 밖의 이용시설이 없는 토지

(2) 건축물

재산세 과세대상 건축물을 말한다.

(3) 주 택

① 과세대상 주택

㉠ 재산세 과세대상 주택

㉡ 다만, 「국토의 계획 및 이용에 관한 법률」에 따른 개발제한구역에서는 고급주택(과세기준일 현재의 시가표준액을 기준으로 판단한다)만 해당한다.

② 과세 제외대상 주택: 개발제한구역 내의 일반주택

> **지방세법 기본통칙 112-1 【개발제한구역 내 과세대상】** 「지방세법」 제112조 제1항의 재산세 특례대상 중 개발제한구역 내의 주택에 대해서는 별장으로 사용하거나 고급주택에 해당될 때만 과세한다.

예 제

1. **지방세법상 다음에 적용되는 재산세의 표준세율이 가장 높은 것은?** (단, 재산세 도시지역분은 제외하고, 지방세관계법에 의한 특례는 고려하지 않음) 제32회

① 과세표준이 5천만원인 종합합산과세대상 토지
② 과세표준이 2억원인 별도합산과세대상 토지
③ 과세표준이 1억원인 광역시의 군지역에서 「농지법」에 따른 농업법인이 소유하는 농지로서 과세기준일 현재 실제 영농에 사용되고 있는 농지
④ 과세표준이 5억원인 「수도권정비계획법」에 따른 과밀억제권역 외의 읍·면 지역의 공장용 건축물
⑤ 과세표준이 1억 5천만원인 주택(1세대 1주택에 해당되지 않음)

해설 ④ 과세표준이 5억원인 「수도권정비계획법」에 따른 과밀억제권역 외의 읍·면 지역의 공장용 건축물: 1천분의 2.5
① 과세표준이 5천만원인 종합합산과세대상 토지: 1,000분의 2
② 과세표준이 2억원인 별도합산과세대상 토지: 1,000분의 2
③ 과세표준이 1억원인 광역시의 군지역에서 「농지법」에 따른 농업법인이 소유하는 농지로서 과세기준일 현재 실제 영농에 사용되고 있는 농지: 1천분의 0.7
⑤ 과세표준이 1억 5천만원인 주택(1세대 1주택에 해당되지 않음): 60,000원 + 6천만원 초과금액의 1,000분의 1.5

정답 ④

2. 지방세법상 재산세 표준세율이 초과누진세율로 되어있는 재산세 과세대상을 모두 고른 것은? 제30회

㉠ 별도합산과세대상 토지 ㉡ 분리과세대상 토지 ㉢ 광역시(군 지역은 제외) 지역에서 「국토의 계획 및 이용에 관한 법률」과 그 밖의 관계 법령에 따라 지정된 주거지역의 대통령령으로 정하는 공장용 건축물 ㉣ 주택

① ㉠, ㉡ ② ㉠, ㉢ ③ ㉠, ㉣
④ ㉡, ㉢ ⑤ ㉢, ㉣

해설 ㉠ 별도합산과세대상 토지: 0.2 ~ 0.4% 3단계 초과누진세율
㉣ 주택: 0.1 ~ 0.4% 4단계 초과누진세율
㉡ 분리과세대상 토지: 0.07%, 0.2%, 4% 비례세율
㉢ 광역시(군 지역은 제외) 지역에서 「국토의 계획 및 이용에 관한 법률」과 그 밖의 관계 법령에 따라 지정된 주거지역의 대통령령으로 정하는 공장용 건축물: 0.5% 비례세율

◆ 정답 ③

3. 지방세법상 재산세 과세대상에 대한 표준세율 적용에 관한 설명으로 틀린 것은? 제27회

① 납세의무자가 해당 지방자치단체 관할구역에 소유하고 있는 종합합산과세대상 토지의 가액을 모두 합한 금액을 과세표준으로 하여 종합합산과세대상의 세율을 적용한다.
② 납세의무자가 해당 지방자치단체 관할구역에 소유하고 있는 별도합산과세대상 토지의 가액을 모두 합한 금액을 과세표준으로 하여 별도합산과세대상의 세율을 적용한다.
③ 분리과세대상이 되는 해당 토지의 가액을 과세표준으로 하여 분리과세대상의 세율을 적용한다.
④ 납세의무자가 해당 지방자치단체 관할구역에 2개 이상의 주택을 소유하고 있는 경우 그 주택의 가액을 모두 합한 금액을 과세표준으로 하여 주택의 세율을 적용한다.
⑤ 주택에 대한 토지와 건물의 소유자가 다를 경우 해당 주택의 토지와 건물의 가액을 합산한 과세표준에 주택의 세율을 적용한다.

해설 ④ 납세의무자가 해당 지방자치단체 관할구역에 2개 이상의 주택을 소유하고 있는 경우 그 주택의 가액을 모두 합한 금액을 과세표준으로 하지 않고 독립된 매 1구의 주택 가액을 각각의 과세표준으로 하여 주택의 세율을 적용한다.

◆ 정답 ④

4. 지방세법상 재산세의 과세표준과 세율에 관한 설명으로 옳은 것을 모두 고른 것은? (단, 법령에 따른 재산세의 경감은 고려하지 않음) 제31회

> ㉠ 지방자치단체의 장은 조례로 정하는 바에 따라 표준세율의 100분의 50의 범위에서 가감할 수 있으며, 가감한 세율은 해당 연도부터 3년간 적용한다.
> ㉡ 법령이 정한 고급오락장용 토지의 표준세율은 1천분의 40이다.
> ㉢ 주택의 과세표준은 법령에 따른 시가표준액에 공정시장가액비율(시가표준액의 100분의 60)을 곱하여 산정한 가액으로 한다.

① ㉠ ② ㉢ ③ ㉠, ㉡
④ ㉡, ㉢ ⑤ ㉠, ㉡, ㉢

해설 1. 옳은 것: ㉡㉢
2. 틀린 것: ㉠
㉠ 지방자치단체의 장은 조례로 정하는 바에 따라 표준세율의 100분의 50의 범위에서 가감할 수 있으며, 가감한 세율은 해당 연도에만 적용한다(지방세법 제111조 제3항). 정답 ④

---

06 재산세의 부과 · 징수 제31회, 제34회

1 과세기준일

재산세의 과세기준일은 매년 6월 1일로 한다(지방세법 제114조).

재산세 납세의무 성립시기: 과세기준일

2 납 기

(1) **재산세의 납기**(지방세법 제115조 제1항)

① **토지**: 매년 9월 16일부터 9월 30일까지

② **건축물**: 매년 7월 16일부터 7월 31일까지

③ **주택**: 해당 연도에 부과 · 징수할 세액의 2분의 1은 매년 7월 16일부터 7월 31일까지, 나머지 2분의 1은 9월 16일부터 9월 30일까지. 다만, 해당 연도에 부과할 세액이 20만원 이하인 경우에는 조례로 정하는 바에 따라 납기를 7월 16일부터 7월 31일까지로 하여 한꺼번에 부과 · 징수할 수 있다.

④ **선박**: 매년 7월 16일부터 7월 31일까지

⑤ **항공기**: 매년 7월 16일부터 7월 31일까지

(2) 수시 부과 · 징수

(1)에도 불구하고 지방자치단체의 장은 과세대상 누락, 위법 또는 착오 등으로 인하여 이미 부과한 세액을 변경하거나 수시부과하여야 할 사유가 발생하면 수시로 부과 · 징수할 수 있다(지방세법 제115조 제2항).

3 납세지

재산세는 다음의 납세지를 관할하는 지방자치단체에서 부과한다(지방세법 제108조).

(1) **토지**: 토지의 소재지

(2) **건축물**: 건축물의 소재지

(3) **주택**: 주택의 소재지

(4) **선박**: 「선박법」에 따른 선적항의 소재지. 다만, 선적항이 없는 경우에는 정계장(定繫場) 소재지(정계장이 일정하지 아니한 경우에는 선박 소유자의 주소지)로 한다.

(5) **항공기**: 「항공안전법」에 따른 등록원부에 기재된 정치장의 소재지(「항공안전법」에 따라 등록을 하지 아니한 경우에는 소유자의 주소지)

4 징수방법 등

(1) 보통징수

재산세는 관할 지방자치단체의 장이 세액을 산정하여 보통징수의 방법으로 부과 · 징수한다(지방세법 제116조 제1항).

(2) 고지서 발부

재산세를 징수하려면 토지, 건축물, 주택, 선박 및 항공기로 구분한 납세고지서에 과세표준과 세액을 적어 늦어도 납기개시 5일 전까지 발급하여야 한다(지방세법 제116조 제2항).

(3) 재산세의 고지서에 병기되는 조세

소방분 지역자원시설세의 납기와 재산세의 납기가 같을 때에는 재산세의 납세고지서에 나란히 적어 고지할 수 있다(지방세법시행령 제139조).

넓혀 보기

재산세의 합산 및 세액산정 등(지방세법시행규칙 제58조)

법 제116조 제3항에 따른 재산세의 과세대상 조사, 과세대상별 합산방법, 세액산정, 그 밖의 부과 절차와 징수방법 등은 다음 각 호에 따른다.

1. 시장 · 군수 · 구청장은 법 제120조 제1항 각 호의 어느 하나에 해당하는 자의 신고, 영 제102조 제11항에 따른 분리과세대상 토지 적용의 신청이나 직권으로 매년 과세기준일 현재 모든 재산을 조사하고, 과세대상 또는 비과세 · 감면대상으로 구분하여 재산세 과세대장에 등재해야 한다.
2. 시장 · 군수 · 구청장은 1.에 따라 조사한 재산 중 토지는 종합합산과세대상 토지, 별도합산과세대상 토지와 분리과세대상 토지로 구분하고 납세의무자별로 합산하여 세액을 산출하여야 한다.
3. 시장 · 군수 · 구청장은 납기개시 5일 전까지 토지, 건축물 및 주택에 대한 재산세 납세의무자에게 다음 각 목에서 정하는 서식의 납세고지서를 발급하여 재산세를 징수해야 한다.
   ① 토지: 별지 제59호 서식
   ② 건축물: 별지 제59호의2 서식
   ③ 주택: 별지 제59호의3 서식
4. 3.에 따라 납세고지서를 발급하는 경우 토지에 대한 재산세는 한 장의 납세고지서로 발급하며, 토지 외의 재산에 대한 재산세는 건축물 · 주택 · 선박 및 항공기로 구분하여 과세대상 물건마다 각각 한 장의 납세고지서로 발급하거나, 물건의 종류별로 한 장의 고지서로 발급할 수 있다.
5. 시장 · 군수 · 구청장은 별지 제58호의2 서식의 신청서를 받은 경우 사실 확인과 재산세 과세대장 등재 등 필요한 조치를 해야 한다.

5 물 납 제32회, 제35회

(1) 물납의 요건과 물납대상

지방자치단체의 장은 재산세 납부세액이 1천만원을 초과하는 경우에는 납세의무자의 신청을 받아 해당 지방자치단체의 관할구역에 있는 부동산에 대해서만 물납을 허가할 수 있다(지방세법 제117조).

(2) 물납의 신청 및 허가(지방세법시행령 제113조)

① 재산세를 물납(物納)하려는 자는 행정안전부령으로 정하는 서류를 갖추어 그 납부기한 10일 전까지 납세지를 관할하는 시장 · 군수 · 구청장에게 신청하여야 한다.

② 위 ①에 따라 물납신청을 받은 시장 · 군수 · 구청장은 신청을 받은 날부터 5일 이내에 납세의무자에게 그 허가 여부를 서면으로 통지하여야 한다.

③ 위 ②에 따라 물납허가를 받은 부동산을 행정안전부령으로 정하는 바에 따라 물납하였을 때에는 납부기한 내에 납부한 것으로 본다.

"행정안전부령으로 정하는 바에 따라 물납하였을 때"란 해당 시장 · 군수 · 구청장이 물납대상 부동산의 소유권이전등기필증을 발급받은 때를 말한다(지방세법시행규칙 제59조 제3항).

넓혀 보기

관리 · 처분이 부적당한 부동산의 처리(지방세법시행령 제114조)

1. 시장 · 군수 · 구청장은 물납신청을 받은 부동산이 관리 · 처분하기가 부적당하다고 인정되는 경우에는 허가하지 아니할 수 있다.
2. 시장 · 군수 · 구청장은 불허가 통지를 받은 납세의무자가 그 통지를 받은 날부터 10일 이내에 해당 시 · 군 · 구의 관할구역에 있는 부동산으로서 관리 · 처분이 가능한 다른 부동산으로 변경 신청하는 경우에는 변경하여 허가할 수 있다.
3. 위 2.에 따라 허가한 부동산을 행정안전부령으로 정하는 바에 따라 물납하였을 때에는 납부기한 내에 납부한 것으로 본다.

(3) **물납허가 부동산의 평가**(지방세법시행령 제115조)

① 물납을 허가하는 부동산의 가액은 재산세 과세기준일 현재의 시가로 한다.

② 위 ①에 따른 시가는 다음의 어느 하나에서 정하는 가액에 따른다. 다만, 수용 · 공매가액 및 감정가액 등으로서 행정안전부령으로 정하는 바에 따라 시가로 인정되는 것은 시가로 본다.

㉠ 토지 및 주택: 법 제4조 제1항에 따른 시가표준액

㉡ ㉠ 외의 건축물: 법 제4조 제2항에 따른 시가표준액

③ 위 ②를 적용할 때 「상속세 및 증여세법」에 따른 부동산의 평가방법이 따로 있어 국세청장이 고시한 가액이 증명되는 경우에는 그 고시가액을 시가로 본다.

핵심 다지기

재산세의 물납 절차 등(지방세법시행규칙 제59조)

1. 물납 허가 신청, 물납부동산 변경허가 신청 및 그 허가 통지는 다음의 구분에 따른다.
   ① 물납 허가 신청 또는 물납부동산 변경허가 신청: 별지 제61호 서식
   ② 물납 허가 또는 물납부동산 변경허가 통지: 별지 제62호 서식
2. 물납 허가 또는 물납부동산 변경허가를 받은 납세의무자는 그 통지를 받은 날부터 10일 이내에 「부동산등기법」에 따른 부동산 소유권이전등기에 필요한 서류를 시장 · 군수 · 구청장에게 제출하여야 하며, 해당 시장 · 군수 · 구청장은 그 서류를 제출받은 날부터 5일 이내에 관할 등기소에 부동산소유권이전등기를 신청하여야 한다.
3. "행정안전부령으로 정하는 바에 따라 물납하였을 때"란 각각 2.에서 정하는 절차에 따라 해당 시장 · 군수 · 구청장이 물납대상 부동산의 소유권이전등기필증을 발급받은 때를 말한다.

핵심 다지기

시가로 인정되는 부동산가액(지방세법시행규칙 제60조)

1. "행정안전부령으로 정하는 바에 따라 시가로 인정되는 것"이란 재산세의 과세기준일 전 6개월부터 과세기준일 현재까지의 기간 중에 확정된 가액으로서 다음의 어느 하나에 해당하는 것을 말한다.
   ① 해당 부동산에 대하여 수용 또는 공매사실이 있는 경우: 그 보상가액 또는 공매가액
   ② 해당 부동산에 대하여 둘 이상의 감정평가법인 등(「감정평가 및 감정평가사에 관한 법률」 제2조 제4호에 따른 감정평가법인 등을 말한다)이 평가한 감정가액이 있는 경우: 그 감정가액의 평균액
   ③ 국가, 지방자치단체 또는 지방자치단체조합으로부터의 취득 및 판결문·법인장부 중 대통령령으로 정하는 것에 따라 취득가격이 증명되는 취득 으로서 그 사실상의 취득가격이 있는 경우: 그 취득가격
2. 1.에 따라 시가로 인정되는 가액이 둘 이상인 경우에는 재산세의 과세기준일부터 가장 가까운 날에 해당하는 가액에 의한다.

지방세법 기본통칙 117-1【지방세 물납범위와 방법】

1. 지방세물납대상이 되는 납부세액이 1천만원 초과 범위 판단은 다음과 같다.
   ① 동일 시·군·구 안에서 재산세의 납부세액을 합산하여 1천만원 초과 여부를 판단한다. 이 경우 동일 시·군·구의 범위는 지방자치법 제2조의 규정에 의한다.
   ② 1천만원 초과 여부는 재산세액(「지방세법」 제112조에 따른 도시지역분을 포함한 금액을 말한다)에 병기 고지되는 지역자원시설세·지방교육세를 제외한다.
2. 물납허가시 관리·처분에 부적당한 부동산의 범위를 예시하면 다음과 같다.
   ① 당해 부동산에 저당권 등의 우선순위 물권이 설정되어 처분하여도 배당의 실익이 없는 경우
   ② 당해 부동산에 임차인이 거주하고 있어 부동산 인도 등에 어려움이 있는 경우
   ③ 물납에 제공된 부동산이 소송 등 다툼의 소지가 있는 경우 등

예제

지방세법상 재산세의 물납에 관한 설명으로 틀린 것은? 제28회

① 「지방세법」상 물납의 신청 및 허가 요건을 충족하고 재산세(재산세 도시지역분 포함)의 납부세액이 1천만원을 초과하는 경우 물납이 가능하다.

② 서울특별시 강남구와 경기도 성남시에 부동산을 소유하고 있는 자의 성남시 소재 부동산에 대하여 부과된 재산세의 물납은 성남시 내에 소재하는 부동산만 가능하다.

③ 물납허가를 받는 부동산을 행정안전부령으로 정하는 바에 따라 물납하였을 때에는 납부기한 내에 납부한 것으로 본다.

④ 물납하려는 자는 행정안전부령으로 정하는 서류를 갖추어 그 납부기한 10일 전까지 납세지를 관할하는 시장·군수·구청장에게 신청하여야 한다.

⑤ 물납 신청 후 불허가 통지를 받은 경우에 해당 시·군·구의 다른 부동산으로의 변경신청은 허용되지 않으며 금전으로만 납부하여야 한다.

해설 ⑤ 물납 신청 후 불허가 통지를 받은 경우에 해당 시·군·구의 다른 부동산으로의 변경신청은 허용된다.

정답 ⑤

6 분할납부

(1) 지방자치단체의 장은 재산세의 납부세액이 250만원을 초과하는 경우에는 대통령령으로 정하는 바에 따라 납부할 세액의 일부를 납부기한이 지난 날부터 3개월 이내에 분할납부하게 할 수 있다(지방세법 제118조).

(2) **분할납부세액의 기준 및 분할납부신청**(지방세법시행령 제116조)

① 분할납부하게 하는 경우의 분할납부세액은 다음의 기준에 따른다.

㉠ 납부할 세액이 500만원 이하인 경우: 250만원을 초과하는 금액

㉡ 납부할 세액이 500만원을 초과하는 경우: 그 세액의 100분의 50 이하의 금액

② 분할납부하려는 자는 재산세의 납부기한까지 행정안전부령으로 정하는 신청서를 시장・군수・구청장에게 제출하여야 한다.

③ 시장・군수・구청장은 ②에 따라 분할납부신청을 받았을 때에는 이미 고지한 납세고지서를 납부기한 내에 납부하여야 할 납세고지서와 분할납부기간 내에 납부하여야 할 납세고지서로 구분하여 수정고지하여야 한다.

지방세법 운영예규 법118-1 【지방세 분납범위와 방법】

1. 지방세 분납대상이 되는 납부세액이 250만원을 초과하는 범위는 다음과 같다.
   ① "동일 시・군・구"별로 납세자가 납부할 재산세의 세액이 250만원 초과 여부로 판단하되, 초과 여부는 재산세액(「지방세법」 제112조에 따른 도시지역분을 포함한 금액을 말한다)만을 기준으로 하고, 병기 고지되는 지역자원시설세・지방교육세는 제외한다.
   ② 재산세가 분납대상에 해당할 경우 지방교육세도 함께 분납 처리한다.
2. 분납신청에 의거 지방세를 분납 처리할 경우에는 다음과 같이 한다.
   ① 납부할 세액이 500만원 이하인 경우에는 250만원은 납기 내 납부, 250만원 초과금액은 분납기한 내 납부하도록 한다.
   ② 납부할 세액이 500만원을 초과하는 때에는 분납세액 이외의 세액에 해당하는 금액은 납기 내에, 나머지 금액은 분납기한 내에 각각 납부하도록 한다.
   ③ 지방세를 분납 처리함에 있어서 이미 고지한 납세고지서는 "납기 내 납부할 납세고지서"와 "분납기간 내 납부할 납세고지서"를 구분하여 수정고지하되, 이 경우 이미 고지한 납세고지서를 회수하며, 기고지한 부과결정을 조정 결정하여야 한다. 따라서, 분납기한 내 납부할 세액을 그 기간 내에 납부할 경우에는 가산금이 가산되지 아니한다.

7 소액 징수면제

고지서 1장당 재산세로 징수할 세액이 2천원 미만인 경우에는 해당 재산세를 징수하지 아니한다(지방세법 제119조).

8 신탁재산 수탁자의 물적납세의무

신탁재산의 위탁자가 법정 사유에 해당하는 재산세·가산금 또는 체납처분비(이하 "재산세 등"이라 한다)를 체납한 경우로서 그 위탁자의 다른 재산에 대하여 체납처분을 하여도 징수할 금액에 미치지 못할 때에는 해당 신탁재산의 수탁자는 그 신탁재산으로써 위탁자의 재산세 등을 납부할 의무가 있다(지방세법 제119조의2 제1항).

9 신고의무 제35회

(1) 신고의무

다음의 어느 하나에 해당하는 자는 과세기준일부터 15일 이내에 그 소재지를 관할하는 지방자치단체의 장에게 그 사실을 알 수 있는 증거자료를 갖추어 신고하여야 한다(지방세법 제120조 제1항).

① 재산의 소유권 변동 또는 과세대상 재산의 변동 사유가 발생하였으나 과세기준일까지 그 등기·등록이 되지 아니한 재산의 공부상 소유자
② 상속이 개시된 재산으로서 상속등기가 되지 아니한 경우에는 주된 상속자
③ 사실상 종중재산으로서 공부상에는 개인 명의로 등재되어 있는 재산의 공부상 소유자
④ 수탁자 명의로 등기·등록된 신탁재산의 수탁자
⑤ 1세대가 둘 이상의 주택을 소유하고 있음에도 불구하고 제111조의2 제1항에 따른 세율을 적용받으려는 경우에는 그 세대원
⑥ 공부상 등재현황과 사실상의 현황이 다르거나 사실상의 현황이 변경된 경우에는 해당 재산의 사실상 소유자

(2) 직권등재

신고가 사실과 일치하지 아니하거나 신고가 없는 경우에는 지방자치단체의 장이 직권으로 조사하여 과세대장에 등재할 수 있다(지방세법 제120조 제3항).

핵심 다지기

직권등재

1. **과세대장 등재 통지**(지방세법시행령 제117조)
   시장·군수·구청장은 무신고 재산을 과세대장에 등재한 때에는 그 사실을 관계인에게 통지하여야 한다.
2. **과세대장 직권등재**(지방세법시행규칙 제63조)
   시장·군수·구청장은 법 제120조 제3항에 따라 직권으로 재산세 과세대장에 등재한 때에는 그 재산의 납세의무자에게 별지 제65호 서식에 따라 직권등재 사실을 통지해야 한다.

10 재산세 과세대장의 비치 등

(1) 지방자치단체는 재산세 과세대장을 비치하고 필요한 사항을 기재하여야 한다. 이 경우 해당 사항을 전산처리하는 경우에는 과세대장을 갖춘 것으로 본다(지방세법 제121조 제1항).

(2) 재산세 과세대장은 토지, 건축물, 주택, 선박 및 항공기 과세대장으로 구분하여 작성한다(지방세법 제121조 제2항).

11 세부담의 상한

해당 재산에 대한 재산세의 산출세액(재산세액 및 도시지역분 재산세에 따른 각각의 세액을 말함)이 대통령령으로 정하는 방법에 따라 계산한 직전 연도의 해당 재산에 대한 재산세액 상당액의 100분의 150을 초과하는 경우에는 100분의 150에 해당하는 금액을 해당 연도에 징수할 세액으로 한다. 다만, 주택의 경우에는 적용하지 아니한다(지방세법 제122조).

적용시기

1. 제122조의 개정규정은 2024년 1월 1일부터 시행함(2023.03.14 법률 제19230호 부칙 제1조 제2호)
2. 제122조의 개정규정 시행 전에 주택 재산세가 과세된 주택에 대해서는 제122조의 개정규정에도 불구하고 2028년 12월 31일까지는 종전의 규정에 따른다(2023. 03. 14 법률 제19230호 부칙 제15조).

12 부가세

「지방세법」 및 지방세감면법령에 따라 납부하여야 할 재산세액(재산세 도시지역분은 제외한다)의 100분의 20을 지방교육세 세액으로 한다(지방세법 제151조 제1항 제6호).

예 제

지방세법상 재산세의 부과·징수에 관한 설명으로 옳은 것은 모두 몇 개인가? (단, 비과세는 고려하지 않음) 제31회

㉠ 재산세의 과세기준일은 매년 6월 1일로 한다.
㉡ 토지의 재산세 납기는 매년 7월 16일부터 7월 31일까지이다.
㉢ 지방자치단체의 장은 재산세의 납부할 세액이 500만원 이하인 경우 250만원을 초과하는 금액은 납부기한이 지난 날부터 3개월 이내 분할납부하게 할 수 있다.
㉣ 재산세는 관할지방자치단체의 장이 세액을 산정하여 특별징수의 방법으로 부과·징수한다.

① 0개 ② 1개 ③ 2개
④ 3개 ⑤ 4개

해설 1. 옳은 것: ㉠㉢
2. 틀린 것: ㉡㉣
㉡ 토지의 재산세 납기는 매년 9월 16일부터 9월 30일까지이다(지방세법 제115조 제1항 제1호).
㉣ 재산세는 관할지방자치단체의 장이 세액을 산정하여 보통징수의 방법으로 부과·징수한다(지방세법 제116조 제1항).

정답 ③

07 재산세의 비과세 제33회

1 국가 등에 대한 비과세

(1) 국가, 지방자치단체, 지방자치단체조합, 외국정부 및 주한국제기구의 소유에 속하는 재산에 대하여는 재산세를 부과하지 아니한다. 다만, 다음의 어느 하나에 해당하는 재산에 대하여는 재산세를 부과한다(지방세법 제109조 제1항).

① 대한민국 정부기관의 재산에 대하여 과세하는 외국정부의 재산

② 국가, 지방자치단체, 지방자치단체조합과 재산세 과세대상 재산을 연부(年賦)로 매매계약을 체결하고 그 재산의 사용권을 무상으로 받은 경우 그 매수계약자에게 납세의무가 있는 재산

(2) 국가, 지방자치단체 또는 지방자치단체조합이 1년 이상 공용 또는 공공용으로 사용(1년 이상 사용할 것이 계약서 등에 의하여 입증되는 경우를 포함한다)하는 재산에 대하여는 재산세를 부과하지 아니한다. 다만, 다음의 어느 하나에 해당하는 경우에는 재산세를 부과한다(지방세법 제109조 제2항).

① 유료로 사용하는 경우

② 소유권의 유상이전을 약정한 경우로서 그 재산을 취득하기 전에 미리 사용하는 경우

지방세법 기본통칙 109-1【1년 이상 공용 · 공공용에 사용하는 재산】「1년 이상 공용 또는 공공용에 사용하는 재산」이란 과세기준일 현재 1년 이상 계속하여 공용 또는 공공용으로 실제사용 하였거나 사용할 것이 계약서 등에 의하여 입증되는 때에는 지상권 설정유무 등에 관계없이 비과세 된다.

지방세법 기본통칙 109-2【유료로 사용하는 경우】「유료로 사용하는 경우」라 함은 당해 재산사용에 대하여 대가가 지급되는 것을 말하고, 그 사용이 대가적 의미를 갖는다면 사용기간의 장단이나, 대가의 지급이 1회적인지 또는 정기적이거나 반복적인 것인지, 대가의 다과 혹은 대가의 산출방식 여하를 묻지 아니한다.

2 용도구분에 따른 비과세(지방세법 제109조 제3항)

다음에 따른 재산(사치성 재산은 제외한다)에 대하여는 재산세를 부과하지 아니한다. 다만, 대통령령으로 정하는 수익사업에 사용하는 경우와 해당 재산이 유료로 사용되는 경우의 그 재산[다음 (3) 및 (5)의 재산은 제외한다] 및 해당 재산의 일부가 그 목적에 직접 사용되지 아니하는 경우의 그 일부 재산에 대하여는 재산세를 부과한다(지방세법 제109조 제3항).

(1) 대통령령으로 정하는 도로 · 하천 · 제방 · 구거 · 유지 및 묘지

넓혀 보기

도로 · 하천 · 제방 · 구거 · 유지 및 묘지(지방세법시행령 제108조 제1항)

1. **도로**: 「도로법」에 따른 도로(도로법 제2조 제2호에 따른 도로의 부속물 중 도로관리시설, 휴게시설, 주유소, 충전소, 교통 · 관광안내소 및 도로에 연접하여 설치한 연구시설은 제외한다)와 그 밖에 일반인의 자유로운 통행을 위하여 제공할 목적으로 개설한 사설 도로. 다만, 「건축법시행령」에 따른 대지 안의 공지는 제외한다.
2. **하천**: 「하천법」에 따른 하천과 「소하천정비법」에 따른 소하천
3. **제방**: 「공간정보의 구축 및 관리 등에 관한 법률」에 따른 제방. 다만, 특정인이 전용하는 제방은 제외한다.
4. **구거**(溝渠): 농업용 구거와 자연유수의 배수처리에 제공하는 구거
5. **유지**(溜池): 농업용 및 발전용에 제공하는 댐 · 저수지 · 소류지와 자연적으로 형성된 호수 · 늪
6. **묘지**: 무덤과 이에 접속된 부속시설물의 부지로 사용되는 토지로서 지적공부상 지목이 묘지인 토지

(2) 「산림보호법」에 따른 산림보호구역, 그 밖에 공익상 재산세를 부과하지 아니할 타당한 이유가 있는 것으로서 대통령령으로 정하는 토지

넓혀 보기

대통령령으로 정하는 토지(지방세법시행령 제108조 제2항)

1. 「군사기지 및 군사시설 보호법」에 따른 군사기지 및 군사시설 보호구역 중 통제보호구역에 있는 토지. 다만, 전 · 답 · 과수원 및 대지는 제외한다.
2. 「산림보호법」에 따라 지정된 산림보호구역 및 「산림자원의 조성 및 관리에 관한 법률」에 따라 지정된 채종림 · 시험림
3. 「자연공원법」에 따른 공원자연보존지구의 임야
4. 「백두대간 보호에 관한 법률」 제6조에 따라 지정된 백두대간보호지역의 임야

(3) 임시로 사용하기 위하여 건축된 건축물로서 재산세 과세기준일 현재 1년 미만의 것

(4) 비상재해구조용, 무료도선용, 선교(船橋) 구성용 및 본선에 속하는 전마용(傳馬用) 등으로 사용하는 선박

(5) 행정기관으로부터 철거명령을 받은 건축물 등 재산세를 부과하는 것이 적절하지 아니한 건축물 또는 주택(「건축법」에 따른 건축물 부분으로 한정한다)으로서 대통령령으로 정하는 것

넓혀 보기

대통령령으로 정하는 것(지방세법시행령 제108조 제3항)

"대통령령으로 정하는 것"이란 재산세를 부과하는 해당 연도에 철거하기로 계획이 확정되어 재산세 과세기준일 현재 행정관청으로부터 철거명령을 받았거나 철거보상계약이 체결된 건축물 또는 주택(「건축법」에 따른 건축물 부분으로 한정한다)을 말한다. 이 경우 건축물 또는 주택의 일부분을 철거하는 때에는 그 철거하는 부분으로 한정한다.

넓혀 보기

대통령령으로 정하는 수익사업(지방세법시행령 제107조, 법인세법 제4조 제3항)

1. 제조업, 건설업, 도매 및 소매업 등 「통계법」 제22조에 따라 통계청장이 작성·고시하는 한국표준산업분류에 따른 사업으로서 대통령령으로 정하는 것
2. 「소득세법」 제16조 제1항에 따른 이자소득
3. 「소득세법」 제17조 제1항에 따른 배당소득
4. 주식·신주인수권(新株引受權) 또는 출자지분(出資持分)의 양도로 인한 수입
5. 유형자산 및 무형자산의 처분으로 인한 수입. 다만, 고유목적사업에 직접 사용하는 자산의 처분으로 인한 대통령령으로 정하는 수입은 제외한다.
6. 「소득세법」 제94조 제1항 제2호 및 제4호에 따른 자산의 양도로 인하여 생기는 수입
7. 그 밖에 대가(對價)를 얻는 계속적 행위로 인한 수입으로서 대통령령으로 정하는 것

예제

1. 지방세법상 재산세 비과세 대상에 해당하는 것은? (단, 주어진 조건 외에는 고려하지 않음)

제30회

① 지방자치단체가 1년 이상 공용으로 사용하는 재산으로서 유료로 사용하는 재산
② 「한국농어촌공사 및 농지관리기금법」에 따라 설립된 한국농어촌공사가 같은 법에 따라 농가에 공급하기 위하여 소유하는 농지
③ 「공간정보의 구축 및 관리 등에 관한 법률」에 따른 제방으로서 특정인이 전용하는 제방
④ 「군사기지 및 군사시설 보호법」에 따른 군사기지 및 군사시설 보호구역 중 통제보호구역에 있는 전·답
⑤ 「산림자원의 조성 및 관리에 관한 법률」에 따라 지정된 채종림·시험림

해설 ⑤ 「산림자원의 조성 및 관리에 관한 법률」에 따라 지정된 채종림·시험림은 재산세 비과세 대상에 해당한다.

정답 ⑤

2. 지방세법상 재산세에 관한 설명으로 틀린 것은? (단, 주어진 조건 외에는 고려하지 않음)

제32회

① 토지에 대한 재산세의 과세표준은 시가표준액에 공정시장가액비율(100분의 70)을 곱하여 산정한 가액으로 한다.
② 지방자치단체가 1년 이상 공용으로 사용하는 재산으로서 유료로 사용하는 경우에는 재산세를 부과한다.
③ 재산세 물납신청을 받은 시장·군수·구청장이 물납을 허가하는 경우 물납을 허가하는 부동산의 가액은 물납허가일 현재의 시가로 한다.
④ 주택의 토지와 건물 소유자가 다를 경우 해당 주택에 대한 세율을 적용할 때 해당 주택의 토지와 건물의 가액을 합산한 과세표준에 주택의 세율을 적용한다.
⑤ 재산세의 납기는 토지의 경우 매년 9월 16일부터 9월 30일까지이며, 건축물의 경우 매년 7월 16일부터 7월 31일까지이다.

해설 ③ 재산세 물납신청을 받은 시장·군수·구청장이 물납을 허가하는 경우 물납을 허가하는 부동산의 가액은 재산세 과세기준일 현재의 시가로 한다.

정답 ③

MEMO

박문각 공인중개사

PART

03

국세

Chapter 01

종합부동산세

단원 열기

종합부동산세는 1문제 정도 출제되고 있다. 종합부동산세를 이해하기 위해서는 재산세가 기본이 되어야 한다. 특히 종합부동산세의 과세대상, 납세의무자, 신고·납부 등을 재산세와 연결하여 학습하여야 한다.

01 종합부동산세 총칙 제31회

1 목 적

「종합부동산세법」은 고액의 부동산 보유자에 대하여 종합부동산세를 부과하여 부동산 보유에 대한 조세부담의 형평성을 제고하고, 부동산의 가격안정을 도모함으로써 지방재정의 균형발전과 국민경제의 건전한 발전에 이바지함을 목적으로 한다(종합부동산세법 제1조).

2 특 징

(1) 종합부동산세는 국세이다.

(2) 종합부동산세는 보유단계에서 과세한다.

(3) 종합부동산세는 과세기준일(매년 6월 1일)에 성립한다.

(4) 종합부동산세는 관할 세무서장이 납부하여야 할 종합부동산세의 세액을 결정하여 부과·징수하는 것이 원칙이지만 납세의무자의 선택에 의해 종합부동산세의 과세표준과 세액을 신고할 수도 있다. 이 경우 관할 세무서장의 결정은 없었던 것으로 본다.

(5) 종합부동산세는 전국 합산과세한다.

(6) 종합부동산세는 세부담의 상한이 적용된다.

(7) 종합부동산세는 분납을 적용한다.

3 용어의 정의

「종합부동산세법」에서 사용하는 용어의 정의는 다음과 같다(종합부동산세법 제2조).

(1) "시 · 군 · 구"라 함은 「지방자치법」 제2조에 따른 지방자치단체인 시 · 군 및 자치구("시 · 군"이라 한다)를 말한다.

(2) "시장 · 군수 · 구청장"이라 함은 지방자치단체의 장인 시장 · 군수 및 자치구의 구청장("시장 · 군수"라 한다)을 말한다.

(3) "주택"이라 함은 「지방세법」 제104조 제3호에 의한 주택을 말한다.

(4) "토지"라 함은 「지방세법」 제104조 제1호에 따른 토지를 말한다.

(5) "주택분 재산세"라 함은 「지방세법」 제105조 및 제107조에 따라 주택에 대하여 부과하는 재산세를 말한다.

(6) "토지분 재산세"라 함은 「지방세법」 제105조 및 제107조에 따라 토지에 대하여 부과하는 재산세를 말한다.

(7) "세대"라 함은 주택 또는 토지의 소유자 및 그 배우자와 그들과 생계를 같이하는 가족으로서 대통령령으로 정하는 것을 말한다.

(8) "공시가격"이라 함은 「부동산 가격공시에 관한 법률」에 따라 가격이 공시되는 주택 및 토지에 대하여 같은 법에 따라 공시된 가액을 말한다. 다만, 같은 법에 따라 가격이 공시되지 아니한 경우에는 「지방세법」에 따른 시가표준액으로 한다.

넓혀 보기

주택 관련 집행기준

1. **주택의 정의**(집행기준 2-0-1)
   "주택"은 세대의 세대원이 장기간 독립된 주거생활을 영위할 수 있는 구조로 된 건축물의 전부 또는 일부 및 그 부속토지를 말하며, 단독주택과 공동주택으로 구분하고, 별장은 포함되지 않는다.
2. **1구의 범위**(집행기준 2-0-2)
   "1구의 주택"은 소유상의 기준이 아니고 점유상의 독립성을 기준으로 판단하되, 합숙소·기숙사 등의 경우에는 방 1개를 1구의 주택으로 보며, 다가구주택은 침실, 부엌, 출입문이 독립되어 있어야 1구의 주택으로 보는 것이다.
3. **1구의 건물이 주거와 주거 외의 용도로 사용되는 경우**(집행기준 2-0-3)
   1구의 건물이 주거와 주거 외의 용도로 사용되는 경우로서 주거부분이 건물의 50% 이상인 경우에는 1구의 건물 전체를 주택으로 보며, 1동의 건물이 주거와 주거 외의 용도로 사용되는 경우에는 주거용에 사용되는 부분만을 주택으로 본다.
4. **토지의 정의**(집행기준 2-0-4)
   "토지"는 「측량·수로조사 및 지적에 관한 법률」에 따라 지적공부에 등록대상이 되는 토지와 그 밖에 사용되고 있는 사실상의 토지를 말하며, 종합부동산세 과세대상인 토지에는 주택의 부속토지(주택으로 종합부동산세 과세)를 제외한다.
5. **공시가격**(집행기준 2-0-5)
   "공시가격"이라 함은 「부동산 가격공시에 관한 법률」에 따라 가격이 공시되는 주택 및 토지에 대하여 동법에 따라 공시된 가액을 말한다.
6. **1세대의 범위**(집행기준 2-1의 2-1)
   "1세대"는 주택의 소유자 및 그 배우자, 그들과 동일한 주소 또는 거소에서 생계를 같이하는 가족과 함께 구성하는 1세대를 말하며, "가족"은 주택 소유자와 그 배우자의 직계존비속(그 배우자를 포함) 및 형제자매이고, 취학, 질병의 요양, 근무상 또는 사업상의 형편으로 본래의 주소 또는 거소를 일시퇴거한 자를 포함한다.
7. **배우자가 없는 때에도 1세대로 보는 경우**(집행기준 2-1의 2-2)
   ① 30세 이상인 경우
   ② 배우자가 사망하거나 이혼한 경우
   ③ 「소득세법」 제4조의 규정에 따른 소득이 「국민기초생활보장법」 제2조 제6호에 따른 최저생계비 수준 이상으로서 소유하고 있는 주택을 관리·유지하면서 독립된 생계를 유지할 수 있는 경우

4 과세기준일

종합부동산세의 과세기준일은 「지방세법」에 따른 재산세의 과세기준일로 한다(종합부동산세법 제3조).

5 납세지

(1) 종합부동산세의 납세의무자가 개인 또는 법인으로 보지 아니하는 단체인 경우에는 소득세법의 규정을 준용하여 납세지를 정한다(종합부동산세법 제4조 제1항).

넓혀 보기

납세지(소득세법 제6조)

1. 거주자의 소득세 납세지는 그 주소지로 한다. 다만, 주소지가 없는 경우에는 그 거소지로 한다.
2. 비거주자의 소득세 납세지는 국내사업장의 소재지로 한다. 다만, 국내사업장이 둘 이상 있는 경우에는 주된 국내사업장의 소재지로 하고, 국내사업장이 없는 경우에는 국내원천소득이 발생하는 장소로 한다.
3. 납세지가 불분명한 경우에는 대통령령으로 정하는 바에 따라 납세지를 결정한다.

(2) 종합부동산세의 납세의무자가 법인 또는 법인으로 보는 단체인 경우에는 「법인세법」 제9조 제1항부터 제3항까지의 규정을 준용하여 납세지를 정한다(종합부동산세법 제4조 제2항).

넓혀 보기

납세지(법인세법 제9조)

1. 내국법인의 법인세 납세지는 그 법인의 등기부에 따른 본점이나 주사무소의 소재지(국내에 본점 또는 주사무소가 있지 아니하는 경우에는 사업을 실질적으로 관리하는 장소의 소재지)로 한다. 다만, 법인으로 보는 단체의 경우에는 대통령령으로 정하는 장소로 한다.
2. 외국법인의 법인세 납세지는 국내사업장의 소재지로 한다. 다만, 국내사업장이 없는 외국법인으로서 제93조 제3호 또는 제7호에 따른 소득이 있는 외국법인의 경우에는 각각 그 자산의 소재지로 한다.
3. 2.의 경우 둘 이상의 국내사업장이 있는 외국법인에 대하여는 대통령령으로 정하는 주된 사업장의 소재지를 납세지로 하고, 둘 이상의 자산이 있는 법인에 대하여는 대통령령으로 정하는 장소를 납세지로 한다.

(3) 종합부동산세의 납세의무자가 비거주자인 개인 또는 외국법인으로서 국내사업장이 없고 국내원천소득이 발생하지 아니하는 주택 및 토지를 소유한 경우에는 그 주택 또는 토지의 소재지(주택 또는 토지가 둘 이상인 경우에는 공시가격이 가장 높은 주택 또는 토지의 소재지를 말한다)를 납세지로 정한다(종합부동산세법 제4조 제3항).

6 과세구분 및 세액

(1) 종합부동산세는 주택에 대한 종합부동산세와 토지에 대한 종합부동산세의 세액을 합한 금액을 그 세액으로 한다(종합부동산세법 제5조 제1항).

(2) 토지에 대한 종합부동산세의 세액은 제14조 제1항 및 제3항에 따른 토지분 종합합산세액과 같은 조 제4항 및 제6항에 따른 토지분 별도합산세액을 합한 금액으로 한다(종합부동산세법 제5조 제2항).

☑ **재산세와 종합부동산세 과세대상 비교**

부동산		재산세	종합부동산세
주 택	주 택	○	○
토 지	분리과세대상 토지	○	×
	종합합산과세대상 토지	○	○
	별도합산과세대상 토지	○	○
주택 이외의 건축물		○	×

넓혀 보기

종합부동산세 구분

1. **종합부동산세 과세 구분**(집행기준 5-0-1)
   종합부동산세 과세대상은 납세의무자별로 주택(그에 딸린 토지 포함)과 토지(종합합산과세대상과 별도합산과세대상으로 구분)로 구분하여 과세한다.
   ※ 분리과세대상 토지는 종합부동산세가 과세되지 아니함
2. **종합부동산세액**(집행기준 5-0-2)
   종합부동산세는 주택에 대한 종합부동산세와 토지에 대한 종합부동산세의 세액을 합한 금액을 그 세액으로 한다.

종합부동산세액=주택에 대한 종합부동산세액+토지에 대한 종합부동산세액 토지에 대한 종합부동산세액=토지분 종합합산세액+토지분 별도합산세액

예 제

1. 종합부동산세법상 종합부동산세의 과세대상이 아닌 것을 모두 고른 것은? 제24회

> ㉠ 종중이 1990년 1월부터 소유하는 농지
> ㉡ 1990년 1월부터 소유하는 「수도법」에 따른 상수원보호구역의 임야
> ㉢ 「지방세법」에 따라 재산세가 비과세되는 토지
> ㉣ 취득세 중과대상인 고급오락장용 건축물

① ㉠, ㉡ ② ㉡, ㉢
③ ㉢, ㉣ ④ ㉠, ㉡, ㉣
⑤ ㉠, ㉡, ㉢, ㉣

해설 ㉠ 종중이 1990년 1월부터 소유하는 농지: 저율분리
㉡ 1990년 1월부터 소유하는 「수도법」에 따른 상수원보호구역의 임야: 저율분리
㉢ 「지방세법」에 따라 재산세가 비과세되는 토지: 종합부동산세 비과세
㉣ 취득세 중과대상인 고급오락장용 건축물: 건축물은 종합부동산세 과세대상이 아니다. 정답 ⑤

2. 종합부동산세법상 종합부동산세의 과세대상인 것은? 제23회

① 취득세 중과세대상인 골프장
② 관계법령에 따른 사회복지사업자가 복지시설이 소비목적으로 사용할 수 있도록 하기 위하여 1990년 5월 1일부터 소유하는 농지
③ 상업용 건축물(오피스텔 제외)
④ 공장용 건축물
⑤ 「건축법」 등 관계법령에 따라 허가 등을 받아야 할 건축물로서 허가 등을 받지 아니한 건축물의 부속토지

해설 ⑤ 「건축법」 등 관계법령에 따라 허가 등을 받아야 할 건축물로서 허가 등을 받지 아니한 건축물의 부속토지: 재산세에서 종합합산과세대상으로 종합부동산세 과세대상에 해당한다.
① 취득세 중과세대상인 골프장: 종합부동산세 과세대상이 아니다.
② 관계법령에 따른 사회복지사업자가 복지시설이 소비목적으로 사용할 수 있도록 하기 위하여 1990년 5월 1일부터 소유하는 농지: 재산세에서 저율분리과세대상으로 종합부동산세 과세대상이 아니다.
③ 상업용 건축물(오피스텔 제외): 건축물은 종합부동산세 과세대상이 아니다.
④ 공장용 건축물: 건축물은 종합부동산세 과세대상이 아니다. 정답 ⑤

02 주택에 대한 과세 제32회, 제33회, 제34회, 제35회

(공시가격 합산액 − 9억원) × 공정시장가액비율(60%) ⇨ 과세표준
과세표준 × 세율 ⇨ 산출세액
산출세액 − 재산세 ⇨ 납부세액

1 납세의무자

과세기준일 현재 주택분 재산세의 납세의무자는 종합부동산세를 납부할 의무가 있다(종합부동산세법 제7조 제1항).

2 과세표준

1. 원 칙

주택에 대한 종합부동산세의 과세표준은 납세의무자별로 주택의 공시가격을 합산한 금액에서 다음 각 호의 금액을 공제한 금액에 부동산 시장의 동향과 재정 여건 등을 고려하여 100분의 60부터 100분의 100까지의 범위에서 대통령령으로 정하는 공정시장가액비율을 곱한 금액으로 한다. 다만, 그 금액이 영보다 작은 경우에는 영으로 본다(종합부동산세법 제8조 제1항).

① **대통령령으로 정하는 1세대 1주택자**(이하 "1세대 1주택자"라 한다): 12억원

② **제9조 제2항 제3호 각 목의 세율이 적용되는 법인 또는 법인으로 보는 단체**: 0원

③ **① 및 ②에 해당하지 아니하는 자**: 9억원

종합부동산세법시행령 제2조의3 【1세대 1주택의 범위】 ① 법 제8조 제1항 제1호에서 "대통령령으로 정하는 1세대 1주택자"란 세대원 중 1명만이 주택분 재산세 과세대상인 1주택만을 소유한 경우로서 그 주택을 소유한 「소득세법」 제1조의2 제1항 제1호에 따른 거주자를 말한다. 이 경우 「건축법 시행령」 별표 1 제1호 다목에 따른 다가구주택은 1주택으로 보되, 제3조에 따른 합산배제 임대주택으로 같은 조 제9항에 따라 신고한 경우에는 1세대가 독립하여 구분 사용할 수 있도록 구획된 부분을 각각 1주택으로 본다.

② 제1항에 따른 1세대 1주택자 여부를 판단할 때 다음 각 호의 주택은 1세대가 소유한 주택 수에서 제외한다. 다만, 제1호는 각 호 외의 주택을 소유하는 자가 과세기준일 현재 그 주택에 주민등록이 되어 있고 실제로 거주하고 있는 경우에 한정하여 적용한다.

1. 제3조 제1항 각 호(제5호는 제외한다)의 어느 하나에 해당하는 주택으로서 같은 조 제9항에 따른 합산배제 신고를 한 주택
2. 삭제
3. 제4조 제1항 각 호에 해당하는 주택으로서 같은 조 제4항에 따라 합산배제 신고를 한 주택

종합부동산세법시행령 제2조의4 【공정시장가액비율】 ① 법 제8조 제1항 각 호 외의 부분 본문에서 "대통령령으로 정하는 공정시장가액비율"이란 100분의 60을 말하되, 2019년부터 2021년까지 납세의무가 성립하는 종합부동산세에 대해서는 다음 각 호의 연도별 비율을 말한다.
1. 2019년 : 100분의 85
2. 2020년 : 100분의 90
3. 2021년 : 100분의 95

2. 합산배제

다음 각 호의 어느 하나에 해당하는 주택은 제1항에 따른 과세표준 합산의 대상이 되는 주택의 범위에 포함되지 아니하는 것으로 본다(종합부동산세법 제8조 제2항).

(1) 「민간임대주택에 관한 특별법」에 따른 민간임대주택, 「공공주택 특별법」에 따른 공공임대주택 또는 대통령령으로 정하는 다가구 임대주택으로서 임대기간, 주택의 수, 가격, 규모 등을 고려하여 대통령령으로 정하는 주택(종합부동산세법 제8조 제2항 제1호).

(2) 제1호의 주택 외에 종업원의 주거에 제공하기 위한 기숙사 및 사원용 주택, 주택건설사업자가 건축하여 소유하고 있는 미분양주택, 가정어린이집용 주택, 「수도권정비계획법」 제2조 제1호에 따른 수도권 외 지역에 소재하는 1주택 등 종합부동산세를 부과하는 목적에 적합하지 아니한 것으로서 대통령령으로 정하는 주택. 이 경우 수도권 외 지역에 소재하는 1주택의 경우에는 2009년 1월 1일부터 2011년 12월 31일까지의 기간 중 납세의무가 성립하는 분에 한정한다(종합부동산세법 제8조 제2항 제2호).

(3) 제2항의 규정에 따른 주택을 보유한 납세의무자는 해당연도 9월 16일부터 9월 30일까지 대통령령으로 정하는 바에 따라 납세지관할세무서장(이하 "관할세무서장"이라 한다)에게 해당 주택의 보유현황을 신고하여야 한다(종합부동산세법 제8조 제3항).

3 세율 및 세액 제32회

1. 주택분 종합부동산세액

(1) 주택에 대한 종합부동산세는 다음과 같이 납세의무자가 소유한 주택 수에 따라 과세표준에 해당 세율을 적용하여 계산한 금액을 그 세액(이하 "주택분 종합부동산세액"이라 한다)으로 한다(종합부동산세법 제9조 제1항).

① **납세의무자가 2주택 이하를 소유한 경우**(종합부동산세법 제9조 제1항 제1호)

과세표준	세 율
3억원 이하	1천분의 5
3억원 초과 6억원 이하	150만원+(3억원을 초과하는 금액의 1천분의 7)
6억원 초과 12억원 이하	360만원+(6억원을 초과하는 금액의 1천분의 10)
12억원 초과 25억원 이하	960만원+(12억원을 초과하는 금액의 1천분의 13)
25억원 초과 50억원 이하	2천650만원+(25억원을 초과하는 금액의 1천분의 15)
50억원 초과 94억원 이하	6천400만원+(50억원을 초과하는 금액의 1천분의 20)
94억원 초과	1억5천200만원+(94억원을 초과하는 금액의 1천분의 27)

② **납세의무자가 3주택 이상을 소유한 경우**(종합부동산세법 제9조 제1항 제2호)

과세표준	세 율
3억원 이하	1천분의 5
3억원 초과 6억원 이하	150만원+(3억원을 초과하는 금액의 1천분의 7))
6억원 초과 12억원 이하	360만원+(6억원을 초과하는 금액의 1천분의 10)
12억원 초과 25억원 이하	960만원+(12억원을 초과하는 금액의 1천분의 20)
25억원 초과 50억원 이하	3천560만원+(25억원을 초과하는 금액의 1천분의 30)
50억원 초과 94억원 이하	1억1천60만원+(50억원을 초과하는 금액의 1천분의 40)
94억원 초과	2억8천660만원+(94억원을 초과하는 금액의 1천분의 50)

(2) 납세의무자가 법인 또는 법인으로 보는 단체인 경우 제1항에도 불구하고 과세표준에 다음 각 호에 따른 세율을 적용하여 계산한 금액을 주택분 종합부동산세액으로 한다(종합부동산세법 제9조 제2항).

① **2주택 이하를 소유한 경우**: 1천분의 27

② **3주택 이상을 소유한 경우**: 1천분의 50

2. 재산세액 공제

(1) 주택분 과세표준 금액에 대하여 해당 과세대상 주택의 주택분 재산세로 부과된 세액(지방세법에 따라 가감조정된 세율이 적용된 경우에는 그 세율이 적용된 세액, 지방세법에 따라 세부담 상한을 적용받은 경우에는 그 상한을 적용받은 세액을 말함)은 주택분 종합부동산세액에서 이를 공제한다(종합부동산세법 제9조 제3항).

(2) 주택분 종합부동산세액을 계산할 때 주택 수 계산 및 주택분 재산세로 부과된 세액의 공제 등에 관하여 필요한 사항은 대통령령으로 정한다(종합부동산세법 제9조 제4항, 종합부동산세법시행령 제4조의3).

$$\text{「지방세법」에 따라 주택분 재산세로 부과된 세액의 합계액} \times \frac{\text{(법 제8조 제1항에 따른 주택분 종합부동산세의 과세표준} \times \text{「지방세법시행령」 제109조 제1항 제2호에 따른 공정시장가액비율)} \times \text{「지방세법」 제111조 제1항 제3호에 따른 표준세율}}{\text{주택을 합산하여 주택분 재산세 표준세율로 계산한 재산세 상당액}}$$

(3) 주택분 종합부동산세액을 계산할 때 적용해야 하는 주택 수는 다음에 따라 계산한다(종합부동산세법시행령 제4조의3 제3항).

① 1주택을 여러 사람이 공동으로 소유한 경우 공동 소유자 각자가 그 주택을 소유한 것으로 본다.

② 「건축법시행령」 별표 1 제1호 다목에 따른 다가구주택은 1주택으로 본다.

③ 다음 각 목의 주택은 주택 수에 포함하지 않는다.

㉠ 제3조 제1항 각 호 및 제4조 제1항 각 호에 해당하는 주택

㉡ 상속을 원인으로 취득한 주택(「소득세법」 제88조 제9호에 따른 조합원입주권 또는 같은 조 제10호에 따른 분양권을 상속받아 사업시행 완료 후 취득한 신축주택을 포함한다)으로서 다음의 어느 하나에 해당하는 주택

ⓐ 과세기준일 현재 상속개시일부터 5년이 경과하지 않은 주택

ⓑ 지분율이 100분의 40 이하인 주택

ⓒ 지분율에 상당하는 공시가격이 6억원(수도권 밖의 지역에 소재한 주택의 경우에는 3억원) 이하인 주택

㉢ 토지의 소유권 또는 지상권 등 토지를 사용할 수 있는 권원이 없는 자가 「건축법」 등 관계 법령에 따른 허가 등을 받지 않거나 신고를 하지 않고 건축하여 사용 중인 주택(주택을 건축한 자와 사용 중인 자가 다른 주택을 포함한다)의 부속토지

㉣ 법 제8조 제4항 제2호에 따라 1세대 1주택자로 보는 자가 소유한 제4조의2 제1항에 따른 신규주택

㉤ 법 제8조 제4항 제4호에 따라 1세대 1주택자로 보는 자가 소유한 제4조의2 제3항에 따른 지방 저가주택

㉥ 2024년 1월 10일부터 2025년 12월 31일까지 취득하는 주택으로서 다음의 어느 하나에 해당하는 주택

ⓐ 다음의 요건을 모두 갖춘 소형 신축주택

㉮ 전용면적이 60제곱미터 이하일 것

㉯ 취득가액이 6억원(수도권 밖의 지역에 소재하는 주택의 경우에는 3억원) 이하일 것

㉰ 2024년 1월 10일부터 2025년 12월 31일까지의 기간 중에 준공된 것일 것

㉱ 아파트(「주택법」에 따른 도시형 생활주택인 아파트는 제외한다)에 해당하지 않을 것

㉲ 그 밖에 기획재정부령으로 정하는 요건을 갖출 것

ⓑ 다음의 요건을 모두 갖춘 준공 후 미분양주택

㉮ 전용면적이 85제곱미터 이하일 것

㉯ 취득가액이 6억원 이하일 것

㉰ 수도권 밖의 지역에 소재할 것

㉱ 그 밖에 기획재정부령으로 정하는 요건을 갖출 것

3. 1세대 1주택자에 해당하는 경우의 주택분 종합부동산세액

주택분 종합부동산세 납세의무자가 1세대 1주택자에 해당하는 경우의 주택분 종합부동산세액은 제1항 · 제3항 및 제4항에 따라 산출된 세액에서 제6항부터 제9항까지의 규정에 따른 1세대 1주택자에 대한 공제액을 공제한 금액으로 한다. 이 경우 제6항부터 제9항까지는 공제율 합계 100분의 80의 범위에서 중복하여 적용할 수 있다(종합부동산세법 제9조 제5항).

1세대 1주택자에 해당하는 경우의 주택분 종합부동산세액
= [산출된 세액(과세표준 × 세율) − 재산세액 공제]
− 연령 세액공제 − 장기보유 세액공제

(1) 연령 세액공제

과세기준일 현재 만 60세 이상인 1세대 1주택자의 공제액은 제1항 · 제3항 및 제4항에 따라 산출된 세액에 다음 표에 따른 연령별 공제율을 곱한 금액으로 한다(종합부동산세법 제9조 제6항).

연 령	공제율
만 60세 이상 만 65세 미만	100분의 20
만 65세 이상 만 70세 미만	100분의 30
만 70세 이상	100분의 40

(2) 장기보유 세액공제

1세대 1주택자로서 해당 주택을 과세기준일 현재 5년 이상 보유한 자의 공제액은 제1항 · 제3항 및 제4항에 따라 산출된 세액에 다음 표에 따른 보유기간별 공제율을 곱한 금액으로 한다(종합부동산세법 제9조 제8항).

보유기간	공제율
5년 이상 10년 미만	100분의 20
10년 이상 15년 미만	100분의 40
15년 이상	100분의 50

4 세부담의 상한

종합부동산세의 납세의무자가 해당 연도에 납부하여야 할 주택분 재산세액상당액(신탁주택의 경우 재산세의 납세의무자가 납부하여야 할 주택분 재산세액상당액을 말한다)과 주택분 종합부동산세액상당액의 합계액("주택에 대한 총세액상당액"이라 한다)으로서 대통령령으로 정하는 바에 따라 계산한 세액이 해당 납세의무자에게 직전년도에 해당 주택에 부과된 주택에 대한 총세액상당액으로서 대통령령으로 정하는 바에 따라 계산한 세액의 100분의 150을 초과하는 경우에는 그 초과하는 세액에 대해서는 이를 없는 것으로 본다. 다만, 납세의무자가 법인 또는 법인으로 보는 단체로서 제9조 제2항 제3호 각 목의 세율이 적용되는 경우는 그러하지 아니하다(종합부동산세법 제10조).

종합부동산세법시행령 제5조 【주택에 대한 세부담의 상한】 ① 법 제10조에서 해당 연도에 납부하여야 할 주택에 대한 총세액상당액으로서 "대통령령으로 정하는 바에 따라 계산한 세액"이란 해당 연도의 종합부동산세 과세표준 합산의 대상이 되는 주택(이하 "과세표준합산주택"이라 한다)에 대한 제1호에 따른 재산세액과 제2호에 따른 종합부동산세액의 합계액을 말한다.

1. 「지방세법」에 따라 부과된 재산세액(같은 법 제112조 제1항 제1호에 따른 재산세액을 말하며, 같은 법 제122조에 따라 세부담의 상한이 적용되는 경우에는 그 상한을 적용한 후의 세액을 말한다)
2. 법 제9조에 따라 계산한 종합부동산세액

② 법 제10조에서 직전 연도에 해당 주택에 부과된 주택에 대한 총세액상당액으로서 "대통령령으로 정하는 바에 따라 계산한 세액"이란 납세의무자가 해당 연도의 과세표준합산주택을 직전 연도 과세기준일에 실제로 소유하였는지의 여부를 불문하고 직전 연도 과세기준일 현재 소유한 것으로 보아 해당 연도의 과세표준합산주택에 대한 제1호에 따른 재산세액상당액과 제2호에 따른 종합부동산세액상당액의 합계액을 말한다.

1. 재산세액상당액
   해당 연도의 과세표준합산주택에 대하여 직전연도의 「지방세법」(같은 법 제111조 제3항, 제112조 제1항 제2호 및 제122조는 제외한다)을 적용하여 산출한 금액의 합계액
2. 종합부동산세액상당액
   해당 연도의 과세표준합산주택에 대하여 직전 연도의 법(법 제10조는 제외한다)을 적용하여 산출한 금액(1세대1주택자의 경우에는 직전 연도 과세기준일 현재 연령 및 주택 보유기간을 적용하여 산출한 금액). 이 경우 법 제9조 제3항 중 "세액(「지방세법」 제111조 제3항에 따라 가감조정된 세율이 적용된 경우에는 그 세율이 적용된 세액, 같은 법 제122조에 따라 세부담 상한을 적용받는 경우에는 그 상한을 적용받는 세액을 말한다)"을 "세액[「지방세법」(같은 법 제111조 제3항, 제112조 제1항 제2호 및 제122조는 제외한다)을 적용하여 산출한 세액을 말한다]"으로 하여 해당 규정을 적용한다.

5 공동명의 1주택자의 납세의무 등에 관한 특례

① 제7조 제1항에도 불구하고 과세기준일 현재 세대원 중 1인이 그 배우자와 공동으로 1주택을 소유하고 해당 세대원 및 다른 세대원이 다른 주택(제8조 제2항 각 호의 어느 하나에 해당하는 주택 중 대통령령으로 정하는 주택을 제외한다)을 소유하지 아니한 경우로서 대통령령으로 정하는 경우에는 배우자와 공동으로 1주택을 소유한 자 또는 그 배우자 중 대통령령으로 정하는 자(이하 "공동명의 1주택자"라 한다)를 해당 1주택에 대한 납세의무자로 할 수 있다(종합부동산세법 제10조의2 제1항).

② 제1항을 적용받으려는 납세의무자는 당해 연도 9월 16일부터 9월 30일까지 대통령령으로 정하는 바에 따라 관할세무서장에게 신청하여야 한다(종합부동산세법 제10조의2 제2항).

③ 제1항을 적용하는 경우에는 공동명의 1주택자를 1세대 1주택자로 보아 제8조에 따른 과세표준과 제9조에 따른 세율 및 세액을 계산한다(종합부동산세법 제10조의2 제3항).

03 토지에 대한 과세 제31회, 제35회

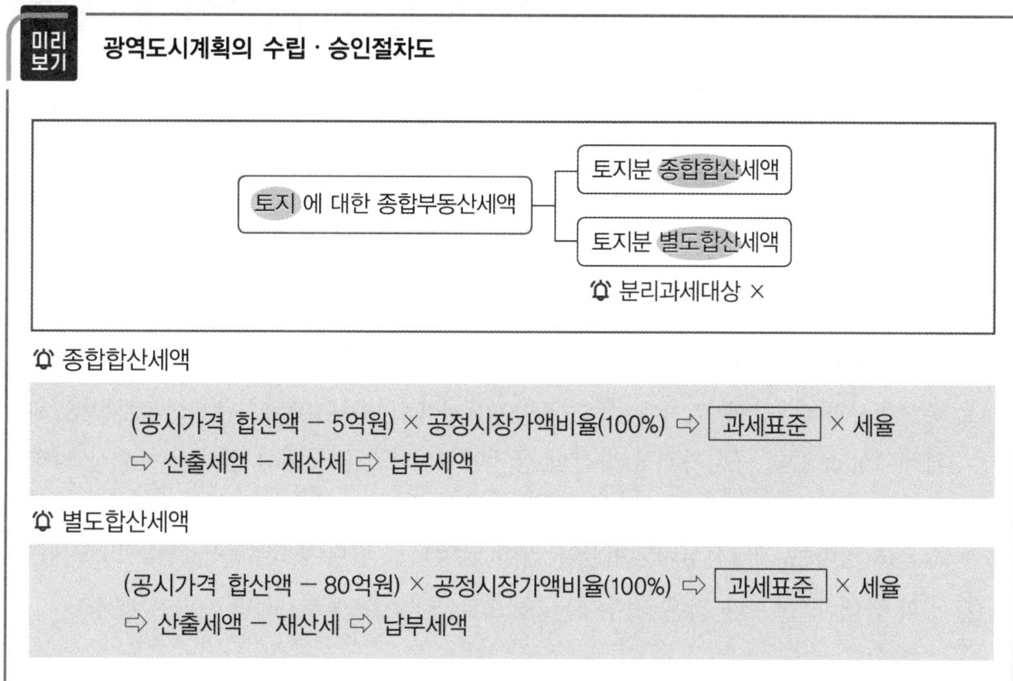

1 과세방법

토지에 대한 종합부동산세는 국내에 소재하는 토지에 대하여 「지방세법」에 따른 "종합합산과세대상"과 같은 법에 따른 "별도합산과세대상"으로 구분하여 과세한다(종합부동산세법 제11조).

2 납세의무자

과세기준일(6월 1일) 현재 토지분 재산세의 납세의무자로서 다음의 어느 하나에 해당하는 자는 해당 토지에 대한 종합부동산세를 납부할 의무가 있다(종합부동산세법 제12조 제1항).

(1) 종합합산과세대상인 경우에는 국내에 소재하는 해당 과세대상 토지의 공시가격을 합한 금액이 5억원을 초과하는 자

(2) 별도합산과세대상인 경우에는 국내에 소재하는 해당 과세대상 토지의 공시가격을 합한 금액이 80억원을 초과하는 자

☑ **납세의무자**(집행기준 12-0-1)

구 분	납세의무자
종합합산과세대상 토지	공시가격을 합산한 금액이 5억원을 초과하는 자
별도합산과세대상 토지	공시가격을 합산한 금액이 80억원을 초과하는 자
분리과세대상 토지	종합부동산세 과세 제외

3 과세표준

(1) 종합합산과세대상 과세표준

① 종합합산과세대상인 토지에 대한 종합부동산세의 과세표준은 납세의무자별로 해당 과세대상 토지의 공시가격을 합산한 금액에서 5억원을 공제한 금액에 부동산 시장의 동향과 재정 여건 등을 고려하여 100분의 60부터 100분의 100까지의 범위에서 대통령령으로 정하는 공정시장가액비율을 곱한 금액으로 한다(종합부동산세법 제13조 제1항).

② ①의 금액이 '영'보다 작은 경우에는 '영'으로 본다(종합부동산세법 제13조 제3항).

종합부동산세법시행령 제2조의4 【공정시장가액비율】 ① 법 제8조 제1항 각 호 외의 부분 본문에서 "대통령령으로 정하는 공정시장가액비율"이란 100분의 60을 말하되, 2019년부터 2021년까지 납세의무가 성립하는 종합부동산세에 대해서는 다음 각 호의 연도별 비율을 말한다.
1. 2019년 : 100분의 85
2. 2020년 : 100분의 90
3. 2021년 : 100분의 95

(2) 별도합산과세대상 과세표준

① 별도합산과세대상인 토지에 대한 종합부동산세의 과세표준은 납세의무자별로 해당 과세대상 토지의 공시가격을 합산한 금액에서 80억원을 공제한 금액에 부동산 시장의 동향과 재정 여건 등을 고려하여 100분의 60부터 100분의 100까지의 범위에서 대통령령으로 정하는 공정시장가액비율을 곱한 금액으로 한다(종합부동산세법 제13조 제2항).

② ①의 금액이 '영'보다 작은 경우에는 '영'으로 본다(종합부동산세법 제13조 제3항).

종합부동산세법시행령 제2조의4 【공정시장가액비율】 ① 법 제8조 제1항 각 호 외의 부분 본문에서 "대통령령으로 정하는 공정시장가액비율"이란 100분의 60을 말하되, 2019년부터 2021년까지 납세의무가 성립하는 종합부동산세에 대해서는 다음 각 호의 연도별 비율을 말한다.
1. 2019년 : 100분의 85
2. 2020년 : 100분의 90
3. 2021년 : 100분의 95

4 세율 및 세액

(1) 토지분 종합합산세액

① 종합합산과세대상인 토지에 대한 종합부동산세의 세액은 과세표준에 다음의 세율을 적용하여 계산한 금액("토지분 종합합산세액"이라 한다)으로 한다(종합부동산세법 제14조 제1항).

과세표준	세 율
15억원 이하	1천분의 10
15억원 초과 45억원 이하	1천500만원 + (15억원을 초과하는 금액의 1천분의 20)
45억원 초과	7천500만원 + (45억원을 초과하는 금액의 1천분의 30)

② **재산세액 공제**
종합합산과세대상인 토지의 과세표준 금액에 대하여 해당 과세대상 토지의 토지분 재산세로 부과된 세액(「지방세법」에 따라 가감조정된 세율이 적용된 경우에는 그 세율이 적용된 세액, 세부담 상한을 적용받은 경우에는 그 상한을 적용받은 세액을 말함)은 토지분 종합합산세액에서 이를 공제한다(종합부동산세법 제14조 제3항).

(2) 토지분 별도합산세액

① 별도합산과세대상인 토지에 대한 종합부동산세의 세액은 과세표준에 다음의 세율을 적용하여 계산한 금액("토지분 별도합산세액"이라 한다)으로 한다(종합부동산세법 제14조 제4항).

과세표준	세 율
200억원 이하	1천분의 5
200억원 초과 400억원 이하	1억원 +(200억원을 초과하는 금액의 1천분의 6)
400억원 초과	2억2천만원 + (400억원을 초과하는 금액의 1천분의 7)

② **재산세액 공제**
별도합산과세대상인 토지의 과세표준 금액에 대하여 해당 과세대상 토지의 토지분 재산세로 부과된 세액(「지방세법」에 따라 가감조정된 세율이 적용된 경우에는 그 세율이 적용된 세액, 세부담 상한을 적용받은 경우에는 그 상한을 적용받은 세액을 말함)은 토지분 별도합산세액에서 이를 공제한다(종합부동산세법 제14조 제6항).

(3) 토지분 종합부동산세액을 계산할 때 토지분 재산세로 부과된 세액의 공제 등에 관하여 필요한 사항은 대통령령으로 정한다(종합부동산세법 제14조 제7항).

5 세부담의 상한

(1) 종합합산과세대상

종합부동산세의 납세의무자가 종합합산과세대상인 토지에 대하여 해당 연도에 납부하여야 할 재산세액상당액(신탁토지의 경우 재산세의 납세의무자가 종합합산과세대상인 해당 토지에 대하여 납부하여야 할 재산세액상당액을 말한다)과 토지분 종합합산세액상당액의 합계액("종합합산과세대상인 토지에 대한 총세액상당액"이라 한다)으로서 대통령령으로 정하는 바에 따라 계산한 세액이 해당 납세의무자에게 직전년도에 해당 토지에 부과된 종합합산과세대상인 토지에 대한 총세액상당액으로서 대통령령으로 정하는 바에 따라 계산한 세액의 100분의 150을 초과하는 경우에는 그 초과하는 세액에 대해서는 이를 없는 것으로 본다(종합부동산세법 제15조 제1항).

종합합산: (전년 재산세 + 종부세) × 150%

(2) 별도합산과세대상

종합부동산세의 납세의무자가 별도합산과세대상인 토지에 대하여 해당 연도에 납부하여야 할 재산세액상당액(신탁토지의 경우 재산세의 납세의무자가 별도합산과세대상인 해당 토지에 대하여 납부하여야 할 재산세액상당액을 말한다)과 토지분 별도합산세액상당액의 합계액("별도합산과세대상인 토지에 대한 총세액상당액"이라 한다)으로서 대통령으로 정하는 바에 따라 계산한 세액이 해당 납세의무자에게 직전년도에 해당 토지에 부과된 별도합산과세대상인 토지에 대한 총세액상당액으로서 대통령으로 정하는 바에 따라 계산한 세액의 100분의 150을 초과하는 경우에는 그 초과하는 세액에 대해서는 이를 없는 것으로 본다(종합부동산세법 제15조 제2항).

별도합산: (전년 재산세 + 종부세) × 150%

04 신고 · 납부 등 제33회, 제34회

1 부과 · 징수 등

(1) 원칙: 정부부과제도

① 관할 세무서장은 납부하여야 할 종합부동산세의 세액을 결정하여 해당 연도 12월 1일부터 12월 15일("납부기간"이라 한다)까지 부과 · 징수한다(종합부동산세법 제16조 제1항).

② 관할 세무서장은 종합부동산세를 징수하려면 납부고지서에 주택 및 토지로 구분한 과세표준과 세액을 기재하여 납부기간 개시 5일 전까지 발급하여야 한다(종합부동산세법 제16조 제2항).

(2) **예외**: 신고납세제도

① 정부부과제도에 불구하고 종합부동산세를 신고납부방식으로 납부하고자 하는 납세의무자는 종합부동산세의 과세표준과 세액을 해당 연도 12월 1일부터 12월 15일까지 대통령령으로 정하는 바에 따라 관할 세무서장에게 신고하여야 한다. 이 경우 (1)에 따른 결정은 없었던 것으로 본다(종합부동산세법 제16조 제3항).

② ①에 따라 신고한 납세의무자는 신고기한까지 대통령령으로 정하는 바에 따라 관할 세무서장・한국은행 또는 체신관서에 종합부동산세를 납부하여야 한다(종합부동산세법 제16조 제4항).

법 제16조 제4항에 따라 종합부동산세를 납부하는 때에는 관할세무서에 납부하거나 「국세징수법」에 의한 납부서에 의하여 한국은행(그 대리점을 포함한다) 또는 체신관서에 납부하여야 한다(종합부동산세법시행령 제8조 제3항).

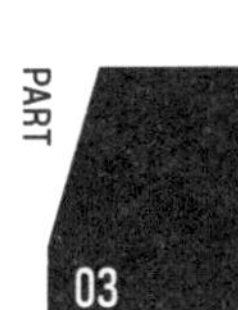

2 결정과 경정

(1) 관할세무서장 또는 납세지관할지방국세청장("관할지방국세청장"이라 한다)은 과세대상 누락, 위법 또는 착오 등으로 인하여 종합부동산세를 새로 부과할 필요가 있거나 이미 부과한 세액을 경정할 경우에는 다시 부과・징수할 수 있다(종합부동산세법 제17조 제1항).

(2) 관할세무서장 또는 관할지방국세청장은 종합부동산세 신고를 한 자의 신고내용에 탈루 또는 오류가 있는 때에는 해당연도의 과세표준과 세액을 경정한다(종합부동산세법 제17조 제2항).

(3) 관할세무서장 또는 관할지방국세청장은 과세표준과 세액을 결정 또는 경정한 후 그 결정 또는 경정에 탈루 또는 오류가 있는 것이 발견된 때에는 이를 경정 또는 재경정하여야 한다(종합부동산세법 제17조 제3항).

(4) 관할세무서장 또는 관할지방국세청장은 (2) 및 (3)에 따른 경정 및 재경정 사유가 「지방세법」에 따른 재산세의 세액변경 또는 수시부과사유에 해당되는 때에는 대통령령으로 정하는 바에 따라 종합부동산세의 과세표준과 세액을 경정 또는 재경정하여야 한다(종합부동산세법 제17조 제4항).

3 분 납 제32회

관할세무서장은 종합부동산세로 납부하여야 할 세액이 250만원을 초과하는 경우에는 대통령령으로 정하는 바에 따라 그 세액의 일부를 납부기한이 지난 날부터 6개월 이내에 분납하게 할 수 있다(종합부동산세법 제20조).

(1) 분납신청

① 법 제16조 제2항에 따른 납부고지서를 받은 자가 법 제20조에 따라 분납하려는 때에는 종합부동산세의 납부기한까지 기획재정부령으로 정하는 신청서를 관할세무서장에게 제출해야 한다(종합부동산세법시행령 제16조 제2항).

② 관할세무서장은 ①에 따라 분납신청을 받은 때에는 이미 고지한 납부고지서를 납부기한까지 납부해야 할 세액에 대한 납부고지서와 분납기간 내에 납부해야 할 세액에 대한 납부고지서로 구분하여 수정 고지해야 한다(종합부동산세법시행령 제16조 제3항).

(2) 분납할 수 있는 세액(종합부동산세법시행령 제16조 제1항)

① 납부하여야 할 세액이 250만원 초과 5백만원 이하인 때에는 해당 세액에서 250만원을 차감한 금액

② 납부하여야 할 세액이 5백만원을 초과하는 때에는 해당 세액의 100분의 50 이하의 금액

☑ **종합부동산세의 분납**(집행기준 20-16-1)

구 분	분납대상 세액
납부할 세액이 250만원 초과 500만원 이하	250만원 초과분
납부할 세액이 500만원 초과	납부할 세액의 50% 이하

납부기한이 경과한 날부터 6개월 이내 분납

넓혀 보기

농어촌특별세의 분납(집행기준 20-16-2)

농어촌특별세는 집행기준 20-16-1의 종합부동산세 분납금액의 비율에 의하여 종합부동산세의 분납에 따라 분납할 수 있다.

종합부동산세 물납: 삭제(2016. 3. 2.)

4 부가세

종합부동산세에는 납부세액의 100분의 20에 해당하는 농어촌특별세가 부과된다(농어촌특별세법 제5조 제1항 제8호).

5 비과세 등

(1) 「지방세특례제한법」 또는 「조세특례제한법」에 의한 재산세의 비과세·과세면제 또는 경감에 관한 규정("재산세의 감면규정"이라 한다)은 종합부동산세를 부과하는 경우에 준용한다(종합부동산세법 제6조 제1항).

(2) 「지방세특례제한법」 제4조에 따른 시·군의 감면조례에 의한 재산세의 감면규정은 종합부동산세를 부과하는 경우에 준용한다(종합부동산세법 제6조 제2항).

(3) (1) 및 (2)에 따라 재산세의 감면규정을 준용하는 경우 그 감면대상인 주택 또는 토지의 공시가격에서 그 공시가격에 재산세 감면비율(비과세 또는 과세면제의 경우에는 이를 100분의 100으로 본다)을 곱한 금액을 공제한 금액을 공시가격으로 본다(종합부동산세법 제6조 제3항).

(4) (1) 및 (2)의 재산세의 감면규정 또는 분리과세규정에 따라 종합부동산세를 경감하는 것이 종합부동산세를 부과하는 취지에 비추어 적합하지 않은 것으로 인정되는 경우 등 대통령령으로 정하는 경우에는 종합부동산세를 부과할 때 (1) 및 (2) 또는 그 분리과세규정을 적용하지 아니한다(종합부동산세법 제6조 제4항).

심화 학습 재산세가 감면되는 경우 공시가격 산정(집행기준 6-0-1)

「지방세특례제한법」 또는 「조세특례제한법」에 의하여 재산세가 비과세·과세면제 또는 경감되는 경우, 시·군의 감면조례에 의하여 재산세가 감면되는 경우 그 감면대상인 주택 또는 토지의 공시가격에서 그 공시가격에 재산세 감면비율(비과세 또는 과세면제는 100분의 100)을 곱한 금액을 공제한 금액을 공시가격으로 본다.

감면 후 공시가격 = 감면 전 공시가격 − (감면 전 공시가격 × 감면비율)

6 납부유예

(1) 관할세무서장은 다음 각 호의 요건을 모두 충족하는 납세의무자가 주택분 종합부동산세액의 납부유예를 그 납부기한 만료 3일 전까지 신청하는 경우 이를 허가할 수 있다. 이 경우 납부유예를 신청한 납세의무자는 그 유예할 주택분 종합부동산세액에 상당하는 담보를 제공하여야 한다(종합부동산세법 제20조의 2 제1항).

① 과세기준일 현재 1세대 1주택자일 것

② 과세기준일 현재 만 60세 이상이거나 해당 주택을 5년 이상 보유하고 있을 것

③ **다음 각 목의 어느 하나에 해당하는 소득 기준을 충족할 것**

㉠ 직전 과세기간의 총급여액이 7천만원 이하일 것(직전 과세기간에 근로소득만 있거나 근로소득 및 종합소득과세표준에 합산되지 아니하는 종합소득이 있는 자로 한정한다)

㉡ 직전 과세기간의 종합소득과세표준에 합산되는 종합소득금액이 6천만원 이하일 것(직전 과세기간의 총급여액이 7천만원을 초과하지 아니하는 자로 한정한다)

④ 해당 연도의 주택분 종합부동산세액이 100만원을 초과할 것

(2) 관할세무서장은 제1항에 따른 신청을 받은 경우 납부기한 만료일까지 대통령령으로 정하는 바에 따라 납세의무자에게 납부유예 허가 여부를 통지하여야 한다(종합부동산세법 제20조의2 제2항).

(3) 관할세무서장은 제1항에 따라 주택분 종합부동산세액의 납부가 유예된 납세의무자가 다음 각 호의 어느 하나에 해당하는 경우에는 그 납부유예 허가를 취소하여야 한다(종합부동산세법 제20조의 2 제3항).

① 해당 주택을 타인에게 양도하거나 증여하는 경우

② 사망하여 상속이 개시되는 경우

③ 제1항 제1호의 요건을 충족하지 아니하게 된 경우

④ 담보의 변경 또는 그 밖에 담보 보전에 필요한 관할세무서장의 명령에 따르지 아니한 경우

⑤ 「국세징수법」 제9조 제1항 각 호의 어느 하나에 해당되어 그 납부유예와 관계되는 세액의 전액을 징수할 수 없다고 인정되는 경우

⑥ 납부유예된 세액을 납부하려는 경우

예제

2025년 귀속 토지분 종합부동산세에 관한 설명으로 옳은 것은? (단, 감면과 비과세와 지방세특례제한법 또는 조세특례제한법은 고려하지 않음) 제32회

① 재산세 과세대상 중 분리과세대상 토지는 종합부동산세 과세대상이다.
② 종합부동산세의 분납은 허용되지 않는다.
③ 종합부동산세의 물납은 허용되지 않는다.
④ 납세자에게 부정행위가 없으며 특례제척기간에 해당하지 않는 경우 원칙적으로 납세의무 성립일부터 3년이 지나면 종합부동산세를 부과할 수 없다.
⑤ 별도합산과세대상인 토지의 재산세로 부과된 세액이 세부담 상한을 적용받는 경우 그 상한을 적용받기 전의 세액을 별도합산과세대상 토지분 종합부동산세액에서 공제한다.

해설 ③ 종합부동산세의 물납은 허용되지 않는다.
① 재산세 과세대상 중 분리과세대상 토지는 종합부동산세 과세대상이 아니다.
② 종합부동산세의 분납은 허용되고 있다.
④ 납세자에게 부정행위가 없으며 특례제척기간에 해당하지 않는 경우 원칙적으로 납세의무 성립일부터 5년이 지나면 종합부동산세를 부과할 수 없다.
⑤ 별도합산과세대상인 토지의 재산세로 부과된 세액이 세부담 상한을 적용받는 경우 그 상한을 적용받은 세액을 별도합산과세대상 토지분 종합부동산세액에서 공제한다.

정답 ③

PART 03

Chapter 02

소득세 총론

단원 열기

소득세 총론은 부동산 임대업에 따른 사업소득과 양도소득을 학습할 때 기본이 되는 부분이다. 소득의 구분을 반드시 숙지해야 한다. 그리고 납세의무자, 납세지를 순차로 연결하며 학습하여야 한다.

1 소득세의 의의와 특징

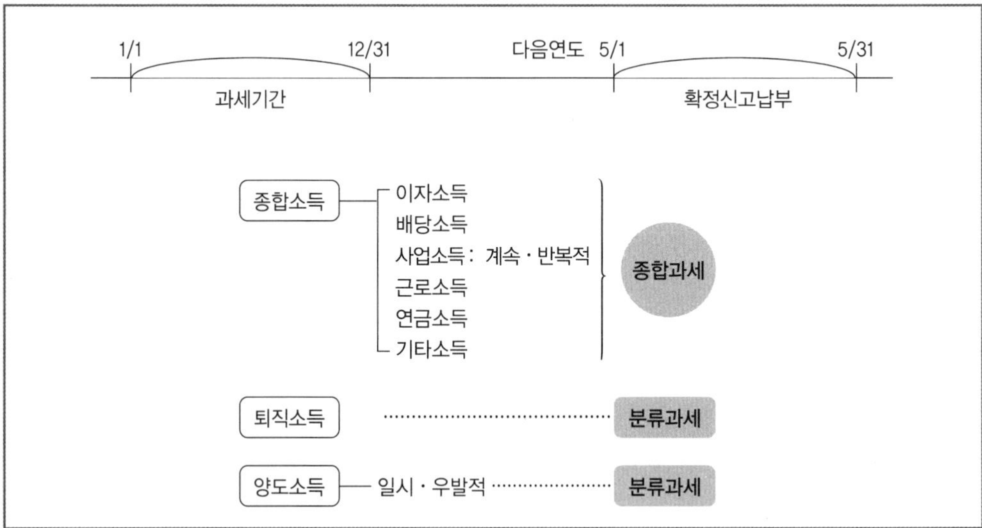

(1) 소득세는 자연인(개인)이 얻은 소득에 대하여 부과하는 국세이다.

(2) 현행 「소득세법」은 기본적으로 소득원천설이며 순자산증가설의 입장도 일부 고려하고 있다.

넓혀 보기

과세소득의 대상

1. 소득원천설

법률에서 규정하는 소득의 발생원천으로부터 계속적이며 반복적으로 발생하는 소득만을 과세소득으로 하여야 한다는 학설이다.

2. 순자산증가설

소득의 발생원천과는 무관하게 일정기간 발생된 경상적이며 계속적인 소득은 물론 일시적이고 우발적인 소득도 과세소득에 포함하자는 학설이다.

(3) 개인단위 과세

원칙적으로 개인을 단위로 하여 소득세를 과세하며, 예외적으로 공동사업합산과세를 하고 있다.

(4) 징수방법: 신고납세제도

소득세는 과세기간(매년 1월 1일부터 12월 31일까지)이 끝나는 때에 납세의무가 성립하며, 납세의무자가 다음 연도 5월 1일부터 5월 31일까지 과세표준 확정신고를 함으로써 납세의무가 확정된다.

(5) 과세방법

현행 「소득세법」은 종합과세를 기본원칙으로 퇴직소득 · 양도소득은 분류과세한다.

핵심 다지기

과세방법

1. **종합과세**: 종합소득인 이자소득, 배당소득, 사업소득, 근로소득, 연금소득, 기타소득을 1년 단위로 합산하여 과세하는 방법이다.
2. **분류과세**: 종합소득에 합산하지 않고 그 종류별로 구분하여 별도로 과세하는 방식으로 퇴직소득, 양도소득이 이에 속한다.

2 납세의무자

소득세의 납세의무자는 개인으로서 국내소득과 국외소득에 대한 과세범위에 따라 다음과 같이 거주자와 비거주자로 구분한다(소득세법 제1조의2, 제2조).

(1) 거주자와 비거주자

① **거주자(무제한 납세의무자)**: "거주자"란 국내에 주소를 두거나 183일 이상의 거소(居所)를 둔 개인을 말한다(소득세법 제1조의2 제1항 제1호). 국내소득과 국외소득 모두에 대하여 소득세를 납부할 의무를 진다(무제한 납세의무).

② **비거주자(제한 납세의무자)**: "비거주자"란 거주자가 아닌 개인을 말한다(소득세법 제1조의2 제1항 제2호). 국내원천소득에 대하여만 소득세를 납부할 의무를 진다(제한 납세의무).

넓혀 보기

주소와 거소(소득세법시행령 제2조 제1항 · 제2항)

1. 주소는 국내에서 생계를 같이 하는 가족 및 국내에 소재하는 자산의 유무 등 생활관계의 객관적 사실에 따라 판정한다.
2. 거소는 주소지 외의 장소 중 상당기간에 걸쳐 거주하는 장소로서 주소와 같이 밀접한 일반적 생활관계가 형성되지 아니한 장소로 한다.

⑵ 법인 아닌 단체

「국세기본법」에 따른 법인 아닌 단체 중 "법인으로 보는 단체" 외의 법인 아닌 단체는 국내에 주사무소 또는 사업의 실질적 관리장소를 둔 경우에는 1거주자로, 그 밖의 경우에는 1비거주자로 보아 「소득세법」을 적용한다(소득세법 제2조 제3항).

⑶ 납세의무의 범위

공동으로 소유한 자산에 대한 양도소득금액을 계산하는 경우에는 해당 자산을 공동으로 소유하는 각 거주자가 납세의무를 진다(소득세법 제2조의2 제5항).

3 과세기간

"과세기간"이란 세법에 따라 국세의 과세표준 계산의 기초가 되는 기간을 말한다(국세기본법 제2조 제13호). 소득세의 과세기간은 다음과 같다(소득세법 제5조).

⑴ **원칙**: 1월 1일~12월 31일

⑵ 예 외

① **거주자가 사망한 경우**: 1월 1일~사망한 날

② **거주자가 출국한 경우**: 1월 1일~출국한 날

출국: 거주자가 주소 또는 거소를 국외로 이전하여 비거주자가 되는 경우

4 납세지

"납세지"란 소득세의 과세표준 신고 및 과세표준과 세액의 결정 또는 경정을 관할하는 세무서를 결정하는 기준이 되는 장소로 소득세의 납세지는 다음과 같다(소득세법 제6조).

⑴ 거주자의 소득세 납세지는 그 주소지로 한다. 다만, 주소지가 없는 경우에는 그 거소지로 한다(소득세법 제6조 제1항).

⑵ 비거주자의 소득세 납세지는 국내사업장의 소재지로 한다. 다만, 국내사업장이 둘 이상 있는 경우에는 주된 국내사업장의 소재지로 하고, 국내사업장이 없는 경우에는 국내원천소득이 발생하는 장소로 한다(소득세법 제6조 제2항).

(3) 납세지가 불분명한 경우에는 대통령령으로 정하는 바에 따라 납세지를 결정한다(소득세법 제6조 제3항).

① **거주자**

㉠ 원칙: 주소지 관할 세무서

㉡ 예외: 주소지가 없는 경우 거소지 관할 세무서

② **비거주자**

㉠ 원칙: 국내사업장의 소재지 관할 세무서(국내사업장이 둘 이상인 경우 주된 국내사업장)

㉡ 예외: 국내사업장이 없는 경우 국내원천소득 발생하는 장소 관할 세무서

5 과세관할

소득세는 납세지를 관할하는 세무서장 또는 지방국세청장이 과세한다(소득세법 제11조).

Chapter

03 양도소득세

단원 열기

양도소득세는 매년 5~6문제 출제되고 있다. 양도소득세를 효율적으로 학습하는 방법은 양도소득세의 전체흐름도를 바탕으로 세부적인 사항을 연결하는 것이다. 구체적으로 중요한 부분은 양도의 정의, 과세대상, 양도 · 취득시기, 양도소득세 계산구조, 신고 · 납부, 비과세이다. 최근에는 계산문제가 1문제 정도 출제되고 있는데 이 부분도 양도소득세의 전체흐름을 바탕으로 정리해야 한다.

01 양도소득세의 정의 및 특징

1 양도소득세의 의의

양도소득은 오랜 기간에 걸쳐 누적적으로 조성된 소득으로 일시에 실현되는 특징을 가지고 있으므로 소득이 실현되는 시점에서 종합과세를 하게 되면 높은 누진세율의 적용으로 인하여 일시에 과중한 세부담을 지게 된다. 따라서 이러한 결집효과를 완화하기 위하여 종합소득에 합산하여 과세하지 아니하고 소득의 원천에 따라 각 소득별로 분류하여 과세하는 방식을 '분류과세' 방식이라 한다.

2 양도소득세의 특징

(1) 양도소득세는 국세이다.

(2) 양도에 의하여 발생한 소득에 대하여 과세하는 조세이며, 종합소득에 합산하지 않는 분류과세를 적용한다.

(3) 양도소득세는 열거된 자산을 양도한 경우에만 과세하는 열거주의를 적용한다.

(4) 양도소득세는 납세자의 신고에 의하여 확정된다.

(5) 양도소득세는 등기 · 등록 및 허가에 관계없이 과세하는 실질과세를 적용한다.

넓혀 보기

실질과세 기본통칙

1. **거래의 실질내용 판단기준**(국세기본법 기본통칙 14-0…5)
   거래의 실질내용은 형식상의 기록내용이나 거래명의에 불구하고 상거래관례, 구체적인 증빙, 거래당시의 정황 및 사회통념 등을 고려하여 판단한다.
2. **공부상 명의자와 실질소유자가 다른 경우**(국세기본법 기본통칙 14-0…4)
   공부상 등기 · 등록 등이 타인의 명의로 되어 있더라도 사실상 당해 사업자가 취득하여 사업에 공하였음이 확인되는 경우에는 이를 그 사실상 사업자의 사업용자산으로 본다.

(6) **정의**(소득세법 제88조)

이 장에서 사용하는 용어의 뜻은 다음과 같다.

① "양도"란 자산에 대한 등기 또는 등록과 관계없이 매도, 교환, 법인에 대한 현물출자 등을 통하여 그 자산을 유상으로 사실상 이전하는 것을 말한다. 이 경우 대통령령으로 정하는 부담부증여시 수증자가 부담하는 채무액에 해당하는 부분은 양도로 보며, 다음 각 목의 어느 하나에 해당하는 경우에는 양도로 보지 아니한다(소득세법 제88조 제1호).

㉠ 「도시개발법」이나 그 밖의 법률에 따른 환지처분으로 지목 또는 지번이 변경되거나 보류지(保留地)로 충당되는 경우

㉡ 토지의 경계를 변경하기 위하여 「공간정보의 구축 및 관리 등에 관한 법률」 제79조에 따른 토지의 분할 등 대통령령으로 정하는 방법과 절차로 하는 토지 교환의 경우

㉢ 위탁자와 수탁자 간 신임관계에 기하여 위탁자의 자산에 신탁이 설정되고 그 신탁재산의 소유권이 수탁자에게 이전된 경우로서 위탁자가 신탁 설정을 해지하거나 신탁의 수익자를 변경할 수 있는 등 신탁재산을 실질적으로 지배하고 소유하는 것으로 볼 수 있는 경우

② "주식 등"이란 「자본시장과 금융투자업에 관한 법률」 제4조 제4항에 따른 지분증권(같은 법 제4조 제1항 단서는 적용하지 아니하며, 같은 법 제9조 제21항의 집합투자증권 등 대통령령으로 정하는 것은 제외한다), 같은 법 제4조 제8항의 증권예탁증권 중 지분증권과 관련된 권리가 표시된 것 및 출자지분을 말한다(소득세법 제88조 제2호).

③ "실지거래가액"이란 자산의 양도 또는 취득 당시에 양도자와 양수자가 실제로 거래한 가액으로서 해당 자산의 양도 또는 취득과 대가관계에 있는 금전과 그 밖의 재산가액을 말한다(소득세법 제88조 제5호).

④ "1세대"란 거주자 및 그 배우자(법률상 이혼을 하였으나 생계를 같이 하는 등 사실상 이혼한 것으로 보기 어려운 관계에 있는 사람을 포함한다)가 그들과 같은 주소 또는 거소에서 생계를 같이 하는 자[거주자 및 그 배우자의 직계존비속(그 배우자를 포함한다) 및 형제자매를 말하며, 취학, 질병의 요양, 근무상 또는 사업상의 형편으로 본래의 주소 또는 거소에서 일시 퇴거한 사람을 포함한다]와 함께 구성하는 가족단위를 말한다. 다만, 대통령령으로 정하는 경우에는 배우자가 없어도 1세대로 본다(소득세법 제88조 제6호).

⑤ "주택"이란 허가 여부나 공부(公簿)상의 용도구분과 관계없이 세대의 구성원이 독립된 주거생활을 할 수 있는 구조로서 대통령령으로 정하는 구조를 갖추어 사실상 주거용으로 사용하는 건물을 말한다. 이 경우 그 용도가 분명하지 아니하면 공부상의 용도에 따른다(소득세법 제88조 제7호).

⑥ "농지"란 논밭이나 과수원으로서 지적공부(地籍公簿)의 지목과 관계없이 실제로 경작에 사용되는 토지를 말한다. 이 경우 농지의 경영에 직접 필요한 농막, 퇴비사, 양수장, 지소(池沼), 농도(農道) 및 수로(水路) 등에 사용되는 토지를 포함한다(소득세법 제88조 제8호).

⑦ "조합원입주권"이란 「도시 및 주거환경정비법」 제74조에 따른 관리처분계획의 인가 및 「빈집 및 소규모주택 정비에 관한 특례법」 제29조에 따른 사업시행계획인가로 인하여 취득한 입주자로 선정된 지위를 말한다. 이 경우 「도시 및 주거환경정비법」에 따른 재건축사업 또는 재개발사업, 「빈집 및 소규모주택 정비에 관한 특례법」에 따른 자율주택정비사업, 가로주택정비사업, 소규모재건축사업 또는 소규모재개발사업을 시행하는 정비사업조합의 조합원(같은 법 제22조에 따라 주민합의체를 구성하는 경우에는 같은 법 제2조 제6호의 토지 등 소유자를 말한다)으로서 취득한 것(그 조합원으로부터 취득한 것을 포함한다)으로 한정하며, 이에 딸린 토지를 포함한다(소득세법 제88조 제9호).

⑧ "분양권"이란 「주택법」 등 대통령령으로 정하는 법률에 따른 주택에 대한 공급계약을 통하여 주택을 공급받는 자로 선정된 지위(해당 지위를 매매 또는 증여 등의 방법으로 취득한 것을 포함한다)를 말한다(소득세법 제88조 제10호).

02 양도의 정의와 형태

1 양도의 정의

"양도"란 자산에 대한 등기 또는 등록과 관계없이 매도, 교환, 법인에 대한 현물출자 등을 통하여 그 자산을 유상(有償)으로 사실상 이전하는 것을 말한다(소득세법 제88조 제1호).

2 양도의 형태(양도로 보는 경우)

(1) 매도(매매)

① 매매란 물건을 팔고 사는 일을 말하는데 "매도"란 값을 받고 물건의 소유권을 다른 사람에게 넘기는 것을 의미한다.

② 민법상 매매란 당사자의 일방(매도인)이 어떤 재산권을 상대방에게 이전할 것을 약정하고 상대방(매수인)은 이에 대하여 그 대금을 지급할 것을 약정함으로써 성립하는 낙성·쌍무(雙務)·불요식의 유상계약(有償契約)이다(민법 제533조). 이러한 매도(매매)에는 공매, 경매, 대금분할지급부매매 등도 포함된다. 이 경우 매도인은 양도에 해당하여 양도소득세에 대한 납세의무가 있고 매수인은 취득에 해당하여 취득세 납세의무가 있다.

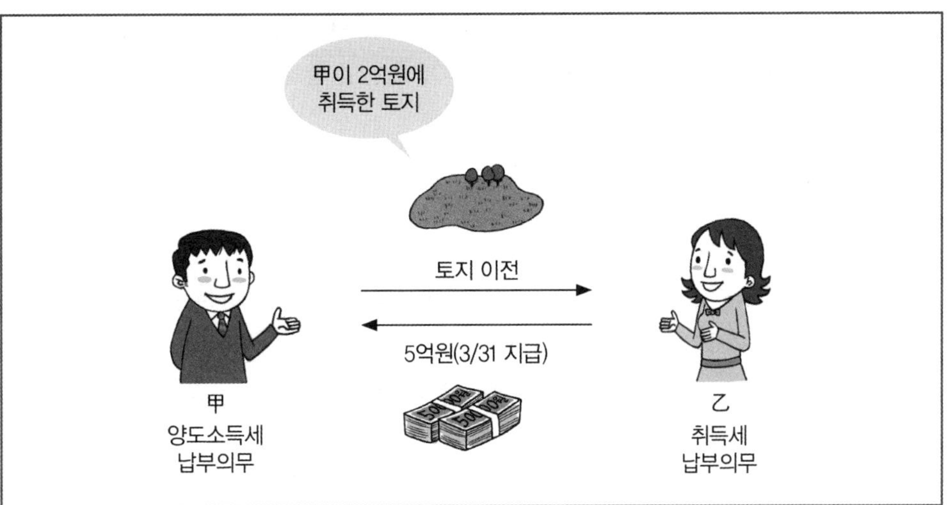

③ 위 사례의 경우 甲과 乙 간에 매매대금 5억원을 3월 31일에 지급하였으나 乙이 이전등기를 하지 않았어도 실질관계가 끝난 것으로 보아 甲은 양도에 해당하여 양도소득세 납세의무가 있으며 乙은 취득에 해당하여 취득세 납세의무가 있다.

(2) 교 환

① "교환"이란 당사자 양쪽이 금전의 소유권 이외의 재산권을 상호 이전할 것을 약정함으로써 성립하는 계약이다(민법 제596조). 매매와의 차이점은 대가가 금전이 아닌 물건(재산)이라는 점이다. 교환은 사실상 유상이전으로 양도에 해당한다. 교환의 경우 교환차익에 대하여 양도소득세를 과세하는 것이 아니라 교환자산 전체에 대해 양도소득세를 과세한다.

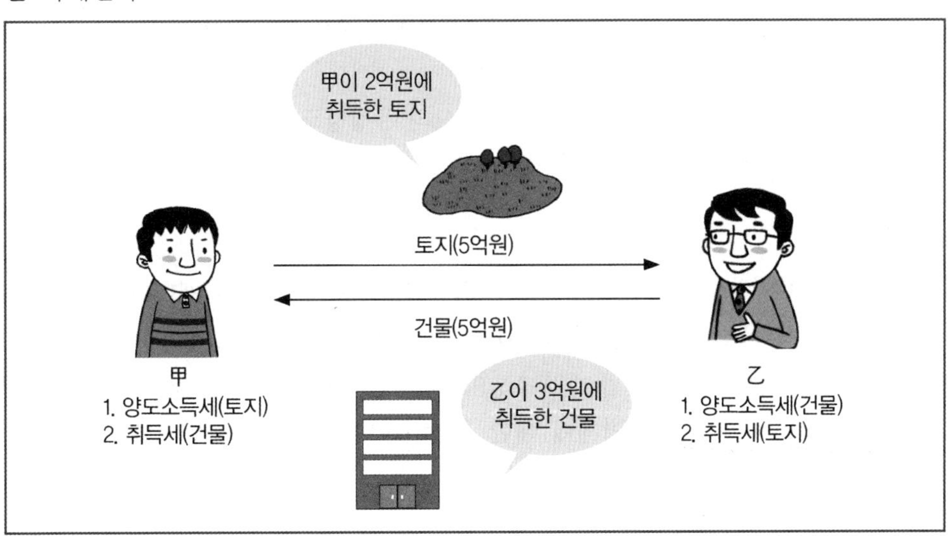

② (2) 사례의 경우 甲의 토지와 乙의 건물을 교환한 경우, 甲은 토지에 대한 양도소득세와 건물에 대한 취득세 납세의무가 있다. 乙은 건물에 대한 양도소득세와 토지에 대한 취득세 납세의무가 있다.

③ 토지의 합필을 목적으로 한 교환의 경우에도 양도에 해당한다.

(3) 현물출자

① "현물출자(現物出資)"란 금전 이외의 재산을 목적으로 하는 출자를 말하며, 회사가 사업을 경영하기 위하여 특정한 재산을 필요로 하는 경우에 금전출자에 대한 예외로서 인정된다. 현물출자는 자산이 유상으로 사실상 이전되는 것이므로 양도에 해당한다.

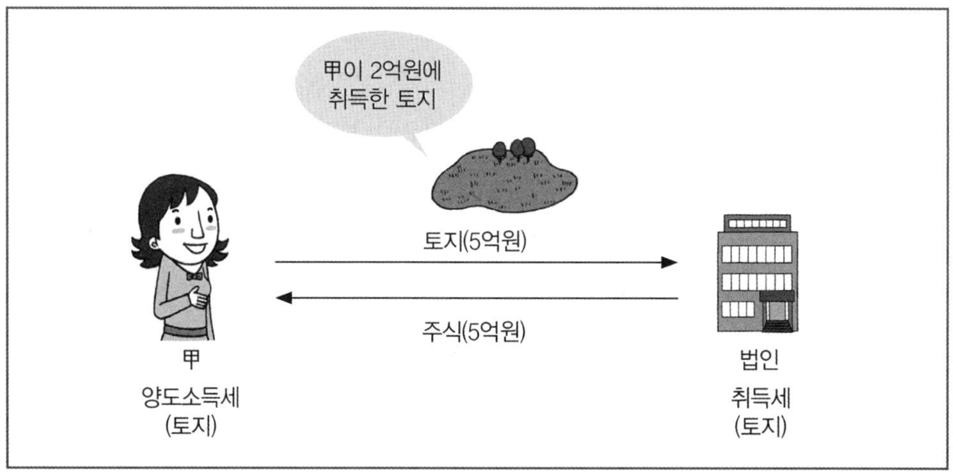

② 위 사례의 경우 甲은 현물출자한 토지에 대한 양도소득세 납세의무가 있고, 현물출자받은 법인은 취득세 납세의무가 있다.

③ 법인이 아닌 조합에의 현물출자도 자산의 유상양도에 해당하지만, 법인이 아닌 자기 개인사업체에 출자하는 경우에는 양도로 보지 아니한다.

(4) 대물변제

① "대물변제"란 채무자가 부담하고 있던 본래의 채무이행에 대체하여 다른 급여를 함으로써 채권을 소멸시키는 채권자와 변제자 사이의 계약을 말한다. 대물변제는 변제와 같은 효력을 지닌다(민법 제466조). 이 경우 변제에 충당하는 자산이 양도소득세의 과세대상인 때에는 채무변제에 대한 유상이전에 해당하므로 양도에 해당한다.

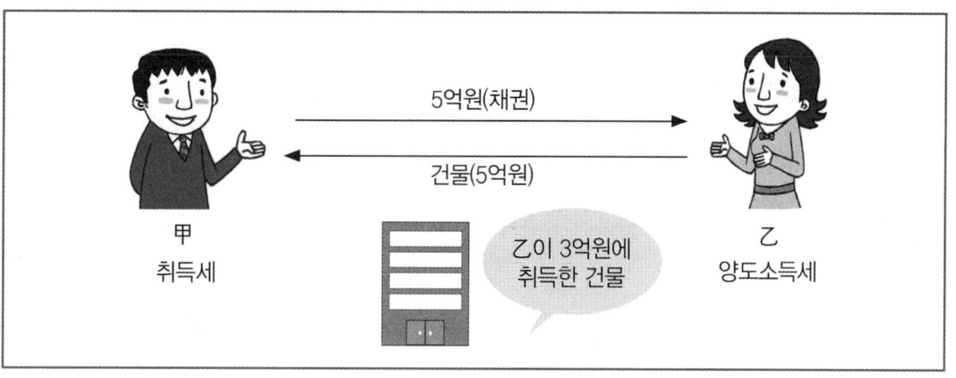

② 위 사례의 경우 채무자 乙이 부담하고 있던 본래의 채무 5억원을 건물로 하는 것을 대물변제라 한다. 이 경우 채무자 乙은 건물에 대해 대가를 받고 소유권을 이전하는 것으로 양도에 해당하여 양도소득세 납세의무가 있다. 채권자 甲은 건물에 대해 취득세 납세의무가 있다.

넓혀 보기

부동산으로 위자료를 대물변제하는 경우 양도여부(소득세법 기본통칙 88-0…3)
손해배상에 있어서 당사자 간의 합의에 의하거나 법원의 확정판결에 의하여 일정액의 위자료를 지급하기로 하고, 동 위자료 지급에 갈음하여 당사자 일방이 소유하고 있던 부동산으로 대물변제한 때에는 그 자산을 양도한 것으로 본다.

③ 당사자 간 이혼에 따른 위자료에 갈음하여 과세대상 자산의 소유권을 이전한 경우는 양도에 해당한다.

넓혀 보기

자산의 양도로 보지 아니하는 경우(소득세법 기본통칙 88-0…1 제4항)
이혼으로 인하여 혼인 중에 형성된 부부공동재산을 「민법」 제839조의2에 따라 재산분할하는 경우에는 양도로 보지 아니한다.

④ 공사비에 갈음하여 조성한 토지의 일부를 이전하는 경우 양도에 해당한다.

(5) 부담부증여

① "부담부증여(負擔附贈與)"란 증여자의 채무를 수증자가 인수하는 것으로서 증여가액 중 그 채무액에 상당하는 부분은 그 자산이 유상으로 사실상 이전되는 것으로 본다(소득세법 제88조 제1호).

넓혀 보기

부담부증여에 대한 양도차익의 계산(소득세법시행령 제159조)

1. 부담부증여의 경우 양도로 보는 부분에 대한 양도차익을 계산할 때 그 취득가액 및 양도가액은 다음 각각에 따른다.

① 취득가액 : 다음 계산식에 따른 금액

$$취득가액 = A \times \frac{B}{C}$$

A : 법 제97조 제1항 제1호에 따른 가액(제2호에 따른 양도가액을 「상속세 및 증여세법」 제61조 제1항·제2항·제5항 및 제66조에 따라 기준시가로 산정한 경우에는 취득가액도 기준시가로 산정한다)
B : 채무액
C : 증여가액

② 양도가액 : 다음 계산식에 따른 금액

$$양도가액 = A \times \frac{B}{C}$$

A : 「상속세 및 증여세법」 제60조부터 제66조까지의 규정에 따라 평가한 가액
B : 채무액
C : 증여가액

2. 위 1.을 적용할 때 양도소득세 과세대상에 해당하는 자산과 해당하지 아니하는 자산을 함께 부담부증여하는 경우로서 증여자의 채무를 수증자가 인수하는 경우 채무액은 다음 계산식에 따라 계산한다.

$$채무액 = A \times \frac{B}{C}$$

A : 총채무액
B : 양도소득세 과세대상 자산가액
C : 총 증여 자산가액

② 다만, 배우자 간 또는 직계존비속 간의 부담부증여(負擔附贈與)에 대해서는 수증자가 증여자의 채무를 인수한 경우에도 그 채무액은 수증자에게 인수되지 아니한 것으로 추정한다. 다만, 그 채무액이 국가 및 지방자치단체에 대한 채무 등 대통령령으로 정하는 바에 따라 객관적으로 인정되는 것인 경우에는 그러하지 아니하다(상속세 및 증여세법 제47조 제3항).

넓혀 보기

증여세 과세가액에서 공제되는 채무(상속세 및 증여세법 시행령 제36조), **채무의 입증방법 등**(상속세 및 증여세법 시행령 제10조 제1항)

"국가 및 지방자치단체에 대한 채무 등 대통령령으로 정하는 바에 따라 객관적으로 인정되는 것인 경우"란 다음의 어느 하나에 따라 증명되는 경우를 말한다.

1. 국가·지방자치단체 및 금융회사 등에 대한 채무는 해당 기관에 대한 채무임을 확인할 수 있는 서류
2. 1. 외의 자에 대한 채무는 채무부담계약서, 채권자확인서, 담보설정 및 이자지급에 관한 증빙 등에 의하여 그 사실을 확인할 수 있는 서류

(6) 공용수용

"공용수용"이란 특정한 공익사업을 위하여 개인의 재산권을 법률에 의하여 강제적으로 취득하는 것을 말한다. "수용"이란 국가가 개인의 사유재산을 공공의 목적을 위해 강제적으로 몰수하는 것을 말한다. 수용의 경우 사실상 유상이전이므로 양도에 해당한다.

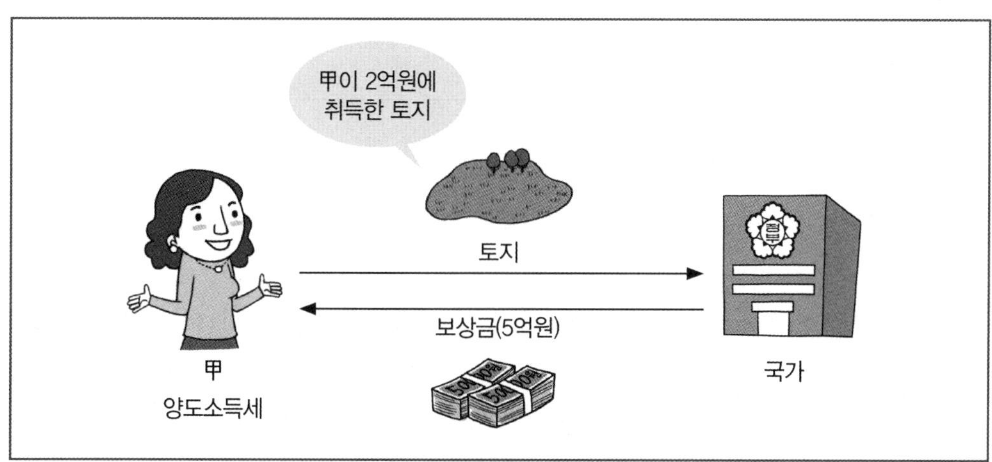

(7) 배우자 등에게 양도한 재산의 증여 추정

① 배우자 또는 직계존비속에게 양도한 재산은 양도자가 그 재산을 양도한 때에 그 재산의 가액을 배우자 등이 증여받은 것으로 추정하여 이를 배우자 등의 증여재산가액으로 한다(상속세 및 증여세법 제44조 제1항).

② 해당 재산이 다음의 어느 하나에 해당하는 경우에는 ①을 적용하지 아니한다(상속세 및 증여세법 제44조 제3항, 상속세 및 증여세법 시행령 제33조 제3항).

> 1. 법원의 결정으로 경매절차에 따라 처분된 경우
> 2. 파산선고로 인하여 처분된 경우
> 3. 「국세징수법」에 따라 공매(公賣)된 경우
> 4. 「자본시장과 금융투자업에 관한 법률」에 따른 증권시장을 통하여 유가증권이 처분된 경우. 다만, 불특정 다수인 간의 거래에 의하여 처분된 것으로 볼 수 없는 경우로서 대통령령으로 정하는 경우는 제외한다.
> 5. 배우자 등에게 대가를 받고 양도한 사실이 명백히 인정되는 경우로서 대통령령으로 정하는 경우
>   ① 권리의 이전이나 행사에 등기 또는 등록을 요하는 재산을 서로 교환한 경우
>   ② 당해 재산의 취득을 위하여 이미 과세(비과세 또는 감면받은 경우를 포함한다)받았거나 신고한 소득금액 또는 상속 및 수증재산의 가액으로 그 대가를 지급한 사실이 입증되는 경우
>   ③ 당해 재산의 취득을 위하여 소유재산을 처분한 금액으로 그 대가를 지급한 사실이 입증되는 경우

(8) 기타 양도로 보는 경우

① 자산이 유상으로 사실상 이전되는 때에는 모두 유상양도에 해당한다(양도소득세 집행기준 88-0-1).

② 자산의 유상이전은 어떤 행위에 보상이 있는 것을 말하므로, 현금으로 대가를 받는 것은 물론 조합원의 지위를 취득하거나, 채무의 면제 등 자산을 이전하고 보상을 받은 것은 자산이 유상으로 이전되는 경우에 해당된다(양도소득세 집행기준 88-0-2).

③ 양도담보계약을 체결한 후 그 계약을 위배하거나 채무불이행으로 인하여 해당 자산을 변제에 충당한 때에는 이를 양도한 것으로 본다(양도소득세 집행기준 88-0-3).

④ 연접하지 않은 2필지 이상의 공유 토지를 단독소유 목적으로 서로의 지분을 정리하는 것은 각 필지별 자기 지분 감소분과 다른 필지의 자기 지분 증가분이 교환되는 자산의 양도에 해당된다(양도소득세 집행기준 88-0-4).

넓혀 보기

매매계약 체결 후 상속이 개시된 경우(양도소득세 집행기준 88-0-5)

피상속인이 매매계약을 체결한 후 잔금을 청산하기 전에 상속이 개시되어 상속인이 잔금을 수령한 경우의 납세의무자는 상속인이 되는 것이며, 상속으로 취득한 자산을 상속받은 후 양도한 것에 해당된다.

3 양도로 보지 아니하는 경우

(1) 환지처분 또는 보류지 충당

① 「도시개발법」이나 그 밖의 법률에 따른 환지처분으로 지목 또는 지번이 변경되거나 보류지(保留地)로 충당되는 경우 양도로 보지 아니한다(소득세법 제88조 제1호 가목).

② 토지소유자가 도시개발사업 등으로 환지받은 토지를 양도하거나 도시개발사업 시행자가 공사대금으로 취득한 보류지를 양도하는 경우에는 과세대상 양도에 해당한다.

③ 환지면적이 권리면적보다 감소되어 환지청산금을 교부받는 부분은 양도에 해당된다(재산 46014 − 978,2000.8.9.). 따라서 환지면적이 권리면적에 미달하여 환지청산금을 교부받는 부분은 토지가 유상으로 이전되는 것이므로 양도에 해당하며, 환지면적이 권리면적을 초과하여 환지청산금을 납부하는 과도면적(증환지 면적)부분은 환지시에 새로이 취득한 것으로 본다.

④ **환지처분**: 「도시개발법」에 따른 도시개발사업, 「농어촌정비법」에 따른 농업생산기반 정비사업, 그 밖의 법률에 따라 사업시행자가 사업완료 후에 사업구역 내의 토지 소유자 또는 관계인에게 종전의 토지 또는 건축물 대신 그 구역 내의 다른 토지 또는 사업시행자에게 처분할 권한이 있는 건축물의 일부와 그 건축물이 있는 토지의 공유지분으로 바꾸어 주는 것(사업시행에 따라 분할·합병 또는 교환하는 것을 포함한다)을 말한다(소득세법시행령 제152조 제1항).

⑤ **보류지**: 위 ④에 따른 사업시행자가 해당 법률에 따라 일정한 토지를 환지로 정하지 아니하고 다음의 토지로 사용하기 위하여 보류한 토지를 말한다(소득세법시행령 제152조 제2항).

㉠ 해당 법률에 따른 공공용지

㉡ 해당 법률에 따라 사업구역 내의 토지소유자 또는 관계인에게 그 구역 내의 토지로 사업비용을 부담하게 하는 경우의 해당 토지인 체비지

환지처분 또는 보류지 충당(양도소득세 집행기준 88−151−1)

> 「도시개발법」 또는 기타 법률에 의한 환지처분으로 지목 또는 지번이 변경되거나 보류지로 충당되는 경우 유상양도에 해당함에도 환지사업의 원활한 시행 등을 위하여 양도로 보지 않는다.

PART 03

(2) 지경계선 변경을 위한 토지의 교환

토지의 경계를 변경하기 위하여 「공간정보의 구축 및 관리 등에 관한 법률」 제79조에 따른 토지의 분할 등 대통령령으로 정하는 방법과 절차로 하는 토지 교환의 경우 양도로 보지 아니한다(소득세법 제88조 제1호 나목).

넓혀 보기

양도로 보지 않는 토지의 교환

"「공간정보의 구축 및 관리 등에 관한 법률」 제79조에 따른 토지의 분할 등 대통령령으로 정하는 방법과 절차로 하는 토지 교환"이란 다음의 요건을 모두 충족하는 토지 교환을 말한다(소득세법시행령 제152조 제3항).

1. 토지 이용상 불합리한 지상(地上) 경계(境界)를 합리적으로 바꾸기 위하여 「공간정보의 구축 및 관리 등에 관한 법률」이나 그 밖의 법률에 따라 토지를 분할하여 교환할 것
2. 1.에 따라 분할된 토지의 전체 면적이 분할 전 토지의 전체 면적의 100분의 20을 초과하지 아니할 것

(3) 양도담보

① "양도담보"는 채무자가 채무담보 제공을 목적으로 부동산에 대하여 채권자명의로 소유권을 이전한 후 채무를 이행하면 등기를 원소유자인 채무자 앞으로 환원하고, 이행하지 못하면 채권자가 처분하여 우선적으로 채무를 변제받는 것을 말한다.

넓혀 보기

양도담보등기

「부동산실권리자 명의등기에 관한 법률」(부동산실명법)이 시행(1995.7.1.)됨에 따라 채무자가 양도담보 목적으로 채권자명의로 소유권을 이전하는 경우에는 채권자, 채권금액 및 채무변제를 위한 양도담보라는 뜻이 기재된 서면을 제출토록 의무화되었기 때문에 부동산등기부상에 등기원인이 양도담보라는 사실이 등재된다. 「소득세법」에서는 양도담보등기에 관계없이 양도담보계약서에 의해 양도담보사실이 확인되면 양도로 보지 아니하나, 부동산실명법의 시행으로 양도담보등기의무를 위반하게 되면 과징금 등의 처벌을 받게 된다.

② 양도담보 계약시에는 양도담보사실을 등기하고, 채무자가 채무의 변제를 담보하기 위하여 자산을 양도하는 계약을 체결한 경우에 다음의 요건을 모두 갖춘 계약서의 사본을 양도소득 과세표준 확정신고서에 첨부하여 신고하는 때에는 이를 양도로 보지 아니한다(소득세법시행령 제151조 제1항).

㉠ 당사자 간에 채무의 변제를 담보하기 위하여 양도한다는 의사표시가 있을 것
㉡ 당해 자산을 채무자가 원래대로 사용·수익한다는 의사표시가 있을 것
㉢ 원금·이율·변제기한·변제방법 등에 관한 약정이 있을 것

③ ②의 규정에 의한 계약을 체결한 후 양도담보의 요건에 위배하거나 채무불이행으로 인하여 당해 자산을 변제에 충당한 때에는 그때에 양도한 것으로 본다(소득세법시행령 제151조 제2항).

넓혀 보기

양도담보자산으로 소유권이 이전되는 경우(양도소득세 집행기준 88-0-3)
양도담보계약을 체결한 후 그 계약을 위배하거나 채무불이행으로 인하여 해당 자산을 변제에 충당한 때에는 이를 양도한 것으로 본다.

(4) 공유물의 단순분할

공동소유의 토지를 소유지분별로 단순히 분할하거나 공유자지분 변경없이 2개 이상의 공유토지로 분할하였다가 그 공유토지를 소유지분별로 단순히 재분할하는 경우에는 양도로 보지 아니한다. 이 경우 공동지분이 변경되는 경우에는 변경되는 부분은 양도로 본다(소득세법 기본통칙 88-0⋯1 제3항).

(5) 신탁으로 인한 소유권이전

① 신탁(명의신탁 포함)이란 내부적 관계에서는 신탁자가 소유권을 가지고 공부상 소유명의를 수탁자로 하여 두는 것을 말한다. 이는 형식상 권리이전일 뿐 사실상 이전이 아니므로 양도에 해당하지 아니한다.

② 신탁의 해지로 인하여 신탁자 명의로 그 소유권이 환원된 경우에도 양도에 해당하지 아니한다.

(6) 신탁의 해지

법원의 확정판결에 의하여 신탁해지를 원인으로 소유권이전등기를 하는 경우에는 양도로 보지 아니한다(소득세법 기본통칙 88-0⋯1 제1항).

(7) 소유권 환원

① 매매원인 무효의 소에 의하여 그 매매사실이 원인무효로 판시되어 환원될 경우에는 양도로 보지 아니한다(소득세법 기본통칙 88-0…1 제2항).

② 다만, 원인무효 등의 사유가 아닌 적법하게 성립된 계약이 당사자 간의 합의에 따라 해제됨으로써 당초 소유자에게 환원된 경우에는 이를 또 다른 양도로 본다.

(8) 기타 양도로 보지 않는 경우

① 소유자산을 경매・공매로 인하여 자기가 재취득하는 경우에는 양도로 보지 아니한다(소득세법 기본통칙 88-0…1 제5항).

② 합자회사에 토지를 현물출자하였다가 퇴사와 함께 이를 회수해 간 경우에는 양도에 해당하지 아니한다(대판 1986.6.24, 86누111).

③ 조합에 토지를 현물출자한 경우 그 출자자의 조합지분비율에 해당하는 부분은 양도로 보지 아니한다(대판 1987.4.28, 86누771).

④ 매매계약체결 후 잔금청산 전에 매매계약의 해제로 원소유자에게 소유권을 환원한 경우에는 양도에 해당하지 아니한다.

예 제

소득세법상 양도에 해당하는 것은? (단, 거주자의 국내 자산으로 가정함) 제28회

① 「도시개발법」이나 그 밖의 법률에 따른 환지처분으로 지목이 변경되는 경우
② 부담부증여시 그 증여가액 중 채무액에 해당하는 부분을 제외한 부분
③ 「소득세법시행령」 제151조 제1항에 따른 양도담보계약을 체결한 후 채무불이행으로 인하여 당해 자산을 변제에 충당한 때
④ 매매원인 무효의 소에 의하여 그 매매사실이 원인무효로 판시되어 소유권이 환원되는 경우
⑤ 본인 소유 자산을 경매로 인하여 본인이 재취득한 경우

해설 ③ 「소득세법시행령」 제151조 제1항에 따른 양도담보계약을 체결한 후 채무불이행으로 인하여 당해 자산을 변제에 충당한 때에는 양도로 본다.

정답 ③

03 양도소득세 과세대상(양도소득의 범위) 제34회, 제35회

양도소득세 과세대상(양도소득의 범위)은 열거 규정이다. 따라서 「소득세법」에 열거된 자산(등기·등록·허가에 관계없음)을 양도한 경우에만 과세하는 열거주의 과세방법을 취하고 있으며, 그 열거된 항목은 다음과 같다(소득세법 제94조, 소득세법시행령 제157조).

구분	내용
토지 또는 건물	등기·등록 여부와 관계없이 과세
부동산에 관한 권리	• 부동산을 취득할 수 있는 권리 – 건물이 완성되는 때에 그 건물과 이에 딸린 토지를 취득할 수 있는 권리(아파트 당첨권·분양권·입주권 등) – 지방자치단체·한국토지공사가 발행하는 토지상환채권 및 주택상환채권(토지개발채권 ×, 국민주택채권 ×) – 부동산매매계약을 체결한 자가 계약금만 지급한 상태에서 양도하는 권리 • 지상권 • 전세권과 등기된 부동산임차권
주식 또는 출자지분 (주식 등)	• 특정 주권상장법인의 주식: 대주주가 양도하는 것, 장외 양도분 • 주권비상장법인의 주식 등(비상장주식) • 외국법인이 발행하였거나 외국에 있는 시장에 상장된 주식 등
기타자산	• 사업에 사용하는 토지·건물 및 부동산에 관한 권리와 함께 양도하는 영업권 🔔 영업권(점포임차권 포함)의 단독양도: 기타소득(종합소득) • 특정시설물의 이용권·회원권(이용·회원권의 성격이 내포된 주식 포함) • 과점주주가 소유한 부동산 과다보유법인의 주식(50% – 50% – 50%) • 특수업종을 영위하는 부동산 과다보유법인의 주식(80% – 1주 – 1주) • 토지·건물과 함께 양도하는 이축을 할 수 있는 권리(이축권)
파생상품 등	파생상품 등의 거래 또는 행위로 발생하는 소득(일정한 파생상품)
신탁 수익권	신탁의 이익을 받을 권리(「자본시장과 금융투자업에 관한 법률」 제110조에 따른 수익증권 및 같은 법 제189조에 따른 투자신탁의 수익권 등 대통령령으로 정하는 수익권은 제외하며, 이하 "신탁 수익권"이라 한다)의 양도로 발생하는 소득. 다만, 신탁 수익권의 양도를 통하여 신탁재산에 대한 지배·통제권이 사실상 이전되는 경우는 신탁재산 자체의 양도로 본다.

1 부동산

(1) 토 지

① "토지"란 「공간정보의 구축 및 관리 등에 관한 법률」에 따라 지적공부(地籍公簿)에 등록하여야 할 지목에 해당하는 것을 말한다(소득세법 제94조 제1항 제1호).

② 등기 · 등록 및 허가 여부를 불문한 모든 토지가 과세대상이며, 이 경우 등록하여야 할 지목이란 지적공부상의 지목에 관계없이 사실상의 지목을 말하며, 사실상 지목이 불분명한 경우에는 지적공부상 지목에 의한다.

(2) 건 물

① 건물이란 토지에 정착하는 공작물 중 주택 · 점포 · 사무소 · 공장 · 창고 · 수상건물 등 지붕과 벽 또는 기둥이 있는 것(건축법 제2조 제1항 제2호)과 이에 부속된 시설물과 구축물을 포함한다(소득세법 제94조 제1항 제1호).

② 건물이 무허가로 건축되었거나 건축법 위반 또는 그 밖의 사유로 공부상 등재되어 있지 않더라도 실질과세원칙에 따라 「소득세법」상 건물로 보아 양도소득세 과세대상에 포함된다.

③ 건물의 용도구분은 「국세기본법」에서 정한 실질과세의 원칙에 따라 공부상의 용도와 관계없이 사실상의 용도에 따라 과세한다.

넓혀 보기

주택의 판정방법(오피스텔의 구분)

「소득세법」 제89조 제3호 및 같은 법 시행령 제154조의 규정에 의하여 양도소득세가 비과세되는 1세대 1주택을 판정함에 있어 '주택'이라 함은 공부상 용도구분에 관계없이 사실상 주거용으로 사용하는 건물을 말하는 것이며, 오피스텔이 이에 해당하는지 여부는 사실 판단할 사항임(재경부 재산 46014 – 40, 2003.2.18.).

2 부동산에 관한 권리

(1) 부동산을 취득할 수 있는 권리

부동산을 취득할 수 있는 권리라 함은 「소득세법」상 부동산의 취득시기가 도래하기 전에 당해 부동산을 취득할 수 있는 권리를 말하는 것으로 그 예시는 다음과 같다(소득세법 기본통칙 94-0…1).

① 건물이 완성되는 때에 그 건물과 이에 부수되는 토지를 취득할 수 있는 권리(아파트 당첨권 등)

② 지방자치단체·한국토지공사가 발행하는 토지상환채권 및 주택상환사채

③ 부동산매매계약을 체결한 자가 계약금만 지급한 상태에서 양도하는 권리

넓혀 보기

부동산을 취득할 수 있는 권리

1. 매매계약 또는 법률상 효력에 의하여 그 취득원인 행위는 발생하였으나 잔금청산 등에 의해 소유권 변동에는 이르지 못한 상태에서 부동산을 취득할 수 있는 권리를 양도하는 것을 말한다. 이는 매수인이 중도금과 잔금을 지급하고 부동산을 취득할 수 있도록 하는 권리를 양도한 것(대판 1983.6.14, 83누48)으로 보고 있다.
2. 부동산을 취득할 수 있는 권리의 양도는 미등기자산의 양도와 유사하나 미등기양도는 매매대금의 거의 전부를 지급(사실상 소유권 취득)하여 소유권이전등기가 가능한 상태임에도 소유권이전등기를 하지 아니하고 양도하는 것을 말한다. 여기서 사실상 소유권이란 등기를 마친 소유권뿐만 아니라 토지를 유상으로 취득할 경우에는 그 대가적 급부가 사회통념상 거의 전부를 이행되었다고 볼 만한 정도에 이른 사실상의 소유권을 말한다(대판 1993.4.27, 92누8934).

(2) 지상권

① 지상권은 「민법」상 용익물권의 하나로서 개인의 토지에 건물 및 기타 공작물이나 수목을 소유하기 위하여 그 토지를 사용하는 권리를 말한다(민법 제279조).

② 「소득세법」에서는 실질과세원칙에 의하여 등기에 관계없이 지상권이 사실상 양도되는 경우 과세대상이 된다(소득세법 제94조 제1항 제2호 나목).

(3) 전세권과 등기된 부동산임차권

① 전세권

㉠ 전세권은 「민법」상 용익물권의 하나로서 전세금을 지급하고 타인의 부동산을 점유하여 그 부동산의 용도에 좇아 사용·수익하며 그 부동산 전부에 대하여 후순위 권리자 및 기타 채권자보다 전세금의 우선변제를 받을 수 있는 권리를 말하며, 농경지는 전세권의 목적으로 하지 못한다(민법 제303조). 전세권은 전세권 설정의 합의와 전세금의 지급으로서 성립하며 이를 등기함으로써 효력이 생기고 그 권리를 타인에게 양도 또는 담보로 제공하거나 그 권리의 존속기간 내에 타인에게 전전세 또는 임대할 수 있다(민법 제186조, 제306조).

㉡ 「소득세법」에서는 실질과세원칙에 의하여 등기에 관계없이 전세권이 사실상 양도되는 경우에는 과세대상이 된다(소득세법 제94조 제1항 제2호 다목).

② **등기된 부동산임차권**

㉠ 부동산임차권은 당사자 일방이 상대방에게 목적물을 사용 · 수익하게 할 것을 약정하고 상대방이 이에 대하여 차임을 지급할 것을 약정함으로써 그 효력이 성립하는 권리를 말한다(민법 제618조).

㉡ 부동산임차권은 물권이 아닌 채권에 해당되므로 당사자 간에만 효력이 있는 것이 원칙이나 등기를 할 때에는 그때부터 제3자에 대하여 효력이 생긴다. 또한 임차인은 임대인의 동의 없이 그 권리를 양도하거나 임차물을 전대하지 못한다(민법 제621조, 제629조).

㉢ 「소득세법」에는 지상권 및 전세권과는 달리 부동산임차권에 대하여는 등기된 것만 과세대상이 되므로 이러한 등기된 부동산임차권이 사실상 양도되는 경우에는 양도소득세가 과세된다(소득세법 제94조 제1항 제2호 다목).

3 주식 또는 출자지분(주식 등)

법정 요건에 해당하는 주식 등의 양도로 발생하는 소득은 과세대상이 된다(소득세법 제94조 제1항 제3호). 다만, 이 가운데 기타 자산에도 모두 해당되는 경우에는 기타 자산으로 본다(소득세법 제94조 제2항).

4 기타자산

(1) 사업에 사용하는 토지 · 건물 및 부동산에 관한 권리와 함께 양도하는 영업권

사업에 사용하는 토지 · 건물 및 부동산에 관한 권리와 함께 양도하는 영업권(영업권을 별도로 평가하지 아니하였으나 사회통념상 자산에 포함되어 함께 양도된 것으로 인정되는 영업권과 행정관청으로부터 인가 · 허가 · 면허 등을 받음으로써 얻는 경제적 이익을 포함)은 양도소득세 과세대상이 된다(소득세법 제94조 제1항 제4호 가목).

① **사업에 사용하는 토지 · 건물 및 부동산에 관한 권리와 함께 양도하는 영업권**: 양도소득세

② **영업권의 단독양도**: 기타소득(종합소득)

(2) 특정시설물 이용권 · 회원권 · 주식

① 이용권 · 회원권 및 그 밖에 그 명칭과 관계없이 시설물을 배타적으로 이용하거나 일반이용자보다 유리한 조건으로 이용할 수 있도록 약정한 단체의 구성원이 된 자에게 부여되는 시설물 이용권을 말한다(소득세법 제94조 제1항 제4호 나목).

② 법인의 주식 등을 소유하는 것만으로 시설물을 배타적으로 이용하거나 일반이용자보다 유리한 조건으로 시설물 이용권을 부여받게 되는 경우 그 주식 등을 포함하여 양도소득세 과세대상이 된다(소득세법 제94조 제1항 제4호 나목).

(3) 과점주주가 소유한 부동산 과다보유 법인의 주식(특정법인 주식)

법인의 자산총액 중 다음의 합계액이 차지하는 비율이 100분의 50 이상인 법인의 과점주주(소유 주식 등의 비율을 고려하여 대통령령으로 정하는 주주를 말하며, 이하 "과점주주"라 한다)가 그 법인의 주식 등의 100분의 50을 초과하는 해당 과점주주 외의 자에게 양도하는 경우(과점주주가 다른 과점주주에게 양도한 후 양수한 과점주주가 과점주주 외의 자에게 다시 양도하는 경우로서 대통령령으로 정하는 경우를 포함한다)에 해당 주식 등(소득세법 제94조 제1항 제4호 다목)을 말한다.

① 토지, 건물, 부동산에 관한 권리(이하 "부동산 등"이라 한다)의 가액

② 해당 법인이 직접 또는 간접으로 보유한 다른 법인의 주식가액에 그 다른 법인의 부동산 등 보유비율을 곱하여 산출한 가액. 이 경우 다른 법인의 범위 및 부동산 등 보유비율의 계산방법 등은 대통령령으로 정한다.

넓혀 보기

과점주주의 범위 등(소득세법시행령 제158조)

1. "소유 주식 등의 비율을 고려하여 대통령령으로 정하는 주주"란 법인의 주주 1인과 주권상장법인기타주주 또는 주권비상장법인기타주주가 소유하고 있는 주식 등의 합계액이 해당 법인의 주식 등의 합계액의 100분의 50을 초과하는 경우 그 주주 1인과 주권상장법인기타주주 또는 주권비상장법인기타주주(이하 "과점주주"라 한다)를 말한다(소득세법시행령 제158조 제1항).
2. 과점주주가 주식 등을 과점주주 외의 자에게 여러 번에 걸쳐 양도하는 경우로서 과점주주 중 1인이 주식 등을 양도하는 날부터 소급해 3년 내에 과점주주가 양도한 주식 등을 합산해 해당 법인의 주식 등의 100분의 50 이상을 양도하는 경우에도 적용한다. 이 경우 법 제94조 제1항 제4호 다목에 해당하는지는 과점주주 중 1인이 주식 등을 양도하는 날부터 소급하여 그 합산하는 기간 중 최초로 양도하는 날 현재의 해당 법인의 주식 등의 합계액 또는 자산총액을 기준으로 한다(소득세법시행령 제158조 제2항).

(4) 특수업종을 영위하는 부동산 과다보유 법인의 주식(특수업종 주식)

대통령령으로 정하는 사업을 하는 법인으로서 자산총액 중 (3)의 ① 및 ②의 합계액이 차지하는 비율이 100분의 80 이상인 법인의 주식 등(소득세법 제94조 제1항 제4호 라목)을 말한다.

넓혀 보기

과점주주의 범위 등(소득세법시행령 제158조 제8항)

"대통령령으로 정하는 사업"이란 「체육시설의 설치 · 이용에 관한 법률」에 따른 골프장업 · 스키장업 등 체육시설업, 「관광진흥법」에 따른 관광사업 중 휴양시설관련업 및 부동산업 · 부동산개발업으로서 기획재정부령으로 정하는 사업을 말한다.

(5) 토지 · 건물과 함께 양도하는 이축권

토지 · 건물과 함께 양도하는 「개발제한구역의 지정 및 관리에 관한 특별조치법」 제12조 제1항 제2호 및 제3호의2에 따른 이축을 할 수 있는 권리("이축권"이라 한다). 다만, 해당 이축권 가액을 대통령령으로 정하는 방법에 따라 별도로 평가하여 신고하는 경우는 제외한다(소득세법 제94조 제1항 제4호 마목).

5 파생상품 등

대통령령으로 정하는 파생상품 등의 거래 또는 행위로 발생하는 소득(이자소득 및 배당소득으로 과세되는 파생상품의 거래 또는 행위로부터의 이익은 제외한다)은 2016. 1. 1. 이후 최초로 거래 · 행위가 발생하는 분부터 양도소득세를 과세한다(소득세법 제94조 제1항 제5호).

6 신탁 수익권

신탁의 이익을 받을 권리(「자본시장과 금융투자업에 관한 법률」 제110조에 따른 수익증권 및 같은 법 제189조에 따른 투자신탁의 수익권 등 대통령령으로 정하는 수익권은 제외하며, 이하 "신탁 수익권"이라 한다)의 양도로 발생하는 소득. 다만, 신탁 수익권의 양도를 통하여 신탁재산에 대한 지배 · 통제권이 사실상 이전되는 경우는 신탁재산 자체의 양도로 본다(소득세법 제94조 제1항 제6호).

예 제

1. 소득세법상 거주자의 양도소득세 과세대상이 아닌 것은? (단, 국내자산을 가정함) 제26회

① 지상권의 양도
② 전세권의 양도
③ 골프 회원권의 양도
④ 등기되지 않은 부동산임차권의 양도
⑤ 사업용 건물과 함께 양도하는 영업권

해설 ④ 국내에서 등기되지 않은 부동산임차권의 양도는 양도소득세 과세대상이 아니다. 국내 자산 중 등기된 부동산임차권을 양도한 경우 양도소득세 과세대상이다. 국외 자산은 등기여부와 관계없이 부동산임차권은 양도소득세 과세대상이다.

정답 ④

2. 소득세법상 거주자의 양도소득세 과세대상에 관한 설명으로 틀린 것은? (단, 양도자산은 국내 자산임) 제28회

① 무상이전에 따라 자산의 소유권이 변경된 경우에는 과세대상이 되지 아니한다.
② 부동산에 관한 권리 중 지상권의 양도는 과세대상이다.
③ 사업용 건물과 함께 양도하는 영업권은 과세대상이다.
④ 법인의 주식을 소유하는 것만으로 시설물을 배타적으로 이용하게 되는 경우 그 주식의 양도는 과세대상이다.
⑤ 등기되지 않은 부동산임차권의 양도는 과세대상이다.

해설 ⑤ 등기된 부동산임차권의 양도는 양도소득세 과세대상이다. 등기되지 않은 부동산임차권의 양도는 양도소득세 과세대상이 아니다. 정답 ⑤

04 양도 또는 취득의 시기(소득세법시행령 제162조) 제32회

부동산 등의 거래는 매매계약의 체결, 중도금의 지급, 잔금의 지급, 소유권이전등기 등의 과정을 거친다. 이러한 거래과정 중 어느 시점을 양도 또는 취득의 시기로 보는가에 따라 양도소득의 귀속연도, 장기보유특별공제, 세율 적용에 필요한 보유기간의 계산, 비과세 및 감면요건 등의 내용에 상당한 영향을 주기 때문에 그 시기를 구분하는 것은 매우 중요하다.

넓혀 보기

자산의 양도 및 취득시기 적용 범위(양도소득세 집행기준 98-162-2)
자산의 양도 및 취득시기 규정은 자산의 양도차익의 계산을 위한 기준시기가 됨은 물론 과세요건 내지 면세요건에 해당하는지 여부를 가리는데 기준시기도 되고 법령적용의 기준시기도 된다.

1 매매 등 일반적인 경우

(1) **원칙**: 대금청산일

① 자산의 양도차익을 계산할 때 그 취득시기 또는 양도시기는 해당 자산의 대금을 청산한 날로 한다(소득세법 제98조 전단).

양도소득세 집행기준 98-162-3【대금청산일의 의미】 대금청산일은 원칙적으로 거래대금의 전부를 지급한 날을 의미하지만 그 전부를 이행하지 않았어도 사회통념상 거의 지급되었다고 볼만한 정도의 대금지급이 이행된 날을 포함한다.

넓혀 보기

잔금청산일과 잔금지급약정일이 다른 경우(양도소득세 집행기준 98-162-4)
매매계약서 등에 기재된 잔금지급약정일보다 앞당겨 잔금을 받거나 늦게 받는 경우에는 실지로 받은 날이 잔금청산일이 된다.

② 이 경우 자산의 대금에는 해당 자산의 양도에 대한 양도소득세 및 양도소득세의 부가세액을 양수자가 부담하기로 약정한 경우에는 해당 양도소득세 및 양도소득세의 부가세액은 제외한다(소득세법 제98조 후단).

넓혀 보기

매수자가 부담한 전소유자의 양도소득세 등(양도소득세 집행기준 97-163-21)
전소유자에게 토지대금 이외에 양도소득세 등을 매수자가 부담하기로 약정하고 이를 실지로 지급하였을 경우 양도소득세 등은 매입원가로서 필요경비에 산입된다.

(2) **예외**: 등기·등록접수일 또는 명의개서일

① 대금을 청산한 날이 분명하지 아니한 경우에는 등기부·등록부 또는 명부 등에 기재된 등기·등록접수일 또는 명의개서일로 한다(소득세법시행령 제162조 제1항 제1호).

② 대금을 청산하기 전에 소유권이전등기(등록 및 명의의 개서를 포함)를 한 경우에는 등기부·등록부 또는 명부 등에 기재된 등기접수일로 한다(소득세법시행령 제162조 제1항 제2호).

2 특수한 거래의 경우 제34회

(1) 장기할부조건 매매

① 소유권이전등기(등록 및 명의개서를 포함) 접수일·인도일 또는 사용수익일 중 빠른 날로 한다(소득세법시행령 제162조 제1항 제3호).

② **장기할부조건의 범위**(소득세법시행규칙 제78조 제3항)

㉠ 계약금을 제외한 해당 자산의 양도대금을 2회 이상으로 분할하여 수입하는 것
㉡ 양도하는 자산의 소유권이전등기(등록 및 명의개서를 포함) 접수일·인도일 또는 사용수익일 중 빠른 날의 다음 날부터 최종 할부금의 지급기일까지의 기간이 1년 이상인 것

(2) 자기가 건설한 건축물

① 건축허가를 받아 자기가 건설한 건축물의 취득시기는 「건축법」에 따른 사용승인서 교부일로 한다. 다만, 사용승인서 교부일 전에 사실상 사용하거나 임시사용승인을 받은 경우에는 그 사실상의 사용일 또는 임시사용승인을 받은 날 중 빠른 날로 한다(소득세법시행령 제162조 제1항 제4호).

② 건축 허가를 받지 아니하고 건축하는 건축물에 있어서는 그 사실상의 사용일을 취득시기로 본다(소득세법시행령 제162조 제1항 제4호).

(3) 상속과 증여

상속 또는 증여에 의하여 취득한 자산에 대하여는 상속은 그 상속이 개시된 날, 증여는 증여를 받은 날을 취득시기로 본다(소득세법시행령 제162조 제1항 제5호).

(4) 시효취득 부동산

20년간 소유의 의사로 평온·공연하게 부동산을 점유한 후 등기함으로 인하여 소유권을 취득하는 경우(민법 제245조)에는 당해 부동산의 점유를 개시한 날을 취득의 시기로 한다(소득세법시행령 제162조 제1항 제6호).

(5) 수용되는 부동산

「공익사업을 위한 토지 등의 취득 및 보상에 관한 법률」이나 그 밖의 법률에 따라 공익사업을 위하여 수용되는 경우에는 대금을 청산한 날, 수용의 개시일 또는 소유권이전등기 접수일 중 빠른 날을 양도시기로 한다. 다만, 소유권에 관한 소송으로 보상금이 공탁된 경우에는 소유권 관련 소송 판결 확정일로 한다(소득세법시행령 제162조 제1항 제7호).

(6) 완성 또는 확정되지 아니한 자산

완성 또는 확정되지 아니한 자산을 양도 또는 취득한 경우로서 해당 자산의 대금을 청산한 날까지 그 목적물이 완성 또는 확정되지 아니한 경우에는 그 목적물이 완성 또는 확정된 날을 그 양도일 또는 취득일로 본다. 이 경우 건설 중인 건물의 완성된 날에 관하여는 자기가 건설한 건축물의 취득시기를 준용한다(소득세법시행령 제162조 제1항 제8호).

(7) 환지처분으로 취득한 경우

① 「도시개발법」 또는 그 밖의 법률에 따른 환지처분으로 인하여 취득한 토지의 취득시기는 환지 전의 토지의 취득일로 한다(소득세법시행령 제162조 제1항 제9호).

② 다만, 교부받은 토지의 면적이 환지처분에 의한 권리면적보다 증가 또는 감소된 경우에는 그 증가 또는 감소된 면적의 토지에 대한 취득시기 또는 양도시기는 환지처분의 공고가 있은 날의 다음 날(익일)로 한다(소득세법시행령 제162조 제1항 제9호 단서).

심화학습 환지처분에 따른 토지의 양도 및 취득시기(양도소득세 집행기준 98-162-17)

종전면적	권리면적	환지면적	양도 및 취득시기
100m^2	50m^2	50m^2	• 권리면적에 해당하는 환지면적의 취득시기: 환지 전 토지의 취득일 • 증가또는감소면적의 취득 및 양도시기: 환지처분공고일의 다음 날
100m^2	50m^2	60m^2 (10m^2 증가)	
100m^2	50m^2	40m^2 (10m^2 감소)	

(8) 주 식

기타 자산 중 특정법인 주식의 경우 자산의 양도시기는 주주 1인과 주권상장법인기타주주 또는 주권비상장법인기타주주가 주식 등을 양도함으로써 해당 법인의 주식 등의 합계액의 100분의 50 이상이 양도 되는 날로 한다. 이 경우 양도가액은 그들이 사실상 주식 등을 양도한 날의 양도가액에 의한다(소득세법시행령 제162조 제1항 제10호).

(9) 양도한 자산의 취득시기가 분명하지 아니한 경우에는 먼저 취득한 자산을 먼저 양도한 것으로 본다(소득세법시행령 제162조 제5항).

(10) 취득시기 의제(소득세법시행령 제162조 제6항, 제7항)

① **토지 · 건물 및 부동산에 관한 권리와 기타 자산**

1984년 12월 31일 이전에 취득한 것은 1985년 1월 1일에 취득한 것으로 본다.

② **주식 및 출자지분**(상장주식 · 비상장주식)

1985년 12월 31일 이전에 취득한 것은 1986년 1월 1일에 취득한 것으로 본다.

(11) 기본통칙에 따른 양도 또는 취득의 시기

① **부동산에 관한 권리의 취득시기**

부동산의 분양계약을 체결한 자가 해당 계약에 관한 모든 권리를 양도한 경우에는 그 권리에 대한 취득시기는 해당 부동산을 분양받을 수 있는 권리가 확정되는 날(아파트 당첨권은 당첨일)이고 타인으로부터 그 권리를 인수받은 때에는 잔금청산일이 취득시기가 된다(소득세법 기본통칙 98-162…2).

② **경락에 의하여 자산을 취득하는 경우의 취득시기**

경매에 의하여 자산을 취득하는 경우에는 경락인이 매각조건에 의하여 경 매대금을 완납한 날이 취득의 시기가 된다(소득세법 기본통칙 98-162…3).

③ **잔금을 어음이나 기타 이에 준하는 증서로 받은 경우의 양도 · 취득시기**

잔금을 어음이나 기타 이에 준하는 증서로 받은 경우 어음 등의 결제일이 그 자산의 잔금청산일이 된다(소득세법 기본통칙 98-162…4).

④ **부동산 소유권이전 등기 등에 관한 특별조치법에 따라 소유권이 이전된 경우**(양도소득세 집행기준 98-162-19)

「부동산 소유권이전등기 등에 관한 특별조치법」에 따라 소유권이 이전된 경우 대금청산일이 확인되면 매매대금을 청산한 날이 취득 및 양도시기가 되며, 대금청산일이 불분명한 경우에는 소유권이전등기 접수일이 취득 및 양도시기이며, 사실상 취득 원인에 따라 증여는 소유권이전등기 접수일, 상속은 상속개시일을 취득시기로 본다.

⑤ **교환하는 자산**(양도소득세 집행기준 98-162-22)

㉠ 교환가액에 차이가 없는 경우: 교환성립일

㉡ 차액의 정산이 필요한 경우: 차액을 정산한 날

㉢ 불분명한 경우: 교환등기접수일

⑥ **법원의 무효판결로 소유권이 환원된 자산**(양도소득세 집행기준 98-162-22)

해당 자산의 당초 취득일

⑦ **이혼으로 자산 취득**(양도소득세 집행기준 98-162-22)

㉠ 재산분할 청구권 행사: 당초 배우자의 해당 자산 취득일

㉡ 이혼 위자료: 소유권이전등기 접수일

소득세법상 양도소득세 과세대상 자산의 양도 또는 취득의 시기로 틀린 것은? 제32회

① 「도시개발법」에 따라 교부받은 토지의 면적이 환지처분에 의한 권리면적보다 증가 또는 감소된 경우: 환지처분의 공고가 있은 날

② 기획재정부령이 정하는 장기할부조건의 경우: 소유권이전등기(등록 및 명의개서를 포함) 접수일·인도일 또는 사용수익일 중 빠른 날

③ 건축허가를 받지 않고 자기가 건설한 건축물의 경우: 그 사실상의 사용일

④ 「민법」 제245조 제1항의 규정에 의하여 부동산의 소유권을 취득하는 경우: 당해 부동산의 점유를 개시한 날

⑤ 대금을 청산한 날이 분명하지 아니한 경우: 등기부·등록부 또는 명부 등에 기재된 등기·등록접수일 또는 명의개서일

해설 ① 「도시개발법」에 따라 교부받은 토지의 면적이 환지처분에 의한 권리면적보다 증가 또는 감소된 경우: 환지처분의 공고가 있은 날의 다음 날

정답 ①

05 양도소득세 과세표준과 세액의 계산 제31회, 제33회, 제34회, 제35회

① 양도소득세 과세표준 및 세액의 계산

구 분	원칙(실지거래가액)	예 외
양도가액	실지양도가액	추계(매·감·기)
− 취득가액	실지취득가액 ① 매입가액 + 취득세 + 기타부대비용 ② 소송비용·화해비용 ③ 당사자 약정 이자상당액 　🔔 지연이자 ×	추계(매·감·환·기)
− 기타필요경비	자본적 지출액 + 양도비용	필요경비개산공제
	① 자본적 지출액: 내용연수 연장, 가치증가 　🔔 수익적 지출액: 원상회복, 능률유지 × ② 양도비용: 중개보수, 매각차손	① 취득가액이 추계인 경우 ② 취득 당시 기준시가 × 공제율
= 양도차익	—	
− 장기보유 특별공제	① 양도차익 × 공제율 ② 적용대상: 토지·건물·조합원입주권 ③ 보유기간: 3년 이상 보유 ④ 적용배제: 미등기양도자산	
= 양도소득금액	—	
− 양도소득 기본공제	① 소득별로 각각 연(1/1~12/31) 250만원 　㉠ 토지·건물, 부동산에 관한 권리, 기타자산 　㉡ 주식 또는 출자지분(주식 등) 　㉢ 파생상품 등 　㉣ 신탁 수익권 ② 적용배제: 미등기양도자산	
= 과세표준	—	
× 세 율	—	
= 산출세액	—	

(1) 양도소득금액의 계산(소득세법 제95조)

양도소득금액은 양도소득의 총수입금액(양도가액)에서 필요경비를 공제하고, 그 금액(양도차익)에서 장기보유특별공제액을 공제한 금액으로 한다(소득세법 제95조 제1항).

(2) 양도소득과세표준의 계산(소득세법 제92조)

① 거주자의 양도소득에 대한 과세표준(이하 "양도소득과세표준"이라 한다)은 종합소득 및 퇴직소득에 대한 과세표준과 구분하여 계산한다(소득세법 제92조 제1항).

② 양도소득과세표준은 다음 각 호의 순서에 따라 계산한다(소득세법 제92조 제2항).

㉠ 양도차익: 제94조에 따른 양도소득의 총수입금액(이하 "양도가액"이라 한다)에서 제97조에 따른 필요경비를 공제하여 계산

㉡ 양도소득금액: 제1호의 양도차익(이하 "양도차익"이라 한다)에서 제95조에 따른 장기보유 특별공제액을 공제하여 계산

㉢ 양도소득과세표준: 제2호의 양도소득금액에서 제103조에 따른 양도소득 기본공제액을 공제하여 계산

(3) 양도소득세액계산의 순서(소득세법 제92조)

양도소득세액은 이 법에 특별한 규정이 있는 경우를 제외하고는 다음 각 호의 순서에 따라 계산한다(소득세법 제92조 제3항).

① **양도소득 산출세액**: 제2항에 따라 계산한 양도소득과세표준에 제104조에 따른 세율을 적용하여 계산

② **양도소득 결정세액**: 제1호의 양도소득 산출세액에서 제90조에 따라 감면되는 세액이 있을 때에는 이를 공제하여 계산

③ **양도소득 총결정세액**: 제2호의 양도소득 결정세액에 제114조의2, 제115조 및 「국세기본법」 제47조의2부터 제47조의4까지에 따른 가산세를 더하여 계산

2 양도차익의 산정 제32회

1. 양도가액과 취득가액의 구분

(1) 원 칙

양도차익을 계산할 때 양도가액을 실지거래가액(매매사례가액 · 감정가액이 적용되는 경우 그 매매사례가액 · 감정가액 등을 포함한다)에 따를 때에는 취득가액도 실지거래가액(매매사례가액 · 감정가액 · 환산취득가액이 적용되는 경우 그 매매사례가액 · 감정가액 · 환산취득가액 등을 포함한다)에 따르고, 양도가액을 기준시가에 따를 때에는 취득가액도 기준시가에 따른다(소득세법 제100조 제1항).

소득세법 제88조 【정 의】 5. "실지거래가액"이란 자산의 양도 또는 취득 당시에 양도자와 양수자가 실제로 거래한 가액으로서 해당 자산의 양도 또는 취득과 대가관계에 있는 금전과 그 밖의 재산가액을 말한다.

넓혀 보기

토지와 건물 등을 함께 취득하거나 양도한 경우

1. 소득세법 제100조 제1항을 적용할 때 양도가액 또는 취득가액을 실지거래가액에 따라 산정하는 경우로서 토지와 건물 등을 함께 취득하거나 양도한 경우에는 이를 각각 구분하여 기장하되 토지와 건물 등의 가액 구분이 불분명할 때에는 취득 또는 양도 당시의 기준시가 등을 고려하여 대통령령으로 정하는 바에 따라 안분계산(按分計算)한다. 이 경우 공통되는 취득가액과 양도비용은 해당 자산의 가액에 비례하여 안분계산한다(소득세법 제100조 제2항).
2. 소득세법 제100조 제2항을 적용할 때 토지와 건물 등을 함께 취득하거나 양도한 경우로서 그 토지와 건물 등을 구분 기장한 가액이 1.에 따라 안분계산한 가액과 100분의 30 이상 차이가 있는 경우에는 토지와 건물 등의 가액 구분이 불분명한 때로 본다(소득세법 제100조 제3항).

(2) 예외(추계조사 결정 · 경정: 양도소득과세표준과 세액의 결정 · 경정 및 통지)

양도가액 또는 취득가액을 실지거래가액에 따라 정하는 경우로서 대통령령으로 정하는 사유로 장부나 그 밖의 증명서류에 의하여 해당 자산의 양도 당시 또는 취득 당시의 실지거래가액을 인정 또는 확인할 수 없는 경우에는 대통령령으로 정하는 바에 따라 양도가액 또는 취득가액을 매매사례가액, 감정가액, 환산취득가액 또는 기준시가 등에 따라 추계조사하여 결정 또는 경정할 수 있다(소득세법 제114조 제7항).

2. 실지거래가액에 의한 양도차익

실지거래가액에 의한 필요경비

1. 취득가액	실지취득가액
2. 기타 필요경비	자본적 지출액+양도비

(1) 양도가액

① 양도가액은 그 자산의 양도당시의 양도자와 양수자 간에 실지거래가액에 따른다(소득세법 제96조 제1항).

② 다만, 특수관계인과의 거래에 있어서 토지 등을 시가를 초과하여 취득하거나 시가에 미달하게 양도함으로써 조세의 부담을 부당히 감소시킨 것으로 인정되는 때에는 그 취득가액 또는 양도가액을 시가에 의하여 계산한다(소득세법시행령 제167조 제4항).

(2) 취득가액

실지취득가액은 자산의 취득에 든 실지거래가액을 말하며 다음의 금액을 합한 것을 말한다(소득세법 제97조 제1항 제1호, 소득세법시행령 제163조 제1항).

① **타인으로부터 매입한 자산**(소득세법시행령 제163조 제1항 제1호)

㉠ 타인으로부터 매입한 자산은 매입가액에 취득세·등록면허세 기타 부대비용을 가산한 금액(소득세법시행령 제89조 제1항 제1호)

㉡ 현재가치할인차금과 「부가가치세법」에 따라 폐업시 잔존재화의 자기공급에 따라 납부하였거나 납부할 부가가치세는 포함

㉢ 부당행위계산에 의한 시가초과액은 제외

넓혀 보기

양도차익계산시 취득가액에 산입하는 필요경비의 범위

취득세는 납부영수증이 없는 경우에도 양도소득금액계산시 필요경비로 공제한다. 다만, 「지방세법」 등에 의하여 취득세가 감면된 경우의 당해 세액은 공제하지 아니한다(기본통칙 97-0…3 제1항).

넓혀 보기

취득가액 관련 집행기준

1. **자기가 행한 제조·생산 또는 건설 등에 의하여 취득한 자산**(소득세법시행령 제89조 제1항 제2호)
   자기가 행한 제조·생산 또는 건설 등에 의하여 취득한 자산은 원재료비·노무비·운임·하역비·보험료·수수료·공과금(취득세와 등록면허세를 포함한다)·설치비 기타 부대비용의 합계액
2. **매수자가 부담한 전소유자의 양도소득세 등**(집행기준 97-163-21)
   전소유자에게 토지대금 이외에 양도소득세 등을 매수자가 부담하기로 약정하고 이를 실지로 지급하였을 경우 양도소득세 등은 매입원가로서 필요경비에 산입된다.

② 취득에 관한 쟁송이 있는 자산에 대하여 그 소유권 등을 확보하기 위하여 직접 소요된 소송비용·화해비용 등의 금액으로서 그 지출한 연도의 각 소득금액의 계산에 있어서 필요경비에 산입된 것을 제외한 금액(소득세법시행령 제163조 제1항 제2호).

넓혀 보기

필요경비 포함 여부

양도차익계산시 취득가액에 산입하는 필요경비의 범위(소득세법 기본통칙 97-0…3 제2항)
양도차익계산시 산입되는 취득가액에는 취득시 쟁송으로 인한 명도비용, 소송비용, 인지대 등 취득에 소요된 모든 비용을 포함한다. 이 경우 소송비용은 「민사소송법」이 정하는 소송비용과 변호사의 보수 등 자산의 소유권을 확보하기 위하여 직접 소요된 일체의 경비를 말한다.

③ ①을 적용할 때 당사자 약정에 의한 대금지급방법에 따라 취득원가에 이자상당액을 가산하여 거래가액을 확정하는 경우 당해 이자상당액은 취득원가에 포함한다. 다만, 당초 약정에 의한 거래가액의 지급기일의 지연으로 인하여 추가로 발생하는 이자상당액은 취득원가에 포함하지 아니한다(소득세법시행령 제163조 제1항 제3호).

넓혀 보기

필요경비에 산입되지 아니하는 금융비용(양도소득세 집행기준 97-163-19)
당초 약정에 의한 거래가액의 지급 지연으로 인하여 추가로 발생하는 이자상당액은 취득가액에 포함되지 아니하며, 자산의 취득자금으로 활용된 금융기관 차입금에 대한 지급이자는 필요경비에 산입되지 아니한다.

④ ①을 적용할 때 현재가치할인차금을 취득원가에 포함하는 경우에 있어서 양도자산의 보유기간 중에 그 현재가치할인차금의 상각액을 각 연도의 사업소득금액 계산시 필요경비로 산입하였거나 산입할 금액이 있는 때에는 이를 취득가액에서 공제한다(소득세법시행령 제163조 제2항).

⑤ 양도자산 보유기간에 그 자산에 대한 감가상각비로서 각 과세기간의 사업소득금액을 계산하는 경우 필요경비에 산입하였거나 산입할 금액이 있을 때에는 이를 취득가액에서 공제한 금액을 그 취득가액으로 한다(소득세법 제97조 제3항).

넓혀 보기

1. **상속 또는 증여받은 자산의 취득가액**
   ① 상속 또는 증여(법 제88조 제1호 각 목 외의 부분 후단에 따른 부담부증여의 채무액에 해당하는 부분도 포함하되, 「상속세 및 증여세법」 제34조부터 제39조까지, 제39조의2, 제39조의3, 제40조, 제41조의2부터 제41조의5까지, 제42조, 제42조의2 및 제42조의3에 따른 증여는 제외한다)받은 자산에 대하여 법 제97조 제1항 제1호 가목을 적용할 때에는 상속개시일 또는 증여일 현재 「상속세 및 증여세법」 제60조부터 제66조까지의 규정에 따라 평가한 가액(같은 법 제76조에 따라 세무서장 등이 결정·경정한 가액이 있는 경우 그 결정·경정한 가액으로 한다)을 취득당시의 실지거래가액으로 본다(소득세법시행령 제163조 제9항).

② 「상속세 및 증여세법」에 의하여 평가한 가액(상속세 및 증여세법 제60조부터 제66조)
㉠ 원칙: 시가
㉡ 예외: 보충적 평가방법(기준시가)

2. 자산취득시 징수된 부가가치세 등의 필요경비 산입 여부(소득세법 기본통칙 97-0…5)
취득등기시 납부한 취득세에 대한 교육세와 아파트 분양시 그 분양사업자가 거래징수한 부가가치세는 양도차익계산시 필요경비로 계산한다. 이 경우 아파트를 분양받은 자가 부가가치세법상 일반과세사업자로서 사업용으로 분양받은 경우에는 그 부가가치세는 필요경비로 산입할 수 없다.

(3) **기타 필요경비**(자본적 지출 + 양도비)

넓혀 보기

"자본적 지출액 등으로서 대통령으로 정하는 것"이란 자본적 지출액에 해당하는 것으로서 그 지출에 관한 법 제160조의2 제2항에 따른 증명서류를 수취·보관하거나 실제 지출사실이 금융거래 증명서류에 의하여 확인되는 경우를 말한다(소득세법시행령 제163조 제3항).

1. 소득세법 제160조의2 제2항
① 계산서
② 세금계산서
③ 신용카드매출전표
④ 현금영수증

2. 금융거래 증명서류

① 자본적 지출

㉠ 자본적 지출이라 함은 감가상각자산의 내용연수를 연장시키거나 해당 자산의 가치를 현실적으로 증가시키기 위해 지출한 수선비를 말하며, 다음에 해당하는 것에 대한 지출을 포함하는 것으로 한다(소득세법시행령 제67조 제2항).

1. 본래의 용도를 변경하기 위한 개조
2. 엘리베이터 또는 냉난방장치의 설치
3. 빌딩 등의 피난시설 등의 설치
4. 재해 등으로 인하여 건물·기계·설비 등이 멸실 또는 훼손되어 당해 자산의 본래 용도로의 이용가치가 없는 것의 복구
5. 기타 개량·확장·증설 등 1. 내지 4.와 유사한 성질의 것

심화 학습 자본적 지출과 수익적 지출의 구분(소득세 집행기준 33-67-2)

구 분	자본적 지출	수익적 지출
구분기준	감가상각자산의 내용연수를 연장시키거나 해당 자산의 가치를 현실적으로 증가시키기 위해 지출한 수선비	감가상각자산의 원상을 회복시키거나 능률 유지를 위해 지출한 수선비
예 시	1. 본래의 용도를 변경하기 위한 개조 2. 엘리베이터 또는 냉난방장치의 설치 3. 빌딩 등의 피난시설 등의 설치 4. 재해 등으로 인하여 건물·기계·설비 등이 멸실 또는 훼손되어 해당 자산의 본래 용도로의 이용가치가 없는 것의 복구 5. 기타 개량·확장·증설 등 1.부터 4.까지와 유사한 성질의 것	1. 건물 또는 벽의 도장 2. 파손된 유리나 기와의 대체 3. 기계의 소모된 부속품 또는 벨트의 대체 4. 자동차 타이어의 대체 5. 재해를 입은 자산에 대한 외장의 복구·도장 및 유리의 삽입 6. 기타 조업가능한 상태의 유지 등 1.부터 5.까지와 유사한 성질의 것

㉡ 양도자산을 취득한 후 쟁송이 있는 경우에 그 소유권을 확보하기 위하여 직접 소요된 소송비용·화해비용 등의 금액으로서 그 지출한 연도의 각 소득금액의 계산에 있어서 필요경비에 산입된 것을 제외한 금액(소득세법시행령 제163조 제3항 제2호)

㉢ 「공익사업을 위한 토지 등의 취득 및 보상에 관한 법률」이나 그 밖의 법률에 따라 토지 등이 협의 매수 또는 수용되는 경우로서 그 보상금의 증액과 관련하여 직접 소요된 소송비용·화해비용 등의 금액으로서 그 지출한 연도의 각 소득금액의 계산에 있어서 필요경비에 산입된 것을 제외한 금액. 이 경우 증액보상금을 한도로 한다(소득세법시행령 제163조 제3항 제2호의2).

㉣ 양도자산의 용도변경·개량 또는 이용편의를 위하여 지출한 비용(재해·노후화 등 부득이한 사유로 인하여 건물을 재건축한 경우 그 철거비용을 포함한다)(소득세법시행령 제163조 제3항 제3호)

㉤ 「개발이익환수에 관한 법률」에 따른 개발부담금(개발부담금의 납부의무자와 양도자가 서로 다른 경우에는 양도자에게 사실상 배분될 개발부담금상당액을 말한다)(소득세법시행령 제163조 제3항 제3호의2)

㉥ 「재건축초과이익 환수에 관한 법률」에 따른 재건축부담금(재건축부담금의 납부의무자와 양도자가 서로 다른 경우에는 양도자에게 사실상 배분될 재건축부담금상당액)(소득세법시행령 제163조 제3항 제3호의3)

넓혀 보기

자본적 지출과 수익적 지출

1. **기타 자본적 지출액**(소득세법시행규칙 제79조 제1항)
   ① 「하천법」·댐건설 및 주변지역지원 등에 관한 법률」 그 밖의 법률에 따라 시행하는 사업으로 인하여 해당 사업구역 내의 토지소유자가 부담한 수익자부담금 등의 사업비용
   ② 토지이용의 편의를 위하여 지출한 장애철거비용
   ③ 토지이용의 편의를 위하여 해당 토지 또는 해당 토지에 인접한 타인 소유의 토지에 도로를 신설한 경우의 그 시설비
   ④ 토지이용의 편의를 위하여 해당 토지에 도로를 신설하여 국가 또는 지방자치단체에 이를 무상으로 공여한 경우의 그 도로로 된 토지의 취득당시 가액
   ⑤ 사방사업에 소요된 비용
   ⑥ ① 내지 ⑤의 비용과 유사한 비용
2. **베란다 샤시, 거실 확장공사비 등**(양도소득세 집행기준 97-163-29)
   주택의 이용편의를 위한 베란다 샤시, 거실 및 방 확장공사비, 난방시설 교체비 등의 내부시설의 개량을 위한 공사비는 자본적 지출액에 해당된다.
3. **벽지 · 장판 또는 싱크대 교체비용 등**(양도소득세 집행기준 97-163-30)
   정상적인 수선 또는 부동산 본래의 기능을 유지하기 위한 경미한 개량인 벽지 · 장판의 교체, 싱크대 및 주방기구 교체비용, 옥상 방수공사비, 타일 및 변기공사비 등은 수익적지출에 해당되므로 필요경비에 산입되지 아니한다.

② **양도비**: 양도비란 다음에 해당하는 것을 말한다(소득세법시행령 제163조 제5항 제1호).

㉠ 자산을 양도하기 위하여 직접 지출한 비용으로서 다음의 비용

1. 「증권거래세법」에 따라 납부한 증권거래세
2. 양도소득세과세표준 신고서 작성비용 및 계약서 작성비용
3. 공증비용, 인지대 및 소개비
4. 매매계약에 따른 인도의무를 이행하기 위하여 양도자가 지출하는 명도비용
5. 위의 비용과 유사한 비용으로서 기획재정부령으로 정하는 비용

㉡ 자산을 취득함에 있어서 법령 등의 규정에 따라 매입한 국민주택채권 및 토지개발채권을 만기 전에 양도함으로써 발생하는 매각차손. 이 경우 금융기관 외의 자에게 양도한 경우에는 동일한 날에 금융기관에 양도하였을 경우 발생하는 매각차손을 한도로 한다(소득세법시행령 제163조 제5항 제2호).

넓혀 보기

양도비용의 범위(소득세법 기본통칙 97-0…10)

자산을 양도하기 위하여 직접 지출하는 비용에는 자산을 양도하기 위한 계약서작성비용 · 공증비용 · 인지대 · 소개비 등을 포함한다.

예 제

소득세법상 사업소득이 있는 거주자가 실지거래가액에 의해 부동산의 양도차익을 계산하는 경우 양도가액에서 공제할 자본적지출액 또는 양도비에 포함되지 않는 것은? (단, 자본적지출액에 대해서는 법령에 따른 증명서류가 수취·보관되어 있음) 제27회

① 자산을 양도하기 위하여 직접 지출한 양도소득세과세표준 신고서 작성비용
② 납부의무자와 양도자가 동일한 경우 「재건축초과이익환수에 관한 법률」에 따른 재건축부담금
③ 양도자산의 이용편의를 위하여 지출한 비용
④ 양도자산의 취득 후 쟁송이 있는 경우 그 소유권을 확보하기 위하여 직접 소요된 소송비용으로서 그 지출한 연도의 각 사업소득금액 계산시 필요경비에 산입된 금액
⑤ 자산을 양도하기 위하여 직접 지출한 공증비용

해설 ④ 양도자산의 취득 후 쟁송이 있는 경우 그 소유권을 확보하기 위하여 직접 소요된 소송비용으로서 그 지출한 연도의 각 사업소득금액 계산시 필요경비에 산입된 금액은 자본적지출액으로 인정하지 않는다.

정답 ④

3. 추계결정에 의하는 경우의 양도 · 취득가액과 기타의 필요경비

양도가액 또는 취득가액을 실지거래가액에 따라 정하는 경우로서 대통령령으로 정하는 사유로 장부나 그 밖의 증명서류에 의하여 해당 자산의 양도 당시 또는 취득 당시의 실지거래가액을 인정 또는 확인할 수 없는 경우에는 대통령령으로 정하는 바에 따라 양도가액 또는 취득가액을 매매사례가액, 감정가액, 환산취득가액 또는 기준시가 등에 따라 추계조사하여 결정 또는 경정할 수 있다.

넓혀 보기

추계결정 및 경정 사유(소득세법시행령 제176조의2 제1항)

1. 양도 또는 취득당시의 실지거래가액의 확인을 위하여 필요한 장부·매매계약서·영수증 기타 증빙서류가 없거나 그 중요한 부분이 미비된 경우
2. 장부·매매계약서·영수증 기타 증빙서류의 내용이 매매사례가액, 「감정평가 및 감정평가사에 관한 법률」에 따른 감정평가법인 등이 평가한 감정가액 등에 비추어 거짓임이 명백한 경우

(1) 매매사례가액

양도일 또는 취득일 전후 각 3개월 이내에 해당 자산(주권상장법인의 주식 등은 제외한다)과 동일성 또는 유사성이 있는 자산의 매매사례가 있는 경우 그 가액(소득세법시행령 제176조의2 제3항 제1호)

(2) 감정가액

양도일 또는 취득일 전후 각 3개월 이내에 해당 자산(주식 등을 제외한다)에 대하여 둘 이상의 감정평가법인 등이 평가한 것으로서 신빙성이 있는 것으로 인정되는 감정가액(감정평가기준일이 양도일 또는 취득일 전후 각 3개월 이내인 것에 한정한다)이 있는 경우에는 그 감정가액의 평균액. 다만, 기준시가가 10억원 이하인 자산(주식 등은 제외한다)의 경우에는 양도일 또는 취득일 전후 각 3개월 이내에 하나의 감정평가법인 등이 평가한 것으로서 신빙성이 있는 것으로 인정되는 경우 그 감정가액(감정평가기준일이 양도일 또는 취득일 전후 각 3개월 이내인 것에 한정한다)으로 한다(소득세법시행령 제176조의2 제3항 제2호).

(3) 환산취득가액

토지 · 건물 및 부동산을 취득할 수 있는 권리의 경우에는 다음 계산식에 따른 금액을 말한다(소득세법시행령 제176조의2 제3항 제3호).

$$\text{양도 당시의 실지거래가액 (또는 매매사례가액, 감정가액)} \times \frac{\text{취득 당시의 기준시가}}{\text{양도 당시의 기준시가}}$$

(4) 기준시가

기준시가란 「소득세법」의 규정에 따라 산정한 가액으로서 양도 당시 또는 취득 당시의 기준이 되는 가액을 말한다. 이러한 기준시가는 양도소득세 계산시 양도가액과 취득가액의 산정, 상속세 및 증여세 계산에 있어서 상속재산가액 또는 증여재산가액의 산정시 기준이 되는 정부가 결정한 기준금액을 말한다(소득세법시행령 제176조의2 제3항 제4호).

심화 학습 **기준시가의 산정**(소득세법 제99조, 소득세법시행령 제164조)

1. 토 지

(1) 원 칙

① 「부동산 가격공시에 관한 법률」에 따른 개별공시지가(소득세법 제99조 제1항 제1호 가목)

② 개별공시지가가 없는 토지의 평가(소득세법시행령 제164조 제1항)

㉠ 개별공시지가가 없는 토지와 지목 · 이용상황 등 지가형성요인이 유사한 인근토지를 표준지로 보고 「부동산 가격공시에 관한 법률」에 따른 비교표에 따라 납세지 관할 세무서장(납세지 관할 세무서장과 해당 토지의 소재지를 관할하는 세무서장이 서로 다른 경우로서 납세지 관할세무서장의 요청이 있는 경우에는 그 토지의 소재지를 관할하는 세무서장)이 평가한 가액을 말한다.

㉡ 이 경우 납세지 관할세무서장은 「지방세법」에 따라 시장 · 군수가 산정한 가액을 평가한 가액으로 하거나 둘 이상의 감정평가법인등에 의뢰하여 그 토지에 대한 감정평가법인등의 감정가액을 고려하여 평가할 수 있다.

(2) 예외: 국세청장이 지정하는 지역의 토지

① 기준시가: 개별공시지가 × 배율(소득세법 제99조 제1항 제1호 가목 단서)

② 지정지역과 배율방법 : '지정지역'이란 각종 개발사업 등으로 지가가 급등하거나 급등우려가 있는 지역으로서 국세청장이 지정한 지역을 말하며, '배율'이란 국세청장이 양도・취득 당시의 개별공시지가에 지역마다 그 지역에 있는 가격사정이 유사한 토지의 매매사례가액을 참작하여 고시하는 배율을 말한다(소득세법시행령 제164조 제2항・제12항).

2. 주 택

「부동산 가격공시에 관한 법률」에 따른 개별주택가격 및 공동주택가격. 다만, 공동주택가격의 경우에 같은 법 제18조 제1항 단서에 따라 국세청장이 결정・고시한 공동주택가격이 있을 때에는 그 가격에 따르고, 개별주택가격 및 공동주택가격이 없는 주택의 가격은 납세지 관할 세무서장이 인근 유사주택의 개별주택가격 및 공동주택가격을 고려하여 평가한 금액으로 한다(소득세법 제99조 제1항 제1호 라목).

3. 건 물

⑴ 원칙(일반적인 건물) : 건물의 신축연도・구조・용도・위치 등을 참작하여 매년 1회 이상 국세청장이 산정・고시하는 가액(소득세법 제99조 제1항 제1호 나목)

⑵ 예외[국세청장이 지정하는 지역 내에 있는 오피스텔(이에 딸린 토지 포함) 및 상업용 건물(이에 딸린 토지 포함)] : 건물에 딸린 토지를 공유로 하고 건물을 구분소유하는 것으로서 건물의 용도・면적 및 구분소유하는 건물의 수(數) 등을 고려하여 국세청장이 지정하는 지역 내에 소재하는 오피스텔(이에 딸린 토지 포함) 및 상업용 건물(이에 딸린 토지를 포함)에 대해서는 건물의 종류・규모・거래상황・위치 등을 참작하여 매년 1회 이상 국세청장이 토지와 건물에 대하여 일괄하여 산정・고시하는 가액(소득세법 제99조 제1항 제1호 다목, 소득세법시행령 제164조 제10항)

4. 부동산을 취득할 수 있는 권리

양도자산의 종류, 규모, 거래상황 등을 고려하여 취득일 또는 양도일까지 납입한 금액과 취득일 또는 양도일 현재의 프리미엄에 상당하는 금액을 합한 금액을 말한다(소득세법 제99조 제1항 제2호 가목, 소득세법시행령 제165조 제1항).

5. 지상권・전세권 및 등기된 부동산임차권

권리의 남은 기간・성질・내용・거래상황 등을 고려하여 「상속세 및 증여세법 시행령」의 규정을 준용하여 평가한 가액을 말한다(소득세법 제99조 제1항 제2호 나목, 소득세법시행령 제165조 제2항).

핵심 다지기

수용 등의 경우의 양도 당시 기준시가

다음의 어느 하나에 해당하는 가액이 토지 또는 건물의 기준시가보다 낮은 경우에는 그 차액을 기준시가에서 차감하여 양도 당시 기준시가를 계산한다(소득세법시행령 제164조 제9항).

1. 「공익사업을 위한 토지 등의 취득 및 보상에 관한 법률」에 따른 협의매수・수용 및 그 밖의 법률에 따라 수용되는 경우의 그 보상액과 보상액 산정의 기초가 되는 기준시가 중 적은 금액
2. 「국세징수법」에 의한 공매와 「민사집행법」에 의한 강제경매 또는 저당권실행을 위하여 경매되는 경우의 그 공매 또는 경락가액

넓혀 보기

토지 · 건물 등기부기재가액 추정결정

토지 또는 건물의 양도로 양도가액 및 취득가액을 실지거래가액에 따라 양도소득과세표준 예정신고 또는 확정신고를 하여야 할 자("신고의무자"라 한다)가 그 신고를 하지 아니한 경우로서 다음의 어느 하나에 해당하는 경우에는 납세지 관할 세무서장 또는 지방국세청장은 「부동산등기법」에 따라 등기부에 기재된 거래가액("등기부 기재가액"이라 한다)을 실지거래가액으로 추정하여 양도소득과세표준과 세액을 결정할 수 있다. 다만, 납세지 관할 세무서장 또는 지방국세청장이 등기부기재가액이 실지거래가액과 차이가 있음을 확인한 경우에는 그러하지 아니하다(소득세법 제114조 제5항, 소득세법시행령 제176조 제5항).

1. 등기부기재가액을 실지거래가액으로 추정하여 계산한 납부할 양도소득세액이 300만원 미만인 경우
2. 등기부기재가액을 실지거래가액으로 추정하여 계산한 납부할 양도소득세액이 300만원 이상인 경우로서 다음의 요건을 모두 충족하는 경우
   ① 납세지 관할세무서장 또는 지방국세청장이 「국세기본법」에 따른 기한 후 신고를 하지 아니할 경우 등기부기재가액을 실지거래가액으로 추정하여 양도소득과세표준과 세액을 결정할 것임을 신고의무자에게 통보하였을 것
   ② 신고의무자가 ①에 따른 통보를 받은 날부터 30일 이내에 기한 후 신고를 하지 아니하였을 것

PART 03

4. 추계결정에 의하는 경우의 필요경비개산공제

☑ **추계방법에 의한 필요경비**

취득가액	매매사례가액, 감정가액, 환산취득가액, 기준시가
기타 필요경비	필요경비개산공제

(1) 필요경비개산공제액은 취득가액을 추계결정(매매사례가액, 감정가액, 환산취득가액) 또는 기준시가로 하는 경우 인정되는 필요경비로서 다음과 같이 계산한다(소득세법 제97조 제2항 제2호, 소득세법시행령 제163조 제6항).

☑ **필요경비개산공제액**

구 분		필요경비개산공제액
토지와 건물 (일반건물, 오피스텔 및 상업용 건물, 주택)		취득당시의 기준시가 × 3% (미등기양도자산은 0.3%)
부동산에 관한 권리	지상권 · 전세권 · 등기된 부동산임차권	취득당시의 기준시가 × 7% (미등기양도자산은 제외)
	부동산을 취득할 수 있는 권리	취득당시의 기준시가 × 1%
주식 · 출자지분		
기타자산		

(2) 취득가액이 환산취득가액인 경우 세부담의 최소화

양도차익 계산시 추계방법에 의한 취득가액을 환산취득가액으로 하는 경우로서 ① (환산취득가액+필요경비개산공제액)이 ② (자본적 지출액+양도비)의 금액보다 적은 경우에는 ② (자본적 지출액+양도비)의 금액을 필요경비로 할 수 있다(소득세법 제97조 제2항 제2호 단서). 따라서 세부담의 최소화를 위하여 다음의 금액을 필요경비로 할 수 있다.

필요경비 = MAX(①, ②)

① (환산취득가액+필요경비개산공제액)
② (자본적 지출액+양도비)

예제

소득세법상 거주자의 양도소득과세표준 계산에 관한 설명으로 옳은 것은? 제29회

① 양도소득금액을 계산할 때 부동산을 취득할 수 있는 권리에서 발생한 양도차손은 토지에서 발생한 양도소득금액에서 공제할 수 없다.
② 양도차익을 실지거래가액에 의하는 경우 양도가액에서 공제할 취득가액은 그 자산에 대한 감가상각비로서 각 과세기간의 사업소득금액을 계산하는 경우 필요경비에 산입한 금액이 있을 때에는 이를 공제하지 않은 금액으로 한다.
③ 양도소득에 대한 과세표준은 종합소득 및 퇴직소득에 대한 과세표준과 구분하여 계산한다.
④ 1세대 1주택 비과세 요건을 충족하는 고가주택의 양도가액이 15억원이고 양도차익이 5억원인 경우 양도소득세가 과세되는 양도차익은 3억원이다.
⑤ 2018년 4월 1일 이후 지출한 자본적지출액은 그 지출에 관한 증명서류를 수취·보관하지 않고 실제 지출사실이 금융거래 증명서류에 의하여 확인되지 않는 경우에도 양도차익 계산시 양도가액에서 공제할 수 있다.

해설 ① 양도소득금액을 계산할 때 부동산을 취득할 수 있는 권리에서 발생한 양도차손은 토지에서 발생한 양도소득금액에서 공제할 수 있다.
② 양도차익을 실지거래가액에 의하는 경우 양도가액에서 공제할 취득가액은 그 자산에 대한 감가상각비로서 각 과세기간의 사업소득금액을 계산하는 경우 필요경비에 산입한 금액이 있을 때에는 이를 공제한 금액으로 한다.
④ 1세대 1주택 비과세 요건을 충족하는 고가주택의 양도가액이 15억원이고 양도차익이 5억원인 경우 양도소득세가 과세되는 양도차익은 1억원이다.
⑤ 2018년 4월 1일 이후 지출한 자본적지출액은 그 지출에 관한 증명서류를 수취·보관하지 않고 실제 지출사실이 금융거래 증명서류에 의하여 확인되지 않는 경우 양도차익 계산시 양도가액에서 공제할 수 없다.

정답 ③

3 양도소득금액의 계산(소득세법 제95조) : 장기보유특별공제

총수입금액(= 양도가액)
− 필요경비(= 취득가액 + 기타 필요경비)
= 양도차익(양도자산별로 계산)
− 장기보유특공제(양도차익 × 공제율)
= 양도소득금액

양도소득금액은 양도차익에서 장기보유특별공제액을 공제한 금액으로 한다(소득세법 제95조 제1항).

(1) 취 지

① 장기보유특별공제는 보유기간 동안의 명목소득에 대한 세부담 경감과 과중한 세부담으로 인한 부동산시장의 동결효과를 방지하기 위함이다.

② 누진세율구조하에서 장기간 축적된 보유이익이 양도시점에 한꺼번에 실현됨으로 인해 과도하게 높은 세율을 적용받는 현상(결집효과)를 완화하기 위함이다.

(2) 적용대상

등기된 토지・건물(주택 포함)로서 보유기간이 3년 이상인 것 및 조합원입주권(조합원으로부터 취득한 것은 제외)에 대하여 적용한다(소득세법 제95조 제2항).

(3) 적용배제 (소득세법 제95조 제2항)

다만, ②, ③, ④, ⑤의 경우 보유기간이 2년 이상인 주택을 2025년 5월 9일까지 양도하는 경우 그 해당 주택은 주택의 수를 계산할 때 산입하지 아니한다(소득세법시행령 제167조의3 제1항 제12호의2, 소득세법시행령 제167조의4 제3항 제6호의2, 소득세법시행령 제167조의10 제1항 제12호의2, 소득세법시행령 제167조의11 제1항 제12호).

① 미등기양도자산(소득세법 제104조 제3항)

② 「주택법」 제63조의2 제1항 제1호에 따른 조정대상지역에 있는 주택으로서 대통령령으로 정하는 1세대 2주택에 해당하는 주택(소득세법 제104조 제7항 제1호)

③ 조정대상지역에 있는 주택으로서 1세대가 1주택과 조합원입주권 또는 분양권을 1개 보유한 경우의 해당 주택. 다만, 대통령령으로 정하는 장기임대주택 등은 제외한다(소득세법 제104조 제7항 제2호).

④ 조정대상지역에 있는 주택으로서 대통령령으로 정하는 1세대 3주택 이상에 해당하는 주택(소득세법 제104조 제7항 제3호)

⑤ 조정대상지역에 있는 주택으로서 1세대가 주택과 조합원입주권 또는 분양권을 보유한 경우로서 그 수의 합이 3 이상인 경우 해당 주택. 다만, 대통령령으로 정하는 장기임대주택 등은 제외한다(소득세법 제104조 제7항 제4호).

(4) 장기보유특별공제시 보유기간의 적용(소득세법 제95조 제4항)

① 보유기간은 그 자산의 취득일(초일 산입)부터 양도일까지로 한다.

② 배우자·직계존비속 간 증여재산에 대한 이월과세를 적용받는 경우에는 증여한 배우자 또는 직계존비속이 해당 자산을 취득한 날부터 기산(起算)하고, 가업상속공제가 적용된 비율에 해당하는 자산의 경우에는 피상속인이 해당 자산을 취득한 날부터 기산한다.

③ 상속받은 자산을 양도하는 경우에는 상속개시일부터 기산한다.

(5) 장기보유특별공제액

장기보유특별공제액 = 양도차익 × 공제율

① "장기보유특별공제액"이란 그 자산의 양도차익(조합원입주권을 양도하는 경우에는 「도시 및 주거환경정비법」 제74조에 따른 관리처분계획 인가 및 「빈집 및 소규모주택 정비에 관한 특례법」 제29조에 따른 사업시행계획인가 전 토지분 또는 건물분의 양도차익으로 한정한다)에 다음 표1에 따른 보유기간별 공제율을 곱하여 계산한 금액을 말한다. 다만, 대통령령으로 정하는 1세대 1주택(이에 딸린 토지를 포함한다)에 해당하는 자산의 경우에는 그 자산의 양도차익에 다음 표 2에 따른 보유기간별 공제율을 곱하여 계산한 금액과 같은 표에 따른 거주기간별 공제율을 곱하여 계산한 금액을 합산한 것을 말한다(소득세법 제95조 제2항).

☑ **표1**

보유기간	공제율
3년 이상 4년 미만	100분의 6
4년 이상 5년 미만	100분의 8
5년 이상 6년 미만	100분의 10
6년 이상 7년 미만	100분의 12
7년 이상 8년 미만	100분의 14
8년 이상 9년 미만	100분의 16
9년 이상 10년 미만	100분의 18
10년 이상 11년 미만	100분의 20
11년 이상 12년 미만	100분의 22
12년 이상 13년 미만	100분의 24
13년 이상 14년 미만	100분의 26
14년 이상 15년 미만	100분의 28
15년 이상	100분의 30

☑ **표2**

보유기간	공제율	거주기간	공제율
3년 이상 4년 미만	100분의 12	2년 이상 3년 미만 (보유기간 3년 이상에 한정함)	100분의 8
		3년 이상 4년 미만	100분의 12
4년 이상 5년 미만	100분의 16	4년 이상 5년 미만	100분의 16
5년 이상 6년 미만	100분의 20	5년 이상 6년 미만	100분의 20
6년 이상 7년 미만	100분의 24	6년 이상 7년 미만	100분의 24
7년 이상 8년 미만	100분의 28	7년 이상 8년 미만	100분의 28
8년 이상 9년 미만	100분의 32	8년 이상 9년 미만	100분의 32
9년 이상 10년 미만	100분의 36	9년 이상 10년 미만	100분의 36
10년 이상	100분의 40	10년 이상	100분의 40

② ①에서 "대통령령으로 정하는 1세대 1주택"이란 1세대가 양도일 현재 국내에 1주택[제155조(1세대 1주택의 특례)·제155조의2(장기저당담보주택에 대한 1세대 1주택의 특례)·제156조의2(주택과 조합원입주권을 소유한 경우 1세대 1주택의 특례)·제156조의3(주택과 분양권을 소유한 경우 1세대 1주택의 특례) 및 그 밖의 규정에 따라 1세대 1주택으로 보는 주택을 포함한다]을 보유하고 보유기간 중 거주기간이 2년 이상인 것을 말한다. 이 경우 해당 1주택이 제155조 제3항 각 호 외의 부분 본문에 따른 공동상속주택인 경우 거주기간은 해당 주택에 거주한 공동상속인 중 그 거주기간이 가장 긴 사람이 거주한 기간으로 판단한다(소득세법시행령 제159조의4).

③ 제89조 제1항 제3호에 따라 양도소득의 비과세대상에서 제외되는 고가주택(이에 딸린 토지를 포함한다) 및 같은 항 제4호 각 목 외의 부분 단서에 따라 양도소득의 비과세대상에서 제외되는 조합원입주권에 해당하는 자산의 양도차익 및 장기보유특별공제액은 위 규정에도 불구하고 대통령령으로 정하는 바에 따라 계산한 금액으로 한다(소득세법 제95조 제3항, 소득세법시행령 제160조 제1항).

(6) 동일 연도에 수회 양도한 경우의 장기보유특별공제액

동일 연도에 장기보유특별공제의 대상이 되는 자산을 수회 양도한 경우에도 공제요건에 해당하면 자산별로 각각 공제한다.

심화학습 **장기보유특별공제를 위한 보유기간 계산 기준일**(양도소득세 집행기준 95 − 159의3 − 5)

취득유형		기준일
상속받은 부동산		상속개시일
증여받은 부동산		증여등기일
재산분할 부동산		이혼 전 배우자의 취득한 날
이월과세대상 부동산		당초 증여자가 취득한 날
부당행위계산 대상 부동산		당초 증여자가 취득한 날
도시 및 주거환경정비법에 따른 재개발 · 재건축	원조합원	종전 주택을 취득한 날
	승계조합원	신축완성주택의 취득시기(사용승인서교부일 등)

넓혀 보기

비거주자의 장기보유특별공제 적용률(양도소득세 집행기준 95-159의3-9)

비거주자가 국내에 소유하는 1주택을 양도하는 경우 보유기간별 24~80%의 장기보유공제율을 적용하지 아니한다.

4 양도소득과세표준의 계산: 양도소득기본공제 제35회

총수입금액(=양도가액)
− 필요경비(=취득가액+기타 필요경비)
= 양도차익(양도자산별로 계산)
− 장기보유특별공제(양도차익 × 공제율)
= 양도소득금액
− 양도소득기본공제(소득별, 연간 250만원)
= 양도소득과세표준

양도소득과세표준: 제2호의 양도소득금액에서 제103조에 따른 양도소득 기본공제액을 공제하여 계산한다(소득세법 제92조 제2항 제3호).

(1) 적용대상

양도소득기본공제는 보유기간의 장단이나 과세대상별에 관계없이 모든 양도자산에 대하여 적용을 한다. 다만, 미등기양도자산의 양도소득금액에 대해서는 그러하지 아니하다(소득세법 제103조 제1항 제1호).

(2) 양도소득기본공제액

양도소득이 있는 거주자에 대해서는 다음의 소득별로 해당 과세기간의 양도소득금액에서 각각 연 250만원을 공제한다(소득세법 제103조 제1항).

① 토지 · 건물, 부동산에 관한 권리 및 기타자산 소득. 다만, 제104조 제3항에 따른 미등기양도자산의 양도소득금액에 대해서는 그러하지 아니하다.

② 주식 또는 출자지분(주식 등) 소득

③ 파생상품 등 소득

④ 신탁 수익권 소득

(3) 양도소득금액에 감면 소득금액이 있는 경우

위 (2)를 적용할 때 양도소득금액에 「소득세법」 또는 「조세특례제한법」이나 그 밖의 법률에 따른 감면소득금액이 있는 경우에는 그 감면소득금액 외의 양도소득금액에서 먼저 공제하고, 감면소득금액 외의 양도소득금액 중에서는 해당 과세기간에 먼저 양도한 자산의 양도소득금액에서부터 순서대로 공제한다(소득세법 제103조 제2항).

(4) 양도소득세의 감면 제31회

제95조에 따른 양도소득금액에 이 법 또는 다른 조세에 관한 법률에 따른 감면대상 양도소득금액이 있을 때에는 다음 계산식에 따라 계산한 양도소득세 감면액을 양도소득 산출세액에서 감면한다(소득세법 제90조 제1항).

$$\text{양도소득세 감면액} = A \times \frac{(B - C)}{D} \times E$$

A : 제104조에 따른 양도소득 산출세액
B : 감면대상 양도소득금액
C : 제103조 제2항에 따른 양도소득 기본공제
D : 제92조에 따른 양도소득 과세표준
E : 이 법 또는 다른 조세에 관한 법률에서 정한 감면율

넓혀 보기

양도소득금액의 구분계산 등(결손금의 통산)(소득세법 제102조)

1. **양도소득금액은 다음의 소득별로 구분하여 계산한다. 이 경우 소득금액을 계산할 때 발생하는 결손금은 다른 호의 소득금액과 합산하지 아니한다**(소득세법 제102조 제1항).
   ① 토지 · 건물 및 부동산에 관한 권리 및 기타자산의 소득
   ② 주식 또는 출자지분의 소득
   ③ 파생상품 등의 거래 · 행위로 발생하는 소득
   ④ 신탁 수익권의 소득
2. 1.에 따라 양도소득금액을 계산할 때 양도차손이 발생한 자산이 있는 경우에는 1.의 각 항목별로 해당 자산 외의 다른 자산에서 발생한 양도소득금액에서 그 양도차손을 공제한다. 이 경우 공제방법은 양도소득금액의 세율 등을 고려하여 대통령령으로 정한다(소득세법 제102조 제2항).

5 양도소득에 대한 세액의 계산 제34회

총수입금액(=양도가액)
− 필요경비(=취득가액+기타 필요경비)
= 양도차익(양도자산별로 계산)
−장기보유특별공제(양도차익×공제율)
= 양도소득금액
−양도소득기본공제(소득별, 연간 250만원)
= 양도소득과세표준
× 세 율
= 양도소득 산출세액

거주자의 양도소득세는 해당 과세기간의 양도소득과세표준에 다음 각 호의 세율을 적용하여 계산한 금액("양도소득 산출세액"이라 한다)을 그 세액으로 한다. 이 경우 하나의 자산이 다음 각 호에 따른 세율 중 둘 이상에 해당할 때에는 해당 세율을 적용하여 계산한 양도소득 산출세액 중 큰 것을 그 세액으로 한다(소득세법 제104조 제1항).

(1) **제94조 제1항 제1호**(토지 또는 건물) · **제2호**(부동산에 관한 권리) **및 제4호**(기타자산)**에 따른 자산**(소득세법 제104조 제1항 제1호)(소득세법 제55조 제1항)

☑ **제55조 제1항에 따른 세율**(분양권의 경우에는 양도소득 과세표준의 100분의 60)

종합소득 과세표준	세 율
1,400만원 이하	과세표준의 6퍼센트
1,400만원 초과 5,000만원 이하	84만원 + (1,400만원을 초과하는 금액의 15퍼센트)
5,000만원 초과 8,800만원 이하	624만원 + (5,000만원을 초과하는 금액의 24퍼센트)
8,800만원 초과 1억5천만원 이하	1,536만원 + (8,800만원을 초과하는 금액의 35퍼센트)
1억5천만원 초과 3억원 이하	3,706만원 + (1억5천만원을 초과하는 금액의 38퍼센트)
3억원 초과 5억원 이하	9,406만원 + (3억원을 초과하는 금액의 40퍼센트)
5억원 초과 10억원 이하	1억7,406만원 + (5억원을 초과하는 금액의 42퍼센트)
10억원 초과	3억8,406만원 + (10억원을 초과하는 금액의 45퍼센트)

(2) **제94조 제1항 제1호**(토지 또는 건물) **및 제2호**(부동산에 관한 권리)**에서 규정하는 자산으로서 그 보유기간이 1년 이상 2년 미만인 것**(소득세법 제104조 제1항 제2호)

양도소득과세표준의 100분의 40[주택(이에 딸린 토지로서 대통령령으로 정하는 토지를 포함한다), 조합원입주권 및 분양권의 경우에는 100분의 60]

(3) **제94조 제1항 제1호**(토지 또는 건물) **및 제2호**(부동산에 관한 권리)**에 따른 자산으로서 그 보유기간이 1년 미만인 것**(소득세법 제104조 제1항 제3호)

양도소득 과세표준의 100분의 50(주택, 조합원입주권 및 분양권의 경우에는 100분의 70)

(4) **제104조의3에 따른 비사업용 토지**(소득세법 제104조 제1항 제8호)

양도소득 과세표준	세 율
1,400만원 이하	16퍼센트
1,400만원 초과 5,000만원 이하	224만원 + (1,400만원 초과액 × 25퍼센트)
5,000만원 초과 8,800만원 이하	1,124만원 + (5,000만원 초과액 × 34퍼센트)
8,800만원 초과 1억5천만원 이하	2,416만원 + (8,800만원 초과액 × 45퍼센트)
1억5천만원 초과 3억원 이하	5,206만원 + (1억5천만원 초과액 × 48퍼센트)
3억원 초과 5억원 이하	1억2,406만원 + (3억원 초과액 × 50퍼센트)
5억원 초과 10억원 이하	2억2,406만원 + (5억원 초과액 × 52퍼센트)
10억원 초과	4억8,406만원 + (10억원 초과액 × 55퍼센트)

(5) **미등기양도자산**(소득세법 제104조 제1항 제10호)

양도소득 과세표준의 100분의 70

(6) **제94조 제1항 제3호 가목**(주권상장법인의 주식 등으로서 일정한 주식) **및 나목**(주권비상장법인의 주식 등)**에 따른 자산**(소득세법 제104조 제1항 제11호)

① 소유주식의 비율·시가총액 등을 고려하여 대통령령으로 정하는 대주주(이하 "대주주"라 한다)가 양도하는 주식 등

㉠ 1년 미만 보유한 주식 등으로서 중소기업 외의 법인의 주식 등: 양도소득 과세표준의 100분의 30

㉡ ㉠에 해당하지 아니하는 주식 등

양도소득 과세표준	세 율
3억원 이하	20퍼센트
3억원 초과	6천만원+(3억원 초과액 × 25퍼센트)

② **대주주가 아닌 자가 양도하는 주식 등**

㉠ 중소기업의 주식 등: 양도소득 과세표준의 100분의 10

㉡ ㉠에 해당하지 아니하는 주식 등: 양도소득 과세표준의 100분의 20

(7) **제94조 제1항 제3호 다목**(외국법인이 발행하였거나 외국에 있는 시장에 상장된 주식 등으로서 대통령령으로 정하는 것)**에 따른 자산**(소득세법 제104조 제1항 제12호)

① **중소기업의 주식 등**

양도소득 과세표준의 100분의 10

② **그 밖의 주식 등**

양도소득 과세표준의 100분의 20

(8) **제94조 제1항 제5호에 따른 파생상품 등**(소득세법 제104조 제1항 제13호)

양도소득 과세표준의 100분의 20

(9) 다음 각 호의 어느 하나에 해당하는 주택(이에 딸린 토지를 포함한다)을 양도하는 경우 제55조 제1항에 따른 세율에 100분의 20(제3호 및 제4호의 경우 100분의 30)을 더한 세율을 적용한다. 이 경우 해당 주택 보유기간이 2년 미만인 경우에는 제55조 제1항에 따른 세율에 100분의 20(제3호 및 제4호의 경우 100분의 30)을 더한 세율을 적용하여 계산한 양도소득 산출세액과 제1항 제2호 또는 제3호의 세율을 적용하여 계산한 양도소득 산출세액 중 큰 세액을 양도소득 산출세액으로 한다(소득세법 제104조 제7항). 다만, ①, ②, ③, ④의 경우 보유기간이 2년 이상인 주택을 2025년 5월 9일까지 양도하는 경우 그 해당 주택은 주택의 수를 계산할 때 산입하지 아니한다(소득세법시행령 제167조의3 제1항 제12호의2, 소득세법시행령 제167조의4 제3항 제6호의2, 소득세법시행령 제167조의10 제1항 제12호의2, 소득세법시행령 제167조의11 제1항 제12호).

① 「주택법」 제63조의2 제1항 제1호에 따른 조정대상지역(이하 이 조에서 "조정대상지역"이라 한다)에 있는 주택으로서 대통령령으로 정하는 1세대 2주택에 해당하는 주택(소득세법 제104조 제7항 제1호)

② 조정대상지역에 있는 주택으로서 1세대가 1주택과 조합원입주권 또는 분양권을 1개 보유한 경우의 해당 주택. 다만, 대통령령으로 정하는 장기임대주택 등은 제외한다(소득세법 제104조 제7항 제2호).

③ 조정대상지역에 있는 주택으로서 대통령령으로 정하는 1세대 3주택 이상에 해당하는 주택(소득세법 제104조 제7항 제3호)

④ 조정대상지역에 있는 주택으로서 1세대가 주택과 조합원입주권 또는 분양권을 보유한 경우로서 그 수의 합이 3 이상인 경우 해당 주택. 다만, 대통령령으로 정하는 장기임대주택 등은 제외한다(소득세법 제104조 제7항 제4호).

핵심 다지기

양도소득세의 세율(소득세법 제104조 제2항)

양도소득세의 세율 적용시 보유기간은 해당 자산의 취득일부터 양도일까지로 한다. 다만, 다음 각 호의 어느 하나에 해당하는 경우에는 각각 그 정한 날을 그 자산의 취득일로 본다.

1. 상속받은 자산은 피상속인이 그 자산을 취득한 날
2. 배우자 · 직계존비속간 증여재산에 대한 이월과세의 규정을 적용받은 자산은 증여자가 그 자산을 취득한 날
3. 법인의 합병 · 분할(물적 분할은 제외)로 인하여 합병법인 · 분할신설법인 또는 분할합병의 상대방 법인으로부터 새로 주식 등을 취득한 경우에는 피합병법인 · 분할법인 또는 소멸한 분할합병의 상대방 법인의 주식 등을 취득한 날

넓혀 보기

지정지역에 있는 부동산에 대한 추가과세(소득세법 제104조 제4항)

다음 각 호의 어느 하나에 해당하는 부동산을 양도하는 경우 제55조 제1항[제3호(같은 호 단서에 해당하는 경우를 포함한다)의 경우에는 제1항 제8호]에 따른 세율에 100분의 10을 더한 세율을 적용한다. 이 경우 해당 부동산 보유기간이 2년 미만인 경우에는 제55조 제1항[제3호(같은 호 단서에 해당하는 경우를 포함한다)의 경우에는 제1항 제8호]에 따른 세율에 100분의 10을 더한 세율을 적용하여 계산한 양도소득 산출세액과 제1항 제2호 또는 제3호의 세율을 적용하여 계산한 양도소득 산출세액 중 큰 세액을 양도소득 산출세액으로 한다.

1. 삭제
2. 삭제
3. 제104조의2 제2항에 따른 지정지역에 있는 부동산으로서 제104조의3에 따른 비사업용 토지. 다만, 지정지역의 공고가 있은 날 이전에 토지를 양도하기 위하여 매매계약을 체결하고 계약금을 지급받은 사실이 증빙서류에 의하여 확인되는 경우는 제외한다.
4. 그 밖에 부동산 가격이 급등하였거나 급등할 우려가 있어 부동산가격의 안정을 위하여 필요한 경우에 대통령령으로 정하는 부동산

넓혀 보기

양도소득 산출세액 계산 특례(비교과세)(소득세법 제104조 제5항)

해당 과세기간에 제94조 제1항 제1호(토지 또는 건물)·제2호(부동산에 관한 권리) 및 제4호(기타자산)에서 규정한 자산을 둘 이상 양도하는 경우 양도소득 산출세액은 다음 각 호의 금액 중 큰 것(이 법 또는 다른 조세에 관한 법률에 따른 양도소득세 감면액이 있는 경우에는 해당 감면세액을 차감한 세액이 더 큰 경우의 산출세액을 말한다)으로 한다. 이 경우 제2호의 금액을 계산할 때 제1항 제8호(비사업용토지) 및 제9호(비사업용 토지 과다소유법인의 주식)의 자산은 동일한 자산으로 보고, 한 필지의 토지가 제104조의3에 따른 비사업용 토지와 그 외의 토지로 구분되는 경우에는 각각을 별개의 자산으로 보아 양도소득 산출세액을 계산한다.

1. 해당 과세기간의 양도소득과세표준 합계액에 대하여 제55조 제1항에 따른 세율(6~45%)을 적용하여 계산한 양도소득 산출세액
2. 제1항부터 제4항까지 및 제7항의 규정에 따라 계산한 자산별 양도소득 산출세액 합계액. 다만, 둘 이상의 자산에 대하여 제1항 각 호, 제4항 각 호 및 제7항 각 호에 따른 세율 중 동일한 호의 세율이 적용되고, 그 적용세율이 둘 이상인 경우 해당 자산에 대해서는 각 자산의 양도소득과세표준을 합산한 것에 대하여 제1항·제4항 또는 제7항의 각 해당 호별 세율을 적용하여 산출한 세액 중에서 큰 산출세액의 합계액으로 한다.

6 양도소득의 필요경비 계산 특례 제32회, 제35회

1. 배우자 · 직계존비속 간 증여재산에 대한 이월과세

거주자가 양도일부터 소급하여 10년 이내에 그 배우자(양도 당시 혼인관계가 소멸된 경우를 포함하되, 사망으로 혼인관계가 소멸된 경우는 제외한다. 이하 이 항에서 같다) 또는 직계존비속으로부터 증여받은 제94조 제1항 제1호에 따른 자산이나 그 밖에 대통령령으로 정하는 자산의 양도차익을 계산할 때 양도가액에서 공제할 필요경비는 제97조 제2항에 따르되, 다음 각 호의 기준을 적용한다(소득세법 제97조의2 제1항).

① 취득가액은 거주자의 배우자 또는 직계존비속이 해당 자산을 취득할 당시의 제97조 제1항 제1호에 따른 금액으로 한다.

② 제97조 제1항 제2호에 따른 필요경비에는 거주자의 배우자 또는 직계존비속이 해당 자산에 대하여 지출한 같은 호에 따른 금액을 포함한다.

③ 거주자가 해당 자산에 대하여 납부하였거나 납부할 증여세 상당액이 있는 경우 필요경비에 산입한다.

(1) 납세의무자

세액의 계산은 당초 증여자의 취득일을 기준으로 계산하지만, 납세의무는 증여받은 배우자 및 직계존비속이 양도한 것이므로 수증자가 양도소득세의 납세의무자가 된다. 다만, 수증자와 증여자 사이에 증여세에 대한 연대납세의무는 있지만, 양도소득세에 대하여는 연대납세의무가 없다.

(2) 납부한 증여세의 필요경비 산입

거주자가 증여받은 자산에 대하여 납부하였거나 납부할 증여세 상당액이 있는 경우에는 필요경비에 산입한다(소득세법 제97조의2 제1항 후단).

(3) 보유기간 계산

이월과세를 적용받은 자산의 보유기간은 증여한 배우자 또는 직계존비속이 해당 자산을 취득한 날부터 기산(起算)한다(소득세법 제95조 제4항 단서). 따라서 증여한 배우자 또는 직계존비속이 그 자산을 취득한 날을 취득일로 보고, 장기보유특별공제 · 양도소득세율 및 1세대 1주택 비과세규정을 적용한다(소득세법 제104조 제2항 제2호, 소득세법시행령 제154조 제5항).

(4) 이월과세 적용배제

다음의 어느 하나에 해당하는 경우에는 이월과세를 적용하지 아니한다(소득세법 제97조의2 제2항).

① 사업인정고시일부터 소급하여 2년 이전에 증여받은 경우로서 「공익사업을 위한 토지 등의 취득 및 보상에 관한 법률」이나 그 밖의 법률에 따라 협의매수 또는 수용된 경우

② 이월과세를 적용할 경우 1세대 1주택[양도소득의 비과세대상에서 제외되는 고가주택(이에 딸린 토지를 포함한다)을 포함한다]의 양도에 해당하게 되는 경우

③ 이월과세를 적용하여 계산한 양도소득 결정세액이 이월과세를 적용하지 아니하고 계산한 양도소득 결정세액보다 적은 경우

넓혀 보기

이월과세 적용으로 수증자가 1세대 1주택 비과세를 적용받은 경우 부당행위계산부인 적용(양도소득세 집행기준 97의2-0-2)

이월과세 적용에 따른 조세회피를 방지하기 위해, 양도소득세 이월과세가 적용되어 수증자가 1세대 1주택자로 비과세가 되는 경우 부당행위계산부인 규정이 적용된다. 단, 동일세대원으로부터 수증받는 경우에는 이월과세를 적용한다.

예 제

소득세법상 배우자 간 증여재산의 이월과세에 관한 설명으로 옳은 것은? 제32회

① 이월과세를 적용하는 경우 거주자가 배우자로부터 증여받은 자산에 대하여 납부한 증여세를 필요경비에 산입하지 아니한다.

② 이월과세를 적용받은 자산의 보유기간은 증여한 배우자가 그 자산을 증여한 날을 취득일로 본다.

③ 거주자가 양도일부터 소급하여 10년 이내에 그 배우자(양도 당시 사망으로 혼인관계가 소멸된 경우 포함)로부터 증여받은 토지를 양도할 경우에 이월과세를 적용한다.

④ 거주자가 사업인정고시일부터 소급하여 2년 이전에 배우자로부터 증여받은 경우로서 「공익사업을 위한 토지 등의 취득 및 보상에 관한 법률」에 따라 수용된 경우에는 이월과세를 적용하지 아니한다.

⑤ 이월과세를 적용하여 계산한 양도소득결정세액이 이월과세를 적용하지 않고 계산한 양도소득결정세액보다 적은 경우에 이월과세를 적용한다.

해설 ① 이월과세를 적용하는 경우 거주자가 배우자로부터 증여받은 자산에 대하여 납부한 증여세를 필요경비에 산입한다.

② 이월과세를 적용받은 자산의 보유기간은 증여한 배우자가 그 자산을 취득한 날을 취득일로 본다.

③ 거주자가 양도일부터 소급하여 10년 이내에 그 배우자(양도 당시 사망으로 혼인관계가 소멸된 경우 제외)로부터 증여받은 토지를 양도할 경우에 이월과세를 적용한다.

⑤ 이월과세를 적용하여 계산한 양도소득결정세액이 이월과세를 적용하지 않고 계산한 양도소득결정세액보다 적은 경우에 이월과세를 적용하지 아니한다.

정답 ④

2. 양도소득의 부당행위계산부인

거주자가 그와 특수관계인과의 부동산 등의 거래에 있어서 시가보다 현저히 높은 가격 또는 낮은 가격으로 거래하거나, 특수관계인을 통해 우회양도를 함으로서 조세의 부담을 부당하게 감소시킨 경우에 부당행위계산의 부인을 적용한다.

(1) 저가양도 · 고가양수의 부당행위계산부인

① 납세지 관할 세무서장 또는 지방국세청장은 양도소득이 있는 거주자의 행위 또는 계산이 그 거주자의 특수관계인과의 거래로 인하여 그 소득에 대한 조세 부담을 부당하게 감소시킨 것으로 인정되는 경우에는 그 거주자의 행위 또는 계산과 관계없이 해당 과세기간의 소득금액을 계산할 수 있다(소득세법 제101조 제1항).

② **조세의 부담을 부당하게 감소시킨 것으로 인정되는 경우**: "조세의 부담을 부당하게 감소시킨 것으로 인정되는 경우"란 다음의 어느 하나에 해당하는 때를 말한다. 다만, 시가와 거래가액의 차액이 3억원 이상이거나 시가의 100분의 5에 상당하는 금액 이상인 경우로 한정한다(소득세법시행령 제167조 제3항).

㉠ 특수관계인으로부터 시가보다 높은 가격으로 자산을 매입하거나 특수관계인에게 시가보다 낮은 가격으로 자산을 양도한 때

㉡ 그 밖에 특수관계인과의 거래로 해당 연도의 양도가액 또는 필요경비의 계산시 조세의 부담을 부당하게 감소시킨 것으로 인정되는 때

③ **시가**: 「상속세 및 증여세법」 제60조부터 제66조까지와 같은 법 시행령 제49조, 제50조부터 제52조까지, 제52조의2, 제53조부터 제58조까지, 제58조의2부터 제58조의4까지, 제59조부터 제63조까지의 규정을 준용하여 평가한 가액에 따른다. 이 경우 「상속세 및 증여세법 시행령」 제49조 제1항 각 호 외의 부분 본문 중 "평가기준일 전후 6개월(증여재산의 경우에는 평가기준일 전 6개월부터 평가기준일 후 3개월까지로 한다) 이내의 기간"은 "양도일 또는 취득일 전후 각 3개월의 기간"으로 본다(소득세법시행령 제167조 제5항).

④ **적용배제**: 개인과 법인 간에 재산을 양수 또는 양도하는 경우로서 그 대가가 「법인세법시행령」 규정에 의한 가액(시가)에 해당되어 당해 법인의 거래에 대하여 「법인세법」의 부당행위계산부인규정이 적용되지 아니하는 경우에는 적용하지 아니한다. 다만, 거짓 그 밖의 부정한 방법으로 양도소득세를 감소시킨 것으로 인정되는 경우에는 그러하지 아니하다(소득세법시행령 제167조 제6항).

심화 학습 **부당행위계산 적용시 취득가액으로 보는 시가**(양도소득세 집행기준 101-167-3)

특수관계자로부터 토지를 고가로 취득한 경우 부당행위계산 적용시 취득가액은 시가에 의하여 계산하며 이 경우 시가는 상증법상 평가액을 적용한다.

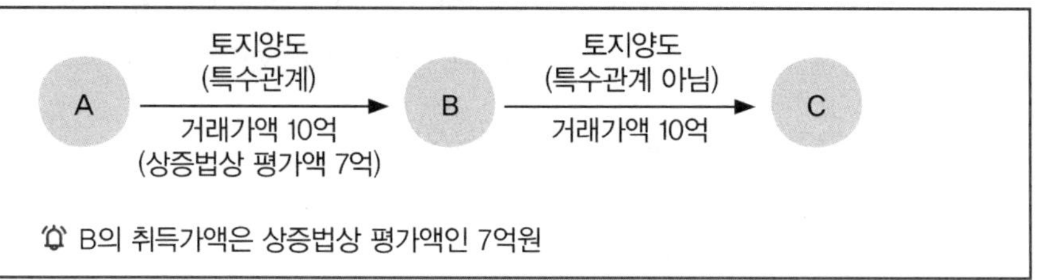

넓혀 보기

특수관계인의 범위(국세기본법시행령 제1조의2)

1. **혈족 · 인척 등 대통령령으로 정하는 친족관계**
   ① 4촌 이내의 혈족
   ② 3촌 이내의 인척
   ③ 배우자(사실상의 혼인관계에 있는 자를 포함)
   ④ 친생자로서 다른 사람에게 친양자 입양된 자 및 그 배우자 · 직계비속
   ⑤ 본인이 「민법」에 따라 인지한 혼인 외 출생자의 생부나 생모(본인의 금전이나 그 밖의 재산으로 생계를 유지하는 사람 또는 생계를 함께하는 사람으로 한정한다)
2. **임원 · 사용인 등 대통령령으로 정하는 경제적 연관관계**
   ① 임원과 그 밖의 사용인
   ② 본인의 금전이나 그 밖의 재산으로 생계를 유지하는 자
   ③ ① 및 ②의 자와 생계를 함께하는 친족
3. **주주 · 출자자 등 대통령령으로 정하는 경영지배관계**
   ① 본인이 개인인 경우
   ㉠ 본인이 직접 또는 그와 친족관계 또는 경제적 연관관계에 있는 자를 통하여 법인의 경영에 대하여 지배적인 영향력을 행사하고 있는 경우 그 법인
   ㉡ 본인이 직접 또는 그와 친족관계, 경제적 연관관계 또는 ㉠의 관계에 있는 자를 통하여 법인의 경영에 대하여 지배적인 영향력을 행사하고 있는 경우 그 법인
   ② 본인이 법인인 경우
   ㉠ 개인 또는 법인이 직접 또는 그와 친족관계 또는 경제적 연관관계에 있는 자를 통하여 본인인 법인의 경영에 대하여 지배적인 영향력을 행사하고 있는 경우 그 개인 또는 법인
   ㉡ 본인이 직접 또는 그와 경제적 연관관계 또는 ㉠의 관계에 있는 자를 통하여 어느 법인의 경영에 대하여 지배적인 영향력을 행사하고 있는 경우 그 법인
   ㉢ 본인이 직접 또는 그와 경제적 연관관계, ㉠ 또는 ㉡의 관계에 있는 자를 통하여 어느 법인의 경영에 대하여 지배적인 영향력을 행사하고 있는 그 법인
   ㉣ 본인이 「독점규제 및 공정거래에 관한 법률」에 따른 기업집단에 속하는 경우 그 기업집단에 속하는 다른 계열회사 및 그 임원

(2) **증여 후 양도 행위의 부인**(우회양도 부인) 제33회

① 적용대상

거주자가 특수관계인(이월과세를 적용받는 배우자 및 직계존비속의 경우는 제외)에게 자산을 증여한 후 그 자산을 증여받은 자가 그 증여일부터 10년(등기부에 기재된 소유기간에 따름) 이내에 다시 타인에게 양도한 경우로서 ㉠에 따른 세액이 ㉡에 따른 세액보다 적은 경우에는 증여자가 그 자산을 직접 양도한 것으로 본다(소득세법 제101조 제2항).

㉠ 증여받은 자의 증여세와 양도소득세를 합한 세액

㉡ 증여자가 직접 양도하는 경우로 보아 계산한 양도소득세

② 납세의무자

㉠ 부인 요건에 해당하는 경우 당초 증여자가 그 자산을 직접 양도한 것으로 보아 증여자에게 양도소득세의 납세의무가 있다(소득세법 제101조 제2항).

㉡ 증여자가 자산을 직접 양도한 것으로 보는 경우 그 양도소득에 대해서는 증여자와 증여받은 자가 연대하여 납세의무를 진다(소득세법 제2조의2 제3항).

③ 양도소득세의 계산

당초 증여자(특수관계인)의 취득일을 기준으로 양도차익, 장기보유특별공제, 세율을 적용하여 세액을 계산한다.

④ 납부한 증여세의 환급

증여자에게 양도소득세가 과세되는 경우에는 당초 증여받은 자산에 대해서는 「상속세 및 증여세법」의 규정에도 불구하고 증여세를 부과하지 아니한다(소득세법 제101조 제3항). 따라서 이미 수증자에게 증여세가 부과된 경우에는 부과를 취소하고 수증자에게 환급하여야 한다.

⑤ 적용 배제

㉠ 양도소득이 해당 수증자에게 실질적으로 귀속된 경우에는 부인 규정을 적용하지 아니한다(소득세법 제101조 제2항 단서).

㉡ 양도소득이 해당 수증자에게 귀속되는 경우에는 실질과세원칙에 따라 그 수증자에게 양도소득세가 과세되므로 증여자가 타인에게 직접 양도한 것으로 보지 않는다.

예제

소득세법상 거주자의 국내자산 양도소득세 계산에 관한 설명으로 옳은 것은? 제31회

① 부동산에 관한 권리의 양도로 발생한 양도차손은 토지의 양도에서 발생한 양도소득금액에서 공제할 수 없다.

② 양도일부터 소급하여 10년 이내에 그 배우자로부터 증여받은 토지의 양도차익을 계산할 때 그 증여받은 토지에 대하여 납부한 증여세는 양도가액에서 공제할 필요경비에 산입하지 아니한다.

③ 취득원가에 현재가치할인차금이 포함된 양도자산의 보유기간 중 사업소득금액 계산시 필요경비로 산입한 현재가치할인차금상각액은 양도차익을 계산할 때 양도가액에서 공제할 필요경비로 본다.

④ 특수관계인에게 증여한 자산에 대해 증여자인 거주자에게 양도소득세가 과세되는 경우 수증자가 부담한 증여세 상당액은 양도가액에서 공제할 필요경비에 산입한다.

⑤ 거주자가 특수관계인과의 거래(시가와 거래가액의 차액이 5억원임)에 있어서 토지를 시가에 미달하게 양도함으로써 조세의 부담을 부당히 감소시킨 것으로 인정되는 때에는 그 양도가액을 시가에 의하여 계산한다.

해설 ① 부동산에 관한 권리의 양도로 발생한 양도차손은 토지의 양도에서 발생한 양도소득금액에서 공제할 수 있다(소득세법 제102조 제1항).

② 양도일부터 소급하여 10년 이내에 그 배우자로부터 증여받은 토지의 양도차익을 계산할 때 그 증여받은 토지에 대하여 납부한 증여세는 양도가액에서 공제할 필요경비에 산입한다(소득세법 제97조의2 제1항).

③ 취득원가에 현재가치할인차금이 포함된 양도자산의 보유기간 중 사업소득금액 계산시 필요경비로 산입한 현재가치할인차금상각액은 양도차익을 계산할 때 취득가액에서 공제한다(소득세법시행령 제163조 제2항).

④ 특수관계인에게 증여한 자산에 대해 증여자인 거주자에게 양도소득세가 과세되는 경우 수증자가 부담한 증여세 상당액은 부과를 취소하고 환급한다(소득세법 제101조 제3항).

정답 ⑤

06 양도소득세의 신고와 납부 제31회

1 양도소득과세표준의 예정신고와 납부

(1) 양도소득과세표준 예정신고

양도소득세 과세대상 자산(외국법인이 발행하였거나 외국에 있는 시장에 상장된 주식 등과 파생상품은 제외)을 양도한 거주자는 양도소득과세표준을 다음의 구분에 따른 기간에 대통령령으로 정하는 바에 따라 납세지 관할 세무서장에게 신고하여야 한다(소득세법 제105조 제1항).

외국법인이 발행하였거나 외국에 있는 시장에 상장된 주식과 파생상품은 예정신고하지 않는다.

① **토지 · 건물 및 부동산에 관한 권리 · 기타 자산 및 신탁 수익권**: 양도일이 속하는 달의 말일부터 2개월. 다만, 「부동산 거래신고 등에 관한 법률」 제10조 제1항에 따른 토지거래계약에 관한 허가구역에 있는 토지를 양도할 때 토지거래계약허가를 받기 전에 대금을 청산한 경우에는 그 허가일(토지거래계약허가를 받기 전에 허가구역의 지정이 해제된 경우에는 그 해제일을 말한다)이 속하는 달의 말일부터 2개월로 한다.

② **주식 또는 출자지분**: 양도일이 속하는 반기(半期)의 말일부터 2개월로 한다.

③ 부담부증여의 채무액에 해당하는 부분으로서 양도로 보는 경우에는 그 양도일이 속하는 달의 말일부터 3개월

(2) 양도소득과세표준 예정신고는 양도차익이 없거나 양도차손이 발생한 경우에도 적용한다(소득세법 제105조 제3항).

(3) 예정신고를 할 때에는 예정신고납부세액을 납부하여야 한다(소득세법 제106조 제1항).

(4) 예정신고납부를 할 때에는 확정신고납부의 경우와 마찬가지로 분할납부도 할 수 있다(소득세법 제112조).

(5) 예정신고납부의무를 위반한 경우에는 「국세기본법」에 따른 무신고가산세 · 과소신고가산세 및 납부지연가산세가 부과된다.

(6) 예정신고납부

거주자가 예정신고를 할 때에는 산출세액에서 「조세특례제한법」이나 그 밖의 법률에 따른 감면세액을 뺀 세액을 대통령령으로 정하는 바에 따라 납세지 관할 세무서, 한국은행 또는 체신관서에 납부하여야 한다(소득세법 제106조 제1항). 다만, 예정신고납부를 하는 경우 수시부과세액이 있을 때에는 이를 공제하여 납부한다(소득세법 제106조 제3항).

예정신고납부세액 = 예정신고산출세액 − 감면세액 − 수시부과세액

(7) 예정신고 산출세액의 계산

① 거주자가 예정신고를 할 때 예정신고 산출세액은 다음 계산식에 따라 계산한다(소득세법 제107조 제1항).

> 예정신고 산출세액 = (A − B − C) × D
>
> A : 양도차익　　　　B : 장기보유 특별공제
> C : 양도소득 기본공제　　　　D : 양도소득세의 세율

② 해당 과세기간에 누진세율 적용대상 자산에 대한 예정신고를 2회 이상 하는 경우로서 거주자가 이미 신고한 양도소득금액과 합산하여 신고하려는 경우에는 다음의 구분에 따른 금액을 제2회 이후 신고하는 예정신고 산출세액으로 한다(소득세법 제107조 제2항).

㉠ (6~45%) 8단계 초과누진세율 적용대상 자산의 경우 : 다음의 계산식에 따른 금액

> 예정신고 산출세액 = [(A + B − C) × D] − E
>
> A : 이미 신고한 자산의 양도소득금액
> B : 2회 이후 신고하는 자산의 양도소득금액
> C : 양도소득 기본공제
> D : (6~45%) 8단계 초과누진세율
> E : 이미 신고한 예정신고 산출세액

㉡ (16~55%) 8단계 초과누진세율 적용대상 자산의 경우 : 다음의 계산식에 따른 금액

> 예정신고 산출세액 = [(A + B − C) × D] − E
>
> A : 이미 신고한 자산의 양도소득금액
> B : 2회 이후 신고하는 자산의 양도소득금액
> C : 양도소득 기본공제
> D : (16~55%) 8단계 초과누진세율
> E : 이미 신고한 예정신고 산출세액

㉢ (20~25%) 2단계 초과누진세율 적용대상 자산의 경우 : 다음의 계산식에 따른 금액

> 예정신고 산출세액 = [(A + B − C) × D] − E
>
> A : 이미 신고한 자산의 양도소득금액
> B : 2회 이후 신고하는 자산의 양도소득금액
> C : 양도소득 기본공제
> D : (20~25%) 2단계 초과누진세율
> E : 이미 신고한 예정신고 산출세액

㉣ 제104조 제1항 제14호에 따른 세율 적용대상 자산의 경우: 다음의 계산식에 따른 금액

예정신고 산출세액 = [(A + B − C) × D] − E

A: 이미 신고한 자산의 양도소득금액
B: 2회 이후 신고하는 자산의 양도소득금액
C: 양도소득 기본공제
D: 제104조 제1항 제14호에 따른 세율
E: 이미 신고한 예정신고 산출세액

2 양도소득과세표준의 확정신고와 납부

(1) 양도소득과세표준 확정신고

① 해당 과세기간의 양도소득금액이 있는 거주자는 그 양도소득과세표준을 그 과세기간의 다음 연도 5월 1일부터 5월 31일까지[토지거래계약허가를 받기 전에 대금을 청산한 경우에는 토지거래계약에 관한 허가일(토지거래계약허가를 받기 전에 허가구역의 지정이 해제된 경우에는 그 해제일을 말한다)이 속하는 과세기간의 다음 연도 5월 1일부터 5월 31일까지] 납세지 관할 세무서장에게 신고하여야 한다(소득세법 제110조 제1항).

② ①은 해당 과세기간의 과세표준이 없거나 결손금액이 있는 경우에도 적용한다(소득세법 제110조 제2항).

③ 예정신고를 한 자는 해당 소득에 대한 확정신고를 하지 아니할 수 있다. 다만, 해당 과세기간에 누진세율 적용대상 자산에 대한 예정신고를 2회 이상 하는 경우 등으로서 다음에 해당하는 경우에는 그러하지 아니하다(소득세법 제110조 제4항, 소득세법시행령 제173조 제5항).

㉠ 당해 연도에 누진세율의 적용대상 자산에 대한 예정신고를 2회 이상 한 자가 이미 신고한 양도소득금액과 합산하여 신고하지 아니한 경우

㉡ 법 제94조 제1항 제1호·제2호·제4호 및 제6호의 토지, 건물, 부동산에 관한 권리, 기타자산 및 신탁 수익권을 2회 이상 양도한 경우로서 법 제103조 제2항을 적용할 경우 당초 신고한 양도소득산출세액이 달라지는 경우

㉢ 주식 또는 출자지분(주식 등)을 2회 이상 양도한 경우로서 양도소득기본공제의 적용순위로 인하여 당초 신고한 양도소득 산출세액이 달라지는 경우

(2) 확정신고를 할 때에는 확정신고납부세액을 납부하여야 한다(소득세법 제111조 제1항).

(3) 확정신고납부를 할 때에는 분할납부도 할 수 있다(소득세법 제112조).

(4) 확정신고납부의무를 위반한 경우에는 「국세기본법」에 따른 무신고 가산세·과소신고 가산세 및 납부지연가산세가 부과된다.

(5) 확정신고납부

① 거주자는 해당 과세기간의 과세표준에 대한 양도소득 산출세액에서 감면세액과 세액공제액을 공제한 금액을 확정신고기한까지 납세지 관할 세무서, 한국은행 또는 체신관서에 납부하여야 한다(소득세법 제111조 제1항).

② 확정신고납부를 하는 경우 제107조에 따른 예정신고 산출세액, 제114조에 따라 결정·경정한 세액 또는 제82조·제118조에 따른 수시부과세액이 있을 때에는 이를 공제하여 납부한다(소득세법 제111조 제3항).

3 양도소득세의 분할납부

(1) 거주자로서 예정신고납부 또는 확정신고납부에 따라 납부할 세액이 각각 1천만원을 초과하는 자는 그 납부할 세액의 일부를 납부기한이 지난 후 2개월 이내에 분할납부할 수 있다(소득세법 제112조).

(2) **분납할 수 있는 세액**(소득세법시행령 제175조)

① 납부할 세액이 2천만원 이하인 때에는 1천만원을 초과하는 금액

② 납부할 세액이 2천만원을 초과하는 때에는 그 세액의 100분의 50 이하의 금액

(3) **분납의 신청**(소득세법시행규칙 제85조)

납부할 세액의 일부를 분납하고자 하는 자는 다음의 구분에 따라 납세지 관할세무서장에게 신청하여야 한다.

① 확정신고를 하는 경우에는 양도소득과세표준 확정신고 및 납부계산서에 분납할 세액을 기재하여 확정신고기한까지 신청하여야 한다.

② 예정신고를 하는 경우에는 양도소득과세표준 예정신고 및 납부계산서에 분납할 세액을 기재하여 예정신고기한까지 신청하여야 한다.

4 양도소득세의 가산세 제33회

(1) **무신고가산세**(국세기본법 제47조의2)

납세의무자가 법정신고기한까지 세법에 따른 국세의 과세표준 신고(예정신고 및 중간신고를 포함하며, 「교육세법」 제9조에 따른 신고 중 금융·보험업자가 아닌 자의 신고와 「농어촌특별세법」 및 「종합부동산세법」에 따른 신고는 제외한다)를 하지 아니한 경우에는 그 신고로 납부하여야 할 세액(「국세기본법」 및 세법에 따른 가산세와 세법에 따라 가산하여 납부하여야 할 이자 상당 가산액이 있는 경우 그 금액은 제외하며, 이하 "무신고납부세액"이라 한다)에 다음의 구분에 따른 비율을 곱한 금액을 가산세로 한다(국세기본법 제47조의2 제1항).

① **부정행위로 법정신고기한까지 세법에 따른 국세의 과세표준 신고를 하지 아니한 경우**: 100분의 40(역외거래에서 발생한 부정행위인 경우에는 100분의 60)

② ① **외의 경우**: 100분의 20

핵심 다지기

부정행위(국세기본법 집행기준 47의2-0-2)

부정무신고 가산세를 적용하는 경우 부정행위이란 조세범처벌법 제3조 제6항 각 호의 어느 하나에 해당하는 행위로서 조세의 부과와 징수를 불가능하게 하거나 현저히 곤란하게 하는 적극적인 행위를 말한다.

1. 이중장부의 작성 등 장부의 거짓 기록
2. 거짓 증명 또는 거짓 문서의 작성 및 수취
3. 장부와 기록의 파기
4. 재산의 은닉이나 소득·수익·행위·거래의 조작 또는 은폐
5. 고의적으로 장부를 작성하지 아니하거나 비치하지 아니하는 행위 또는 계산서, 세금계산서 또는 계산서합계표, 세금계산서합계표의 조작
6. 「조세특례제한법」 제24조 제1항 제4호에 따른 전사적 기업자원관리설비의 조작 또는 전자세금계산서의 조작
7. 그 밖에 위계에 의한 행위 또는 부정한 행위

(2) **과소신고·초과환급신고가산세**(국세기본법 제47조의3)

납세의무자가 법정신고기한까지 세법에 따른 국세의 과세표준 신고(예정신고 및 중간신고를 포함하며, 「교육세법」 제9조에 따른 신고 중 금융·보험업자가 아닌 자의 신고와 「농어촌특별세법」에 따른 신고는 제외한다)를 한 경우로서 납부할 세액을 신고하여야 할 세액보다 적게 신고(이하 "과소신고"라 한다)하거나 환급받을 세액을 신고하여야 할 금액보다 많이 신고(이하 "초과신고"라 한다)한 경우에는 과소신고한 납부세액과 초과신고한 환급세액을 합한 금액(「국세기본법」 및 세법에 따른 가산세와 세법에 따라 가산하여 납부하여야 할 이자 상당 가산액이 있는 경우 그 금액은 제외하며, 이하 "과소신고납부세액 등"이라 한다)에 다음의 구분에 따른 산출방법을 적용한 금액을 가산세로 한다(국세기본법 제47조의3 제1항).

① **부정행위로 과소신고하거나 초과신고한 경우**: 다음의 금액을 합한 금액

㉠ 부정행위로 인한 과소신고납부세액 등의 100분의 40(역외거래에서 발생한 부정행위로 인한 경우에는 100분의 60)에 상당하는 금액

㉡ 과소신고납부세액 등에서 부정행위로 인한 과소신고납부세액 등을 뺀 금액의 100분의 10에 상당하는 금액

② ① **외의 경우**: 과소신고납부세액 등의 100분의 10에 상당하는 금액

(3) **납부지연가산세**(국세기본법 제47조의4)

납세의무자(연대납세의무자, 납세자를 갈음하여 납부할 의무가 생긴 제2차 납세의무자 및 보증인을 포함한다)가 법정납부기한까지 국세(인지세법 제8조 제1항에 따른 인지세는 제외한다)의 납부(중간예납 · 예정신고납부 · 중간신고납부를 포함한다)를 하지 아니하거나 납부하여야 할 세액보다 적게 납부("과소납부"라 한다)하거나 환급받아야 할 세액보다 많이 환급("초과환급"이라 한다)받은 경우에는 다음의 금액을 합한 금액을 가산세로 한다.

① 납부하지 아니한 세액 또는 과소납부분 세액(세법에 따라 가산하여 납부하여야 할 이자상당 가산액이 있는 경우에는 그 금액을 더한다) × 법정납부기한의 다음 날부터 납부일까지의 기간(납부고지일부터 납부고지서에 따른 납부기한까지의 기간은 제외한다) × 금융회사 등이 연체대출금에 대하여 적용하는 이자율 등을 고려하여 대통령령으로 정하는 이자율

② 초과환급받은 세액(세법에 따라 가산하여 납부하여야 할 이자상당가산액이 있는 경우에는 그 금액을 더한다) × 환급받은 날의 다음 날부터 납부일까지의 기간(납부고지일부터 납부고지서에 따른 납부기한까지의 기간은 제외한다) × 금융회사 등이 연체대출금에 대하여 적용하는 이자율 등을 고려하여 대통령령으로 정하는 이자율

③ 법정납부기한까지 납부하여야 할 세액(세법에 따라 가산하여 납부하여야 할 이자 상당 가산액이 있는 경우에는 그 금액을 더한다) 중 납부고지서에 따른 납부기한까지 납부하지 아니한 세액 또는 과소납부분 세액 × 100분의 3(국세를 납부고지서에 따른 납부기한까지 완납하지 아니한 경우에 한정한다)

④ 체납된 국세의 납부고지서별 · 세목별 세액이 150만원 미만인 경우에는 위 ① 및 ②의 가산세를 적용하지 아니한다(국세기본법 제47조의4 제8항).

(4) **감정가액 또는 환산취득가액 적용에 따른 가산세**(소득세법 제114조의2)

① 거주자가 건물을 신축 또는 증축(증축의 경우 바닥면적 합계가 85제곱미터를 초과하는 경우에 한정한다)하고 그 건물의 취득일 또는 증축일부터 5년 이내에 해당 건물을 양도하는 경우로서 제97조 제1항 제1호 나목에 따른 감정가액 또는 환산취득가액을 그 취득가액으로 하는 경우에는 해당 건물의 감정가액(증축의 경우 증축한 부분에 한정한다) 또는 환산취득가액(증축의 경우 증축한 부분에 한정한다)의 100분의 5에 해당하는 금액을 제92조 제3항 제2호에 따른 양도소득 결정세액에 더한다(소득세법 제114조의2 제1항).

② ①은 양도소득 산출세액이 없는 경우에도 적용한다(소득세법 제114조의2 제2항).

5 수정신고

(1) 수정신고(국세기본법 제45조)

과세표준신고서를 법정신고기한까지 제출한 자(「소득세법」 제73조 제1항 제1호부터 제7호까지의 어느 하나에 해당하는 자를 포함한다) 및 제45조의3 제1항에 따른 기한 후 과세표준신고서를 제출한 자는 다음의 어느 하나에 해당할 때에는 관할 세무서장이 각 세법에 따라 해당 국세의 과세표준과 세액을 결정 또는 경정하여 통지하기 전으로서 제26조의2 제1항부터 제4항까지의 규정에 따른 기간이 끝나기 전까지 과세표준수정신고서를 제출할 수 있다(국세기본법 제45조 제1항).

① 과세표준신고서 또는 기한 후 과세표준신고서에 기재된 과세표준 및 세액이 세법에 따라 신고하여야 할 과세표준 및 세액에 미치지 못할 때

② 과세표준신고서 또는 기한 후 과세표준신고서에 기재된 결손금액 또는 환급세액이 세법에 따라 신고하여야 할 결손금액이나 환급세액을 초과할 때

③ ① 및 ② 외에 원천징수의무자의 정산 과정에서의 누락, 세무조정 과정에서의 누락 등 대통령령으로 정하는 사유로 불완전한 신고를 하였을 때

(2) 수정신고한 경우 가산세 감면

① 정부는 과세표준신고서를 법정신고기한까지 제출한 자가 법정신고기한이 지난 후 제45조에 따라 수정신고한 경우(제47조의3에 따른 가산세만 해당하며, 과세표준과 세액을 경정할 것을 미리 알고 과세표준수정신고서를 제출한 경우는 제외한다)에는 다음의 구분에 따른 금액을 감면한다(국세기본법 제48조 제2항 제1호).

가산세 감면금액 = 과소신고가산세 × 감면율

구 분	감면율
㉠ 법정신고기한이 지난 후 1개월 이내에 수정신고한 경우	90%
㉡ 법정신고기한이 지난 후 1개월 초과 3개월 이내에 수정신고한 경우	75%
㉢ 법정신고기한이 지난 후 3개월 초과 6개월 이내에 수정신고한 경우	50%
㉣ 법정신고기한이 지난 후 6개월 초과 1년 이내에 수정신고한 경우	30%
㉤ 법정신고기한이 지난 후 1년 초과 1년 6개월 이내에 수정신고한 경우	20%
㉥ 법정신고기한이 지난 후 1년 6개월 초과 2년 이내에 수정신고한 경우	10%

② 다만, 과세표준과 세액을 경정할 것을 미리 알고 과세표준수정신고서를 제출한 경우에는 감면대상에서 제외한다(국세기본법 제48조 제2항 제1호).

③ **①에도 불구하고 세법에 따른 예정신고기한 및 중간신고기한까지 예정신고 및 중간신고를 하였으나 과소신고하거나 초과신고한 경우로서 확정신고기한까지 과세표준을 수정하여 신고한 경우**[해당 기간에 부과되는 제47조의3에 따른 가산세(과소신고가산세)만 해당하며, 과세표준과 세액을 경정할 것을 미리 알고 과세표준신고를 하는 경우는 제외한다]: 과소신고가산세액의 100분의 50에 상당하는 금액을 감면한다(국세기본법 제48조 제2항 제3호 다목).

6 기한 후 신고

(1) 기한 후 신고(국세기본법 제45조의3)

① 법정신고기한까지 과세표준신고서를 제출하지 아니한 자는 관할 세무서장이 세법에 따라 해당 국세의 과세표준과 세액(「국세기본법」 및 세법에 따른 가산세를 포함한다)을 결정하여 통지하기 전까지 기한 후 과세표준신고서를 제출할 수 있다(국세기본법 제45조의3 제1항).

② ①에 따라 기한 후 과세표준신고서를 제출한 자로서 세법에 따라 납부하여야 할 세액이 있는 자는 그 세액을 납부하여야 한다(국세기본법 제45조의3 제2항).

③ ①에 따라 기한 후 과세표준신고서를 제출하거나 제45조 제1항에 따라 기한 후 과세표준신고서를 제출한 자가 과세표준수정신고서를 제출한 경우 관할 세무서장은 세법에 따라 신고일부터 3개월 이내에 해당 국세의 과세표준과 세액을 결정 또는 경정하여 신고인에게 통지하여야 한다. 다만, 그 과세표준과 세액을 조사할 때 조사 등에 장기간이 걸리는 등 부득이한 사유로 신고일부터 3개월 이내에 결정 또는 경정할 수 없는 경우에는 그 사유를 신고인에게 통지하여야 한다(국세기본법 제45조의3 제3항).

(2) 기한 후 신고한 경우 가산세 감면

① 정부는 과세표준신고서를 법정신고기한까지 제출하지 아니한 자가 법정신고기한이 지난 후 제45조의3에 따라 기한 후 신고를 한 경우(제47조의2에 따른 가산세만 해당하며, 과세표준과 세액을 결정할 것을 미리 알고 기한후과세표준신고서를 제출한 경우는 제외한다)에는 다음의 구분에 따른 금액을 감면한다(국세기본법 제48조 제2항 제2호).

구 분	가산세 감면금액
㉠ 법정신고기한이 지난 후 1개월 이내에 기한 후 신고를 한 경우	무신고가산세 × 50%
㉡ 법정신고기한이 지난 후 1개월 초과 3개월 이내에 기한 후 신고를 한 경우	무신고가산세 × 30%
㉢ 법정신고기한이 지난 후 3개월 초과 6개월 이내에 기한 후 신고를 한 경우	무신고가산세 × 20%

② 다만, 과세표준과 세액을 결정할 것을 미리 알고 기한 후 과세표준신고서를 제출한 경우는 감면대상에서 제외한다(국세기본법 제48조 제2항 제2호).

③ ①**에도 불구하고 세법에 따른 예정신고기한 및 중간신고기한까지 예정신고 및 중간신고를 하지 아니하였으나 확정신고기한까지 과세표준신고를 한 경우**[해당 기간에 부과되는 제47조의2에 따른 가산세(무신고가산세)만 해당하며, 과세표준과 세액을 경정할 것을 미리 알고 과세표준신고를 하는 경우는 제외한다]: 무신고가산세액의 100분의 50에 상당하는 금액을 감면한다(국세기본법 제48조 제2항 제3호 라목).

7 경정 등의 청구(국세기본법 제45조의2)

(1) 과세표준신고서를 법정신고기한까지 제출한 자 및 제45조의3 제1항에 따른 기한 후 과세표준신고서를 제출한 자는 다음의 어느 하나에 해당할 때에는 최초신고 및 수정신고한 국세의 과세표준 및 세액의 결정 또는 경정을 법정신고기한이 지난 후 5년 이내에 관할 세무서장에게 청구할 수 있다. 다만, 결정 또는 경정으로 인하여 증가된 과세표준 및 세액에 대하여는 해당 처분이 있음을 안 날(처분의 통지를 받은 때에는 그 받은 날)부터 90일 이내(법정신고기한이 지난 후 5년 이내로 한정한다)에 경정을 청구할 수 있다(국세기본법 제45조의2 제1항).

1. 과세표준신고서 또는 기한 후 과세표준신고서에 기재된 과세표준 및 세액(각 세법에 따라 결정 또는 경정이 있는 경우에는 해당 결정 또는 경정 후의 과세표준 및 세액을 말한다)이 세법에 따라 신고하여야 할 과세표준 및 세액을 초과할 때
2. 과세표준신고서 또는 기한 후 과세표준신고서에 기재된 결손금액 또는 환급세액(각 세법에 따라 결정 또는 경정이 있는 경우에는 해당 결정 또는 경정 후의 결손금액 또는 환급세액을 말한다)이 세법에 따라 신고하여야 할 결손금액 또는 환급세액에 미치지 못할 때

(2) 과세표준신고서를 법정신고기한까지 제출한 자 또는 국세의 과세표준 및 세액의 결정을 받은 자는 다음의 어느 하나에 해당하는 사유가 발생하였을 때에는 (1)에서 규정하는 기간에도 불구하고 그 사유가 발생한 것을 안 날부터 3개월 이내에 결정 또는 경정을 청구할 수 있다(국세기본법 제45조의2 제2항).

1. 최초의 신고·결정 또는 경정에서 과세표준 및 세액의 계산 근거가 된 거래 또는 행위 등이 그에 관한 제7장에 따른 심사청구, 심판청구, 「감사원법」에 따른 심사청구에 대한 결정이나 소송에 대한 판결(판결과 같은 효력을 가지는 화해나 그 밖의 행위를 포함한다)에 의하여 다른 것으로 확정되었을 때
2. 소득이나 그 밖의 과세물건의 귀속을 제3자에게로 변경시키는 결정 또는 경정이 있을 때
3. 조세조약에 따른 상호합의가 최초의 신고·결정 또는 경정의 내용과 다르게 이루어졌을 때

4. 결정 또는 경정으로 인하여 그 결정 또는 경정의 대상이 된 과세표준 및 세액과 연동된 다른 세목(같은 과세기간으로 한정한다)이나 연동된 다른 과세기간(같은 세목으로 한정한다)의 과세표준 또는 세액이 세법에 따라 신고하여야 할 과세표준 또는 세액을 초과할 때
5. 1.부터 4.까지와 유사한 사유로서 대통령령으로 정하는 사유가 해당 국세의 법정신고기한이 지난 후에 발생하였을 때

(3) (1)과 (2)에 따라 결정 또는 경정의 청구를 받은 세무서장은 그 청구를 받은 날부터 2개월 이내에 과세표준 및 세액을 결정 또는 경정하거나 결정 또는 경정하여야 할 이유가 없다는 뜻을 그 청구를 한 자에게 통지하여야 한다. 다만, 청구를 한 자가 2개월 이내에 아무런 통지(제4항에 따른 통지를 제외한다)를 받지 못한 경우에는 통지를 받기 전이라도 그 2개월이 되는 날의 다음 날부터 이의신청, 심사청구, 심판청구 또는 「감사원법」에 따른 심사청구를 할 수 있다(국세기본법 제45조의2 제3항).

8 양도소득과세표준과 세액의 결정 · 경정 및 통지

(1) **양도소득과세표준과 세액의 결정 · 경정 및 통지**(소득세법 제114조)

① **결정**(무신고시) : 납세지 관할 세무서장 또는 지방국세청장은 예정신고를 하여야 할 자 또는 확정신고를 하여야 할 자가 그 신고를 하지 아니한 경우에는 해당 거주자의 양도소득과세표준과 세액을 결정한다(소득세법 제114조 제1항).

② **경정**(신고 내용에 탈루 또는 오류가 있는 경우) : 납세지 관할 세무서장 또는 지방국세청장은 예정신고를 한 자 또는 확정신고를 한 자의 신고 내용에 탈루 또는 오류가 있는 경우에는 양도소득과세표준과 세액을 경정한다(소득세법 제114조 제2항).

③ 납세지 관할 세무서장 또는 지방국세청장은 양도소득과세표준과 세액을 결정 또는 경정한 후 그 결정 또는 경정에 탈루 또는 오류가 있는 것이 발견된 경우에는 즉시 다시 경정한다(소득세법 제114조 제3항).

④ 토지 및 건물의 양도로 양도가액 및 취득가액을 실지거래가액에 따라 양도소득과세표준 예정신고 또는 확정신고를 하여야 할 자(이하 "신고의무자"라 한다)가 그 신고를 하지 아니한 경우로서 양도소득과세표준과 세액 또는 신고의무자의 실지거래가액 소명(疏明) 여부 등을 고려하여 대통령령으로 정하는 경우에 해당할 때에는 납세지 관할 세무서장 또는 지방국세청장은 「부동산등기법」에 따라 등기부에 기재된 거래가액(이하 "등기부 기재가액"이라 한다)을 실지거래가액으로 추정하여 양도소득과세표준과 세액을 결정할 수 있다. 다만, 납세지 관할 세무서장 또는 지방국세청장이 등기부 기재가액이 실지거래가액과 차이가 있음을 확인한 경우에는 그러하지 아니하다(소득세법 제114조 제5항).

⑤ 양도가액 및 취득가액을 실지거래가액에 따라 양도소득과세표준 예정신고 또는 확정신고를 한 경우로서 그 신고가액이 사실과 달라 납세지 관할 세무서장 또는 지방국세청장이 실지거래가액을 확인한 경우에는 그 확인된 가액을 양도가액 또는 취득가액으로 하여 양도소득과세표준과 세액을 경정한다(소득세법 제114조 제6항).

⑥ 양도소득과세표준을 결정 또는 경정함에 있어 양도가액 또는 취득가액을 실지거래가액에 따라 정하는 경우로서 대통령령으로 정하는 사유로 장부나 그 밖의 증빙서류에 의하여 해당 자산의 양도 당시 또는 취득 당시의 실지거래가액을 인정 또는 확인할 수 없는 경우에는 양도가액 또는 취득가액을 매매사례가액, 감정가액, 환산취득가액 또는 기준시가 등에 따라 추계조사하여 결정 또는 경정할 수 있다(소득세법 제114조 제7항).

핵심 다지기

추계결정 및 경정 사유(소득세법시행령 제176조의2 제1항)

1. 양도 또는 취득당시의 실지거래가액의 확인을 위하여 필요한 장부·매매계약서·영수증 기타 증빙서류가 없거나 그 중요한 부분이 미비된 경우
2. 장부·매매계약서·영수증 기타 증빙서류의 내용이 매매사례가액, 「감정평가 및 감정평가사에 관한 법률」에 따른 감정평가법인 등(이하 이 조에서 "감정평가법인 등"이라 한다)이 평가한 감정가액 등에 비추어 거짓임이 명백한 경우

⑦ 납세지 관할 세무서장 또는 지방국세청장은 거주자의 양도소득과세표준과 세액을 결정 또는 경정하였을 때에는 이를 그 거주자에게 서면으로 알려야 한다(소득세법 제114조 제8항).

9 양도소득세의 징수(소득세법 제116조) 제33회

(1) 결정에 의한 세액의 징수

납세지 관할 세무서장은 거주자가 확정신고납부에 따라 해당 과세기간의 양도소득세로 납부하여야 할 세액의 전부 또는 일부를 납부하지 아니한 경우에는 그 미납된 부분의 양도소득세액을 「국세징수법」에 따라 징수한다. 예정신고납부에 따른 예정신고납부세액의 경우에도 또한 같다(소득세법 제116조 제1항).

(2) 추가납부세액의 징수

납세지 관할 세무서장은 양도소득과세표준과 세액을 결정 또는 경정한 경우 양도소득 총결정세액이 다음의 금액의 합계액을 초과할 때에는 그 초과하는 세액("추가납부세액"이라 한다)을 해당 거주자에게 알린 날부터 30일 이내에 징수한다(소득세법 제116조 제2항).

① 예정신고납부세액과 확정신고납부세액

② 위 (1)에 따라 징수하는 세액

③ 수시부과세액

④ 원천징수한 세액

10 양도소득세의 환급(소득세법 제117조)

납세지 관할 세무서장은 과세기간별로 "예정신고납부세액 · 확정신고납부세액 · 수시부과세액 · 원천징수한 세액"의 합계액이 양도소득 총결정세액을 초과할 때에는 그 초과하는 세액을 환급하거나 다른 국세 및 강제징수비에 충당하여야 한다(소득세법 제117조).

11 준용규정(소득세법 제118조)

양도소득세에 관하여는 제24조 · 제27조 · 제33조 · 제39조 · 제43조 · 제44조 · 제46조 · 제74조 · 제75조 및 제82조를 준용한다.

12 양도소득세의 부가세

(1) 양도소득세에는 납부하여야 할 세액에 대하여는 부가세가 과세되지 아니하고, 독립세인 지방소득세가 별도로 과세된다.

(2) 다만, 감면세액의 100분의 20에 해당하는 농어촌특별세가 부과된다(농어촌특별세법 제5조 제1항 제1호).

예 제

1. 소득세법상 거주자의 양도소득세 신고 및 납부에 관한 설명으로 옳은 것은? 제29회

① 토지 또는 건물을 양도한 경우에는 그 양도일이 속하는 분기의 말일부터 2개월 이내에 양도소득과세표준을 신고해야 한다.
② 양도차익이 없거나 양도차손이 발생한 경우에는 양도소득과세표준 예정신고 의무가 없다.
③ 건물을 신축하고 그 신축한 건물의 취득일부터 5년 이내에 해당 건물을 양도하는 경우로서 취득 당시의 실지거래가액을 확인할 수 없어 환산가액을 그 취득가액으로 하는 경우에는 양도소득세 산출세액의 100분의 5에 해당하는 금액을 양도소득 결정세액에 더한다.
④ 양도소득과세표준 예정신고시에는 납부할 세액이 1천만원을 초과하더라도 그 납부할 세액의 일부를 분할납부할 수 없다.
⑤ 당해 연도에 누진세율의 적용대상 자산에 대한 예정신고를 2회 이상 한 자가 법령에 따라 이미 신고한 양도소득금액과 합산하여 신고하지 아니한 경우 양도소득세 확정신고를 해야 한다.

해설 ① 토지 또는 건물을 양도한 경우에는 그 양도일이 속하는 달의 말일부터 2개월 이내에 양도소득과세표준을 신고해야 한다.
② 양도차익이 없거나 양도차손이 발생한 경우에도 양도소득과세표준 예정신고 의무가 있다.
③ 건물을 신축하고 그 신축한 건물의 취득일부터 5년 이내에 해당 건물을 양도하는 경우로서 취득 당시의 실지거래가액을 확인할 수 없어 환산가액을 그 취득가액으로 하는 경우에는 해당 건물 환산가액의 100분의 5에 해당하는 금액을 양도소득 결정세액에 더한다.
④ 양도소득과세표준 예정신고시에도 납부할 세액이 1천만원을 초과하는 경우 그 납부할 세액의 일부를 분할납부할 수 있다.

정답 ⑤

2. 소득세법상 거주자의 국내 토지에 대한 양도소득과세표준 및 세액의 신고·납부에 관한 설명으로 틀린 것은? 제31회

① 법령에 따른 부담부증여의 채무액에 해당하는 부분으로서 양도로 보는 경우 그 양도일이 속하는 달의 말일부터 3개월 이내에 양도소득과세표준을 납세지 관할 세무서장에게 신고하여야 한다.

② 예정신고납부를 하는 경우 예정신고 산출세액에서 감면세액을 빼고 수시부과세액이 있을 때에는 이를 공제하지 아니한 세액을 납부한다.

③ 예정신고납부할 세액이 2천만원을 초과하는 때에는 그 세액의 100분의 50 이하의 금액을 납부기한이 지난 후 2개월 이내에 분할납부할 수 있다.

④ 당해연도에 누진세율의 적용대상 자산에 대한 예정신고를 2회 이상 한 자가 법령에 따라 이미 신고한 양도소득금액과 합산하여 신고하지 아니한 경우에는 양도소득과세표준의 확정신고를 하여야 한다.

⑤ 양도차익이 없거나 양도차손이 발생한 경우에도 양도소득 과세표준의 예정신고를 하여야 한다.

해설 ② 예정신고납부를 하는 경우 예정신고 산출세액에서 감면세액을 빼고 수시부과세액이 있을 때에는 이를 공제하여 납부한다(소득세법 제106조 제3항). 정답 ②

PART 03

07 양도소득세의 비과세 제31회

"비과세"란 법률이 정하는 과세요건이 충족되지만 과세권자(정부 또는 세무관서)가 사회·경제적 목적을 위해 법이 정하는 요건을 갖춘 경우 과세권을 포기하는 것이다. 납세의무가 성립하지 아니하므로 납세의무자의 신청이 없어도 당연히 과세되지 아니한다(당연 비과세).

소득세법 제89조【비과세 양도소득】 ① 다음 각 호의 소득에 대해서는 양도소득에 대한 소득세(이하 "양도소득세"라 한다)를 과세하지 아니한다.

1. 파산선고에 의한 처분으로 발생하는 소득
2. 대통령령으로 정하는 경우에 해당하는 농지의 교환 또는 분합(分合)으로 발생하는 소득
3. 다음 각 목의 어느 하나에 해당하는 주택(주택 및 이에 딸린 토지의 양도 당시 실지거래가액의 합계액이 12억원을 초과하는 고가주택은 제외한다)과 이에 딸린 토지로서 건물이 정착된 면적에 지역별로 대통령령으로 정하는 배율을 곱하여 산정한 면적 이내의 토지(이하 이 조에서 "주택부수토지"라 한다)의 양도로 발생하는 소득
   가. 1세대가 1주택을 보유하는 경우로서 대통령령으로 정하는 요건을 충족하는 주택
   나. 1세대가 1주택을 양도하기 전에 다른 주택을 대체취득하거나 상속, 동거봉양, 혼인 등으로 인하여 2주택 이상을 보유하는 경우로서 대통령령으로 정하는 주택

4. 조합원입주권을 1개 보유한 1세대[「도시 및 주거환경정비법」 제74조에 따른 관리처분계획의 인가일 및 「빈집 및 소규모주택 정비에 관한 특례법」 제29조에 따른 사업시행계획인가일(인가일 전에 기존주택이 철거되는 때에는 기존주택의 철거일) 현재 제3호 가목에 해당하는 기존주택을 소유하는 세대]가 다음 각 목의 어느 하나의 요건을 충족하여 양도하는 경우 해당 조합원입주권을 양도하여 발생하는 소득. 다만, 해당 조합원입주권의 양도 당시 실지거래가액이 12억원을 초과하는 경우에는 양도소득세를 과세한다.
   가. 양도일 현재 다른 주택 또는 분양권을 보유하지 아니할 것
   나. 양도일 현재 1조합원입주권 외에 1주택을 보유한 경우(분양권을 보유하지 아니하는 경우로 한정한다)로서 해당 1주택을 취득한 날부터 3년 이내에 해당 조합원입주권을 양도할 것(3년 이내에 양도하지 못하는 경우로서 대통령령으로 정하는 사유에 해당하는 경우를 포함한다)
5. 「지적재조사에 관한 특별법」 제18조에 따른 경계의 확정으로 지적공부상의 면적이 감소되어 같은 법 제20조에 따라 지급받는 조정금

1 파산선고에 의한 처분으로 발생하는 소득

파산선고에 의한 처분으로 발생하는 소득은 「채무자 회생 및 파산에 관한 법률」에 따라 파산에 관련된 채권단의 소유로 되어 총채권자에게 신고한 채권의 비율에 따라 분배되므로, 현행법에서는 그 파산자가 개인일 경우에는 양도소득세, 법인인 경우에는 법인세를 부과하지 아니한다(소득세법 제89조 제1항 제1호).

2 농지의 교환 또는 분합(分合) 제34회

(1) 비과세대상

다음의 어느 하나에 해당하는 농지를 교환 또는 분합하는 경우로서 교환 또는 분합하는 쌍방 토지가액의 차액이 가액이 큰 편의 4분의 1 이하인 경우에는 양도소득세를 비과세한다(소득세법시행령 제153조 제1항).

① 국가 또는 지방자치단체가 시행하는 사업으로 인하여 교환 또는 분합하는 농지

② 국가 또는 지방자치단체가 소유하는 토지와 교환 또는 분합하는 농지

③ 경작상 필요에 의하여 교환하는 농지. 다만, 교환에 의하여 새로이 취득하는 농지를 3년 이상 농지 소재지에 거주하면서 경작하는 경우에 한한다.

   ㉠ 새로운 농지의 취득 후 3년 이내에 「공익사업을 위한 토지 등의 취득 및 보상에 관한 법률」에 의한 협의매수·수용 및 그 밖의 법률에 의하여 수용되는 경우에는 3년 이상 농지 소재지에 거주하면서 경작한 것으로 본다(소득세법시행령 제153조 제5항).

   ㉡ 새로운 농지 취득 후 3년 이내에 농지 소유자가 사망한 경우로서 상속인이 농지 소재지에 거주하면서 계속 경작한 때에는 피상속인의 경작기간과 상속인의 경작기간을 통산한다(소득세법시행령 제153조 제6항).

④ 「농어촌정비법」, 「농지법」, 「한국농어촌공사 및 농지관리기금법」, 「농업협동조합법」에 의하여 교환 또는 분합하는 농지

용어 학습+ 비과세되는 농지

"농지"라 함은 논밭이나 과수원으로서 지적공부(地籍公簿)의 지목과 관계없이 실제로 경작에 사용되는 토지를 말한다. 이 경우 농지의 경영에 직접 필요한 농막・퇴비사・양수장・지소(池沼)・농도(農道) 및 수로(水路) 등에 사용되는 토지를 포함한다(소득세법 제88조 제8호).

넓혀 보기

농지소재지(소득세법시행령 제153조 제3항)

"농지소재지"라 함은 다음의 어느 하나에 해당하는 지역(경작개시 당시에는 당해 지역에 해당하였으나 행정구역의 개편 등으로 이에 해당하지 아니하게 된 지역을 포함한다)을 말한다.

1. 농지가 소재하는 시(특별자치시와 「제주특별자치도 설치 및 국제자유도시 조성을 위한 특별법」에 따라 설치된 행정시를 포함한다)・군・구(자치구인 구를 말한다) 안의 지역
2. 1.의 지역과 연접한 시・군・구안의 지역
3. 농지로부터 직선거리 30킬로미터 이내에 있는 지역

(2) 비과세 배제대상(소득세법시행령 제153조 제4항)

① 양도일 현재 특별시・광역시(광역시에 있는 군을 제외한다)・특별자치시(특별자치시에 있는 읍・면지역은 제외한다)・특별자치도(「제주특별자치도 설치 및 국제자유도시 조성을 위한 특별법」에 따라 설치된 행정시의 읍・면지역은 제외한다) 또는 시지역(「지방자치법」 규정에 의한 도・농복합형태의 시의 읍・면지역을 제외한다)에 있는 농지 중 「국토의 계획 및 이용에 관한 법률」에 의한 주거지역・상업지역 또는 공업지역 안의 농지로서 이들 지역에 편입된 날부터 3년이 지난 농지

② 당해 농지에 대하여 환지처분 이전에 농지 외의 토지로 환지예정지의 지정이 있는 경우로서 그 환지예정지 지정일부터 3년이 지난 농지

심화 학습

1. **농지의 범위**(소득세법시행령 제168조의8 제2항)
   법 제104조의3 제1항 제1호 가목 본문에서 "소유자가 농지소재지에 거주하지 아니하거나 자기가 경작하지 아니하는 농지"란 제153조 제3항에 따른 농지소재지에 사실상 거주("재촌"이라 한다)하는 자가 「조세특례제한법시행령」 제66조 제13항에 따른 직접 경작("자경"이라 한다)을 하는 농지를 제외한 농지를 말한다. 이 경우 자경한 기간의 판정에 관하여는 「조세특례제한법시행령」 제66조 제14항을 준용한다.

2. 자경(조세특례제한법시행령 제66조 제13항)

"대통령령으로 정하는 방법으로 직접 경작"이란 다음의 어느 하나에 해당하는 것을 말한다.

① 거주자가 그 소유농지에서 농작물의 경작 또는 다년생식물의 재배에 상시 종사하는 것

② 거주자가 그 소유농지에서 농작업의 2분의 1 이상을 자기의 노동력에 의하여 경작 또는 재배하는 것

3. 토지지목의 판정(소득세법시행령 제168조의7)

법 제104조의3의 규정을 적용함에 있어서 농지·임야·목장용지 및 그 밖의 토지의 판정은 소득세법시행령에 특별한 규정이 있는 경우를 제외하고는 사실상의 현황에 의한다. 다만, 사실상의 현황이 분명하지 아니한 경우에는 공부상의 등재현황에 의한다.

4. 비사업용 토지의 범위(소득세법 제104조의3, 소득세법시행령 제168조의8)

「국토의 계획 및 이용에 관한 법률」에 따른 녹지지역 및 개발제한구역에 있는 농지는 비사업용토지에 해당하지 않는다.

예제

소득세법상 농지에 관한 설명으로 틀린 것은? 제30회

① 농지란 논밭이나 과수원으로서 지적공부의 지목과 관계없이 실제로 경작에 사용되는 토지를 말하며, 농지의 경영에 직접 필요한 농막, 퇴비사, 양수장, 지소(池沼), 농도(農道) 및 수로(水路) 등에 사용되는 토지를 포함한다.

② 「국토의 계획 및 이용에 관한 법률」에 따른 주거지역·상업지역·공업지역 외에 있는 농지(환지예정지 아님)를 경작상 필요에 의하여 교환함으로써 발생한 소득은 쌍방 토지가액의 차액이 가액이 큰 편의 4분의 1 이하이고 새로이 취득한 농지를 3년 이상 농지소재지에 거주하면서 경작하는 경우 비과세한다.

③ 농지로부터 직선거리 30킬로미터 이내에 있는 지역에 사실상 거주하는 자가 그 소유농지에서 농작업의 2분의 1 이상을 자기의 노동력에 의하여 경작하는 경우 비사업용 토지에서 제외한다(단, 농지는 도시지역 외에 있으며, 소유기간 중 재촌과 자경에 변동이 없고 농업에서 발생한 소득 이외에 다른 소득은 없음).

④ 「국토의 계획 및 이용에 관한 법률」에 따른 개발제한구역에 있는 농지는 비사업용 토지에 해당한다(단, 소유기간 중 개발제한구역 지정·변경은 없음).

⑤ 비사업용 토지에 해당하는지 여부를 판단함에 있어 농지의 판정은 소득세법령상 규정이 있는 경우를 제외하고 사실상의 현황에 의하며 사실상의 현황이 분명하지 아니한 경우에는 공부상의 등재현황에 의한다.

해설 ④ 「국토의 계획 및 이용에 관한 법률」에 따른 개발제한구역에 있는 농지는 비사업용 토지에 해당하지 않는다(단, 소유기간 중 개발제한구역 지정·변경은 없음).

정답 ④

③ 1세대 1주택과 이에 딸린 토지의 양도소득

양도소득세의 비과세대상인 1세대 1주택이란 1세대가 양도일 현재 국내에 1주택을 보유하고 있는 경우로서 해당 주택의 보유기간이 2년(비거주자가 해당 주택을 3년 이상 계속 보유하고 그 주택에서 거주한 상태로 거주자로 전환된 거주자의 주택인 경우는 3년) 이상인 것[취득 당시에 조정지역에 있는 주택의 경우에는 해당 주택의 보유기간이 2년(비거주자가 해당 주택을 3년 이상 계속 보유하고 그 주택에서 거주한 상태로 거주자로 전환된 거주자의 주택인 경우는 3년) 이상이고 그 보유기간 중 거주기간이 2년 이상인 것]을 말한다(소득세법시행령 제154조 제1항 전단).

소득세법 제121조 【비거주자에 대한 과세방법】 ② 1세대 1주택 비과세 규정은 거주자의 주거안정을 목적으로 지원하는 제도이므로 비거주자의 양도에 대해서는 1세대 1주택의 비과세를 적용하지 아니한다.

(1) 1세대의 요건

① **원칙**: "1세대"란 거주자 및 그 배우자(법률상 이혼을 하였으나 생계를 같이 하는 등 사실상 이혼한 것으로 보기 어려운 관계에 있는 사람을 포함한다)가 그들과 같은 주소 또는 거소에서 생계를 같이 하는 자[거주자 및 그 배우자의 직계존비속(그 배우자를 포함한다) 및 형제자매를 말하며, 취학, 질병의 요양, 근무상 또는 사업상의 형편으로 본래의 주소 또는 거소에서 일시 퇴거한 사람을 포함한다]와 함께 구성하는 가족단위를 말한다. 다만, 대통령령으로 정하는 경우에는 배우자가 없어도 1세대로 본다(소득세법 제88조 제6호).

넓혀 보기

가 족

"가족"이라 함은 거주자와 그 배우자의 직계존비속(그 배우자를 포함한다) 및 형제자매를 말하며, 취학·질병의 요양, 근무상 또는 사업상의 형편으로 본래의 주소 또는 거소를 일시퇴거한 자를 포함한다.

② **예 외**

다음의 어느 하나에 해당하는 경우에는 배우자가 없는 때에도 1세대로 본다(소득세법 시행령 제152조의3).

㉠ 해당 거주자의 나이가 30세 이상인 경우

㉡ 배우자가 사망하거나 이혼한 경우

㉢ 법 제4조에 따른 소득 중 기획재정부령으로 정하는 소득이 「국민기초생활 보장법」 제2조 제11호에 따른 기준 중위소득을 12개월로 환산한 금액의 100분의 40 수준 이상으로서 소유하고 있는 주택 또는 토지를 관리·유지하면서 독립된 생계를 유지할 수 있는 경우. 다만, 미성년자의 경우를 제외하되, 미성년자의 결혼, 가족의 사망 그 밖에 기획재정부령이 정하는 사유로 1세대의 구성이 불가피한 경우에는 그러하지 아니하다.

넓혀 보기

1세대의 범위와 판정 기준

1. **1세대의 범위**(소득세법 기본통칙 89-154…1)
   ① 동일한 장소에서 생계를 같이하는 가족의 주민등록상 현황과 사실상 현황이 다른 경우에는 사실상 현황에 따른다.
   ② 1세대 1주택 비과세 규정을 적용하는 경우 부부가 각각 세대를 달리 구성하는 경우에도 동일한 세대로 본다.
   ③ 부부가 이혼한 경우에는 각각 다른 세대를 구성한다. 다만 법률상 이혼을 하였으나 생계를 같이하는 등 사실상 이혼한 것으로 보기 어려운 경우에는 동일한 세대로 본다.
2. **1세대의 판정 기준**(양도소득세 집행기준 89-154-2)
   1세대 1주택 비과세의 1세대에 해당하는지 여부는 주택 양도일 현재를 기준으로 판정하는 것이며, 같은 장소에서 생계를 같이하는 가족의 주민등록상 현황과 사실상 현황이 다른 경우에는 사실상 현황에 의한다.

(2) 양도일 현재 국내에 1주택을 보유할 것

① 원 칙

1세대가 양도일 현재 국내에 1주택만을 보유하여야 한다(소득세법시행령 제154조 제1항). 다만, 2개 이상의 주택을 같은 날에 양도하는 경우에는 당해 거주자가 선택하는 순서에 따라 주택을 양도한 것으로 본다(소득세법시행령 제154조 제9항).

소득세법 제88조 【정 의】 7. "주택"이란 허가 여부나 공부(公簿)상의 용도구분과 관계없이 세대의 구성원이 독립된 주거생활을 할 수 있는 구조로서 대통령령으로 정하는 구조를 갖추어 사실상 주거용으로 사용하는 건물을 말한다. 이 경우 그 용도가 분명하지 아니하면 공부상의 용도에 따른다.

소득세법시행령 154조의2 【공동소유주택의 주택 수 계산】 1주택을 여러 사람이 공동으로 소유한 경우 특별한 규정이 있는 것 외에는 주택 수를 계산할 때 공동소유자 각자가 그 주택을 소유한 것으로 본다.

넓혀 보기

1주택의 판정

1. **주택의 범위**(소득세법 기본통칙 89-154…3)
   주택이란 공부상 용도구분에 관계없이 사실상 주거용으로 사용하는 건물을 말한다. 그 용도가 불분명한 경우에는 공부상의 용도에 의한다.
2. **공부상 주택이나 사실상 영업용 건물인 경우 비과세 여부**(소득세법 기본통칙 89-154…4)
   소유하고 있던 공부상 주택인 1세대 1주택을 거주용이 아닌 영업용 건물(점포·사무소 등)로 사용하다가 양도하는 때에는 1세대 1주택으로 보지 아니한다.

3. **매수자의 등기지연으로 1세대 2주택이 된 경우 비과세 여부**(소득세법 기본통칙 89-154…5)
   1세대 1주택을 양도하였으나 동 주택을 매수한 자가 소유권이전등기를 하지 아니하여 부득이 공부상 1세대 2주택이 된 경우에는 매매계약서 등에 의하여 1세대 1주택임이 사실상 확인되는 때에는 비과세로 한다.
4. **대지와 건물을 세대원이 각각 소유하고 있는 경우 1세대 1주택 여부**(소득세법 기본통칙 89-154…6)
   1세대 1주택의 비과세요건을 갖춘 대지와 건물을 동일한 세대의 구성원이 각각 소유하고 있는 경우에도 이를 1세대 1주택으로 본다.
5. **2필지로 된 주택에 부수되는 토지의 범위**(소득세법 기본통칙 89-154…7)
   지적공부상 지번이 상이한 2필지의 토지 위에 주택이 있는 경우에도 한 울타리 안에 있고 1세대가 거주용으로 사용하는 때에는 주택과 이에 부수되는 토지로 본다.
6. **주택일부의 무허가 정착면적에 부수되는 토지면적 계산**(소득세법 기본통칙 89- 154…8)
   주택에 부수되는 토지면적은 주택정착면적의 10배(도시지역 내의 토지는 5배)를 초과하지 아니하는 것으로 주택일부의 무허가 정착면적도 포함하여 계산한다.
7. **공장 내 합숙소의 주택 여부**(소득세법 기본통칙 89-154…9)
   사용인의 기거를 위하여 공장에 부수된 건물을 합숙소로 사용하고 있는 경우에 당해 합숙소는 주택으로 보지 아니한다.
8. **매매특약이 있는 주택의 1세대 1주택 비과세 판정**(소득세법 기본통칙 89-154…12)
   1세대 1주택 비과세의 판정은 양도일 현재를 기준으로 한다. 다만, 매매계약 후 양도일 이전에 매매특약에 의하여 1세대 1주택에 해당되는 주택을 멸실한 경우에는 매매계약일 현재를 기준으로 한다.
9. **미등기 건물의 1세대 1주택 비과세여부**(소득세법 기본통칙 91-0…1)
   영 제154조 제1항의 1세대 1주택 비과세요건을 충족하였을 경우에도 미등기상태로 양도한 경우에는 양도소득에 대한 소득세가 과세되며, 이 경우 영 제168조에 규정하는 미등기양도제외자산에 해당하는 무허가건물 등은 1세대 1주택으로 비과세된다.
10. **무허가주택의 비과세 가능 여부**(양도소득세 집행기준 89-154-15)
    건축허가를 받지 않거나, 불법으로 건축된 주택이라 하더라도 주택으로 사용할 목적으로 건축된 건축물인 경우에는 건축에 관한 신고 여부, 건축완성에 대한 사용검사나 사용승인에 불구하고 주택에 해당되며, 1주택만 소유한 경우에는 1세대 1주택 비과세 규정을 적용받을 수 있다.
11. **비과세가 적용되는 주택에 딸린 토지의 범위**(양도소득세 집행기준 89-154-23)
    비과세가 적용되는 주택에 딸린 토지는 거주자가 소유하는 주택과 주거생활의 일체를 이루는 토지로 거주자 또는 거주자와 같은 세대가 소유하는 토지를 말하고, 주택정착면적의 5배(도시지역 밖은 10배) 이내의 토지 면적은 비과세가 적용된다.
12. **주택정착면적의 기준**(양도소득세 집행기준 89-154-24)
    주택정착면적은 건물의 수평투영면적(건물의 위에서 내려다보았을 경우 전체 건물의 그림자 면적)을 기준으로 한다.

② **예외**(1세대 1주택의 특례) 제33회

양도일 현재 1세대가 1주택을 양도한 경우에만 비과세대상이 됨이 원칙이나, 다음과 같은 경우에는 양도일 현재 1주택의 양도가 아님에도 불구하고 이를 1세대 1주택으로 보아 제154조 제1항을 적용한다(소득세법시행령 제155조).

㉠ 거주 이전을 위한 일시적 1세대 2주택

국내에 1주택을 소유한 1세대가 그 주택(이하 "종전의 주택"이라 한다)을 양도하기 전에 다른 주택(이하 "신규 주택"이라 한다)을 취득(자기가 건설하여 취득한 경우를 포함한다)함으로써 일시적으로 2주택이 된 경우 종전의 주택을 취득한 날부터 1년 이상이 지난 후 신규 주택을 취득하고 신규 주택을 취득한 날부터 3년 이내에 종전의 주택을 양도하는 경우(제18항에 따른 사유에 해당하는 경우를 포함한다)에는 이를 1세대1주택으로 보아 제154조 제1항을 적용한다. 이 경우 제154조 제1항 제1호, 같은 항 제2호 가목 및 같은 항 제3호의 어느 하나에 해당하는 경우에는 종전의 주택을 취득한 날부터 1년 이상이 지난 후 다른 주택을 취득하는 요건을 적용하지 않으며, 종전의 주택 및 그 부수토지의 일부가 제154조 제1항 제2호 가목에 따라 협의매수되거나 수용되는 경우로서 해당 잔존하는 주택 및 그 부수 토지를 그 양도일 또는 수용일부터 5년 이내에 양도하는 때에는 해당 잔존하는 주택 및 그 부수토지의 양도는 종전의 주택 및 그 부수토지의 양도 또는 수용에 포함되는 것으로 본다.

㉡ 상속으로 인한 1세대 2주택의 경우

ⓐ 상속받은 주택[조합원입주권 또는 분양권을 상속받아 사업시행 완료 후 취득한 신축주택을 포함하며, 피상속인이 상속개시 당시 2 이상의 주택{상속받은 1주택이 「도시 및 주거환경정비법」에 따른 재개발사업(이하 "재개발사업"이라 한다), 재건축사업(이하 "재건축사업"이라 한다) 또는 「빈집 및 소규모주택 정비에 관한 특례법」에 따른 소규모재건축사업, 소규모재개발사업, 가로주택정비사업, 자율주택정비사업(이하 "소규모재건축사업 등"이라 한다)의 시행으로 2 이상의 주택이 된 경우를 포함한다}을 소유한 경우에는 다음의 각 호의 순위에 따른 1주택을 말한다]과 그 밖의 주택(상속개시 당시 보유한 주택 또는 상속개시 당시 보유한 조합원입주권이나 분양권에 의하여 사업시행 완료 후 취득한 신축주택만 해당하며, 상속개시일부터 소급하여 2년 이내에 피상속인으로부터 증여받은 주택 또는 증여받은 조합원입주권이나 분양권에 의하여 사업시행 완료 후 취득한 신축주택은 제외한다. 이하 "일반주택"이라 한다)을 국내에 각각 1개씩 소유하고 있는 1세대가 일반주택을 양도하는 경우에는 국내에 1개의 주택을 소유하고 있는 것으로 보아 제154조 제1항을 적용한다(소득세법시행령 제155조 제2항 전단).

ⓑ 상속개시 당시 2 이상의 주택을 소유한 경우 1주택의 순위

1. 피상속인이 소유한 기간이 가장 긴 1주택 2. 피상속인이 소유한 기간이 같은 주택이 2 이상일 경우에는 피상속인이 거주한 기간이 가장 긴 1주택 3. 피상속인이 소유한 기간 및 거주한 기간이 모두 같은 주택이 2 이상일 경우에는 피상속인이 상속개시 당시 거주한 1주택

4. 피상속인이 거주한 사실이 없는 주택으로서 소유한 기간이 같은 주택이 2 이상일 경우에는 기준시가가 가장 높은 1주택(기준시가가 같은 경우에는 상속인이 선택하는 1주택)

ⓒ 다만, 상속인과 피상속인이 상속개시 당시 1세대인 경우에는 1주택을 보유하고 1세대를 구성하는 자가 직계존속(배우자의 직계존속을 포함하며, 세대를 합친 날 현재 직계존속 중 어느 한 사람 또는 모두가 60세 이상으로서 1주택을 보유하고 있는 경우만 해당한다)을 동거봉양하기 위하여 세대를 합침에 따라 2주택을 보유하게 되는 경우로서 합치기 이전부터 보유하고 있었던 주택만 상속받은 주택으로 본다(소득세법시행령 제155조 제2항 단서).

ⓓ 공동상속주택: 공동상속주택[상속으로 여러 사람이 공동으로 소유하는 1주택을 말하며, 피상속인이 상속개시 당시 2 이상의 주택(상속받은 1주택이 재개발사업, 재건축사업 또는 소규모재건축사업 등의 시행으로 2 이상의 주택이 된 경우를 포함한다)을 소유한 경우에는 제2항 각 호의 순위에 따른 1주택을 말한다] 외의 다른 주택을 양도하는 때에는 해당 공동상속주택은 해당 거주자의 주택으로 보지 아니한다. 다만, 상속지분이 가장 큰 상속인의 경우에는 그러하지 아니하며, 상속지분이 가장 큰 상속인이 2명 이상인 경우에는 그 2명 이상의 사람 중 다음의 순서에 따라 다음에 해당하는 사람이 그 공동상속주택을 소유한 것으로 본다(소득세법시행령 제155조 제3항).

1. 당해 주택에 거주하는 자 2. 최연장자

ⓒ 직계존속의 동거봉양을 위한 1세대 2주택: 1주택을 보유하고 1세대를 구성하는 자가 1주택을 보유하고 있는 60세 이상의 직계존속(다음 각 호의 사람을 포함한다)을 동거봉양하기 위하여 세대를 합침으로써 1세대가 2주택을 보유하게 되는 경우 합친 날부터 10년 이내에 먼저 양도하는 주택은 이를 1세대 1주택으로 보아 제154조 제1항을 적용한다(소득세법시행령 제155조 제4항).

ⓐ 배우자의 직계존속으로서 60세 이상인 사람

ⓑ 직계존속(배우자의 직계존속을 포함한다) 중 어느 한 사람이 60세 미만인 경우

ⓒ 「국민건강보험법시행령」 별표 2 제3호 가목 3), 같은 호 나목 2) 또는 같은 호 마목에 따른 요양급여를 받는 60세 미만의 직계존속(배우자의 직계존속을 포함한다)으로서 기획재정부령으로 정하는 사람

㉣ 혼인으로 인한 1세대 2주택: 1주택을 보유하는 자가 1주택을 보유하는 자와 혼인함으로써 1세대가 2주택을 보유하게 되는 경우 또는 1주택을 보유하고 있는 60세 이상의 직계존속을 동거봉양하는 무주택자가 1주택을 보유하는 자와 혼인함으로써 1세대가 2주택을 보유하게 되는 경우 각각 혼인한 날부터 5년 이내에 먼저 양도하는 주택은 이를 1세대 1주택으로 보아 제154조 제1항을 적용한다(소득세법시행령 제155조 제5항).

㉤ 지정문화재 및 등록문화재 등의 주택: 「문화유산의 보존 및 활용에 관한 법률」에 따른 지정문화유산, 「근현대문화유산의 보존 및 활용에 관한 법률」에 따른 국가등록문화유산 및 「자연유산의 보존 및 활용에 관한 법률」에 따른 천연기념물 등과 그밖의 주택("일반주택"이라 한다)을 국내에 각각 1개씩 소유하고 있는 1세대가 일반주택을 양도하는 경우에는 국내에 1개의 주택을 소유하고 있는 것으로 보아 제154조 제1항을 적용한다(소득세법시행령 제155조 제6항).

㉥ 농어촌주택에 대한 특례: 다음의 어느 하나에 해당하는 주택으로서 수도권 밖의 지역 중 읍지역(도시지역 안의 지역을 제외한다) 또는 면지역에 소재하는 주택("농어촌주택"이라 한다)과 그 외의 주택("일반주택"이라 한다)을 국내에 각각 1개씩 소유하고 있는 1세대가 일반주택을 양도하는 경우에는 국내에 1개의 주택을 소유하고 있는 것으로 보아 제154조 제1항을 적용한다. 다만, 제3호의 주택에 대해서는 그 주택을 취득한 날부터 5년 이내에 일반주택을 양도하는 경우에 한정하여 적용한다(소득세법시행령 제155조 제7항).

1. 상속받은 주택(피상속인이 취득 후 5년 이상 거주한 사실이 있는 경우에 한한다) 2. 이농인(어업에서 떠난 자를 포함한다)이 취득일 후 5년 이상 거주한 사실이 있는 이농주택 3. 영농 또는 영어의 목적으로 취득하는 귀농주택

㉦ 실수요 목적으로 취득한 지방주택에 대한 특례: 기획재정부령으로 정하는 취학, 근무상의 형편, 질병의 요양, 그 밖에 부득이한 사유로 취득한 수도권 밖에 소재하는 주택과 그 밖의 주택("일반주택"이라 한다)을 국내에 각각 1개씩 소유하고 있는 1세대가 부득이한 사유가 해소된 날부터 3년 이내에 일반주택을 양도하는 경우에는 국내에 1개의 주택을 소유하고 있는 것으로 보아 제154조 제1항을 적용한다(소득세법시행령 제155조 제8항).

예 제

다음은 소득세법시행령 제155조 '1세대 1주택의 특례'에 관한 조문의 내용이다. 괄호 안에 들어갈 법령상의 숫자를 순서대로 옳게 나열한 것은? 제29회

- 1주택을 보유하는 자가 1주택을 보유하는 자와 혼인함으로써 1세대가 2주택을 보유하게 되는 경우 혼인한 날부터 ( )년 이내에 먼저 양도하는 주택은 이를 1세대 1주택으로 보아 제154조 제1항을 적용한다.
- 1주택을 보유하고 1세대를 구성하는 자가 1주택을 보유하고 있는 ( )세 이상의 직계존속(배우자의 직계존속을 포함하며, 직계존속 중 어느 한 사람이 ( )세 미만인 경우를 포함)을 동거봉양하기 위하여 세대를 합침으로써 1세대가 2주택을 보유하게 되는 경우 합친 날부터 ( )년 이내에 먼저 양도하는 주택은 이를 1세대 1주택으로 보아 제154조 제1항을 적용한다.

① 3, 55, 55, 5　② 3, 60, 60, 5　③ 3, 60, 55, 10
④ 5, 55, 55, 10　⑤ 5, 60, 60, 10

해설

- 주택을 보유하는 자가 1주택을 보유하는 자와 혼인함으로써 1세대가 2주택을 보유하게 되는 경우 혼인한 날부터 (5)년 이내에 먼저 양도하는 주택은 이를 1세대 1주택으로 보아 제154조 제1항을 적용한다.
- 주택을 보유하고 1세대를 구성하는 자가 1주택을 보유하고 있는 (60)세 이상의 직계존속(배우자의 직계존속을 포함하며, 직계존속 중 어느 한 사람이 (60)세 미만인 경우를 포함)을 동거봉양하기 위하여 세대를 합침으로써 1세대가 2주택을 보유하게 되는 경우 합친 날부터 (10)년 이내에 먼저 양도하는 주택은 이를 1세대 1주택으로 보아 제154조 제1항을 적용한다.

정답 ⑤

(3) 2년 이상 보유할 것

① 원 칙

㉠ 1세대가 양도일 현재 국내에 1주택을 보유하고 있는 경우로서 해당 주택의 보유기간이 2년(다음 ㉣ ⓑ에 해당하는 거주자의 주택인 경우는 3년) 이상인 것[취득 당시에 「주택법」 제63조의2 제1항 제1호에 따른 조정대상지역에 있는 주택의 경우에는 해당 주택의 보유기간이 2년(다음 ㉣ ⓑ에 해당하는 거주자의 주택인 경우에는 3년) 이상이고 그 보유기간 중 거주기간이 2년 이상인 것]을 말한다. 다만, 1세대가 양도일 현재 국내에 1주택을 보유하고 있는 경우로서 다음 ② ㉠ ⓐ부터 ⓒ까지의 어느 하나에 해당하는 경우에는 그 보유기간 및 거주기간의 제한을 받지 않으며 ㉡에 해당하는 경우에는 거주기간의 제한을 받지 않는다(소득세법시행령 제154조 제1항).

㉡ ㉠에 따른 보유기간의 계산은 법 제95조 제4항에 따른다. 다만, 주택이 아닌 건물을 사실상 주거용으로 사용하거나 공부상의 용도를 주택으로 변경하는 경우 그 보유기간은 해당 자산을 사실상 주거용으로 사용한 날(사실상 주거용으로 사용한 날이 분명하지 않은 경우에는 그 자산의 공부상 용도를 주택으로 변경한 날)부터 양도한 날까지로 한다(소득세법시행령 제154조 제5항).

㉢ ㉠에 따른 거주기간은 주민등록표 등본에 따른 전입일부터 전출일까지의 기간으로 한다(소득세법시행령 제154조 제6항).

㉣ 위 ㉠에 따른 거주기간 또는 보유기간을 계산할 때 다음의 기간을 통산한다(소득세법시행령 제154조 제8항).

ⓐ 거주하거나 보유하는 중에 소실·무너짐·노후 등으로 인하여 멸실되어 재건축한 주택인 경우에는 그 멸실된 주택과 재건축한 주택에 대한 거주기간 및 보유기간

ⓑ 비거주자가 해당 주택을 3년 이상 계속 보유하고 그 주택에서 거주한 상태로 거주자로 전환된 경우에는 해당 주택에 대한 거주기간 및 보유기간

ⓒ 상속받은 주택으로서 상속인과 피상속인이 상속개시 당시 동일세대인 경우에는 상속개시 전에 상속인과 피상속인이 동일세대로서 보유한 기간

② **예외**: 1세대가 양도일 현재 국내에 1주택을 보유하고 있는 경우로서 다음의 어느 하나에 해당하는 경우에는 그 보유기간의 제한을 받지 아니한다(소득세법시행령 제154조 제1항).

㉠ 보유기간 및 거주기간의 제한을 받지 아니하는 경우

ⓐ 「민간임대주택에 관한 특별법」에 따른 민간건설임대주택이나 「공공주택 특별법」에 따른 공공건설임대주택 또는 공공매입임대주택을 취득하여 양도하는 경우로서 해당 임대주택의 임차일부터 양도일까지의 기간 중 세대전원이 거주(기획재정부령으로 정하는 취학, 근무상의 형편, 질병의 요양, 그 밖에 부득이한 사유로 세대의 구성원 중 일부가 거주하지 못하는 경우를 포함한다)한 기간이 5년 이상인 경우(소득세법시행령 제154조 제1항 제1호)

ⓑ 다음의 어느 하나에 해당하는 경우(소득세법시행령 제154조 제1항 제2호)

㉮ 주택 및 그 부수토지(사업인정 고시일 전에 취득한 주택 및 그 부수토지에 한한다)의 전부 또는 일부가 「공익사업을 위한 토지 등의 취득 및 보상에 관한 법률」에 의한 협의매수·수용 및 그 밖의 법률에 의하여 수용되는 경우(이 경우 양도일 또는 수용일부터 5년 이내에 양도하는 그 잔존주택 및 그 부수토지를 포함한다)

㉯ 「해외이주법」에 따른 해외이주로 세대전원이 출국하는 경우. 다만, 출국일 현재 1주택을 보유하고 있는 경우로서 출국일부터 2년 이내에 양도하는 경우에 한한다.

㉰ 1년 이상 계속하여 국외거주를 필요로 하는 취학 또는 근무상의 형편으로 세대전원이 출국하는 경우. 다만, 출국일 현재 1주택을 보유하고 있는 경우로서 출국일부터 2년 이내에 양도하는 경우에 한한다.

ⓒ 1년 이상 거주한 주택을 기획재정부령으로 정하는 취학, 근무상의 형편, 질병의 요양, 그 밖에 부득이한 사유로 양도하는 경우(소득세법시행령 제154조 제1항 제3호)

㉡ 거주기간의 제한을 받지 아니하는 경우

거주자가 조정대상지역의 공고가 있은 날 이전에 매매계약을 체결하고 계약금을 지급한 사실이 증빙서류에 의하여 확인되는 경우로서 해당 거주자가 속한 1세대가 계약금 지급일 현재 주택을 보유하지 아니하는 경우(소득세법시행령 제154조 제1항 제5호)

넓혀 보기

2년 이상 보유

1. **기획재정부령으로 정하는 취학, 근무상의 형편, 질병의 요양, 그 밖에 부득이한 사유**(소득세법시행규칙 제71조 제3항)
   세대전원이 다음의 어느 하나에 해당하는 사유로 다른 시(특별시, 광역시, 특별자치시 및 「제주특별자치도 설치 및 국제자유도시 조성을 위한 특별법」에 따라 설치된 행정시를 포함한다)·군으로 주거를 이전하는 경우(광역시지역 안에서 구지역과 읍·면지역 간에 주거를 이전하는 경우와 특별자치시, 「지방자치법」에 따라 설치된 도농복합형태의 시지역 및 「제주특별자치도 설치 및 국제자유도시 조성을 위한 특별법」에 따라 설치된 행정시 안에서 동지역과 읍·면지역 간에 주거를 이전하는 경우를 포함한다)를 말한다.
   ① 「초·중등교육법」에 따른 학교(초등학교 및 중학교를 제외한다) 및 「고등교육법」에 따른 학교에의 취학
   ② 직장의 변경이나 전근 등 근무상의 형편
   ③ 1년 이상의 치료나 요양을 필요로 하는 질병의 치료 또는 요양
   ④ 「학교폭력예방 및 대책에 관한 법률」에 따른 학교폭력으로 인한 전학(같은 법에 따른 학교폭력대책자치위원회가 피해학생에게 전학이 필요하다고 인정하는 경우에 한한다)
2. **보유 및 거주기간 계산**(양도소득세 집행기준 89-154-29)
   2년 이상 보유는 주택 및 그에 딸린 토지를 각각 2년 이상 보유한 것을 말하는 것이며, 보유기간은 해당 자산을 취득한 날의 초일을 산입하여 양도한 날까지로 계산하고, 거주기간 계산은 해당 주택의 취득일 이후 실제 거주한 기간에 따르며 불분명한 경우에는 주민등록상 전입일부터 전출일까지의 기간으로 한다.

(4) 주택과 이에 딸린 토지

1세대 1주택(주택 및 이에 딸린 토지의 양도 당시 실지거래가액의 합계액이 12억원을 초과하는 고가주택은 제외한다)과 주택부수토지의 양도로 발생하는 소득은 비과세한다(소득세법 제89조 제1항 제3호).

① **주택부수토지**

건물이 정착된 면적에 지역별로 대통령령으로 정하는 배율을 곱하여 산정한 면적 이내의 토지

② **지역별로 대통령령으로 정하는 배율**(소득세법시행령 제154조 제7항)

㉠ 「국토의 계획 및 이용에 관한 법률」 제6조 제1호에 따른 도시지역 내의 토지: 다음 각 목에 따른 배율

ⓐ 「수도권정비계획법」 제2조 제1호에 따른 수도권 내의 토지 중 주거지역·상업지역 및 공업지역 내의 토지: 3배

ⓑ 수도권 내의 토지 중 녹지지역 내의 토지: 5배

ⓒ 수도권 밖의 토지: 5배

㉡ 그 밖의 토지: 10배

(5) 미등기양도자산이 아닐 것

① 비과세의 해당 요건들을 모두 구비하였다 하더라도 해당 주택이 미등기상태로 양도되는 경우에는 비과세 규정을 적용하지 아니한다.

② 다만, 1세대 1주택으로서 「건축법」에 따른 건축허가를 받지 아니하여 등기가 불가능한 자산은 그러하지 아니하다(소득세법시행령 제168조 제1항 제4호).

(6) 겸용주택의 판정

하나의 건물이 주택과 주택 외의 부분으로 복합되어 있는 경우와 주택에 딸린 토지에 주택 외의 건물이 있는 경우에는 그 전부를 주택으로 본다. 다만, 주택의 연면적이 주택 외의 부분의 연면적보다 적거나 같을 때에는 주택 외의 부분은 주택으로 보지 아니한다(소득세법시행령 제154조 제3항). 법 95조 제3항에 따른 고가주택으로 하나의 건물이 주택과 주택 외의 부분으로 복합되어 있는 경우와 주택에 딸린 토지에 주택 외의 건물이 있는 경우에는 주택 외의 부분은 주택으로 보지 않는다(소득세법시행령 제160조 제1항).

① **건 물**

㉠ 주택 연면적 > 주택 외 부분의 면적 ⇨ 전부를 주택으로 본다.

㉡ 주택 연면적 ≦ 주택 외 부분의 면적 ⇨ 주거부분만 주택으로 본다.

② **부수토지**: 주택 장착면적의 5배(밖 10배) 이내

㉠ 주택의 부수토지 = 총 토지면적 × 주택면적 / 건물면적

㉡ 비과세되는 주택의 부수토지 = 주택정착면적 × 「국토의 계획 및 이용에 관한 법률」에 따른 도시지역 내의 토지는 5배, 그 밖의 토지(도시지역 밖)는 10배

㉢ ㉠과 ㉡ 중 작은 면적이 비과세된다.

넓혀 보기

겸용주택

1. **상가와 아파트를 동시 소유시 겸용주택 해당여부**(소득세법 기본통칙 89-154…10)
   하층은 상가로 되어 있고 상층은 거주용으로 된 아파트 건물을 함께 소유하는 경우에 이들을 겸용주택으로 보지 아니한다.
2. **겸용주택의 지하실에 대한 주택면적의 계산**(소득세법 기본통칙 89-154…11)
   겸용주택의 지하실은 실지 사용하는 용도에 따라 판단하는 것이며, 그 사용 용도가 명확하지 아니할 경우에는 주택의 면적과 주택 이외의 면적의 비율로 안분하여 계산한다.

예제

1세대 1주택 요건을 충족하는 거주자 甲이 다음과 같은 단층 겸용주택(주택은 국내 상시주거용이며, 도시지역 내 수도권 내의 토지 중 녹지지역 내의 토지임)**을 7억원에 양도하였을 경우 양도소득세가 과세되는 건물면적과 토지면적으로 옳은 것은?** (단, 주어진 조건 외에는 고려하지 않음) 제26회

- 건물: 주택 $80m^2$, 상가 $120m^2$
- 토지: 건물 부수토지 $800m^2$

① 건물 $120m^2$, 토지 $320m^2$
② 건물 $120m^2$, 토지 $400m^2$
③ 건물 $120m^2$, 토지 $480m^2$
④ 건물 $200m^2$, 토지 $400m^2$
⑤ 건물 $200m^2$, 토지 $480m^2$

해설 1. 주택($80m^2$) ≤ 상가($120m^2$)
주택의 연면적이 주택 외의 부분의 연면적보다 작거나 같을 때에는 주택 외의 부분은 주택으로 보지 아니한다. 즉, 주택부분만 주택으로 본다. 따라서 양도소득세가 과세되는 건물면적은 $120m^2$이다.

2. 건물부수토지 안분

㉠ 주택부수토지: 건물부수토지($800m^2$) × $\frac{\text{주택}(80m^2)}{\text{주택}(80m^2) + \text{상가}(120m^2)} = 320m^2$

도시지역 내이므로 주택정착면적($80m^2$)의 5배인 $400m^2$ 이내이므로 $320m^2$를 주택의 부수토지로 보아 비과세한다.

㉡ 상가부수토지: 건물부수토지($800m^2$) − 주택부수토지($320m^2$) = $480m^2$는 과세한다.

정답 ③

(7) 고가주택

1세대 1주택 비과세 요건을 갖추고 있는 주택이라 하더라도 실지양도가액이 12억원을 초과하는 고가주택인 경우에는 양도가액 중 12억원을 초과하는 금액에 상당하는 양도소득에 대하여는 비과세되지 아니하고 양도소득세가 과세된다.

① **고가주택의 범위**(소득세법시행령 제156조 제1항)

고가주택이란 주택 및 이에 딸린 토지의 양도 당시 실지거래가액의 합계액[1주택 및 이에 딸린 토지의 일부를 양도하거나 일부가 타인 소유인 경우에는 실지거래가액 합계액에 양도하는 부분(타인 소유부분을 포함)의 면적이 전체주택면적에서 차지하는 비율을 나누어 계산한 금액을 말한다]이 12억원을 초과하는 것을 말한다.

② **고가주택에 대한 양도차익의 계산**(소득세법시행령 제160조 제1항 제1호, 제2호)

법 제95조 제3항에 따른 고가주택(하나의 건물이 주택과 주택 외의 부분으로 복합되어 있는 경우와 주택에 딸린 토지에 주택 외의 건물이 있는 경우에는 주택 외의 부분은 주택으로 보지 않는다)에 해당하는 자산의 양도차익 및 장기보유특별공제액은 다음 각 호의 산식으로 계산한 금액으로 한다. 이 경우 해당 주택 또는 이에 부수되는 토지가 그 보유기간이 다르거나 미등기양도자산에 해당하거나 일부만 양도하는 때에는 12억원에 해당 주택 또는 이에 부수되는 토지의 양도가액이 그 주택과 이에 부수되는 토지의 양도가액의 합계액에서 차지하는 비율을 곱하여 안분계산한다.

1. 고가주택에 해당하는 자산에 적용할 양도차익

   법 제95조 제1항에 따른 양도차익 × $\frac{\text{양도가액} - \text{12억원}}{\text{양도가액}}$

2. 고가주택에 해당하는 자산에 적용할 장기보유특별공제액

   법 제95조 제2항에 따른 장기보유특별공제액 × $\frac{\text{양도가액} - \text{12억원}}{\text{양도가액}}$

넓혀 보기

고가주택 판단

1. **겸용주택**
   겸용주택의 경우에는 주택으로 보는 부분(이에 부수되는 토지를 포함한다)에 해당하는 실지거래가액을 포함하여 고가주택을 판정한다(소득세법시행령 제156조 제2항).
2. **다가구주택**
   단독주택으로 보는 다가구 주택의 경우에는 그 전체를 하나의 주택으로 보아 고가주택에 해당하는지의 여부를 판정한다(소득세법시행령 제156조 제3항).

예 제

소득세법상 거주자의 국내 소재 1세대 1주택인 고가주택과 그 양도소득세에 관한 설명으로 틀린 것은? 제31회

① 거주자가 2024년 취득 후 계속 거주한 법령에 따른 고가주택을 2025년 5월에 양도하는 경우 장기보유특별공제의 대상이 되지 않는다.

② "고가주택"이란 기준시가 12억원을 초과하는 주택을 말한다.

③ 법령에 따른 고가주택에 해당하는 자산의 장기보유특별공제액은 「소득세법」 제95조 제2항에 따른 장기보유특별공제액에 "양도가액에서 12억원을 차감한 금액이 양도가액에서 차지하는 비율"을 곱하여 산출한다.

④ 법령에 따른 고가주택에 해당하는 자산의 양도차익은 「소득세법」 제95조 제1항에 따른 양도차익에 "양도가액에서 12억원을 차감한 금액이 양도가액에서 차지하는 비율"을 곱하여 산출한다.

⑤ 「건축법시행령」 [별표1]에 의한 다가구주택을 구획된 부분별로 양도하지 아니하고 하나의 매매단위로 양도하여 단독주택으로 보는 다가구주택의 경우에는 그 전체를 하나의 주택으로 보아 법령에 따른 고가주택 여부를 판단한다.

해설 ② "고가주택"이란 양도 당시의 실지거래가액의 합계액이 12억원을 초과하는 주택을 말한다(소득세법시행령 제156조 제1항).

정답 ②

(8) **다가구주택**(소득세법시행령 제155조 제15항)

다가구주택이란 여러 가구가 한 건물에 거주할 수 있도록 다가구용 단독주택의 건축기준에 의하여 건축허가를 받아 건축된 주택을 말하며, 「소득세법」에서는 이를 다음과 같이 구분한다.

① 제154조 제1항을 적용할 때 「건축법시행령」 별표 1 제1호 다목에 해당하는 다가구주택은 한 가구가 독립하여 거주할 수 있도록 구획된 부분을 각각 하나의 주택으로 본다.

② 다만, 해당 다가구주택을 구획된 부분별로 양도하지 아니하고 하나의 매매단위로 하여 양도하는 경우에는 그 전체를 하나의 주택으로 본다.

핵심 다지기

다가구주택의 주택 구분(양도소득세 집행기준 89-155-6)

「소득세법」상 다가구주택은 원칙적으로 공동주택으로 보는 것이며, 1세대 1주택 비과세 규정을 적용할 때 다가구주택을 가구별로 분양하지 아니하고 하나의 매매단위로 하여 양도하는 경우에는 이를 단독주택으로 본다.

예제

1. 소득세법상 거주자의 양도소득세 비과세에 관한 설명으로 옳은 것은? 제27회

① 국내에 1주택만을 보유하고 있는 1세대가 해외이주로 세대전원이 출국하는 경우 출국일부터 3년이 되는 날 해당 주택을 양도하면 비과세된다.

② 법원의 결정에 의하여 양도 당시 취득에 관한 등기가 불가능한 미등기주택은 양도소득세 비과세가 배제되는 미등기양도자산에 해당하지 않는다.

③ 직장의 변경으로 세대전원이 다른 시로 주거를 이전하는 경우 6개월간 거주한 1주택을 양도하면 비과세된다.

④ 양도 당시 실지거래가액이 15억원인 1세대 1주택의 양도로 발생하는 양도차익 전부가 비과세된다.

⑤ 농지를 교환할 때 쌍방 토지가액의 차액이 가액이 큰 편의 3분의 1인 경우 발생하는 소득은 비과세된다.

해설 ① 국내에 1주택만을 보유하고 있는 1세대가 해외이주로 세대전원이 출국하는 경우 출국일부터 2년 이내에 해당 주택을 양도하면 비과세된다.
③ 직장의 변경으로 세대전원이 다른 시로 주거를 이전하는 경우 1년 이상 거주한 1주택을 양도하면 비과세된다.
④ 양도 당시 실지거래가액이 15억원인 1세대 1주택의 양도로 발생하는 양도차익 중 12억원에 해당하는 부분만 비과세되고 12억원 초과부분에 대해서는 과세된다.
⑤ 농지를 교환할 때 쌍방 토지가액의 차액이 가액이 큰 편의 4분의 1인 경우 발생하는 소득은 비과세된다.

◆ 정답 ②

2. 소득세법상 1세대 1주택(고가주택 제외) **비과세규정에 관한 설명으로 틀린 것은?** (단, 거주자의 국내주택을 가정) **제24회**

① 1세대 1주택 비과세규정을 적용하는 경우 부부가 각각 세대를 달리 구성하는 경우에도 동일한 세대로 본다.

② 「해외이주법」에 따른 해외이주로 세대전원이 출국하는 경우 출국일 현재 1주택을 보유하고 있고 출국일로부터 2년 이내에 당해 주택을 양도하는 경우 보유기간 요건을 충족하지 않더라도 비과세한다.

③ 1주택을 보유하는 자가 1주택을 보유하는 자와 혼인함으로써 1세대가 2주택을 보유하게 되는 경우 혼인한 날부터 5년 이내에 먼저 양도하는 주택(보유기간 4년)은 비과세한다.

④ 「건축법시행령」 별표 1 제1호 다목에 해당하는 다가구주택은 해당 다가구주택을 구획된 부분별로 분양하지 아니하고 하나의 매매단위로 하여 양도하는 경우 그 구획된 부분을 각각 하나의 주택으로 본다.

⑤ 양도일 현재 「민간임대주택에 관한 특별법」에 따른 민간건설임대주택 1주택만을 보유하는 1세대는 해당 건설임대주택의 임차일부터 해당 주택의 양도일까지의 기간 중 세대전원이 거주(기획재정부령으로 정하는 취학, 근무상의 형편, 질병의 요양, 그 밖에 부득이한 사유로 세대의 구성원 중 일부가 거주하지 못하는 경우를 포함한다)한 기간이 5년 이상인 경우 보유기간 요건을 충족하지 않더라도 비과세한다.

해설 ④ 다가구주택의 주택 구분(집행기준 89-155-6)
소득세법상 다가구주택은 원칙적으로 공동주택으로 보는 것이며, 1세대 1주택 비과세 규정을 적용할 때 다가구주택을 가구별로 분양하지 아니하고 하나의 매매단위로 하여 양도하는 경우에는 이를 단독주택으로 본다.

정답 ④

---

08 양도소득세의 면제와 경감

양도소득세의 면제와 경감이란 일단 발생한 납세의무를 일정한 사유와 목적에 따라 과세권자가 자신의 과세권을 일시적으로 유보하는 것으로서, 감면은 납세의무자의 신청(신청 감면)과 사후관리를 필요로 한다는 점에서 비과세와 구분이 된다. 「조세특례제한법」에 규정하고 있다.

09 비과세 및 감면의 적용 배제 제32회

1 미등기양도자산에 대한 불이익

"미등기양도자산"이란 양도소득세 과세대상인 토지 · 건물 및 부동산에 관한 권리를 취득한 자가 그 자산 취득에 관한 등기를 하지 아니하고 양도하는 것을 말한다(소득세법 제104조 제3항). 미등기양도자산은 다음과 같은 불이익의 처분을 받는다.

(1) 필요경비개산공제 불이익

토지 · 건물 · 주택에 대하여는 1,000분의 3을 적용하고, 지상권 · 전세권은 100분의 1을 적용한다.

(2) 장기보유특별공제, 양도소득기본공제의 적용배제

미등기로 자산을 양도한 때에는 법률 규정에 따른 장기보유특별공제, 양도소득기본공제의 적용을 하지 않는다.

(3) 최고세율의 적용

미등기로 자산을 양도한 때에는 법률 규정에 따른 70%의 최고세율을 적용한다.

(4) 비과세 및 감면의 적용배제

미등기로 자산을 양도한 때에는 소득세법 등에 따른 비과세 및 감면의 적용을 배제한다.

2 미등기양도제외자산의 범위 제32회

다음에 해당하는 자산에 대해서는 미등기임에도 불구하고 미등기로 보지 아니하므로 미등기양도자산의 불이익을 적용하지 아니한다(소득세법시행령 제168조).

(1) 장기할부조건으로 취득한 자산으로서 그 계약조건에 의하여 양도당시 그 자산의 취득에 관한 등기가 불가능한 자산

(2) 법률의 규정 또는 법원의 결정에 의하여 양도당시 그 자산의 취득에 대한 등기가 불가능한 자산

(3) 법 제89조 제1항 제2호(비과세 양도소득인 농지의 교환 또는 분합), 「조세특례제한법」 제69조 제1항(8년 이상 자경농지에 대한 양도소득세의 감면) 및 제70조 제1항(농지대토에 대한 양도소득세 감면)에 규정하는 토지

(4) 법 제89조 제1항 제3호(비과세대상인 1세대 1주택)에 해당하는 주택으로서 「건축법」에 따른 건축허가를 받지 아니하여 등기가 불가능한 자산

(5) 「도시개발법」에 따른 도시개발사업이 종료되지 아니하여 토지 취득등기를 하지 아니하고 양도하는 토지

(6) 건설사업자가 「도시개발법」에 따라 공사용역 대가로 취득한 체비지를 토지구획환지처분공고 전에 양도하는 토지

예제

소득세법상 미등기양도자산(미등기양도제외자산 아님)**인 상가건물의 양도에 관한 내용으로 옳은 것을 모두 고른 것은?** 제32회

㉠ 양도소득세율은 양도소득 과세표준의 100분의 70
㉡ 장기보유특별공제 적용 배제
㉢ 필요경비개산공제 적용 배제
㉣ 양도소득기본공제 적용 배제

① ㉠, ㉡, ㉢ ② ㉠, ㉡, ㉣ ③ ㉠, ㉢, ㉣
④ ㉡, ㉢, ㉣ ⑤ ㉠, ㉡, ㉢, ㉣

해설 ② 소득세법상 미등기양도자산(미등기양도제외 자산 아님)인 상가건물을 양도한 경우 다음과 같은 불이익의 처분을 받는다.
㉠ 양도소득세율은 양도소득 과세표준의 100분의 70
㉡ 장기보유특별공제 적용 배제
㉣ 양도소득기본공제 적용 배제
㉢ 필요경비개산공제 적용: 취득당시 기준시가 × 0.3%

정답 ②

3 양도소득세 비과세 또는 감면의 배제 등(거래가액 불성실신고에 대한 불이익)

토지 · 건물 · 부동산에 관한 권리의 자산을 매매하는 거래당사자가 매매계약서의 거래가액을 실지거래가액과 다르게 적은 경우에는 해당 자산에 대하여 「소득세법」 또는 「소득세법」 외의 법률에 따른 양도소득세의 비과세 또는 감면에 관한 규정을 적용할 때 비과세 또는 감면받았거나 받을 세액에서 다음의 구분에 따른 금액을 뺀다(소득세법 제91조 제2항).

(1) 「소득세법」 또는 「소득세법」 외의 법률에 따라 양도소득세의 비과세에 관한 규정을 적용받을 경우

비과세에 관한 규정을 적용하지 아니하였을 경우의 양도소득 산출세액과 매매계약서의 거래가액과 실지거래가액과의 차액 중 적은 금액

비과세 받았거나 받을 세액 − (비과세에 관한 규정을 적용하지 아니하였을 경우의 양도소득 산출세액과 매매계약서의 거래가액과 실지거래가액과의 차액 중 적은 금액)

(2) 「소득세법」 또는 「소득세법」 외의 법률에 따라 양도소득세의 감면에 관한 규정을 적용받았거나 받을 경우

감면에 관한 규정을 적용받았거나 받을 경우의 해당 감면세액과 매매계약서의 거래가액과 실지거래가액과의 차액 중 적은 금액

10 국외자산 양도에 대한 양도소득세 제31회, 제32회, 제35회

자본자유화가 시행됨에 따라 국내 소재 자산의 양도와 국외 소재 자산의 양도 간에 조세부담의 형평을 유지하기 위하여 거주자가 양도하는 국외 소재 부동산 등의 양도소득에 대하여도 양도소득세를 과세한다.

1 국외자산 양도소득의 범위(소득세법 제118조의2)

(1) 납세의무자인 거주자의 요건

납세의무가 있는 거주자란 해당 자산의 양도일까지 계속 5년 이상 국내에 주소 또는 거소를 둔 자를 말한다.

(2) 과세대상

국외에 있는 자산의 양도에 대한 양도소득은 해당 과세기간에 국외에 있는 다음의 자산을 양도함으로써 발생하는 소득으로 한다. 다만, 다음에 따른 소득이 국외에서 외화를 차입하여 취득한 자산을 양도하여 발생하는 소득으로서 환율변동으로 인하여 외화차입금으로부터 발생하는 환차익을 포함하고 있는 경우에는 해당 환차익을 양도소득의 범위에서 제외한다.

① **토지 또는 건물**: 국외소재 토지 또는 건물은 공부상의 등기・등록 여부와 관계없이 모두 양도소득세의 과세대상이 된다.

② **부동산에 관한 권리**

㉠ 지상권・전세권과 부동산임차권

㉡ 부동산을 취득할 수 있는 권리(건물이 완성되는 때에 그 건물과 이에 딸린 토지를 취득할 수 있는 권리를 포함)

③ **국외자산 중 기타 자산**

㉠ 사업용 고정자산과 함께 양도하는 영업권

㉡ 특정시설물 이용・회원권

㉢ 특정법인의 주식

㉣ 특수업종을 영위하는 부동산 과다보유 법인의 주식

2 국외자산의 양도가액

(1) 원 칙

국외자산의 양도가액은 그 자산의 양도 당시의 실지거래가액으로 한다(소득세법 제118조의3 제1항 전단).

(2) 예 외

양도 당시의 실지거래가액을 확인할 수 없는 경우에는 양도자산이 소재하는 국가의 양도 당시 현황을 반영한 시가에 따르되, 시가를 산정하기 어려울 때에는 그 자산의 종류, 규모, 거래상황 등을 고려하여 대통령령으로 정하는 방법에 따른다(소득세법 제118조의3 제1항 단서).

3 국외자산 양도소득의 필요경비계산

(1) 국외자산의 양도에 대한 양도차익을 계산할 때 양도가액에서 공제하는 필요경비는 다음의 금액을 합한 것으로 한다(소득세법 제118조의4 제1항).

필요경비 = 취득가액 + 자본적 지출액 + 양도비

① **취득가액**(소득세법 제118조의4 제1항 제1호)

㉠ 원칙: 해당자산의 취득에 든 실지거래가액

㉡ 예외: 취득 당시의 실지거래가액을 확인할 수 없는 경우에는 양도자산이 소재하는 국가의 취득 당시의 현황을 반영한 시가에 따르되, 시가를 산정하기 어려울 때에는 그 자산의 종류, 규모, 거래상황 등을 고려하여 대통령령으로 정하는 방법에 따라 취득가액을 산정한다.

② 자본적지출액(소득세법 제118조의4 제1항 제2호)

③ 양도비(소득세법 제118조의4 제1항 제3호)

(2) 위 (1)에 따른 양도차익의 외화 환산, 취득에 드는 실지거래가액, 시가의 산정 등 필요경비의 계산에 필요한 사항은 대통령령으로 정한다(소득세법 제118조의4 제2항).

(3) 법 제118조의4 제2항의 규정에 의하여 양도차익을 계산함에 있어서는 양도가액 및 필요경비를 수령하거나 지출한 날 현재 「외국환거래법」에 의한 기준환율 또는 재정환율에 의하여 계산한다(소득세법시행령 제178조의5 제1항).

4 장기보유특별공제

국외자산 양도시 장기보유특별공제는 적용하지 아니한다(소득세법 제118조의8 단서).

5 국외자산 양도소득기본공제

(1) 국외자산의 양도에 대한 양도소득이 있는 거주자에 대해서는 해당 과세기간의 양도소득금액에서 연 250만원을 공제한다(소득세법 제118조의7 제1항).

(2) (1)을 적용할 때 해당 과세기간의 양도소득금액에 「소득세법」 또는 「조세특례제한법」이나 그 밖의 법률에 따른 감면소득금액이 있는 경우에는 감면소득금액 외의 양도소득금액에서 먼저 공제하고, 감면소득금액 외의 양도소득금액 중에서는 해당 과세기간에 먼저 양도하는 자산의 양도소득금액에서부터 순서대로 공제한다(소득세법 제118조의7 제2항).

6 국외자산 양도소득세의 세율

(1) 국외자산의 양도소득에 대한 소득세는 해당 과세기간의 양도소득과세표준에 제55조 제1항에 따른 세율(6~45%)을 적용하여 계산한 금액을 그 세액으로 한다(소득세법 제118조의5 제1항).

(2) 위 (1)에 따른 세율의 조정에 관하여는 제104조 제4항(국내자산 양도소득세 세율)을 준용한다(소득세법 제118조의5 제2항).

7 국외자산 양도소득에 대한 외국납부세액의 공제

(1) 국외자산의 양도소득에 대하여 해당 외국에서 과세를 하는 경우로서 그 양도소득에 대하여 국외자산 양도에 대한 세액("국외자산 양도소득세액"이라 한다)을 납부하였거나 납부할 것이 있을 때에는 다음의 방법 중 하나를 선택하여 적용할 수 있다(소득세법 제118조의6 제1항).

① **외국납부세액의 세액공제방법**: 법정 계산식에 따라 계산한 금액을 한도로 국외자산 양도소득세액을 해당 과세기간의 양도소득 산출세액에서 공제하는 방법

② **외국납부세액의 필요경비 산입방법**: 국외자산 양도소득에 대하여 납부하였거나 납부할 국외자산 양도소득세액을 해당 과세기간의 필요경비에 산입하는 방법

(2) 국외자산 양도소득세액을 공제받고자 하거나 필요경비에 산입하고자 하는 자는 국외자산 양도소득세액공제(필요경비 산입) 신청서를 확정신고(예정신고를 포함한다) 기한 내에 납세지 관할 세무서장에게 제출하여야 한다(소득세법시행령 제178조의7 제2항).

8 준용규정

국외자산의 양도에 대한 양도소득세의 과세에 관하여는 다음의 규정을 준용한다. 다만, 제95조에 따른 장기보유 특별공제액은 공제하지 아니한다(소득세법 제118조의 8).

① 제89조(비과세 양도소득)

② 제90조(양도소득세의 감면)

③ 제92조(양도소득 과세표준의 계산)

④ 제93조(양도소득세액계산의 순서)

⑤ 제95조(양도소득금액)

⑥ 제97조 제3항(감가상각비로서 각 과세기간의 사업소득금액을 계산하는 경우 필요경비에 산입하였거나 산입할 금액이 있을 때에는 이를 취득가액에서 공제한 금액을 그 취득가액으로 한다)

⑦ 제98조(양도 또는 취득의 시기)

⑧ 제99조(소득세법상 국외자산의 양도에 대한 양도소득세 과세에 있어서 국내자산의 양도에 대한 양도소득세 규정 중 기준시가의 산정은 준용하지 아니한다)

⑨ 제100조(양도차익의 산정)

⑩ 제101조(양도소득의 부당행위계산)

⑪ 제105조부터 제107조까지(국외자산 중 제118조의2 제3호에 따른 주식 등은 제외한다)
- ㉠ 제105조(양도소득과세표준 예정신고)
- ㉡ 제106조(예정신고납부)
- ㉢ 제107조(예정신고 산출세액의 계산)

⑫ 제110조부터 제112조까지
- ㉠ 제110조(양도소득과세표준 확정신고)
- ㉡ 제111조(확정신고납부)
- ㉢ 제112조(양도소득세의 분할납부)

⑬ 제114조(양도소득과세표준과 세액의 결정·경정 및 통지)

⑭ 제114조의2(환산취득가액 적용에 따른 가산세)

⑮ 제115조부터 제118조까지
- ㉠ 제115조(주식 등에 대한 장부의 비치·기록의무 및 기장 불성실가산세)
- ㉡ 제116조(양도소득세의 징수)
- ㉢ 제117조(양도소득세의 환급)
- ㉣ 제118조(준용규정)

예제

거주자 甲은 2019년에 국외에 1채의 주택을 미화 1십만 달러(취득자금 중 일부 외화 차입)**에 취득하였고, 2025년에 동 주택을 미화 2십만 달러에 양도하였다. 이 경우 소득세법상 설명으로 틀린 것은?** (단, 甲은 해당자산의 양도일까지 계속 5년 이상 국내에 주소를 둠) 제32회

① 甲의 국외주택에 대한 양도차익은 양도가액에서 취득가액과 필요경비개산공제를 차감하여 계산한다.

② 甲의 국외주택 양도로 발생하는 소득이 환율변동으로 인하여 외화차입금으로부터 발생하는 환차익을 포함하고 있는 경우에는 해당 환차익을 양도소득의 범위에서 제외한다.

③ 甲의 국외주택 양도에 대해서는 해당 과세기간의 양도소득금액에서 연 250만원을 공제한다.

④ 甲은 국외주택을 3년 이상 보유하였음에도 불구하고 장기보유특별공제액은 공제하지 아니한다.

⑤ 甲은 국외주택의 양도에 대하여 양도소득세의 납세의무가 있다.

해설 ① 甲의 국외주택에 대한 양도차익은 양도가액에서 취득가액, 자본적지출액, 양도비를 차감하여 계산한다. 국외주택에 대한 양도차익 계산시 필요경비개산공제는 적용하지 아니한다. 정답 ①

Chapter 04

사업소득(종합소득)

단원 열기

종합소득 중 사업소득에 속하는 부동산매매업과 부동산임대업을 정리해야 한다. 특히 부동산임대업 부분은 1문제 정도 출제되고 있다. 부동산임대업의 소득 구분과 비과세 부분을 집중적으로 정리해야 한다.

1 부동산매매업

(1) 부동산매매업의 정의

① **소득세법**

부동산매매업이란 한국표준산업분류에 따른 비주거용 건물건설업(건물을 자영건설하여 판매하는 경우만 해당한다)과 부동산 개발 및 공급업을 말한다. 다만, 한국표준산업분류에 따른 주거용 건물 개발 및 공급업(구입한 주거용 건물을 재판매하는 경우는 제외한다. 이하 "주거용 건물 개발 및 공급업"이라 한다)은 제외한다(소득세법시행령 제122조 제1항).

② **부가가치세법**

부동산의 매매(주거용 또는 비주거용 및 그 밖의 건축물을 자영건설하여 분양·판매하는 경우를 포함한다) 또는 그 중개를 사업목적으로 나타내어 부동산을 판매하거나, 사업상 목적으로 1과세기간 중에 1회 이상 부동산을 취득하고 2회 이상 판매하는 경우에는 부동산매매업을 영위하는 것으로 본다(부가가치세법시행규칙 제2조 제2항).

(2) 부동산매매업 등의 업종구분(소득세법 기본통칙 64-122…1)

① 자기의 토지 위에 상가 등을 신축하여 판매할 목적으로 건축 중인 「건축법」에 의한 건물과 토지를 제3자에게 양도한 경우

② 토지를 개발하여 주택지·공업단지·상가·묘지 등으로 분할판매하는 경우

(3) 양도 및 취득시기

① **원칙**: 부동산의 대금을 청산한 날을 양도 및 취득의 시기로 본다.

② **예외**: 대금을 청산하기 전에 소유권의 이전에 관한 등기 또는 등록이 되거나 해당 자산을 사용·수익하는 경우에는 등기·등록일 또는 사실상의 사용·수익일로 한다.

⑷ **토지 등 매매차익의 계산**(소득세법시행령 제129조 제2항)

① **원 칙**

부동산매매업자가 토지 등 매매차익예정신고시에 제출한 증빙서류 또는 비치·기장한 장부와 증빙서류에 의하여 계산한다(소득세법시행령 제129조 제1항 제1호). 즉, 매도한 토지 등의 실지거래가액을 확인할 수 있는 경우에는 실지거래가액을 매매가액으로 한다(소득세법시행령 제129조 제1항 제2호).

② **예 외**

다음의 경우처럼 실지거래가액을 확인할 수 없는 경우에는 추계방법을 순차적으로 적용하여 산정한 가액을 매매가액으로 한다. 이 경우 매매사례가액 또는 감정가액이 특수관계인과의 거래에 따른 가액 등으로서 객관적으로 부당하다고 인정되는 경우에는 해당 가액은 적용하지 아니한다(소득세법시행령 제129조 제1항 제2호).

㉠ 과세표준을 계산함에 있어서 필요한 장부와 증빙서류가 없거나 중요한 부분이 미비 또는 허위인 경우

㉡ 기장의 내용이 시설규모·종업원수·원자재·상품 또는 제품의 시가·각종 요금 등에 비추어 허위임이 명백한 경우

㉢ 기장의 내용이 원자재사용량·전력사용량 기타 조업상황에 비추어 허위임이 명백한 경우

⑸ **부동산매매업의 산출세액**

① **토지 등 매매차익의 계산**(소득세법 제69조 제3항, 소득세법시행령 제128조)

토지 등의 매매차익은 그 매매가액에서 다음의 금액을 공제한 것으로 한다.

㉠ 양도자산의 필요경비에 상당하는 금액

㉡ 당해 토지 등의 건설자금에 충당한 금액의 이자

㉢ 토지 등의 매도로 인하여 법률에 의하여 지급하는 공과금

㉣ 장기보유특별공제액

② **산출세액의 계산**

산출세액은 과세표준에 양도소득세율을 곱하여 계산한 금액으로 한다.

산출세액 = 과세표준 × 양도소득세율

③ 대통령령으로 정하는 부동산매매업을 경영하는 거주자("부동산매매업자"라 한다)로서 종합소득금액에 제104조 제1항 제1호(분양권에 한정한다)·제8호·제10호 또는 같은 조 제7항 각 호의 어느 하나에 해당하는 자산의 매매차익("주택 등 매매차익"이라 한다)이 있는 자의 종합소득 산출세액은 다음의 세액 중 많은 것으로 한다(소득세법 제64조 제1항).

㉠ 종합소득 산출세액

㉡ 다음에 따른 세액의 합계액

ⓐ 주택 등 매매차익에 제104조에 따른 세율을 적용하여 산출한 세액의 합계액

ⓑ 종합소득 과세표준에서 주택 등 매매차익의 해당 과세기간 합계액을 공제한 금액을 과세표준으로 하고 이에 제55조에 따른 세율을 적용하여 산출한 세액

넓혀 보기

부동산매매업자에 대한 주택 등 매매차익(소득세법시행령 제122조 제2항)

주택 등 매매차익은 해당 자산의 매매가액에서 다음의 금액을 차감한 것으로 한다.

1. 양도자산의 필요경비
2. 양도소득기본공제금액
3. 장기보유 특별공제액

주택 등 매매차익 = 해당 주택 또는 토지의 매매가액 − 필요경비 − 양도소득기본공제금액 − 장기보유특별공제

⑹ **매매차익 예정신고와 납부**(소득세법 제69조 제2항)

부동산매매업자는 토지 또는 건물("토지 등"이라 한다)의 매매차익과 그 세액을 매매일이 속하는 달의 말일부터 2개월이 되는 날까지 납세지 관할 세무서장에게 신고하여야 한다. 토지 등의 매매차익이 없거나 매매차손이 발생하였을 때에도 또한 같다.

⑺ **매매차익과 세액의 결정·경정 및 통지**(소득세법시행령 제129조)

납세지 관할 세무서장은 토지 등 매매차익 예정신고 또는 토지 등 매매차익 예정신고납부를 한 자에 대해서는 그 신고 또는 신고납부를 한 날부터 1개월 내에, 매매차익 예정신고를 하지 아니한 자에 대해서는 즉시 그 매매차익과 세액을 결정하고 해당 부동산매매업자에게 이를 통지하여야 한다.

2 주택신축판매업(건설업)

주택신축판매업은 부동산매매업과는 달리 건설업에 해당이 되어 예정신고납부 의무도 없으며 사업소득에 대한 기본세율을 적용하여 세액을 산출한다. 이러한 주택신축판매업과 부동산매매업의 구분기준은 사업상의 목적으로 양도한 건물이 주택이냐의 여부에 있다. 또한 주거와 주거 외의 용도에 함께 사용되는 겸용주택의 경우에는 주택 여부를 판정하여 주택에 해당하는 부분은 주택신축판매업, 다른 용도로 사용되는 부분은 부동산매매업으로 과세한다.

(1) 주택신축판매업의 범위

① 1동의 주택을 신축하여 판매하여도 건설업으로 본다.

② 건설업자에게 도급을 주어서 주택을 신축하여 판매하여도 건설업으로 본다.

③ 종전부터 소유하던 자기의 토지 위에 주택을 신축하여 주택과 함께 토지를 판매하는 경우 그 토지의 양도로 인한 소득은 건설업의 소득으로 본다.

④ 시공 중인 주택을 양도하는 경우에는 그 주택의 시공 정도가 「건축법」에 의한 건축물에 해당되는 때에는 건설업으로 본다.

⑤ 신축한 주택이 판매되지 아니하여 판매될 때까지 일시적으로 일부 또는 전부를 임대한 후 판매하는 경우에도 당해 주택의 판매사업은 건설업으로 본다.

(2) 과세표준

과세표준의 계산시 적용되는 양도 또는 취득의 가액은 실지거래가액에 의함을 원칙으로 한다.

(3) 예정신고의무는 없고 중간예납제도가 있으며, 다음 연도 5월 1일부터 5월 31일까지 확정신고납부하면 된다.

3 부동산임대업 제31회, 제35회

부동산임대업에서 발생하는 소득은 종합소득 중 사업소득에 해당한다. 부동산임대업의 구체적인 범위는 다음과 같다.

(1) 대 상

① 부동산(미등기 부동산을 포함) 또는 부동산상의 권리(전세권·임차권)의 대여로 인하여 발생하는 소득으로 한다. 다만, 「공익사업을 위한 토지 등의 취득 및 보상에 관한 법률」 제4조에 따른 공익사업과 관련하여 지역권·지상권(지하 또는 공중에 설정된 권리를 포함한다)을 설정하거나 대여함으로써 발생하는 소득은 제외한다(소득세법 제19조 제1항 제12호, 제21조 제1항 제9호, 제45조 제2항 제1호).

② 공장재단 또는 광업재단의 대여로 인하여 발생하는 소득으로 한다(소득세법 제45조 제2항 제2호).

③ 광업권자 · 조광권자 또는 덕대("광업권자 등"이라 한다)가 채굴에 관한 권리를 대여함으로 인하여 발생하는 소득을 말한다. 다만, 광업권자 등이 자본적 지출이나 수익적 지출의 일부 또는 전부를 제공하는 것을 조건으로 광업권 · 조광권 또는 채굴에 관한 권리를 대여하고 덕대 또는 분덕대로부터 분철료를 받는 것은 제외한다(소득세법 제45조 제2항 제3호, 소득세법시행령 제101조 제2항).

④ 자기 소유의 부동산을 타인의 담보물로 사용하게 하고 그 사용대가를 받는 것은 부동산상의 권리를 대여하는 사업에서 발생하는 소득으로 부동산임대업에서 발생하는 소득으로 본다(소득세법 기본통칙 19-0…8).

⑤ 광고용으로 토지 · 가옥의 옥상 또는 측면 등을 사용하게 하고 받는 대가는 부동산임대업에서 발생하는 소득으로 본다(소득세법 기본통칙 19-0…9).

넓혀 보기

부동산매매의 목적으로 취득한 부동산의 일시적 대여의 소득구분(소득세법 기본통칙 19-122…1)

1. 부동산매매업 또는 건설업자가 판매를 목적으로 취득한 토지 등의 부동산을 일시적으로 대여하고 얻는 소득은 부동산임대업에서 발생하는 소득으로 본다.
2. 1.의 경우에 부동산임대업의 소득금액계산상 필요경비에 산입된 감가상각비 등은 부동산매매업자의 필요경비 계산시 취득가액에서 공제한다.

(2) 비과세 사업소득(소득세법 제12조 제2호)

① 논 · 밭을 작물 생산에 이용하게 함으로써 발생하는 소득은 비과세한다(소득세법 제12조 제2호 가목).

② 1개의 주택을 소유하는 자의 주택임대소득(기준시가가 12억원을 초과하는 주택 및 국외에 소재하는 주택의 임대소득은 제외한다) 또는 해당 과세기간에 대통령령으로 정하는 총수입금액의 합계액이 2천만원 이하인 자의 주택임대소득(2018년 12월 31일 이전에 끝나는 과세기간까지 발생하는 소득으로 한정한다)은 비과세한다. 이 경우 주택 수의 계산 및 주택임대소득의 산정 등 필요한 사항은 대통령령으로 정한다(소득세법 제12조 제2호 나목).

넓혀 보기

주택임대 관련 용어

1. **비과세 주택임대소득의 범위**
   ① 1개의 주택을 소유하는 자가 해당 주택(부수토지 포함)을 임대하고 지급받는 임대소득
   ② 예 외
      ㉠ 기준시가가 12억원을 초과하는 고가주택의 임대소득은 1주택을 소유하더라도 과세
      ㉡ 국외에 소재하는 주택의 임대소득은 주택 수에 관계없이 과세
2. **대통령령으로 정하는 총수입금액의 합계액**
   주거용 건물 임대업에서 발생한 수입금액의 합계액을 말한다. 이 경우 사업자가 공동사업자인 경우에는 공동사업장에서 발생한 주택임대수입금액의 합계액을 손익분배비율에 의해 공동사업자에게 분배한 금액을 각 사업자의 주택임대수입금액에 합산한다(소득세법시행령 제8조의2 제6항).

심화 학습 **소규모 임대소득자의 주택임대소득**

소규모 임대소득자(총수입금액의 합계액이 2천만원 이하인 자)**의 주택임대소득 비과세 · 분리과세**

총수입금액 2천만원 이하 소규모 주택임대소득에 대한 세부담 완화
- 2014. 1. 1.~2018. 12. 31.(3년간) : 비과세
- 2019년 이후 : 분리과세(14%)

분리과세 산출세액 계산 방법
- (분리과세 주택임대소득 − 400만원) × 14%
- 주택임대소득을 제외한 종합소득금액이 2천만원 이하인 경우에만 적용
- 다만, 종합소득 과세시 산출세액이 더 작은 경우에는 종합소득 과세 선택가능

1. **주택임대소득에 대한 세액 계산의 특례**(소득세법 제64조의2)
   분리과세 주택임대소득이 있는 거주자의 종합소득 결정세액은 다음의 세액 중 하나를 선택하여 적용한다.
   ① 소득세법 제14조 제3항 제7호[해당 과세기간에 대통령령으로 정하는 총수입금액의 합계액이 2천만원 이하인 자의 주택임대소득("분리과세 주택임대소득"이라 한다)]를 적용하기 전의 종합소득 결정세액
   ② 다음의 세액을 더한 금액
      ㉠ 분리과세 주택임대소득에 대한 사업소득금액에 100분의 14를 곱하여 산출한 금액. 다만, 「조세특례제한법」 제96조 제1항에 해당하는 거주자가 같은 항에 따른 임대주택을 임대하는 경우에는 해당 임대사업에서 발생한 분리과세 주택임대소득에 대한 사업소득금액에 100분의 14를 곱하여 산출한 금액에서 같은 항에 따라 감면받는 세액을 차감한 금액으로 한다.
      ㉡ ㉠ 외의 종합소득 결정세액
2. 해당 과세기간에 분리과세 주택임대소득, 제21조 제1항 제27호 및 제127조 제1항 제6호 나목의 소득이 있는 경우에도 제1항을 적용한다(소득세법 제70조 제1항 · 제2항).

소득세법시행령 제8조의2 【비과세 주택임대소득】 ③ 법 제12조 제2호 나목을 적용할 때 주택 수는 다음 각 호에 따라 계산한다.
1. 다가구주택은 1개의 주택으로 보되, 구분 등기된 경우에는 각각을 1개의 주택으로 계산
2. 공동소유하는 주택은 지분이 가장 큰 사람의 소유로 계산(지분이 가장 큰 사람이 2명 이상인 경우로서 그들이 합의하여 그들 중 1명을 해당 주택 임대수입의 귀속자로 정한 경우에는 그의 소유로 계산한다). 다만, 다음 각 목의 어느 하나에 해당하는 사람은 본문에 따라 공동소유의 주택을 소유하는 것으로 계산되지 않는 경우라도 그의 소유로 계산한다.
   가. 해당 공동소유하는 주택을 임대해 얻은 수입금액을 기획재정부령으로 정하는 방법에 따라 계산한 금액이 연간 6백만원 이상인 사람
   나. 해당 공동소유하는 주택의 기준시가가 12억원을 초과하는 경우로서 그 주택의 지분을 100분의 30 초과 보유하는 사람
3. 임차 또는 전세 받은 주택을 전대하거나 전전세하는 경우에는 당해 임차 또는 전세 받은 주택을 임차인 또는 전세 받은 자의 주택으로 계산
4. 본인과 배우자가 각각 주택을 소유하는 경우에는 이를 합산. 다만, 제2호에 따라 공동소유의 주택 하나에 대해 본인과 배우자가 각각 소유하는 주택으로 계산되는 경우에는 다음 각 목에 따라 본인과 배우자 중 1명이 소유하는 주택으로 보아 합산한다.
   가. 본인과 배우자 중 지분이 더 큰 사람의 소유로 계산
   나. 본인과 배우자의 지분이 같은 경우로서 그들 중 1명을 해당 주택 임대수입의 귀속자로 합의해 정하는 경우에는 그의 소유로 계산

⑶ **수입시기**(소득세법시행령 제48조 제10의4호)

① **계약 또는 관습에 따라 지급일이 정해진 것**: 그 정해진 날

② **계약 또는 관습에 따라 지급일이 정해지지 아니한 것**: 그 지급을 받은 날

③ **임대차계약 및 지역권·지상권 설정에 관한 쟁송**(미지급임대료 및 미지급 지역권·지상권의 설정대가의 청구에 관한 쟁송은 제외한다)**에 대한 판결·화해 등으로 소유자 등이 받게 되어 있는 이미 지난 기간에 대응하는 임대료상당액**(지연이자와 그 밖의 손해배상금을 포함): 판결·화해 등이 있은 날. 다만, 임대료에 관한 쟁송의 경우에 그 임대료를 변제하기 위하여 공탁된 금액에 대해서는 그 정해진 날로 한다.

⑷ **부동산임대업의 소득금액 계산** 제33회, 제34회

부동산임대업의 소득금액은 해당연도의 총수입금액(비과세 소득 제외)에서 필요경비를 차감한 금액으로 한다.

부동산임대업의 소득금액 = 총수입금액(비과세 소득 제외) − 필요경비

① 총수입금액

부동산임대소득의 총수입금액은 부동산 또는 부동산상의 권리 등을 대여하고 그 대가로 해당 과세기간에 수입하였거나 수입할 금액의 합계액으로 한다(소득세법 제24조 제1항).

> 부동산임대소득의 총수입금액 = 임대료 + 간주임대료 + 관리비수입 + 보험차익

㉠ 임대료

ⓐ 부동산을 임대하고 수입하는 임대료는 부동산임대소득의 총수입금액에 산입한다.

ⓑ 선세금

부동산을 임대하거나 지역권·지상권을 설정 또는 대여하고 받은 선세금(先貰金)에 대한 총수입금액은 그 선세금을 계약기간의 월수로 나눈 금액의 각 과세기간의 합계액으로 한다(소득세법시행령 제51조 제3항 제1호).

> 선세금의 해당연도의 총수입금액 = 선세금 × 해당 과세기간의 임대기간의 월수 / 계약기간의 임대월수

㉡ 간주임대료

ⓐ 임대보증금에 대한 총수입금액 계산의 특례

거주자가 부동산 또는 그 부동산상의 권리 등을 대여하고 보증금·전세금 또는 이와 유사한 성질의 금액(이하 "보증금 등"이라 한다)을 받은 경우에는 대통령령으로 정하는 바에 따라 계산한 금액을 사업소득금액을 계산할 때에 총수입금액에 산입(算入)한다(소득세법 제25조 제1항, 소득세법시행령 제53조 제3항·제4항).

> 1. 일반적인 경우
> 총수입금액에 산입할 금액 = (해당 과세기간의 보증금 등의 적수 − 임대용부동산의 건설비 상당액의 적수) × 1/365(윤년의 경우에는 366) × 정기예금이자율 − 해당 과세기간의 해당 임대사업부분에서 발생한 수입이자와 할인료 및 배당금의 합계액
> 2. 추계신고하거나 추계조사결정하는 경우
> 총수입금액에 산입할 금액 = 해당 과세기간의 보증금 등의 적수 × 1/365(윤년의 경우에는 366) × 정기예금이자율

ⓑ 주택의 임대보증금 등에 대한 총수입금액 계산의 특례 제33회

다만, 주택[주거의 용도로만 쓰이는 면적이 1호(戶) 또는 1세대당 40제곱미터 이하인 주택으로서 해당 과세기간의 기준시가가 2억원 이하인 주택은 2026년 12월 31일까지는 주택 수에 포함하지 아니한다]을 대여하고 보증금등을 받은 경우에는 다음 각 호의 어느 하나에 해당하는 경우를 말하며, 주택 수의 계산 그밖에 필요한 사항은 대통령령으로 정한다(소득세법 제25조 제1항 단서, 소득세법시행령 제53조 제3항·제4항).

㉮ 3주택 이상을 소유하고 해당 주택의 보증금 등의 합계액이 3억원을 초과하는 경우

㉯ 2주택(해당 과세기간의 기준시가가 12억원 이하인 주택은 주택 수에 포함하지 아니한다)을 소유하고 해당 주택의 보증금등의 합계액이 3억원 이상의 금액으로서 대통령령으로 정하는 금액을 초과하는 경우

1. 일반적인 경우
총수입금액에 산입할 금액 = [해당 과세기간의 보증금 등 − 3억원(보증금 등을 받은 주택이 2주택 이상인 경우에는 보증금 등의 적수가 가장 큰 주택의 보증금 등부터 순서대로 뺀다)]의 적수 × 60/100 × 1/365(윤년의 경우에는 366) × 금융회사 등의 정기예금이자율을 고려하여 기획재정부령으로 정하는 이자율("정기예금이자율"이라 한다) − 해당 과세기간의 해당 임대사업부분에서 발생한 수입이자와 할인료 및 배당금의 합계액

2. 추계신고의 경우
총수입금액에 산입할 금액 = [해당 과세기간의 보증금 등 − 3억원(보증금 등을 받은 주택이 2주택 이상인 경우에는 보증금 등의 적수가 가장 큰 주택의 보증금 등부터 순서대로 뺀다)]의 적수 × 60/100 × 1/365(윤년의 경우에는 366) × 정기예금이자율

ⓒ 관리비 수입(소득세법 기본통칙 24-51 … 1)

ⓐ 사업자가 부동산을 임대하고 임대료 외에 유지비와 관리비 등의 명목으로 지급받는 금액이 있는 경우에는 전기료 · 수도료 등의 공공요금을 제외한 청소비 · 난방비 등은 부동산임대업에서 발생하는 소득의 총수입금액에 산입한다. 이 경우 청소 · 난방 등의 사업이 부동산임대업과 객관적으로 구분되는 경우에는 청소 관련 수입금액은 사업시설관리 및 사업지원 서비스업 중 건물 · 산업설비 청소업, 난방 관련 수입금액은 전기, 가스, 증기 및 수도사업 중 증기, 냉온수 및 공기조절공급업의 총수입금액에 산입한다.

ⓑ ⓐ의 경우 전기료 · 수도료 등의 공공요금의 명목으로 지급받은 금액이 공공요금의 납부액을 초과할 때 그 초과하는 금액은 부동산임대소득의 총수입금액에 산입한다.

ⓓ 보험차익

부동산임대업의 소득이 있는 거주자가 당해 사업용 자산의 손실로 인하여 취득하는 보험차익은 총수입금액에 산입한다.

② 필요경비

필요경비에 산입할 금액은 해당 과세기간의 총수입금액에 대응하는 비용으로서 일반적으로 용인되는 통상적인 것의 합계액으로 한다(소득세법 제27조 제1항).

예 제

소득세법상 거주자의 부동산과 관련된 사업소득에 관한 설명으로 옳은 것은? 제31회

① 국외에 소재하는 주택의 임대소득은 주택 수에 관계없이 과세하지 아니한다.

② 공익사업을 위한 토지 등의 취득 및 보상에 관한 법률에 따른 공익사업과 관련하여 지역권을 대여함으로써 발생하는 소득은 부동산업에서 발생하는 소득으로 한다.

③ 부동산임대업에서 발생하는 사업소득의 납세지는 부동산 소재지로 한다.

④ 국내에 소재하는 논·밭을 작물 생산에 이용하게 함으로써 발생하는 사업소득은 소득세를 과세하지 아니한다.

⑤ 주거용 건물 임대업에서 발생한 결손금은 종합소득 과세표준을 계산할 때 공제하지 아니한다.

해설 ① 국외에 소재하는 주택의 임대소득은 주택 수에 관계없이 과세한다(소득세법 제12조 제2호 나목).
② 공익사업을 위한 토지 등의 취득 및 보상에 관한 법률에 따른 공익사업과 관련하여 지역권을 대여함으로써 발생하는 소득은 부동산업에서 발생하는 소득에서 제외한다(소득세법 제19조 제1항 제12호).
③ 부동산임대업에서 발생하는 사업소득의 납세지는 그 주소지로 한다. 다만, 주소지가 없는 경우에는 그 거소지로 한다(소득세법 제6조 제1항).
⑤ 주거용 건물 임대업에서 발생한 결손금은 종합소득 과세표준을 계산할 때 공제한다(소득세법 제45조 제2항).

정답 ④

부록

제35회 기출문제

부록 제35회 기출문제

01 **국세기본법령 및 지방세기본법령상 조세채권과 일반채권의 우선관계에 관한 설명으로 <u>틀린</u> 것은?** (단, 납세의무자의 신고는 적법한 것으로 가정함)

① 취득세의 법정기일은 과세표준과 세액을 신고한 경우 그 신고일이다.

② 토지를 양도한 거주자가 양도소득세 과세표준과 세액을 예정신고한 경우 양도소득세의 법정기일은 그 예정신고일이다.

③ 법정기일 전에 전세권이 설정된 사실은 양도소득세의 경우 부동산등기부 등본 또는 공증인의 증명으로 증명한다.

④ 주택의 직전 소유자가 국세의 체납 없이 전세권이 설정된 주택을 양도하였으나, 양도 후 현재 소유자의 소득세가 체납되어 해당 주택의 매각으로 그 매각금액에서 소득세를 강제징수하는 경우 그 소득세는 해당 주택의 전세권담보채권에 우선한다.

⑤ 「주택임대차보호법」 제8조가 적용되는 임대차관계에 있는 주택을 매각하여 그 매각금액에서 지방세를 강제징수하는 경우에는 임대차에 관한 보증금 중 일정액으로서 같은 법에 따라 임차인이 우선하여 변제받을 수 있는 금액에 관한 채권이 지방세에 우선한다.

해설 ④ 주택의 직전 소유자가 국세의 체납 없이 전세권이 설정된 주택을 양도하였으나, 양도 후 현재 소유자의 소득세가 체납되어 해당 주택의 매각으로 그 매각금액에서 소득세를 강제징수하는 경우 그 소득세는 해당 주택의 전세권담보채권에 우선하지 못한다(국세기본법 제35조 제1항 제3의2호).

02 **국세기본법령 및 지방세기본법령상 국세 또는 지방세 징수권의 소멸시효에 관한 설명으로 옳은 것은?**

① 가산세를 제외한 국세가 10억원인 경우 국세징수권은 5년 동안 행사하지 아니하면 소멸시효가 완성된다.
② 가산세를 제외한 지방세가 1억원인 경우 지방세징수권은 7년 동안 행사하지 아니하면 소멸시효가 완성된다.
③ 가산세를 제외한 지방세가 5천만원인 경우 지방세징수권은 5년 동안 행사하지 아니하면 소멸시효가 완성된다.
④ 납세의무자가 양도소득세를 확정신고하였으나 정부가 경정하는 경우, 국세징수권을 행사할 수 있는 때는 납세의무자가 확정신고한 법정 신고납부기한의 다음 날이다.
⑤ 납세의무자가 취득세를 신고하였으나 지방자치단체의 장이 경정하는 경우, 납세고지한 세액에 대한 지방세징수권을 행사할 수 있는 때는 그 납세고지서에 따른 납부기한의 다음 날이다.

해설 ① 가산세를 제외한 국세가 10억원인 경우 국세징수권은 10년 동안 행사하지 아니하면 소멸시효가 완성된다(국세기본법 제27조 제1항 제1호).
② 가산세를 제외한 지방세가 1억원인 경우 지방세징수권은 10년 동안 행사하지 아니하면 소멸시효가 완성된다(지방세기본법 제39조 제1항 제1호).
③ 가산세를 제외한 지방세가 5천만원인 경우 지방세징수권은 10년 동안 행사하지 아니하면 소멸시효가 완성된다(지방세기본법 제39조 제1항 제1호).
④ 납세의무자가 양도소득세를 확정신고하였으나 정부가 경정하는 경우, 국세징수권을 행사할 수 있는 때는 그 고지에 따른 납부기한의 다음 날이다(국세기본법 제27조 제3항 제2호).

03 **종합부동산세법령상 주택에 대한 과세에 관한 설명으로 옳은 것은?**

① 「신탁법」 제2조에 따른 수탁자의 명의로 등기된 신탁주택의 경우에는 수탁자가 종합부동산세를 납부할 의무가 있으며, 이 경우 수탁자가 신탁주택을 소유한 것으로 본다.
② 법인이 2주택을 소유한 경우 종합부동산세의 세율은 1천분의 50을 적용한다.
③ 거주자 甲이 2023년부터 보유한 3주택(주택 수 계산에서 제외되는 주택은 없음) 중 2주택을 2024.6.17.에 양도하고 동시에 소유권이전등기를 한 경우, 甲의 2024년도 주택분 종합부동산세액은 3주택 이상을 소유한 경우의 세율을 적용하여 계산한다.
④ 신탁주택의 수탁자가 종합부동산세를 체납한 경우 그 수탁자의 다른 재산에 대하여 강제징수하여도 징수할 금액에 미치지 못할 때에는 해당 주택의 위탁자가 종합부동산세를 납부할 의무가 있다.
⑤ 공동명의 1주택자인 경우 주택에 대한 종합부동산세의 과세표준은 주택의 시가를 합산한 금액에서 11억원을 공제한 금액에 100분의 50을 한도로 공정시장가액비율을 곱한 금액으로 한다.

Answer 1. ④ 2. ⑤ 3. ③

해설 ① 「신탁법」 제2조에 따른 수탁자의 명의로 등기된 신탁주택의 경우에는 위탁자가 종합부동산세를 납부할 의무가 있으며, 이 경우 위탁자가 신탁주택을 소유한 것으로 본다(종합부동산세법 제7조 제2항).
② 법인이 2주택을 소유한 경우 종합부동산세의 세율은 1천분의 27을 적용한다(종합부동산세법 제9조 제2항 제3호 가목).
④ 신탁주택의 위탁자가 종합부동산세를 체납한 경우 그 위탁자의 다른 재산에 대하여 강제징수하여도 징수할 금액에 미치지 못할 때에는 해당 주택의 수탁자가 종합부동산세를 납부할 의무가 있다(종합부동산세법 제7조의2).
⑤ 공동명의 1주택자인 경우 주택에 대한 종합부동산세의 과세표준은 주택의 공시가격을 합산한 금액에서 9억원을 공제한 금액에 100분의 60을 한도로 공정시장가액비율을 곱한 금액으로 한다(종합부동산세법 제8조 제1항 제3호).

04 **종합부동산세법령상 토지에 대한 과세에 관한 설명으로 옳은 것은?**

① 토지분 재산세의 납세의무자로서 종합합산과세대상 토지의 공시가격을 합한 금액이 5억원인 자는 종합부동산세를 납부할 의무가 있다.
② 토지분 재산세의 납세의무자로서 별도합산과세대상 토지의 공시가격을 합한 금액이 80억원인 자는 종합부동산세를 납부할 의무가 있다.
③ 토지에 대한 종합부동산세는 종합합산과세대상, 별도합산과세대상 그리고 분리과세대상으로 구분하여 과세한다.
④ 종합합산과세대상인 토지에 대한 종합부동산세의 과세표준은 해당 토지의 공시가격을 합산한 금액에서 5억원을 공제한 금액에 100분의 50을 한도로 공정시장가액비율을 곱한 금액으로 한다.
⑤ 별도합산과세대상인 토지의 과세표준 금액에 대하여 해당 과세대상 토지의 토지분 재산세로 부과된 세액(「지방세법」에 따라 가감조정된 세율이 적용된 경우에는 그 세율이 적용된 세액, 같은 법에 따라 세부담 상한을 적용받은 경우에는 그 상한을 적용받은 세액을 말한다)은 토지분 별도합산세액에서 이를 공제한다.

해설 ① 토지분 재산세의 납세의무자로서 종합합산과세대상 토지의 공시가격을 합한 금액이 5억원을 초과하는 자는 종합부동산세를 납부할 의무가 있다(종합부동산세법 제12조 제1항 제1호).
② 토지분 재산세의 납세의무자로서 별도합산과세대상 토지의 공시가격을 합한 금액이 80억원을 초과하는 자는 종합부동산세를 납부할 의무가 있다(종합부동산세법 제12조 제1항 제2호).
③ 토지에 대한 종합부동산세는 종합합산과세대상, 별도합산과세대상으로 구분하여 과세한다(종합부동산세법 제11조).
④ 종합합산과세대상인 토지에 대한 종합부동산세의 과세표준은 해당 토지의 공시가격을 합산한 금액에서 5억원을 공제한 금액에 100분의 100을 한도로 공정시장가액비율을 곱한 금액으로 한다(종합부동산세법 제13조 제1항).

05 **지방세법령상 취득세의 취득당시가액에 관한 설명으로 옳은 것은?** (단, 주어진 조건 외에는 고려하지 않음)

① 건축물을 교환으로 취득하는 경우에는 교환으로 이전받는 건축물의 시가표준액과 이전하는 건축물의 시가표준액 중 낮은 가액을 취득당시가액으로 한다.

② 상속에 따른 건축물 무상취득의 경우에는 「지방세법」 제4조에 따른 시가표준액을 취득당시가액으로 한다.

③ 대물변제에 따른 건축물 취득의 경우에는 대물변제액(대물변제액 외에 추가로 지급한 금액이 있는 경우에는 그 금액을 제외한다)을 취득당시가액으로 한다.

④ 법인이 아닌 자가 건축물을 건축하여 취득하는 경우로서 사실상취득가격을 확인할 수 없는 경우에는 시가인정액을 취득당시가액으로 한다.

⑤ 법인이 아닌 자가 건축물을 매매로 승계취득하는 경우에는 그 건축물을 취득하기 위하여 「공인중개사법」에 따른 공인중개사에게 지급한 중개보수를 취득당시가액에 포함한다.

부록

해설 ① 건축물을 교환으로 취득하는 경우에는 교환으로 이전받는 건축물의 시가인정액과 이전하는 건축물의 시가인정액 중 높은 가액을 취득당시가액으로 한다(지방세법시행령 제18조의4 제1항 제1호 나목).

③ 대물변제에 따른 건축물 취득의 경우에는 대물변제액(대물변제액 외에 추가로 지급한 금액이 있는 경우에는 그 금액을 포함한다)을 취득당시가액으로 한다(지방세법시행령 제18조의4 제1항 제1호 가목).

④ 법인이 아닌 자가 건축물을 건축하여 취득하는 경우로서 사실상취득가격을 확인할 수 없는 경우에는 시가표준액을 취득당시가액으로 한다(지방세법 제10조의4 제2항).

⑤ 법인이 아닌 자가 건축물을 매매로 승계취득하는 경우에는 그 건축물을 취득하기 위하여 「공인중개사법」에 따른 공인중개사에게 지급한 중개보수를 취득당시가액에 포함하지 아니한다(지방세법시행령 제18조 제1항 제7호).

Answer 4. ⑤ 5. ②

06 **지방세법령상 취득세에 관한 설명으로 틀린 것은?** (단, 지방세특례제한법령은 고려하지 않음)

① 대한민국 정부기관의 취득에 대하여 과세하는 외국정부의 취득에 대해서는 취득세를 부과한다.
② 토지의 지목을 사실상 변경함으로써 그 가액이 증가한 경우에는 취득으로 본다.
③ 국가에 귀속의 반대급부로 영리법인이 국가 소유의 부동산을 무상으로 양여받는 경우에는 취득세를 부과하지 아니한다.
④ 영리법인이 취득한 임시흥행장의 존속기간이 1년을 초과하는 경우에는 취득세를 부과한다.
⑤ 신탁(「신탁법」에 따른 신탁으로서 신탁등기가 병행되는 것만 해당한다)으로 인한 신탁재산의 취득 중 주택조합등과 조합원 간의 부동산 취득에 대해서는 취득세를 부과한다.

해설 ③ 국가에 귀속의 반대급부로 영리법인이 국가 소유의 부동산을 무상으로 양여받는 경우에는 취득세를 부과한다(지방세법 제9조 제2항 제2호).

07 **지방세법령상 부동산 취득에 대한 취득세의 표준세율로 옳은 것을 모두 고른 것은?** (단, 조례에 의한 세율조정, 지방세관계법령상 특례 및 감면은 고려하지 않음)

> ㉠ 상속으로 인한 농지의 취득: 1천분의 23
> ㉡ 법인의 합병으로 인한 농지 외의 토지 취득: 1천분의 40
> ㉢ 공유물의 분할로 인한 취득: 1천분의 17
> ㉣ 매매로 인한 농지 외의 토지 취득: 1천분의 19

① ㉠, ㉡　　② ㉡, ㉢　　③ ㉢, ㉣
④ ㉠, ㉡, ㉢　　⑤ ㉡, ㉢, ㉣

해설 (1) 옳은 것: ㉠, ㉡
㉠ 상속으로 인한 농지의 취득: 1천분의 23(지방세법 제11조 제1항 제1호 가목)
㉡ 법인의 합병으로 인한 농지 외의 토지 취득: 1천분의 40(지방세법 제11조 5항)
(2) 틀린 것: ㉢, ㉣
㉢ 공유물의 분할로 인한 취득: 1천분의 17 ⇨ 1천분의 23(지방세법 제11조 제1항 제5호)
㉣ 매매로 인한 농지 외의 토지 취득: 1천분의 19 ⇨ 1천분의 40(지방세법 제11조 제1항 제7호 나목)

08 소득세법령상 거주자의 부동산과 관련된 사업소득에 관한 설명으로 옳은 것은?

① 해당 과세기간의 종합소득금액이 있는 거주자(종합소득과세표준이 없거나 결손금이 있는 거주자를 포함한다)는 그 종합소득 과세표준을 그 과세기간의 다음 연도 5월 1일부터 5월 31일까지 대통령령으로 정하는 바에 따라 납세지 관할 세무서장에게 신고하여야 하며, 해당 과세기간에 분리과세 주택임대소득이 있는 경우에도 이를 적용한다.

② 공장재단을 대여하는 사업은 부동산임대업에 해당되지 않는다.

③ 해당 과세기간의 주거용 건물 임대업을 제외한 부동산임대업에서 발생한 결손금은 그 과세기간의 종합소득과세표준을 계산할 때 공제한다.

④ 「공익사업을 위한 토지 등의 취득 및 보상에 관한 법률」 제4조에 따른 공익사업과 관련하여 지역권을 설정함으로써 발생하는 소득은 부동산업에서 발생하는 소득에 해당한다.

⑤ 사업소득에 부동산임대업에서 발생한 소득이 포함되어 있는 사업자는 그 소득별로 구분하지 않고 회계처리하여야 한다.

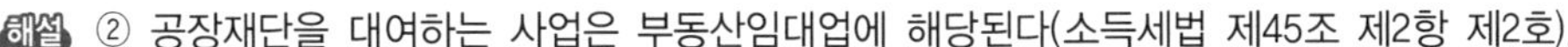

해설 ② 공장재단을 대여하는 사업은 부동산임대업에 해당된다(소득세법 제45조 제2항 제2호).
③ 해당 과세기간의 주거용 건물 임대업을 제외한 부동산임대업에서 발생한 결손금은 그 과세기간의 종합소득과세표준을 계산할 때 공제하지 아니한다(소득세법 제45조 제2항).
④ 「공익사업을 위한 토지 등의 취득 및 보상에 관한 법률」 제4조에 따른 공익사업과 관련하여 지역권을 설정함으로써 발생하는 소득은 부동산업에서 발생하는 소득에 해당하지 아니하고 기타소득에 해당한다(소득세법 제21조 제1항 제9호).
⑤ 사업소득에 부동산임대업에서 발생한 소득이 포함되어 있는 사업자는 그 소득별로 구분하여 회계처리하여야 한다(소득세법 제160조 제4항).

09 지방세법령상 재산세 과세기준일 현재 납세의무자로 <u>틀린</u> 것은?

① 공부상에 개인 등의 명의로 등재되어 있는 사실상의 종중재산으로서 종중소유임을 신고하지 아니하였을 경우: 종중

② 상속이 개시된 재산으로서 상속등기가 이행되지 아니하고 사실상의 소유자를 신고하지 아니하였을 경우: 행정안전부령으로 정하는 주된 상속자

③ 「도시 및 주거환경정비법」에 따른 정비사업(재개발사업만 해당한다)의 시행에 따른 환지계획에서 일정한 토지를 환지로 정하지 아니하고 체비지로 정한 경우: 사업시행자

④ 「채무자 회생 및 파산에 관한 법률」에 따른 파산선고 이후 파산종결의 결정까지 파산재단에 속하는 재산의 경우: 공부상 소유자

⑤ 지방자치단체와 재산세 과세대상 재산을 연부(年賦)로 매매계약을 체결하고 그 재산의 사용권을 무상으로 받은 경우: 그 매수계약자

Answer 6. ③ 7. ① 8. ① 9. ①

해설 ① 공부상에 개인 등의 명의로 등재되어 있는 사실상의 종중재산으로서 종중소유임을 신고하지 아니하였을 경우: 공부상 소유자(지방세법 제107조 제2항 제3호)

10 **지방세법령상 재산세의 물납에 관한 설명으로 옳은 것을 모두 고른 것은?**

> ㉠ 지방자치단체의 장은 재산세의 납부세액이 1천만원을 초과하는 경우에는 납세의무자의 신청을 받아 해당 지방자치단체의 관할구역에 있는 부동산에 대하여만 대통령령으로 정하는 바에 따라 물납을 허가할 수 있다.
> ㉡ 시장·군수·구청장은 법령에 따라 불허가 통지를 받은 납세의무자가 그 통지를 받은 날부터 10일 이내에 해당 시·군·구의 관할구역에 있는 부동산으로서 관리·처분이 가능한 다른 부동산으로 변경 신청하는 경우에는 변경하여 허가할 수 있다.
> ㉢ 물납을 허가하는 부동산의 가액은 물납 허가일 현재의 시가로 한다.

① ㉠ ② ㉢ ③ ㉠, ㉡
④ ㉡, ㉢ ⑤ ㉠, ㉡, ㉢

해설 (1) 옳은 것: ㉠, ㉡
(2) 틀린 것: ㉢
㉢ 물납을 허가하는 부동산의 가액은 재산세 과세기준일 현재의 시가로 한다(지방세법시행령 제115조 제1항).

11 **지방세법령상 재산세에 관한 설명으로 옳은 것은?** (단, 주어진 조건 외에는 고려하지 않음)

① 특별시 지역에서 「국토의 계획 및 이용에 관한 법률」에 따라 지정된 주거지역의 대통령령으로 정하는 공장용 건축물의 표준세율은 초과누진세율이다.
② 수탁자 명의로 등기·등록된 신탁재산의 수탁자는 과세기준일부터 15일 이내에 그 소재지를 관할하는 지방자치단체의 장에게 그 사실을 알 수 있는 증거자료를 갖추어 신고하여야 한다.
③ 주택의 토지와 건물 소유자가 다를 경우 해당 주택에 대한 세율을 적용할 때 해당 주택의 토지와 건물의 가액을 소유자별로 구분계산한 과세표준에 세율을 적용한다.
④ 주택의 재산세로서 해당 연도에 부과할 세액이 20만원 이하인 경우에는 납기를 9월 16일부터 9월 30일까지로 하여 한꺼번에 부과·징수할 수 있다.
⑤ 지방자치단체의 장은 과세대상의 누락으로 이미 부과한 재산세액을 변경하여야 할 사유가 발생하여도 수시로 부과·징수할 수 없다.

해설 ① 특별시 지역에서 「국토의 계획 및 이용에 관한 법률」에 따라 지정된 주거지역의 대통령령으로 정하는 공장용 건축물의 표준세율은 비례세율(1천분의 5)이다(지방세법 제111조 제1항 제2호 나목).
③ 주택의 토지와 건물 소유자가 다를 경우 해당 주택에 대한 세율을 적용할 때 해당 주택의 토지와 건물의 가액을 합산한 과세표준에 세율을 적용한다(지방세법 제113조 제3항).
④ 주택의 재산세로서 해당 연도에 부과할 세액이 20만원 이하인 경우에는 납기를 7월 16일부터 7월 31일까지로 하여 한꺼번에 부과·징수할 수 있다(지방세법 제115조 제1항 제3호).
⑤ 지방자치단체의 장은 과세대상의 누락으로 이미 부과한 재산세액을 변경하여야 할 사유가 발생하여도 수시로 부과·징수할 수 있다(지방세법 제115조 제2항).

12 **다음 자료를 기초로 할 때 소득세법령상 국내 토지A에 대한 양도소득세에 관한 설명으로 옳은 것은?** (단, 甲, 乙, 丙은 모두 거주자임)

> • 甲은 2018.6.20. 토지A를 3억원에 취득하였으며, 2020.5.15. 토지A에 대한 자본적 지출로 5천만원을 지출하였다.
> • 乙은 2022.7.1. 직계존속인 甲으로부터 토지A를 증여받아 2022.7.25. 소유권이전등기를 마쳤다(토지A의 증여 당시 시가는 6억원임).
> • 乙은 2024.10.20. 토지A를 甲 또는 乙과 특수 관계가 없는 丙에게 10억원에 양도하였다.
> • 토지A는 법령상 협의매수 또는 수용된 적이 없으며, 소득세법 제97조의2 양도소득의 필요 경비 계산 특례(이월과세)를 적용하여 계산한 양도소득 결정세액이 이를 적용하지 않고 계산한 양도소득 결정세액보다 크다고 가정한다.

① 양도차익 계산시 양도가액에서 공제할 취득가액은 6억원이다.
② 양도차익 계산시 甲이 지출한 자본적 지출액 5천만원은 양도가액에서 공제할 수 없다.
③ 양도차익 계산시 乙이 납부하였거나 납부할 증여세 상당액이 있는 경우 양도차익을 한도로 필요경비에 산입한다.
④ 장기보유 특별공제액 계산 및 세율 적용시 보유기간은 乙의 취득일부터 양도일까지의 기간으로 한다.
⑤ 甲과 乙은 양도소득세에 대하여 연대납세의무를 진다.

해설 ① 양도차익 계산시 양도가액에서 공제할 취득가액은 3억원이다(소득세법 제97조의2 제1항 제1호).
② 양도차익 계산시 甲이 지출한 자본적 지출액 5천만원은 양도가액에서 공제할 수 있다(소득세법 제95조 제4항 제2호).
④ 장기보유 특별공제액 계산 및 세율 적용시 보유기간은 甲의 취득일부터 양도일까지의 기간으로 한다(소득세법 제95조 제4항 단서).
⑤ 甲과 乙은 양도소득세에 대하여 연대납세의무가 없다.

Answer 10. ③ 11. ② 12. ③

13 **소득세법령상 다음의 국내자산 중 양도소득세 과세대상에 해당하는 것을 모두 고른 것은?** (단, 비과세와 감면은 고려하지 않음)

> ㉠ 토지 및 건물과 함께 양도하는 「개발제한구역의 지정 및 관리에 관한 특별조치법」에 따른 이축권(해당 이축권 가액을 대통령령으로 정하는 방법에 따라 별도로 평가하여 신고하지 않음)
> ㉡ 조합원입주권
> ㉢ 지역권
> ㉣ 부동산매매계약을 체결한 자가 계약금만 지급한 상태에서 양도하는 권리

① ㉠, ㉢　　② ㉡, ㉣　　③ ㉠, ㉡, ㉣
④ ㉡, ㉢, ㉣　　⑤ ㉠, ㉡, ㉢, ㉣

해설 ㉠ 토지 및 건물과 함께 양도하는 「개발제한구역의 지정 및 관리에 관한 특별조치법」에 따른 이축권(해당 이축권 가액을 대통령령으로 정하는 방법에 따라 별도로 평가하여 신고하지 않음): 양도소득세 과세대상 ○(소득세법 제94조 제1항 제4호 마목)
㉡ 조합원입주권: 양도소득세 과세대상 ○(소득세법 제94조 제1항 제2호 가목)
㉢ 지역권: 양도소득세 과세대상 ×
㉣ 부동산매매계약을 체결한 자가 계약금만 지급한 상태에서 양도하는 권리: 양도소득세 과세대상 ○(소득세법 제94조 제1항 제2호 가목)
관련 기본통칙: 94-0…1 제3호

14 **소득세법령상 거주자의 국내자산 양도에 대한 양도소득세에 관한 설명으로 옳은 것은?**

① 부담부증여의 채무액에 해당하는 부분으로서 양도로 보는 경우에는 그 양도일이 속하는 달의 말일부터 2개월 이내에 양도소득세를 신고하여야 한다.
② 토지를 매매하는 거래당사자가 매매계약서의 거래가액을 실지거래가액과 다르게 적은 경우에는 해당 자산에 대하여 「소득세법」에 따른 양도소득세의 비과세에 관한 규정을 적용할 때, 비과세 받을 세액에서 '비과세에 관한 규정을 적용하지 아니하였을 경우의 양도소득 산출세액'과 '매매계약서의 거래가액과 실지거래가액과의 차액' 중 큰 금액을 뺀다.
③ 사업상의 형편으로 인하여 세대전원이 다른 시・군으로 주거를 이전하게 되어 6개월 거주한 주택을 양도하는 경우 보유기간 및 거주기간의 제한을 받지 아니하고 양도소득세가 비과세된다.
④ 토지의 양도로 발생한 양도차손은 동일한 과세기간에 전세권의 양도로 발생한 양도소득금액에서 공제할 수 있다.
⑤ 상속받은 주택과 상속개시 당시 보유한 일반주택을 국내에 각각 1개씩 소유한 1세대가 상속받은 주택을 양도하는 경우에는 국내에 1개의 주택을 소유하고 있는 것으로 보아 1세대 1주택 비과세 규정을 적용한다.

해설 ① 부담부증여의 채무액에 해당하는 부분으로서 양도로 보는 경우에는 그 양도일이 속하는 달의 말일부터 3개월 이내에 양도소득세를 신고하여야 한다(소득세법 제105조 제1항 제3호).
② 토지를 매매하는 거래당사자가 매매계약서의 거래가액을 실지거래가액과 다르게 적은 경우에는 해당 자산에 대하여 「소득세법」에 따른 양도소득세의 비과세에 관한 규정을 적용할 때, 비과세 받을 세액에서 '비과세에 관한 규정을 적용하지 아니하였을 경우의 양도소득 산출세액'과 '매매계약서의 거래가액과 실지거래가액과의 차액' 중 적은 금액을 뺀다(소득세법 제91조 제2항).
③ 사업상의 형편으로 인하여 세대전원이 다른 시·군으로 주거를 이전하게 되어 6개월 거주한 주택을 양도하는 경우 보유기간 및 거주기간의 제한을 받지 아니하고 양도소득세가 과세된다(소득세법시행령 제154조 제1항 제3호).
⑤ 상속받은 주택과 상속개시 당시 보유한 일반주택을 국내에 각각 1개씩 소유한 1세대가 상속받은 주택을 양도하는 경우에는 국내에 1개의 주택을 소유하고 있는 것으로 보아 1세대 1주택 비과세 규정을 적용하지 아니한다(소득세법시행령 제155조 제2항).

부록

15 **소득세법령상 거주자가 2024년에 양도한 국외자산의 양도소득세에 관한 설명으로 틀린 것은?** (단, 거주자는 해당 국외자산 양도일까지 계속 5년 이상 국내에 주소를 두고 있으며, 국외 외화차입에 의한 취득은 없음)

① 국외자산의 양도에 대한 양도소득이 있는 거주자는 양도소득 기본공제는 적용받을 수 있으나 장기보유 특별공제는 적용받을 수 없다.
② 국외 부동산을 양도하여 발생한 양도차손은 동일한 과세기간에 국내 부동산을 양도하여 발생한 양도소득금액에서 통산할 수 있다.
③ 국외 양도자산이 부동산임차권인 경우 등기여부와 관계없이 양도소득세가 과세된다.
④ 국외자산의 양도가액은 그 자산의 양도 당시의 실지거래가액으로 한다. 다만, 양도 당시의 실지거래가액을 확인할 수 없는 경우에는 양도자산이 소재하는 국가의 양도 당시 현황을 반영한 시가에 따르되, 시가를 산정하기 어려울 때에는 그 자산의 종류, 규모, 거래상황 등을 고려하여 대통령령으로 정하는 방법에 따른다.
⑤ 국외 양도자산이 양도 당시 거주자가 소유한 유일한 주택으로서 보유기간이 2년 이상인 경우에도 1세대 1주택 비과세 규정을 적용받을 수 없다.

해설 ② 국외 부동산을 양도하여 발생한 양도차손은 동일한 과세기간에 국내 부동산을 양도하여 발생한 양도소득금액에서 통산할 수 없다(소득세법 제118조의 8)(소득세법 제102조).

Answer 13. ③ 14. ④ 15. ②

16 **다음 자료를 기초로 할 때 소득세법령상 거주자 甲이 확정신고시 신고할 건물과 토지B의 양도소득과세표준을 각각 계산하면?** (단, 아래 자산 외의 양도자산은 없고, 양도소득과세표준 예정신고는 모두 하지 않았으며, 감면소득금액은 없다고 가정함)

구 분	건물 (주택아님)	토지A	토지B
양도차익 (차손)	15,000,000원	(20,000,000원)	25,000,000원
양도일자	2024.3.10.	2024.5.20.	2024.6.25.
보유기간	1년 8개월	4년 3개월	3년 5개월

• 위 자산은 모두 국내에 있으며 등기됨
• 토지A, 토지B는 비사업용 토지 아님
• 장기보유 특별공제율은 6%로 가정함

	건 물	토지B
①	0원	16,000,000원
②	0원	18,500,000원
③	11,600,000원	5,000,000원
④	12,500,000원	3,500,000원
⑤	12,500,000원	1,000,000원

해설 1. 양도차손의 공제

「소득세법」 제102조 제1항에 따라 "양도소득금액"을 계산할 때 양도차손이 발생한 자산이 있는 경우에는 「소득세법」 제102조 제1항 각 호별로 해당 자산 외의 다른 자산에서 발생한 양도소득금액에서 그 양도차손을 공제한다. 이 경우 공제방법은 양도소득금액의 세율 등을 고려하여 대통령령으로 정한다(소득세법 제102조 제2항).

2. 양도차손의 공제순서

「소득세법」 제102조 제2항의 규정에 의한 양도차손은 다음 각 호[(1), (2)]의 자산의 양도소득금액에서 순차로 공제한다(소득세법시행령 제167조의2 제1항).

(1) 양도차손이 발생한 자산과 같은 세율을 적용받는 자산의 양도소득금액(소득세법시행령 제167조의2 제1항 제1호)

(2) 양도차손이 발생한 자산과 다른 세율을 적용받는 자산의 양도소득금액. 이 경우 다른 세율을 적용받는 자산의 양도소득금액이 2 이상인 경우에는 각 세율별 양도소득금액의 합계액에서 당해 양도소득금액이 차지하는 비율로 안분하여 공제한다(소득세법시행령 제167조의2 제1항 제2호).

	구 분	건 물	토지A	토지B
	양도가액			
−	취득가액			
−	기타필요경비			
=	양도차익	15,000,000원	(20,000,000원)	25,000,000원
−	장기보유특별공제	−	−	1,500,000원
=	양도소득금액	15,000,000원	(20,000,000원)	23,500,000원
	세율 구분	40%	6~45%	6~45%
	양도차손의 통산	−	−	(20,000,000원)
	통산 후 양도소득금액	−	−	3,500,000원
−	양도소득기본공제	2,500,000원	−	0원
=	과세표준	12,500,000원		3,500,000원

양도차손의 통산 사례(양도집행 102-167의2-3)

구 분	양도차익 ①	결손금 ②	1차 통산 (① − ②)	2차 통산 (세율별 배분)	소득금액
누진세율	100	−	100	△200 × (100/800) = △25	100 − 25 = 75
40% 세율	200	△400	△200	−	−
50% 세율	500	△100	400	△200 × (400/800) = △100	400 − 100 = 300
70% 세율	300	−	300	△200 × (300/800) = △75	300 − 75 = 225
합 계	−	△500	△200	△200	−
	1,100	−	800	−	600

부록

Answer 16. ④

INDEX

찾아보기

INDEX 찾아보기

INDEX

INDEX

기타

MEMO

방송
시간표

방송대학TV

▶ 기본이론 방송

▶ 문제풀이 방송

▶ 모의고사 방송

※ 본 방송기간 및 방송시간은 사정에 의해 변동될 수 있습니다.

방송대학TV 방송기간 2025. 1. 13 ~ 7. 2
방송시간 ┌ 본방송: 월~수 오전 7시 ~ 7시 30분
└ 재방송: 토 오전 6시 ~ 7시 30분(3회 연속방송)

TV방송 편성표

기본이론 방송 (1강 30분, 총 75강)

순서	날짜	요일	과목
1	1. 13	월	부동산학개론 1강
2	1. 14	화	민법·민사특별법 1강
3	1. 15	수	공인중개사법·중개실무 1강
4	1. 20	월	부동산공법 1강
5	1. 21	화	부동산공시법령 1강
6	1. 22	수	부동산학개론 2강
7	1. 27	월	민법·민사특별법 2강
8	1. 28	화	공인중개사법·중개실무 2강
9	1. 29	수	부동산공법 2강
10	2. 3	월	부동산공시법령 2강
11	2. 4	화	부동산학개론 3강
12	2. 5	수	민법·민사특별법 3강
13	2. 10	월	공인중개사법·중개실무 3강
14	2. 11	화	부동산공법 3강
15	2. 12	수	부동산공시법령 3강
16	2. 17	월	부동산세법 1강
17	2. 18	화	부동산학개론 4강
18	2. 19	수	민법·민사특별법 4강
19	2. 24	월	공인중개사법·중개실무 4강
20	2. 25	화	부동산공법 4강
21	2. 26	수	부동산공시법령 4강
22	3. 3	월	부동산세법 2강
23	3. 4	화	부동산학개론 5강
24	3. 5	수	민법·민사특별법 5강
25	3. 10	월	공인중개사법·중개실무 5강
26	3. 11	화	부동산공법 5강
27	3. 12	수	부동산공시법령 5강
28	3. 17	월	부동산세법 3강
29	3. 18	화	부동산학개론 6강
30	3. 19	수	민법·민사특별법 6강
31	3. 24	월	공인중개사법·중개실무 6강
32	3. 25	화	부동산공법 6강
33	3. 26	수	부동산공시법령 6강
34	3. 31	월	부동산세법 4강
35	4. 1	화	부동산학개론 7강
36	4. 2	수	민법·민사특별법 7강
37	4. 7	월	공인중개사법·중개실무 7강
38	4. 8	화	부동산공법 7강
39	4. 9	수	부동산공시법령 7강
40	4. 14	월	부동산세법 5강
41	4. 15	화	부동산학개론 8강
42	4. 16	수	민법·민사특별법 8강
43	4. 21	월	공인중개사법·중개실무 8강
44	4. 22	화	부동산공법 8강
45	4. 23	수	부동산공시법령 8강
46	4. 28	월	부동산세법 6강
47	4. 29	화	부동산학개론 9강
48	4. 30	수	민법·민사특별법 9강
49	5. 5	월	공인중개사법·중개실무 9강
50	5. 6	화	부동산공법 9강
51	5. 7	수	부동산공시법령 9강
52	5. 12	월	부동산세법 7강
53	5. 13	화	부동산학개론 10강
54	5. 14	수	민법·민사특별법 10강
55	5. 19	월	공인중개사법·중개실무 10강
56	5. 20	화	부동산공법 10강
57	5. 21	수	부동산공시법령 10강
58	5. 26	월	부동산세법 8강
59	5. 27	화	부동산학개론 11강
60	5. 28	수	민법·민사특별법 11강
61	6. 2	월	부동산공법 11강
62	6. 3	화	부동산세법 9강
63	6. 4	수	부동산학개론 12강
64	6. 9	월	민법·민사특별법 12강
65	6. 10	화	부동산공법 12강
66	6. 11	수	부동산세법 10강
67	6. 16	월	부동산학개론 13강
68	6. 17	화	민법·민사특별법 13강
69	6. 18	수	부동산공법 13강
70	6. 23	월	부동산학개론 14강
71	6. 24	화	민법·민사특별법 14강
72	6. 25	수	부동산공법 14강
73	6. 30	월	부동산학개론 15강
74	7. 1	화	민법·민사특별법 15강
75	7. 2	수	부동산공법 15강

과목별 강의 수

부동산학개론: 15강 / 민법·민사특별법: 15강
공인중개사법·중개실무: 10강 / 부동산공법: 15강 / 부동산공시법령: 10강 / 부동산세법: 10강

방송대학TV 방송기간 문제풀이: 2025. 7. 7 ~ 8. 20 모의고사: 2025. 8. 25 ~ 10. 1
방송시간 ┌ 본방송: 월~수 오전 7시 ~ 7시 30분
└ 재방송: 토 오전 6시 ~ 7시 30분(3회 연속방송)

TV방송 편성표

문제풀이 방송(1강 30분, 총 21강)

순서	날짜	요일	과목	순서	날짜	요일	과목
1	7. 7	월	부동산학개론 1강	12	7. 30	수	부동산세법 2강
2	7. 8	화	민법·민사특별법 1강	13	8. 4	월	부동산학개론 3강
3	7. 9	수	공인중개사법·중개실무 1강	14	8. 5	화	민법·민사특별법 3강
4	7. 14	월	부동산공법 1강	15	8. 6	수	공인중개사법·중개실무 3강
5	7. 15	화	부동산공시법령 1강	16	8. 11	월	부동산공법 3강
6	7. 16	수	부동산세법 1강	17	8. 12	화	부동산공시법령 3강
7	7. 21	월	부동산학개론 2강	18	8. 13	수	부동산세법 3강
8	7. 22	화	민법·민사특별법 2강	19	8. 18	월	부동산학개론 4강
9	7. 23	수	공인중개사법·중개실무 2강	20	8. 19	화	민법·민사특별법 4강
10	7. 28	월	부동산공법 2강	21	8. 20	수	부동산공법 4강
11	7. 29	화	부동산공시법령 2강				

과목별 강의 수

부동산학개론: 4강 / 민법·민사특별법: 4강
공인중개사법·중개실무: 3강 / 부동산공법: 4강 / 부동산공시법령: 3강 / 부동산세법: 3강

모의고사 방송(1강 30분, 총 18강)

순서	날짜	요일	과목	순서	날짜	요일	과목
1	8. 25	월	부동산학개론 1강	10	9. 15	월	부동산공법 2강
2	8. 26	화	민법·민사특별법 1강	11	9. 16	화	부동산공시법령 2강
3	8. 27	수	공인중개사법·중개실무 1강	12	9. 17	수	부동산세법 2강
4	9. 1	월	부동산공법 1강	13	9. 22	월	부동산학개론 3강
5	9. 2	화	부동산공시법령 1강	14	9. 23	화	민법·민사특별법 3강
6	9. 3	수	부동산세법 1강	15	9. 24	수	공인중개사법·중개실무 3강
7	9. 8	월	부동산학개론 2강	16	9. 29	월	부동산공법 3강
8	9. 9	화	민법·민사특별법 2강	17	9. 30	화	부동산공시법령 3강
9	9. 10	수	공인중개사법·중개실무 2강	18	10. 1	수	부동산세법 3강

과목별 강의 수

부동산학개론: 3강 / 민법·민사특별법: 3강
공인중개사법·중개실무: 3강 / 부동산공법: 3강 / 부동산공시법령: 3강 / 부동산세법: 3강

연구 집필위원

정석진	하헌진	이태호	이 혁	임기원
이기명	유상순	김성래	김인삼	이준호
김형섭				

제36회 공인중개사 시험대비 **전면개정판**

2025 박문각 공인중개사

기본서 2차 부동산세법

초판발행 | 2024. 11. 5. **2쇄발행** | 2024. 11. 10. **편저** | 정석진 외 박문각 부동산교육연구소
발행인 | 박 용 **발행처** | (주)박문각출판 **등록** | 2015년 4월 29일 제2019-000137호
주소 | 06654 서울시 서초구 효령로 283 서경빌딩 4층
팩스 | (02)584-2927 **전화** | 교재주문·학습문의 (02)6466-7202

정가 37,000원 ISBN 979-11-7262-290-9 / ISBN 979-11-7262-286-2(2차 세트)

박문각 출판 홈페이지에서
공인중개사 정오표를 활용하세요!

보다 빠르고, 편리하게 법령의 제·개정 내용을 확인하실 수 있습니다.

박문각 공인중개사 정오표의 장점

- 공인중개사 1회부터 함께한 박문각 공인중개사 전문 교수진의 철저한 제·개정 법령 감수
- 과목별 정오표 업데이트 서비스 실시! (해당 연도 시험 전까지)
- 박문각 공인중개사 온라인 "교수학습 Q&A"에서 박문각 공인중개사 교수진에게 직접 문의·답변